NEW THEORY OF ART & DESIGN

新 構成学 ── 21世紀の構成学と造形表現

三井 秀樹

New Theory of Art and Design

新構成学 ── 21世紀の構成学と造形表現

序　　　　　　　　　　　　　　　　　　　　　　　　　　　　　　　　　　4

第1章　構成学と造形表現

1-1	美とは何か－美と創造行為	10
1-2	芸術とデザイン	12
1-3	芸術論とデザイン論	14
1-4	構成学の意味	17
1-5	「構成」という用語と由来	18
1-6	構成と構成学	20
1-7	西洋の合理主義とバウハウス	22
1-8	ジャポニズムと西洋の美学	23

第2章　構成原理と造形要素

2-1	造形表現と造形要素	26
2-2	形－形体と形態	28
2-3	形の分類と体系	30
2-4	材料と表現	32
2-5	バウハウスにおける材料体験とテクスチュア教育	34
2-6	材料とテクスチュア	36
2-7	テクスチュアとイメージ	40
2-8	20世紀芸術とマテリアル	42
2-9	20世紀芸術と運動表現	45
2-10	光と芸術	51
2-11	造形とテクノロジー	58

第3章　造形と色彩システム

3-1	色彩と造形表現	66
3-2	マンセルカラーシステムと造形表現	68
3-3	色の基本とマンセルシステム	69
3-4	配色と色彩調和	75
3-5	ムーン・スペンサーの色彩調和理論	75
3-6	色彩調和と配色のコツ	79
3-7	色彩とテクスチュア	80
3-8	トーンと色彩調和	80
3-9	デジタルカラーの配色	82
3-10	バウハウスと色彩教育	87

第4章　造形の秩序と表現

4-1	造形表現と美の形式原理	90
4-2	造形秩序とユニティ	91
4-3	ハーモニーとコントラスト、バラエティ	92
4-4	プロポーション	93
4-5	黄金分割	95
4-6	黄金分割とジャポニズム	97
4-7	黄金分割とバウハウス	98
4-8	分割法と構成教育	99
4-9	等量分割と日本文化	104
4-10	バランスと造形表現	105
4-11	リズム表現	106
4-12	リズム変化とオルタネーション	111
4-13	プログレッシブリズム	115
4-14	数列とリズム	122
4-15	グラデーション	124
4-16	ディストーションとデフォルメ	126

第5章
シンメトリーと
コンポジション

5-1	シンメトリーと構成学	134
5-2	シンメトリーとアシンメトリー	136
5-3	亜シンメトリーと造形表現	140
5-4	シンメトリーの拡張	141
5-5	シンメトリーと装飾	144
5-6	日本の家紋とシンメトリー	147
5-7	シンメトリーと現代造形	152
5-8	造形とコンポジション	158
5-9	コンポジションと抽象形体	161
5-10	コンポジションと分割	166
5-11	コンポジションとリズム	168
5-12	配置とコンポジション	170
5-13	シュパヌンクとコンポジション	171

第6章
立体と空間

6-1	美術から造形へ	174
6-2	バウハウスと立体構成	176
6-3	立体構成と機能構成	178
6-4	構造と力	181
6-5	多面体の幾何学	189
6-6	オーガニックフォルムと現代デザイン	196
6-7	空間とヴィジュアルイリュージョン	200
6-8	形の知覚と構成表現	204
6-9	形体の錯視	207

第7章
現代の構成学

7-1	テクノロジーの発展と構成学	220
7-2	空間と環境の造形	222
7-3	メディアと造形	229
7-4	マルチメディア時代と構成教育	232
7-5	複雑系科学と新しい美学	235
7-6	オーガニックデザインと構成学	249
7-7	造形感覚と構成学	254
7-8	バウハウス教育と日本の構成学	257
7-9	新しい構成学への展望 基礎構成教育とトレーニング	260
7-10	新構成学 新しい造形理論とコンピュータシミュレーション	274

第8章
バウハウス教育と
それ以降

8-1	バウハウスの活動	281
	教育	281
	製品開発	283
	広報活動	292
	出版事業	294
8-2	バウハウス以降	295
	ニューバウハウス	295
	新しい構成教育	296
	INDEX	302
	参考文献	306
	あとがき	308

序

　構成学とは、かつて西洋人が究極のプロポーションとした黄金比とシンメトリーが、日本独自の伝統的な美学、非対称と余白の美、斜線のコンポジション、等量分割のプロポーションなどと統合され、20世紀に入って「バウハウス」というドイツの造形学校で体系化された形と色が織りなす造形の美学であり造形理論であると、私はかねがね考えてきた。

　1919年にドイツのワイマール公国に創立された造形学校「バウハウス」の歴史は、すでに90年近くの年月を重ねている。

　18世紀、イギリスを中心に勃興した産業革命は、化石エネルギーの本格的な利用によって、西欧諸国を工業化社会へと発展させた。工場による生産方式は、それまでものづくりを担っていたギルド（工匠制度）を崩壊させ、職人による手づくり生産方式の社会から労働者階級を中心とした資本主義社会への契機となった。この大量生産システムによる資本主義経済の実現は、膨大な富を貯え、西欧中心の近代工業化社会のグローバル化を招いたのである。

　20世紀、西欧の工業化社会の成立による、デザイナーの職業的地位の確立とともに、工業製品の設計・意匠デザインや、新聞雑誌の広告やポスターなどプリントメディア（印刷媒体）などの新しい応用美術の領域が形成されていった。

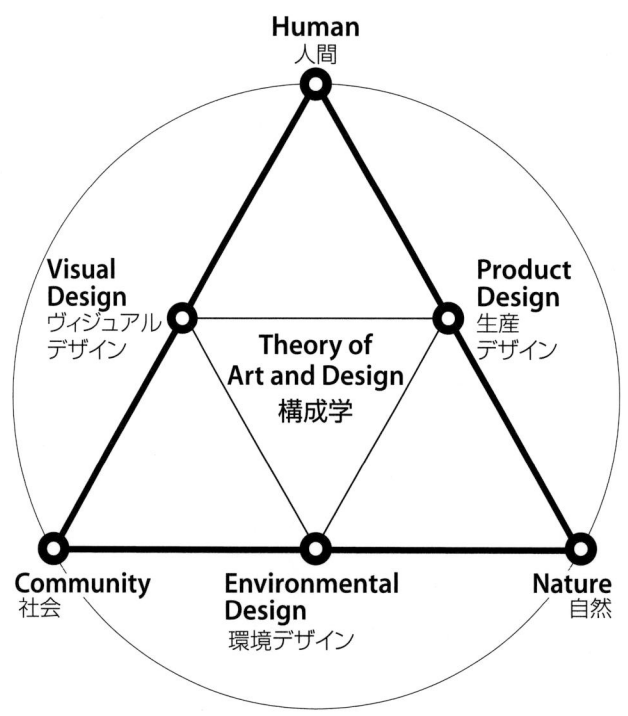

デザインに対する人々の関心の高まりと、産業界の要請を背景として、20世紀初頭、ドイツ工作連盟(DWB)が結成された。さらに美術やデザインなど造形に普遍的な美の原理の啓蒙・普及と、これを教育・実践する場として新しい教育機関が切望され、1919年、「バウハウス」として結実したのである。

初の造形教育のカリキュラムに組み込まれたバウハウスの予備課程（後の基礎課程）の造形原理と研究成果が、その後、世界の美術・デザイン教育の基盤となって広まり、今日の構成学という専門領域の形成に至っている。

戦後、構成学は先進諸国や日本の構成教育として、美術教育の一端に組み込まれた。より明るく豊かな日常生活の実現をめざし、経験主義に根ざしたアメリカの美術教育の学習指導要領を基に、構成教育は美術・デザインとともに美術教育でのカリキュラムとなり、実用的な生活美術を造形教育の目標とした。

一方、大学の美術教育では造形教育の根幹となる理念に基づき、多くの大学で構成教育を導入した。1954年、バウハウスの創始者、ヴァルター・グロピウス来日[1]を機に造形教育センターが設立され、構成教育の見直しが計られた。ところが戦後開設・開学された私立の美術系大学のデザイン教育では、構成教育の必要性を認識しながらも、広告媒体・産業界の要請に応えるように、次第にデザイン各分野の基礎実習や専門教育を基礎科目としたデザイン教育に傾斜していったのである。

現在、基礎デザイン、造形基礎、ベーシックデザインなどとよばれている教科のほとんどは、構成学本来のカリキュラムを標榜しているものの、デザインの応用面を意識した実践的教育のコンテクストとなっている。

幸いにも、東京教育大学（現筑波大学）では故高橋正人教授により構成専攻が、美術・デザイン教育の中に独立して設置され、バウハウス以来の構成学が引き継がれてきた。

かつてのバウハウス教育は、ナチの弾圧によりアメリカに亡命したモホリ＝ナジらによってシカゴに創立された「ニューバウハウス」に受けつがれ、後にデザイン教育のメッカ、IIT（イリノイ工科大学）やMIT（マサチューセッツ工科大学）の高等視覚研究所やメディアラボに継承されてきた。

一方、ヨーロッパでは1955年マックス・ビルによってウルム造形大学が創立され、新バウハウス（ニュージャーマンバウハウス）をめざしたデザイン教育が開始されたが、15年間という短期間でその使命を終えた。

このように欧米の諸国における構成教育も、多くの日本のデザイン教育と同様、デザイン各分野の基礎科目として現代に至っている。

---

1. 『グロピウスと日本文化』グロピウス会編　彰国社刊　1956。本書は、1954年にヴァルター・グロピウスが来日した時の記録。内容は3部構成で、「滞日記録」「グロピウス夫人のT.A.C.宛書信と言葉」「講演と座談会」。「滞日記録」は、桂離宮、伊勢神宮、龍安寺、民藝館、工芸指導所、広島ピースセンターなどを視察したグロピウス夫妻の様子の記録。バウハウスに留学していた水谷武彦や山脇巌・道子夫妻、丹下健三や剣持勇、柳宗悦らが執筆。「グロピウス夫人のT.A.C.宛書信と言葉」は、日本文化に対するグロピウスの観察記。T.A.C.は1946年にグロピウスが設立した建築家共同体。「講演と座談会」は、滞日中の講演会や座談会の記録。

ヴァルター・グロピウス　Walter Gropius, 1883-1969。バウハウスの創始者、建築家。
Bauhaus-Archiv, Berlin 所蔵

●

ところでこうした構成教育や構成理論に関する文献や資料・書籍は、戦後から今日まで国内外で数多く刊行されているが、そのほとんどはバウハウス教育の概要や文献調査・理論研究、解説に終始している。

21世紀を迎えた今日、かつてのバウハウス時代と同じように造形の原点は不動であるが、アートやデザインの造形をとり巻く環境は拡大し、その視覚領域も大きく変化した。テクノロジーの進歩により当時予想もしなかった造形素材の表現領域は広がり、造形に対する考え方も変容してきた。

バウハウスの造形理論では造形要素として形、色、材料、テクスチュアという四大要素をあげていた。しかしこの要素だけでは、現代の映像やコンピュータグラフィックスによるマルチメディアのバーチャルな造形表現には対応できず、またその適切な評価や考察もできない。

一例をあげると、光や運動表現は、バウハウスでは感光材料としての写真表現や光像という即物的な捉え方であり、このままでは現代芸術の空間や環境の概念や、デジタル映像から空間表現や仮想空間などインタラクティブなマルチメディア表現には対応できない。また近年、複雑系科学のカオスやフラクタル理論が新たな造形表現を開拓したが、従来の造形論や黄金比など美的形式原理とのかかわりとも深いことが明らかになった。

私はこれまでの構成教育の現場経験から、かねてから現代の造形環境に適応した新しい構成学理論の必要性を痛感し、ここに本書を刊行する次第である。

そこで本書はまず、美術・デザインなどにあまねく共通する造形の美を集約した構成原理の書であり、現代デザインの造形の規範となる基礎理論の構築をめざした。

構成学の真の目標は、バウハウスの教育やカリキュラムにあるのではなく、アートやデザインの制作上はもとより、私たちが快適な日常生活を送るうえで、必要な造形的感性を培うための、新しい造形原理の普及と応用にある。そして現代の造形のあらゆる領域に対応できる造形理論や、表現技術を掘り下げることにある。

したがって本書は、単に現代版バウハウスの理論と実践の専門書ではなく、まったく新しい視座から造形における美を捉える。すなわち構成学という学際的な学問領域をどのように理解し、研究をすすめ、アート・アンド・デザインに生かしていくかという理論と実践の両面から造形原理について論じた書としたい。

そのため、従来のグラフィックデザイン、プロダクトデザイン、建築デザイン、ファッションやテキスタイルデザインからフラワーデザインや情報デザ

インにわたり、デザイン各分野の実用的な側面は敢えて除き、構成学の理論と展開を中心に論ずる専門書をめざした。それゆえ芸術のさまざまな領域はもとより、デザインの専門家のみならず、研究者や学生諸君から、一般の人々まで幅広い読者に対応できるよう平易で明快な論旨に努め、造形的感性の教育指導書としても適応する学際的な内容とした。

●

本書は拙著『美の構成学』(中央公論新社　1996)、『フラクタル造形』(鹿島出版会　1996)、『美のジャポニスム』(文藝春秋　1999)、『形の美とは何か』(NHK出版　2000)、『メディアと芸術』(集英社　2002)をベースに、さらに高度な研究内容と専門性、先進性を踏まえた論考に努めたが、執筆してみると、これまで一般論として認知されてきた造形の形式原理や理論の展開において欠落や不合理な箇所もあり、その検証に少なからず時間を費やした。

本書が、新世紀の新構成学として認知されるには、さらなる研究の継続と深まりが必要であることはいうまでもない。

本書により構成学の醍醐味を体感しながら造形の捉え方を学び、美の原理を通して私たちの視覚を魅了する真の形の美とは何か、日常生活の中で美しい形や色に目を向け、美意識を高め、いかにこれを愉しみ人生を豊かなものにしていくかを、幾分なりとも理解していただけるなら筆者として無上の喜びである。

2005年10月

高橋正人先生と伸子夫人。
高橋正人(たかはし まさと)1912 - 2001、高知県生まれ。東京高等師範学校卒業。1949年東京教育大学芸術学科(現・筑波大学芸術専門学群)に日本で初の構成専攻を設置。造形教育センター設立(1955)に寄与し、日本のデザイン学研究の基盤をつくる。日本デザイン学会会長等を務め、多くの教育者、デザイナーの育成に貢献。東京教育大学名誉教授。ヴィジュアルデザイン研究所長。著書『視覚デザインの原理』ダヴィッド社、『構成：視覚造形の基礎』鳳山社、『基礎デザイン』造形社、『日本のしるし：伝承デザイン資料集成』岩崎美術社、共著『現代デザイン理論のエッセンス』ぺりかん社、ほか多数。写真提供：高橋直嗣

理念的形体──Ideal Form

構成学と造形表現

1-1　美とは何か－美と創造行為

本書は造形表現の基本である形や色、素材を通し、多角的な視座から美の原点を捉えた「構成学」という造形論の専門書であり、美術・デザイン分野の造形基礎を担う啓蒙書である。また21世紀を迎えた現在、芸術・デザインの創作活動や、私たちが豊かで充実した日常生活を過ごすためにそれぞれの場で生かしていける身近な生活美学を説く、新しい構成学の書でもある。

本書によって形の美はどのようにしてつくられるのか、また人を惹き付ける豊かなセンスや粋な感性はどこから生まれるのか、といった幅広い視点から、造形と美の本質を論じたい。

第1章では、まず構成学という学問の領域はどのように誕生したのか、18世紀以来の芸術と工業化社会の接点を踏まえ、時代の様式美や社会的背景を見つめながら、芸術とデザインの原点を探っていく。

●

人間は本来、美しいものに憧れ、愉しみ、長い間心の中に留めておけるように粘土や石に紋様を刻んだり、壁や板に線や色で表現してきた。これら人間の創造的行為が装飾となり、また芸術作品となった。そして近年、デザインという新しい造形表現を獲得した。

こうした人間のさまざまな創造行為は、それぞれの目的にかなった美をつくりだそうとする人間の欲求から生まれてくる。この人間の創造に対する意欲や造形的感性によって具現化した対象を、装飾、芸術、デザインというような美を目的とした領域によって使い分けている。そのいずれの媒体も、美を中心に捉えた人間の高邁な精神性に基づいた創造的欲求から生まれたのである。

装飾は、ものを美しく見せるための形や色の飾りを施すことであり、その象徴として人間は、紋様や模様を生みだしたのである。

人間は、これまで様式化された紋様をさまざまな用をもったものの表面に施し、全体を美しく飾ることに喜びを見出してきた。装飾の対象となる形の範囲は、人々の日常生活で必要な生活用品、衣服、装身具などから、家具やインテリア、建物や教会など多岐にわたっている。入れ墨や化粧・髪型なども、装飾による身体表現のひとつであろう。

また人間がある対象に出合い、その美しさや内面性に感動し、これを平面や立体に表現したいという欲求からつくりだした描画や塑像は、それぞれ絵画や彫刻という領域をつくり、芸術作品に昇華していった。

西洋では芸術の究極の美を写実(リアリズム)に求め、作者が表現しようとする対象をできるかぎり忠

「妊娠した馬の図」1996年発見されたフランス、ラスコーの壁画（人間は記録に残したい欲求にかられる）。

実に再現することを最大の目標とした。つまり作者が表現の対象に感じた同じ感動を、鑑賞者に伝えることのできる再現性の美術であり、ギリシャ文化以来西洋の美術史上、この再現性を実現するための表現技法を開発してきたといえる。

その間、人間の視覚をできるだけ正確に平面に転写するための遠近法の開発は、長い美術史の中で最大の表現技法の発明となった。

明暗法[1]は、モチーフの明るい面と暗い部分を正確にキャンバスに再現することにより、存在感が際立つことを知った西洋人の遠近法と並ぶ科学的な描写法のひとつである。光の当たった面は明るく、それ以外の部分は暗く陰影が生じる様相を採り入れることによって、いよいよ迫真的なリアリティが増してくるのである。

また作品の素材（マテリアル）の材質感（テクスチュア）を克明に表現するテクスチュアの表現技術は、近年の西洋絵画が獲得した再現性美術の頂点ともいえる。

これに対し東洋の美術では、遠近法や明暗法といった再現性の美術に人々はほとんど関心を示さず、もっぱら対象の美を、作者の精神性の中に投射してきた。

ことに日本美術では、西洋絵画のように黄金分割やシンメトリーにこだわらず、遠近法や空間表現を抽象的な概念として捉え、美の本質を色や形の構図や配置に置き換えてきた。西洋美術に、かつてみられなかった日本独自の非対称性や斜線の構図を使いこなし、平面的な描写でありながら、作者の精神性をより強く抽出した表現性を獲得したのである。

このリアリズムと対峙した関係にある、遠近法や陰影の束縛から解き放たれた日本美術の抽象的な美の捉え方は、19世紀中頃、西洋におけるジャポニスムブームの引き金となったのである。

これを契機に、印象派絵画に日本美術の表現技法が導入され、やがて19世紀末アール・ヌーヴォーの装飾美術運動に引き継がれていく。

20世紀に入ると、西洋絵画はこれまでの美の規範から離反するように写実という美の解体がはじまり、抽象や表現主義的な道を歩みはじめる。

1. キアロスクーロ（伊、英：chiaroscuro）、クレールオプスキュール（仏：clair-obscure）。明と暗、光と影の対比により、立体感や遠近感を与えたり、動きのある劇的な空間を演出することができる絵画技法。レオナルド・ダ・ヴィンチやバロックを代表するカラヴァッジョやレンブラントの作品に見ることができる。

「階段を降りる裸婦 No.3」 マルセル・デュシャン 1916
©Succession Marcel Duchamp / ADAGP, Paris & SPDA, Tokyo, 2006

1-2　芸術とデザイン

　人間の造形行為の中で、もっとも新しい美の概念が「デザイン」である。

　デザインは一般に用をもった美、つまり使用目的があらかじめ明確な車や家電製品、家具などの、ものの美しさとその美をつくりだす発想や設計・計画を意味する。また背景を何色に塗るか、隣接する色にもっとも調和する色は何かを考えるなど、従来は用の美を追求するという意味から、応用美術といわれた。

　その中でグラフィックデザインや新聞・雑誌広告、ポスターなどの広告媒体を扱う分野は、最近まで商業美術や広告美術、宣伝美術などとよばれていた。

　現代では、人間の視覚領域全般を担うデザインとしてのヴィジュアルデザインや、情報伝達の機能も加え、視覚伝達デザイン、また最近のIT時代におけるデザイン活動を中心として捉えた情報デザイン、インターネットを中心としたデジタル映像のデザインという意味からウェブデザインなどの用語も普及しはじめている。

　ところで「デザイン」という用語は、中世時代の職人による手づくり生産方式の社会では、もともと存在しなかった。全ての生活用品や建築・土木などが手づくりで行われていた時代のものづくりは、親方から職人に代々引き継がれていく伝承技術によって行われていた。そのため、個人（クリエイター）の創意工夫や独創的なアイデアは、まったく必要とされなかったのである。

　西洋のギルド（工匠制度）[2]のもとにおける職人のものづくりも、日本の職人も、時代を越え黙々と、代々伝えられた姿、形、色、材料をそっくりそのまま踏襲することに意味があり、個人的な好みや趣向によって形状や色・材料の急な変更・改変は、まったく考えられなかった。

　それゆえ、その時代、その地域では、あらゆる生活周辺のものの形・意匠はほとんど変わらず、共通の概念化した形として人々に認知されていたのである。

　現代、私たちが一般常識として捉える「デザイン」という概念が誕生したのは、18世紀後半、イギリスに勃興した産業革命に起因する。

　産業革命の社会的な意義は、文字通り、多くのものづくりが職人たちの手づくり生産から、工場における労働者の機械生産にとって代わったことにある。この生産システムの変革は19世紀に入って近代工業化の基盤をつくり、20世紀の西欧を軸とした西欧文明をもたらし、21世紀のグローバル化世界観の原点となった。

　かつての自給自足の生活環境の手づくりが、そのままそっくり工場生産に移行したのである。ものづくりは、伝統的な技法と技術の伝承よりむしろ、工場生産を前提とした形、色、材料の意匠・設計から生産・販売までの計画的なプランに基づ

---

2. 中世ヨーロッパにおける同業者組合の意で、当時の職人は各専門のギルドに属し、専業の製作者として生涯を送った。その起源はローマ時代のコレーギア（collegia）とゲルマン民族のギルド（guild）といわれる。ウィリアム・モリスは中世的ギルドをモデルにして、「モリス商会」を設立した。

第1章　構成学と造形表現

いた科学的な思考が必要となったのである。

つまり科学的にものの形・機能を総合的に判断して設計・計画を行い創造するという行為が、デザインの概念なのである。

デザインが、従来の手づくり生産システムと異なる点は、形や色にかかわる芸術的な視点や、精神性に加えて、これを機械で生産するための工学技術や科学的な思考が必須となることである。さらに従来の手づくり生産による生活用品に負けない美しさを兼ね備えていなければならない。

19世紀後半の美術工芸運動の契機も、当時の工場生産の製品が生産性の向上や、機能の充足ばかりに傾注していたためである。その製品を美的な視点からみると、あまりにも劣悪で審美性に欠けていたからにほかならない。

同運動の指導者、ジョン・ラスキン[3]やウィリアム・モリスが、同時代の工場生産の製品を非難し、かつてのギルド制度による手づくり生産による工芸品を推奨したのも、こうした理由である。

人間は本来、ものや道具に対して使いやすさや効率のよさといった機能性を求めるが、同時にその形の美を求めるものである。物理的に機能性一点張りと思える鋤・鍬のような農具や包丁、はさみなどの生活用具にしても、人間はこれを使いながら、次第に機能とともに形の審美性を希求するようになる。究極には、時間の経過とともにその両側面が両立するような形に自ずと収斂していくのである。

この形における審美性こそ、伝統的な芸術や装飾美術、そして機械生産による工業製品すべての造形に共通する造形美である。

茶筅（80本立）
（撮影：岩宮武二）

機能美（日本の伝統工芸　黄楊（つげ）櫛）
左：元六　右：へら形（撮影：岩宮武二）

---

3. ジョン・ラスキン　John Ruskin、1819-1900。社会学者、哲学者、政治家、詩人。ターナーやラファエル前派と交友を持ちながら、積極的に擁護し、"The Modern Painters" 1843（『近代画家論』）を著した。"The Seven Lamps of Architecture" 1849（『建築の七燈』）、"The Stones of Venice" 1851-1853（『ヴェネツィアの石』）などで名声を高めた。

1-3　芸術論とデザイン論

　産業革命以来、機械生産によるものづくりによって人々は、新たに「形の美とは何か」という始原的な課題に当面することになった。

　この美と醜を見極める審美性は、かつてすべての伝統的な美を踏襲することによってのみ伝承されてきた。人々は作家や職人個々の創造性や個性という概念さえ、念頭にはなかったといえるのではないだろうか。

　ただ芸術的作品の評価や芸術的価値観にかかわる学問領域の美学において、ドイツの偉大な哲学者、イマヌエル・カントはその作品を鑑賞者が見て、これを好きか嫌いかによって判定する美学・哲学論(「純粋理性批判」や「判断力批判」)を展開している。つまりカントは作品を見て価値を判断する根拠を人の快・不快の感情によって判定する美的判断力を基準としている。カントといえども、この美的判断力は完全ではなく、「美とは何か」という普遍的な絶対性の美学論には至っていない。

　またドイツの哲学者・美学者であり心理学者でもあるテオドール・リップス[4]は、芸術の本質は感情移入にあるとしている。ある作品を見た人が、感動を覚えるのは、その人の感情が作者の感情に投射され、同化するからだという「感情移入」の説を、主著『美学』の中で唱えている。

　確かに私たちがある作品を見て感銘を受けたとき、不思議と作者の気持ちが理解できるような境地に陥る。つまり作家の制作の動機や表現に対するさまざまな思いが、作品の鑑賞者に乗り移って、作家と鑑賞者の気持ちが同化し共鳴し合うからであろう。

　しかしカントの快・不快論にしても、またリップスの感情移入論にしても、鑑賞者側からの評価であることには違いなく、見る人の好みや芸術作品に対する鑑賞能力のばらつきから普遍的な評価基準にはなりえない。

　このように西洋では、大芸術といわれる絵画・彫刻の純粋美術では、ギリシャ時代以来近世まで、多くの哲学者、美学者、心理学者が、さまざまな美学論、芸術評価論を展開してきた。

　ところが、純粋美術以外の小芸術といわれる工芸、陶芸、インテリア、テキスタイル、装飾などの分野に関する美学、芸術論はきわめて少なく、美学・哲学の中心的な課題とはなっていなかった。

　こうした大芸術中心の西洋の美学・芸術論の歴史的変遷の過程で、デザインという応用美術の新しい領域が登場したのである。近世といえども、大芸術中心であった当時の社会情勢では、機械生産された製品に美学はあろうはずもなく、大芸術という偏狭な学問領域から途絶されてきたのである。

　20世紀に入ると、ウィリアム・モリスの美術工芸運動は、もはや手づくり礼賛の精神的デザイン論に終始し、その啓蒙運動自体は形骸化していった。この頃になると工場生産による製品が日常生活の大半

4.『リップス美學大系』リップス著　稲垣末松訳　同文館刊　1928。(第1〜12分冊「一般的美的形式原理」「人間と自然物」「空間美學」「韻律」「色と音と語」「美の特殊形」「美的觀照と藝術品」「描寫藝術」「空間美學一斑」「空間藝術の諸相」「技工的藝術品」「修裝と裝飾的描寫藝術」)。

5. DWB：Deutscher Werkbund。1907年10月5日、ミュンヘンで結成。芸術と産業と職人技術の融合をめざした。企業家、美術館長等のほか、初期の主要メンバーにヨゼフ・マリア・オルブリヒ、ヨーゼフ・ホフマン、ハンス・ペルツィヒ、ペーター・ベーレンスなどの建築家・デザイナーがいた。ヴァルター・グロピウスは1912年に参加。

6.　p.23 注-17参照。

を占めるようになり、工業化の進展は国益を左右する資本主義近代工業化社会の実現が、欧米先進国の大目標となった。

工業化が進むにつれ、製品のデザイン性や機能性が販売を左右するようになると、生産プロセスの合理化が進められ、コストパフォーマンスや機能美の追求とデザイン性が製造企業最大の関心事となったのである。

そこで、すぐれたデザイン感覚をもったデザイナーへの期待が高まり、企業にとってはデザイナーの確保と要請が急務となり、造形教育と教育機関の必要性が資本主義社会全体の重点課題となった。この頃結成されたドイツ工作連盟[5]の運動も、近代化を進める欧米のこうした社会的事情を反映している。

「バウハウス」はこうした先進国の社会的要請に基づいてドイツに1919年、誕生した世界初の造形教育専門の学校である。バウハウスでは、これまでの西欧中心の文化・芸術の集大成として芸術、装飾美術、工芸、デザインなど、あらゆる造形表現における美の規範が見直された。

ここでは西洋の美学の中心を占めていたシンメトリーと黄金比の絶対的な美的形式原理に加え、19世紀のジャポニスム[6]によって遭遇した日本の美の原理に開眼したのである。この東西の美が統合し再生された新しい美学と、造形理論のカリキュラムが、バウハウスの最初の教育理念として検討された。

バウハウスでは、これを予備課程(後に半年から1年に延び、基礎課程と名称を改める)とよび、入学後、学生に必須実技科目として共通に課した基礎造形のカリキュラムとした。

この予備課程に関してはさらに後述するが、そのときのカリキュラムが今日の構成学・デザインの基盤となり、第二次大戦後、世界の美術・デザイン教育の原型となったのである。

本書は、この構成学の全容を改めて見直し、21世紀の造形理論・教育書にふさわしい内容に書き改め、新しい造形理論として光や運動の造形要素を加えた。

また今日のテクノロジーによる造形表現の拡大にともなう視覚原理と、コンピュータシミュレーションから複雑系科学による新しい造形理論への展開までを体系化し、私のこれまでの研究成果を新構成学としてまとめあげた集大成である。

√2矩形（調和の門）

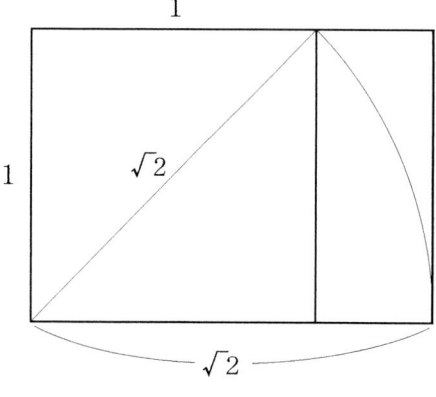

ルート矩形の展開

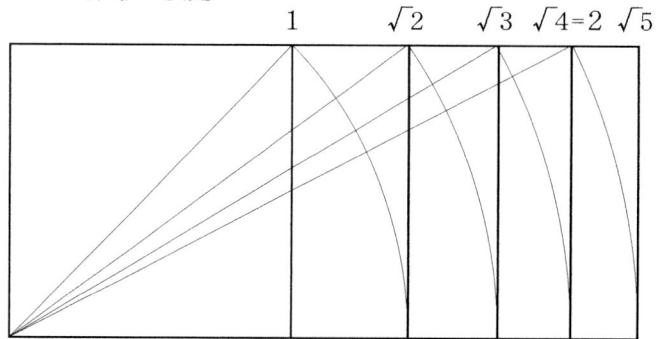

日本の商家(堺)17世紀。漆喰と木組みの鮮やかなコントラストと等量の分割が調和している。

18世紀フランスの王族、貴族が使用していた生活雑器(装飾の上に装飾を塗り重ねた醜悪なデザイン。この装飾過剰な造形は19世紀末まで続く)。

1-4 構成学の意味

なぜ、構成学はデザインや現代造形に加え、これまでの伝統的な芸術表現や装飾まで含めた造形という広範な分野に大きな意味をもっているのだろうか。その第一の理由は、構成学の学問的な価値観を、あくまで造形の根本原理である形や色、材料など造形要素と、そのかかわりの構成原理や造形秩序の探求に置いているからである。

すべての造形表現に形、色、材料とその材質感(テクスチュア)は、あまねく共通して存在する造形要素である。それゆえ、これらの造形要素は、いわば文法の語、句、文にあたり、造形基礎言語とよばれ、造形を形づくる最小の単位となっている。

形を表現するとき、私たちは少なくともこの造形要素をいかに巧みに組み合わせ(アセンブリー)、構成(コンポジション)し、互いにそれぞれの関係を保ちながら、統合された形のまとまり(ユニティ)をつくりあげるというプロセスを経て、ひとつの作品やデザインをつくりあげていく。

そのプロセスで、全体の組み立てにあたるコンポジション、それぞれの割合や比例・比率のプロポーション、形と形のバランスや配置(レイアウト)や、リズム、シンメトリーなどの形式原理が複雑にからみ合い、全体的な調和をつくりだすのである。

こうした造形をつくりだす概念を、造形の秩序とよんでいる。そのうえで造形要素の基本的な性質や特徴をよく理解し、それぞれ掘り下げることによって、造形行為に際し、造形の組み立てを効率よくこなし、制作を行うための基盤をつくりあげるのである。

いわば造形要素と造形の秩序の原理をよく理解することは、より美しい造形、より魅力的(アトラクティブ)な造形をつくりだすための起爆力となるのである。

構成学が、造形にとっていかに重要な役割を担っているか第二の理由は、構成学の本質が造形が表現するものの意味や内容と切り離された抽象的な造形の概念であるため、芸術、デザイン、装飾など、すべての造形表現に共通し、その美醜を決定するためのもっとも基礎的な論理となっているからである。

したがって伝統的な芸術表現のように、作家の表現性から読み解く思想や精神性から時代的背景、様式性、地域性、また美とは何かといった美学・哲学的な芸術の意味論からまったく切り離されて、造形表現自体を純粋に評価・考察できる利点をもっている。

ことにデザインの分野では、人工的な形体や材料を主体としている表現が多いため、構成学による評価はもとより、構成学に基づいたきわめて効果的な形状や配色などを用いた高度なデザイン処理が可能となる。

また工業化社会がつくりだすさまざまな製品デザイン、ポスターや新聞・雑誌などのプリントメディアでは、かつての絵画・彫刻のような具象形体をモチーフとした表現は姿を消し、ほとんどが幾何学的形体を媒介とした抽象造形であるという特性をも

つ。この幾何学的形体と抽象性が、構成学によるデザイン性をより一層高める結果となった。

　ミレー[7]の「落穂拾い」よりも、ピエト・モンドリアン[8]の「コンポジション」の抽象絵画のほうが、コンポジション、プロポーション、カラーハーモニーの点で評価しやすく、その造形的魅力も明白である。「落穂拾い」のほうは名画の誉れ高いのだが、どうしても人物をとりまく農民生活など主題の意味する重みや、時代的、社会的背景のほうが、作品の構図やコンポジション、色彩などの造形の要素や秩序だてより目立ってしまう。

　同じ具象表現にしても、ロートレックのムーランルージュのポスターのほうは、ダイナミックなコンポジション、平面的な描写法、無地の背景、鮮やかな色彩とコントラストなど、構成学の評価とデザイン性という視点からみると指摘しやすい。

　以上のことから、現代社会をとりまく造形の世界では、構成学を学ぶことによって造形のよしあしを評価・分析できるだけでなく、よい造形をつくりだすための造形の基本的な理念を知ることができる。

　こうした意味から、現在の美術・デザイン教育の中で構成教育を採り入れることは、学ぶ者の造形的な感性を涵養するうえで、きわめて教育効果が高い。さらに構成学は、芸術やデザインの創作活動における基本的な造形原理となり、創作や制作上の重要な指針となるのである。

1-5　「構成」という用語と由来

　「構成」とは、バウハウスにおける予備課程で行ったカリキュラムに基づいた美術・デザインの基礎教育を総称した名称である。ところでこの「構成」という用語は、わが国の構成学の権威、高橋正人によると、バウハウスに留学した最初の日本人、水谷武彦がドイツ語のGestaltungに構成という訳語をあてたのが最初と指摘している[9]。

　これに対し高橋はGestaltungの本来の意味は「造形」や「形」のほうがよいのではないかと提言している。今日「構成」や「構成学」がわかりにくく、名が体を表わしていない研究領域とされているのは、こ

「ディヴァン・ジャポネ」ポスター
アンリ・ド・トゥールーズ・ロートレック

「赤・青・黄・黒のコンポジション」
ピエト・モンドリアン　1924

「落穂拾い」ジャン＝フランソワ・ミレー　1857

---

7. ジャン＝フランソワ・ミレー　Jean-Francois Millet, 1814-1875。テオドール・ルソー、カミーユ・コローらとともに新古典主義のバルビゾン派を代表する画家。代表作「種まく人」(1850)「晩鐘」(1857-1859)。
8. ピエト・モンドリアン　Piet Mondrian, 1872-1944。1917年にテオ・ファン・ドゥースブルフとともに新造形主義の『デ・ステイル』を創刊。代表作「ブロードウェイ・ブギ・ウギ」(1942-43)。

第1章 構成学と造形表現

構成学 KOUSEI GAKU	Gestaltung : Theory of Art and Design

構成原理 Principle of Form
- 造形要素 Elements of Form（造形基礎言語）　形・色・材料・テクスチュア ＋ 光・運動・テクノロジー
- 造形秩序 Order of Form

	美術 ART	装飾美術 DECORATIVE ART		デザイン DESIGN	
FINE ARTS	Painting Sculpture Constructive art	Architecture Craft Furniture Textile Jewelry, Ornaments	VISUAL	Graphic Design Advertising Design Editorial Design	Package Design Typography Design Graphic Art (Illustration)
MODERN ART	Modern art Contemporary art Plastic art Media art		PRODUCTS	Industrial Design Craft Design Furniture Design	Fashion Design Costume Design Accessory Design
			SPACE	Architecture Design Environmental Design Interior Design	Exterior Design Urban Design Landscape Design

2005 H. MITSUI

こに由来していると思われる。

「構成」の名称は、バウハウスが活動しはじめた1920年代、ロシアではロシア革命（1917年）後、ロシア構成主義が台頭、カジミール・マレーヴィッチ、ウラジミール・タトリン、アレキサンダー・ロドチェンコなどによる幾何学的抽象造形の美術運動が多分に影響を与えていると考えられる。

幾何学的抽象造形こそ、普遍的な真理をもち、あらゆる造形表現の原点であるとした彼らの理念は、同時期のピエト・モンドリアン、テオ・ファン・ドゥースブルフらの新造形主義とも同じ主旨を分かち合っていた。

というのは、この抽象造形に対する同時代の思潮は、「造形に共通する要素や構成原理を掘り下げることが、すべての芸術やデザインの基礎をつくりあげる」というバウハウスの教育理念に符号するものであったからであろう。

「構成」は、またConstructionの構造や組み立てという概念に通じる。つまり造形をつくりあげる形や色、材料などの造形要素が互いにどのようなかかわりをもち、全体を構成しているのかという造形のいわば秩序がまとまりのある表現性を形成し、魅力あ

---

9. 『バウハウスと茶の湯』山脇道子著　新潮社刊　1995。『構成教育大系』川喜田煉七郎、武井勝雄著　学校美術協会出版部刊　1934（p.171参照）。美術評論家の仲田定之助は1922年から1924年までドイツに留学し、1922年11月にワイマールのバウハウスを訪問。帰国後の1925年には美術雑誌『みづゑ』（6・7・10月号）でバウハウスについて記している。建築家の水谷武彦は、1927年4月から1928年3月まで初の日本人留学生として建築教育を受け、1930年に帰国。山脇巖・道子夫妻は、1930年10月から1932年6月まで在学。後に日本大学芸術学部設立、主任教授となる。1931年、川喜田煉七郎は水谷の助言を受け、銀座新建築工芸研究講習所（1933年5月、銀座新建築工芸学院と改称）を開校。また、当時その学生であった桑沢洋子はバウハウスに傾倒し、産業的立場から機能的なデザインをめざす（後に桑沢デザイン研究所を設立）。

る造形をつくりあげる基礎となっている、というコンテクスト（文脈）である。

　このような意味から考えると「構成」という用語は、抽象的な概念を表わすきわめて明快な用語であり、的確な翻訳であるともいえるのではないだろうか。

　しかし、こうした20世紀美術運動や抽象造形の台頭という概念から時間的にも距離をおいた現代社会では、その内容から芸術・デザインの基礎の研究領域という本来的意味をもって近年、ベーシックデザインや造形基礎などの用語にとって代わってきた。

　この構成教育の指導内容やカリキュラムは、第二次大戦後、世界各国の美術・デザイン教育の中に採り入れられてきたが、結局のところ、日本における「構成」の用語こそが、世界で唯一かつてのバウハウスの教育理念を直截的に表わす研究領域の名称といえるのではないだろうか。

1-6　構成と構成学

　バウハウスの予備課程とは、造形の専門教育を受ける前にさまざまな材料体験を通して、表現の可能性を広げていくための工房における実習を主とした6ヵ月間の教育を指す。

　工房教育は、木工、金工、織物、色彩、ガラス、陶工、石工の七つに分けられ、それぞれの工房で材料と工具による表現の可能性と形体研究から、空間、平面、構成、色彩、構図の理論・実習が行われた。予備課程を設けた教育目標は、造形の基礎的訓練を通して、芸術・デザインの自由な発想をもよおし、より創造的感性を高めること、またこの工房実習の訓練によって基本技術と造形の原理の修得をめざし、学生たちが的確に将来の専門分野を選択できるようにすることにあった。

　ワイマールにおけるヨハネス・イッテン[10]の予備課程の教育から、デッサウ時代のヨゼフ・アルバース[11]、モホリ＝ナジの教育には、指導方針を反映してそれぞれ特徴があるが、イッテンの紙、木材、ガラス、石、布などの自然素材による実験・工作や、新しく登場したプラスチック、アルミニウムなどの形体研究、材料実験からナジの写真や感光材による光や空間の表現、色彩、構図の研究など、当時もっとも先端的な教育方針を貫き、新しい造形教育法として注目を浴びた。

　現在、構成の教育は単に造形表現のための基礎教育という枠組みを越え、美術・デザインに共通する造形原理と造形の秩序を体系的にまとめ、新しい造形の可能性を追求する研究領域として構成学への完全な確立を認知・徹底されるべきと考え、ここに私は構成学を標榜し、構成学と書き改め、本書でも従来の「構成」を「構成学」として改めて明記したい。

---

10. ヨハネス・イッテン　Johannes Itten, 1888-1967。バウハウスでは予備課程の中心的存在であったが、1923年にバウハウスを去り、1926年にはベルリンで学校（後の「イッテン・シューレ（Itten Shüle）」を設立する。イッテンは『色彩の芸術』（1961）で、独自の色彩調和論を発表。赤、黄、青の三原色を1次色とし、その混合による2次色、さらに混合した3次色による12色相環をつくった。これに基づき、2色調和（ダイアッド）、3色調和（トライアド）、4色調和（テトラッド）、6色調和（ヘクサッド）を提唱した。（『色彩論』ヨハネス・イッテン著　大智浩訳　美術出版社刊　1971）

11. ヨゼフ・アルバース　Josef Albers, 1888-1976。1933年にアメリカに移住。ブラックマウンテン大学（1933-49）、イェール大学（1950-60）などに勤めた。

●

　私はかねがね、構成学が本来あるべき研究領域をもちながらも、「構成」という用語が意味するあいまいな専攻の枠組みの呼称に甘んじてきたことに疑問を感じていた。

　「構成」の用語の由来については先に述べたが、残念ながら現在一部には、確固とした研究基盤をもっていない根無し草のような不安定さとさまざまな誤解と、所詮造形全般の基礎的なリベラルアーツ（一般教養の教科）にすぎないという偏狭な考え方や偏見も読み解くことができるのである。

　そのため第二次大戦後、美術教育の中で構成教育の必要性が唱えられながらも、大学のデザイン教育や専門コースが設置されると、本来の「構成」という文字はいつの間にか消え、ベーシックデザインや造形基礎、基礎造形、デザイン基礎からデザイン入門などの名称が課せられ、各デザイン応用のための基礎トレーニングや美術・デザインのための汎用表現技術と感覚養成のカリキュラムの枠に偏向されてしまった例も少なくない。

　幸いにも私の学んだ東京教育大学（現筑波大学）では、開設以来一貫して構成教育を専門コースとして独立させ、文字通り構成コース、現在は構成専攻の研究領域としての専門性を誇っている。

　この事情はバウハウスの母国ドイツ、またニューバウハウス[12]の地、アメリカでも同じ状況下にあり、むしろ筑波大学をはじめ全国の国立大学の教育学系では構成教育を専門とする講座が厳然として存在している日本のほうが、本来の学問的伝統を受け継いでいるともいえる。

　ところが現在の構成は、構成学としての研究領域を標榜しているものの、構成学という名称は掲げていない。この用語から受ける印象は、20世紀美術運動としてのロシア構成主義や、文章構成、舞台構成、あるいは単に構造・構築のような本来の意味とは関係のないあいまいなイメージがつきまとう。

　私のこうしたかねてからの思いから、日本の構成教育と学問領域の自立を願い、まとまった啓蒙書を書きたいと願っていた。幸いにも1996年中央公論新社から新書として拙著『美の構成学』を刊行し、本書で念願の構成学として全体を体系化し世に問うた。

　幾分なりとも、その効果がみえはじめ、2003年には日本デザイン学会の特集号として「構成学の展開Ⅰ、Ⅱ」[13]と2冊を上梓することができた。

　こうした考えに基づき、私は本書でも従来「構成」を標榜した用語のもつすべての概念は「構成学」として表わす。

　「構成学」と明言することによって「構成」の本来の研究目的と、造形における形の原理と秩序から表現の可能性を見極める唯一の学際的研究領域として位置づけ、構成学研究の深化・発展することを期待したい。

---

12. "The Bauhaus and America : first contacts, 1919-1936" Kentgens-Craig, Margret. translated by Lynette Widder. MIT Press, Cambridge, Mass., 2001.

13.「構成学の展開：Ⅰ,Ⅱ」『デザイン学研究特集号』日本デザイン学会刊 VOL. 10, NO. 3, NO.4　2003。

1-7　西洋の合理主義とバウハウス

　20世紀に入ってバウハウスという造形学校がつくられた背景には、工業化社会の実現に伴い、産業のさまざまな分野から要請されたデザイナー育成の専門の教育機関がほとんどなかったことが、第一の理由としてあげられる。

　もちろん当時、絵画や彫刻の伝統的な美術教育を行うアカデミー[14]の存在とともに、陶芸やテキスタイルなどクラフトの分野の工芸学校、工場の工作機械や特殊な紡績機械の操作法・技術を教育する職能学校・技術訓練の教育機関があった。

　また同時期、北欧の工芸教育のスロイドシステムや、ウィーンでのフランツ・チゼック[15]の美術教育、ルドルフ・シュタイナー[16]の教育における芸術の採り入れで、従来の美術教育のあり方を根本から見直す試みが、ヨーロッパの各地で行われた。

　しかしバウハウスのように本来、建築家の養成をめざしながら、あらゆる造形や工作の技術や造形原理を、原点に戻って教授する教育機関は当時、皆無であった。産業革命以降の工芸学校・職能学校は、専門分野の技術の修得を中心としたプラティカルな教育であり、一方アカデミーにおける美術の限られた専門家養成の学校は、ルネサンス以降の西洋の伝統的な教授法によって、専門教育を行っていたのである。

　これに対しバウハウスでは、人は誰でも造形的な感性をもちあわせているが、その人間の育った社会環境や個人的な経験によって固定化され、本来の造形能力が十分発揮できない、という前提のもとに教育を行ったという点で、きわめて平等で画期的な教育法であったといえる。

　ところでルネサンス以降、西洋における合理主義は、芸術とも深いかかわりをもつことになるが、科学におけるさまざまな発明・発見や機械技術の開発によって、多くの人々が恩恵を受けてきた。この合理的科学思想の普及によって産業革命の起爆剤となり、生産性が高まり利潤が生まれ、結果的に国全体が豊かになったことから、人々の科学神話は、ますます堅固なものとなった。

　西洋では、もともとギリシャ時代以降から綿々と数学や天文学など、科学技術に支えられてきた人間優位の思想・科学が社会を支えてきた。

　芸術においても例外ではなく、美を支配する美の哲学は数理的な秩序にあるとされ、黄金比やシンメトリーの数理が美の造形原理となり、絵画・彫刻から建築や装飾美術の美の規範に強い影響力をもってきたのである。

　そのため黄金比のプロポーションやシンメトリー

産業革命は人々の生活スタイルを変えた。しかし自然環境の破壊という大きな負の遺産を背負う羽目となった（1840年代のイギリスの工業地帯）。

14. 16世紀以降、ヨーロッパに多くのアカデミーが創設され、美術に関する行政、教育を独占し、美術学校と展覧会を支配するようになった。近世ヨーロッパにおける芸術家育成の唯一の教育機関となった。
15. フランツ・チゼック　Franz Cizek, 1865-1946. すべての子供はそれぞれの個性をもっており、子供自身に自らの技術や創造性を発見させるべきだと主張し、児童に対する独自の教育法を確立し、現代の幼児教育、美術教育の基礎をつくりあげた。

の配置や構図が、造形というすべての視覚領域を支配していた、といっても過言ではなかった。

　この完璧な数理の芸術文化は、遠近法の発明と相まって、西洋の写実主義（リアリズム）をますます確かな、しかし身動きのできないほどの固着した思想に仕上げてしまった。

　さらに、様式化された装飾様式に装飾を塗り重ねたような華美な伝統的な装飾美術が加わり、人々の美に対する感性は鈍化し、言いしれぬ閉塞感は次第に高まっていった。ちょうどその時期の19世紀中頃、西洋は東洋の島国、日本の文化と出合った。

　開国を迫る西洋の列国が日本を来訪。はじめて目にした浮世絵をはじめとする日本美術の表現の斬新さに驚き、たちまちのうちにその影響は、ヨーロッパ全土に及んでいった。この日本文化が西洋に及ぼした影響が、いわゆるジャポニスム[17]（英語ではジャパニズム）である。

1-8　ジャポニスムと西洋の美学

　ジャポニスムは、19世紀中頃から日本の美術・工芸品が西洋文化に与えた西欧文化の変容を指す。従来は日本の浮世絵が、主に印象派の画家たちに影響を与え、彼らの表現に画期的な変革をもたらしたことだけが、特記すべき歴史的事実として伝えられてきた。

　その表現の影響は、西洋絵画の立体的表現に対し、平面的な描写に徹する日本絵画に象徴されるさまざまな特徴があげられてきた。まず、遠近法を知らなかった日本人の奥行き表現や陰影のないフラットな日本美術と、西洋の明暗法による立体表現との表現法の相違である。

　面相筆の輪郭線で囲んだ描写に、鮮やかな色彩を施したぬり絵のような表現は、遠近法と明暗法の伝統に支えられてきた西洋人にとって、稚拙な表現どころか、むしろ新鮮で高度な表現法に見えたのであろう。

　西洋絵画のようにすべてを描き込むのではなく、余分な要素を取り除き、背景を無地に塗りつぶしたり、形をデフォルメしながらモチーフを際立たせる抽象的で心理的描写法とも思える日本絵画は、彼らにとってむしろ驚愕に値したのである。

　またほとんどが黄金分割やシンメトリーの構図や分割法に徹していた西洋絵画に対して、日本の絵画表現は、基本的に非対称のダイナミックなコンポジションの構図を駆使し、人を惹き付けるのである。

　さらに西洋絵画では、人物などのモチーフは中央かやや片寄る位置に置かれるのに対し、日本絵画では極端に左右のどちらかに寄せられ、反対側に大きな余白が生まれるという斬新な構図をとる。

　場合によっては、モチーフが断ち切られることも多く、きわめて動的で不安定な構図であるが、心理的な空間や抽象的なイメージが膨らみ、逆に豊かな

16.　ルドルフ・シュタイナー　Rudolf Steiner, 1861-1925。ハンガリー（現在のクロアチア）で生まれた神秘主義の思想家、建築家、教育者。現代の美術教育法に大きな影響を与えた。

17.　（仏：Japonisme、英：Japonism, Japanism）ジャポネズリ（Japonaiserie）ともいう。19世紀中頃より20世紀初頭にかけてヨーロッパを席巻した日本文化の影響を指す。幕末から明治期にかけ、大量の浮世絵がヨーロッパに渡ったが、これが画家や文化人の目にとまり日本ブームを起こした。もっとも顕著な影響は、浮世絵の表現技法を学んだ画家たちによる印象派絵画において見られる。陰影のない平面的描写と鮮やかな色彩、余白の構図、視点の自由度など日本絵画独自の表現技法が多大な影響を与えた。この流れは、世紀末の1890年代に入ると、さらにアール・ヌーヴォーの装飾美術の表現に引き継がれていく。また、ジャポニスムの影響は、ポスターなどのグラフィックデザイン、婦人服モード、テキスタイルなどの服飾デザインなど広範な領域にわたる。

情緒性や深遠性が得られるという、きわめて高度な表現技法であった。

また作家のモチーフを捉える視点が、西洋では概ね上下、左右が黄金分割の位置であるのに対し、日本絵画では千差万別であり、地平線が極端に上部に置かれたり、葛飾北斎の「神奈川沖浪裏」[18]のように画面すれすれの下部に位置する構図もみられる。

時には、鳥瞰図のように高い所から見下ろした構図や、人物の背後から見下ろした構図など、さまざまな視点で捉えた表現がみられる。

こうした日本絵画の表現法は、たちまち印象派の画家たちに衝撃的な影響を与えた。彼らは次々とその技法を学び、競うように自己の作品の表現に採り入れていったのである。

その影響の凄まじさは、多くの印象派の画家たちの表現に、日本絵画の影響を受けていない作家をみつけるのに苦労するほどである。

ジャポニスムの影響は、シノワズリー[19]（中国文化の影響）やインド、トルコなどの東洋のオリエンタリズムの影響のように、かつての西洋における異国趣味という文化の表層的な側面にあるのではなく、西洋人の伝統的な美の原理を覆すという文化の深層に及ぶほどの衝撃であったのである。

西洋人にとって、それまで黄金比とシンメトリーは絶対的な美の規範であり、これ以外に美の秩序はありえないと考えていた彼らにとって、日本美術が示した数々の美に対する捉え方は、きわめて衝撃的であり、新鮮で魅力的な表現法にみえたのである。

西洋人が日本美術から新しい美の捉え方を学び、これを受け入れ絵画や装飾に応用していったプロセスは、19世紀中頃からわずか半世紀にも満たないきわめて短期間なのである。このことからも彼らがいかに日本文化を高く評価し、日本美の規範に対し羨望の眼差しでみていたかがわかるであろう。

世紀末のアール・ヌーヴォーの装飾美術運動に続き、パリやロンドンのポスターブームが印象派絵画に続くジャポニスムの成果とすれば、20世紀初頭から怒濤のごとく巻き起こった数々の美術運動の原点は、ジャポニスムに影響を受け、西洋人がそれまでの美の規範を解体し、新しい美学を打ち立てようと、さまざまな模索をはじめた証とも受け取ることができる。

つまり、ジャポニスムによって西洋人は、新しい美の規範を知り、20世紀に入ると、これまでの西洋の美学との統合の必要性に迫られてきたのである。

この西洋と東洋の美学の融合による、20世紀社会のグローバルな構成原理の確立が、バウハウスという新しいタイプの造形学校によって結実することになった。

---

18. 「富嶽三十六景全四十六図」の一景で、もっとも秀逸な作品。ベノワ・マンデルブロがフラクタルのモデルにしたことでも有名。
19. 17世紀後半から18世紀後半にかけて、景徳鎮を中心とした青白磁などの中国陶器が大量に東インド会社を通じてヨーロッパに輸出された。陶器、絹織物、工芸品を中心とした中国文化がヨーロッパ文化に影響を与え、とくにロココ美術の家具、織物、陶磁器などの調度品にその影響が多く見られる。

2 構成原理と造形要素

2-1　造形表現と造形要素

　原始時代より人間は、自分たちの生活する環境から、土や石、木などの自然素材を探し求め、表現の道具としてきた。これに絵具などの色材が加わり、描画や塑像に対する欲求を満たそうとしてきた。石や木に形や記号を刻み込んだり、黄土やべんがらなどの酸化鉄の赤色で描き、創造的意欲の発露の対象としてきたのである。これが人間の創造的欲求の象徴であるさまざまな装飾や芸術表現となり、今日に至っている。

　絵画、イラストレーションなどの描画や建築、彫刻のような立体造形は、唯一人間だけがつくりだすことのできる創造活動である。こうした造形表現は、人間がイメージした形とその色、また表現する材料及びその材質感（テクスチュア）によって決まる。

　これら造形表現に共通する形、色、材料、テクスチュアを造形要素とよんでいる。つまり芸術やデザインは多くの造形要素が互いにその関係を引き立てながら、絡み合ってひとつのまとまったイメージの造形をつくりだしている。

　私たちは構成学を学ぶことによって、この造形要素それぞれの特徴や性質を知ることができ、表現しようとする造形のイメージを的確につくりあげることができるのである。

　たとえば竹という素材の性質を、よく知ることにより、竹箆やさまざまな竹製品がつくりだされた。この竹箆の材料をプラスチック製に変えても、機能的には遜色のない製品をつくりだせるが、竹の手触りのテクスチュアや造形全体のイメージ、またこれから受ける印象は全く別のものとなってしまうだろう。

　つまり、形、色、材料、テクスチュアのそれぞれの要素を掘り下げ、その性質を熟知することによってイメージをふくらませ、造形表現への着想や発想のベースをつくりあげることが重要となる。

　これらの造形要素の、素材や形・色それぞれの形態的、物理的特性と、視覚上の感覚的な特徴が融合し独特の表現性がつくりだされる。私たちはこうした性質を鋭く見抜き、それぞれの要素を巧みに組み合わせ（アセンブリー）ながら、あらかじめイメージした形をつくりだすことができるのである。

　そこで本書では、バウハウスの予備課程（後の基礎課程）のカリキュラムで採りあげられた形、色、材料、テクスチュアと、現代の造形表現に欠かせない映像表現や、マルチメディアなどデジタルメディアに対応できるように、さらに光や運動・動きの概念にあわせ、テクノロジーも造形要素として加えた。またそれぞれの要素の性質と視覚的な表現特性、つまり見えの効果や表現効果について具体的に論じていく。

● 構成の原理と要素

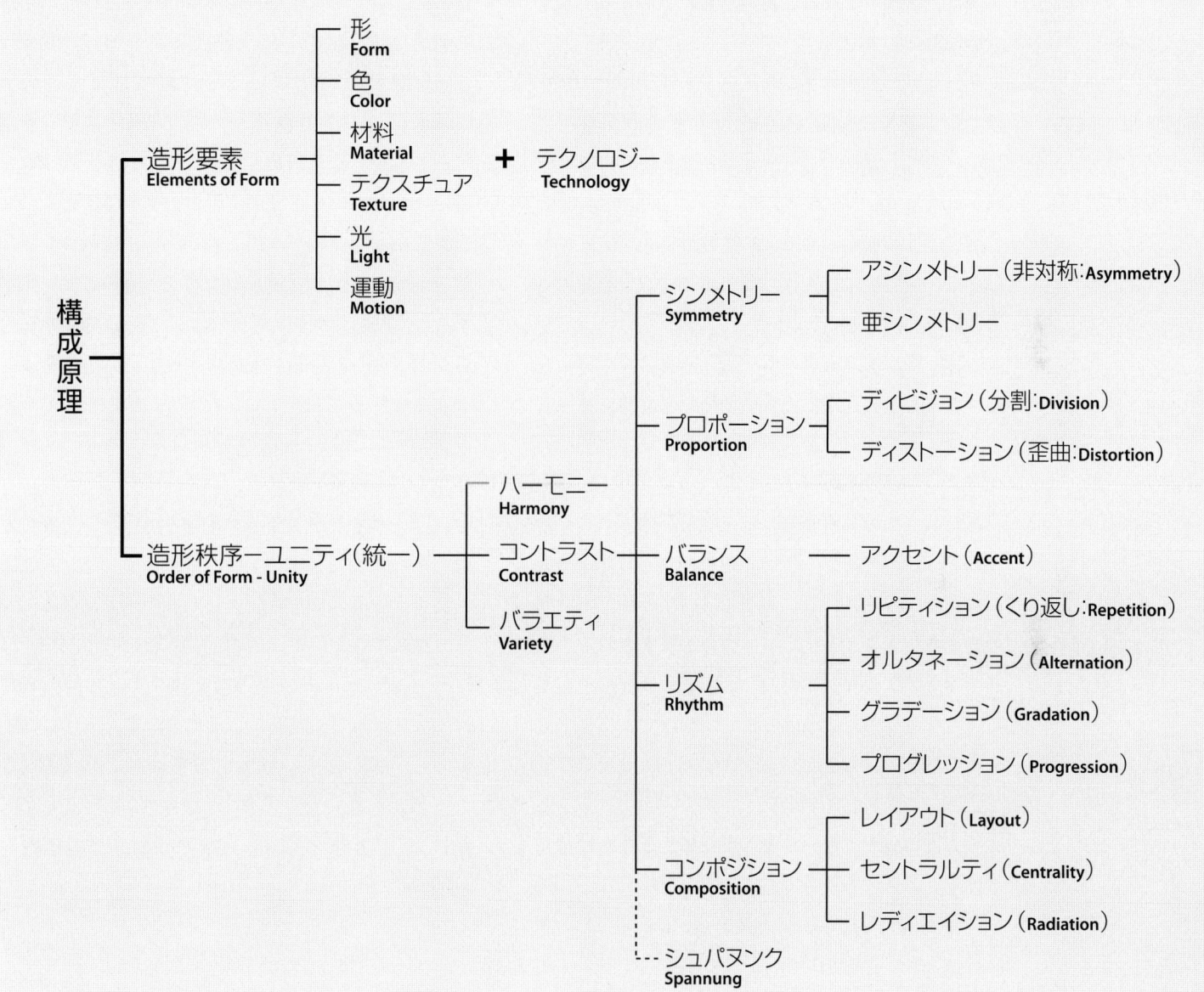

2-2　形-形体と形態

　形は、すべての造形表現の根幹となるもっとも基本的な造形要素である。

　私たちは頭の中にあるイメージが浮かび、これを紙や粘土で形に記録したいという欲求が生じたとき、まずその全体のイメージやおおまかな形を思い浮かべる。

　形をイメージする前に色や材料、テクスチュアなど、他の造形要素が先行してイメージがつくられることはほとんどない。

　つまり形が造形表現のもっとも基本的な骨格をなしている。そのうえで色や形をつくる材料、さらにテクスチュアなどの要素が加わり、より具体的な形のイメージができあがってくる。

　私たち人間の描画能力の発達段階からみても、幼児はまず錯画期（なぐり描き期）[1]から初期の3、4歳の象徴期（意味づけ期）に入ると、円状の輪郭線で形の概念を捉えようとする描画能力が形成される。色彩やマテリアルなどへの関心は、ずっと遅れて生じることが実験でも確かめられている。

　このことに関し造形心理学（ゲシュタルト心理学）[2]では、ものの見え方の特徴、つまりものの「見え」という人間の視覚生理のさまざまな特性を見極め掘り下げる。さらに形に対する認知能力や錯覚など、その限界が人間の視覚心理や感覚・知覚を統合した認知科学として研究されている。

形体と形態

　ものや形を捉える大きな概念として、日本語では形、かたち、形体や型、形態や姿などという用語が一般的に使われている。

　英語ではシェイプや、フォームあるいは独語のフォルムがこれにあたる。ところで形体と形態も本来は同じ形を表わす用語と考えてもよいが、「形体」とは、からだや姿を指すある特定の個別の形を表わす言葉である。テーブルの上のリンゴ、花瓶に生けたバラ一輪の具体的な姿・形や形状の全体像は形体であり、「形態」は特定の形を越えた広い意味での形の概念を表わした用語と捉えてよい。「形態」の態は動植物の生態系や生態学の態と同様、その形の姿やありさま、ふるまいから、周辺の形の置かれた状況や環境を含めた意味をもつ。

　たとえばイリオモテヤマネコの形態といえば、沖縄の西表島に生息する土壌、気候、風土などの周囲の環境や生態系までも包含した形の概念となる。つまり狭義で捉えると、「形体」は英語のShapeであり、「形態」はFormにあたると考えればよいだろう。

　本書では形を造形学的にそれぞれ掘り下げ、検証していく意味から、「形態」でなく、あえて「形体」として表記していく。しかし「形体」の英語表記は表（p.29）に示すように、形全体を包含する広義のFormを使用する。

---

1. 描くことに興味をもちはじめた1歳半から2歳ごろの時期。落書きのように点や線をたたくように描く。
2. マックス・ヴェルトハイマー　Max Wertheimer, 1880-1943が運動視の視覚効果(仮現運動)に関する論文を発表（1912）。ヴィルヘルム・ヴントらの構成主義の心理学を否定する立場をとるゲシュタルト心理学を確立した。(第6章 6-8参照)

● 形の体系

形体を理念と実体で分類

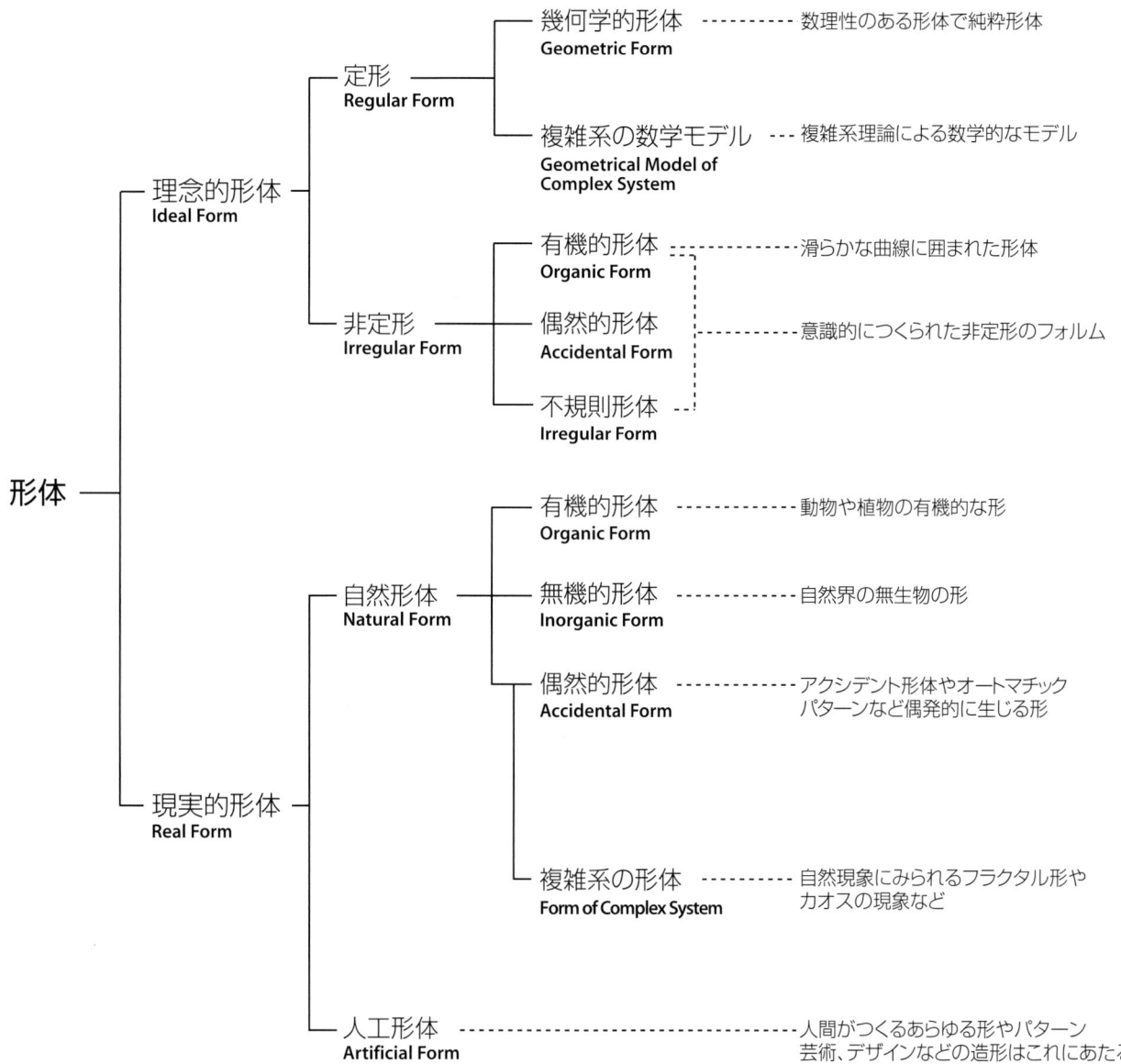

2-3　形の分類と体系

　ところで私たち人間は日常、さまざまな形と共存しながら生活している。雲や樹・草花や遠くの山々など自然の形、建物や車、テーブルや椅子などの家具、壁に架かった絵やカーテンなど種々さまざまな形が溢れている。自然界のさまざまな形や現象、人間がつくりだしたさまざまな人工の形から、実際は存在しないが頭の中でイメージする形や幾何学的な形など、つまり理念としての形がみられる。

　さらにそれぞれの形の中には、数理性をもたない不規則な形、幾何学的な形、なめらかな形状の形などが、秩序もなく混在している。

　こうした森羅万象の形をいくつかに分類してみると、具体的に人間が捉えることのできる形、つまり具象形と　放物線や楕円形といった幾何学的な形や漠然と思い起こす意味のない形など抽象の形に分けることができる。つまり形を概念から分類すると、抽象形体と具象形体という大まかな分け方ができるだろう。

　また別の視点・切り口から形全体を眺めてみると、円や正方形のように、半径や一辺の長さがわかれば誰でも正確に描ける形であり、これはいつでも再現できるという意味から再現性のある形と、それ以外の石ころや雲のような形のように非再現性の形に分類する方法も考えられる。

　さらに有機の形と無機の形に分ける方法もあるだろう。いうならば生命体の宿る動植物などオーガニックな生物の形と石や金属、ガラスなど無機質の物体の形に分ける分類法である。

　そこで私は表 (p. 29) で示すように、形を現実に存在する現実的形体と、理念的形体に大きく分け、そこから形全体をまとめ、体系化した概念図をつくりあげた。

　この体系図は、まず人間がつくるという創造行為を前提として造形全体を捉え、その上であまねく形を分類・体系化し、概念図としてまとめた系統図である。

　そもそも人間の形に対するイメージや発想は、自然の形や動物から人間まで人間が関心をもって、見て認知することからはじまる。そのため人間が捉える形の大部分は、こうした人間が直接見ることのできる形であり、人間がつくりだした建物や家具・工芸品から絵画・彫刻などの芸術作品などの人工の形である。

　それ以外の形はつまり直接人間が見たり、触れたりすることのできない形であるが、人間が自由に頭の中に思い浮かべたり、イメージできる形である。デザイナーが完成を予想しながら描く形は理念の形である。数学の関係式によってつくりだす形、たとえば二次方程式で表わす放物線や楕円の形は数学上の純粋形体であり、理念的形体の中の定形の分類に入る形であるといってよい。

第2章　構成原理と造形要素

その他、夢に現われる形は定形、非定形であろうと非定形の不規則な形であろうと、実際に存在するわけではないので理念の形である。

こうしてまず形体を現実に存在する形と理念の形に分け、それぞれの形を細かく分類したのがこの体系図である。

従来の分類法では、自然界にみられるさまざまな形やパターンの中で、偶発的に生じた形を偶発的形体と命名していた。つまり自然界の山や川の流れ、雲、樹木などは自然がつくりだした複雑きわまりない形で、数理的には到底把握できない形であり、再現性のない形として出鱈目（でたらめ）な形とよんでいた。

しかし1975年、IBMのワトソン研究所のベノワ・マンデルブロが「フラクタル理論」[3]を提唱した。フラクタルとは、こうした自然の造形に、単純な規則のくり返しというある数理的秩序が認められ、これを関係式で表わすことができる画期的な科学理論であった。これをフラクタルと名付けた。大気の流れなどのパターンや自然現象であるカオス[4]とともに複雑系の形として、まったくのでたらめの形ではないことが理論的に明らかになってきたのである。

そこで私はフラクタル形を偶発的形体とは別に、複雑系の形体として別項目をあげた。理念的形体の定形の枠内にも幾何学的形体とは別に、複雑系に入る数学的モデルを入れた。フラクタルについては後述する。

放散虫の図鑑（1866）。"Art Forms in Nature" アーンスト・ヘッケル著 Prestel刊 1998より

3. "Fractal Geometry of Nature" Benoit Mandelbrot, San Francisco, W. H. Freeman and Company, 1977.（『フラクタル幾何学』ベノワーB.マンデルブロ著　広中平祐監訳　日経サイエンス刊　1985）。
4. カオスとは、不規則なふるまいのために無秩序なように見える動きや現象をさす。カオス理論とは複雑で予測のつかない運動や動態を記述する理論。ジュール＝アンリ・ポアンカレがカオス理論の特性を見いだした。その後、気象学者エドワード・ローレンツは、天候のコンピュータモデルが観測データで与えられる初期の天候状態に大きく左右されることを1963年に発見し、複雑系科学ブームの基となった。

2-4　材料と表現

アーティストやデザイナーの絵、デザインなどの描画や、ものづくりなどの創造活動は、人間の手技と表現する材料によってそのよしあしが決まる。そのため表現された描写と材料の関係がぴったり一致していると、その表現効果はいっそう高まる。

彫刻家が立体像をつくりあげる材料にこだわるのは、デッサンやクロッキーのように気軽に描き、気に入らなければ修正・加筆が容易にできるのに対し、金属や石像ではつくりはじめると、材料の変更がそう簡単にはいかないからである。

そのため、作者がある表現を思い立ったとき、その表現にもっともふさわしい材料を見極めることが、創造プロセスにおいて最初の重要な選択となる。

たとえば木という材料は、日本の伝統的な芸術・文化表現の素材のひとつである。日本の芸術・文化財の多くが樹木を材料とした木質によって表現されていることからも、日本人と木との深いかかわりをうかがい知ることができる。木は自然素材としての色調や肌理[5]（材質感）と、その香りから木目などの樹木特有のパターンの美しさをもっている。

しかしその反面、天然木としての材質の不均一さ、方向による強度のバラつきなどの短所ももちあわせている。これに対して木の繊維からつくる日本の和紙は、こうした短所を補うだけでなく、紙特有の数々の長所があり、私たちの祖先は、紙を使ってさまざまな道具・調度品から芸術・文化財を生みだしてきた。

つまり日本人は古来より、日本の各地の自然に育った樹木を材料とし、木の性質を知りつくした感性によって、その特徴をうまく引きだし、多くのものを生みだしてきたといえる。

このように使用される材料と、それによって表現される芸術の〈ジャンル〉や〈デザイン〉というメディアは、きわめて密接な関係にある。アーティストやデザイナーがこの材料に何を使うか、選択を誤ると、当然のことながらよいできばえの作品にはなりえない。

---

5. 『広辞苑第四版』によると、きめは「木目・肌理」と書き、「1.もくめ。木理。2.皮膚の表面のこまかいあや。「―細やかな肌」3.物の表面に現れたこまかいあや。手ざわりの感じ。文理」とある。

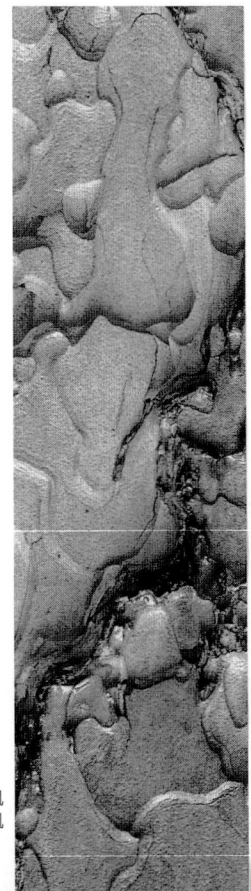
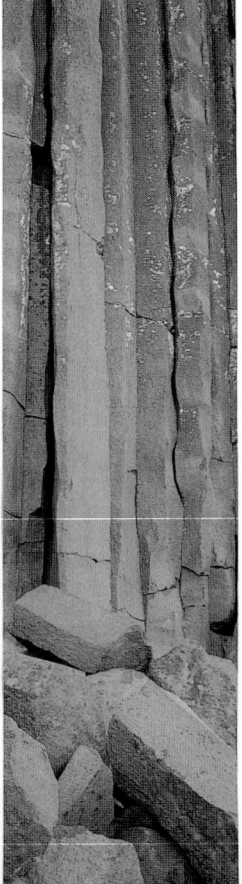

左：木の地肌
右：石の地肌

さまざまなオートマチックパターン——偶発的形体

2-5 バウハウスにおける材料体験とテクスチュア教育

バウハウスに入学したばかりの当時の学生の造形能力は、まちまちであった。年齢や国籍も異なっていたことから、ヨハネス・イッテン[6]は、造形の基礎教育に予備課程とよばれるカリキュラムを提案した。

イッテンは最終的な目標を掲げたバウハウスの教育理念を実現するためには、専門教育に入る前に、学生達の一定レベルの基礎造形力が必須と考えたのである。

この予備課程では、担当のマイスター、イッテンが最初に採り入れた造形教育の根幹は、やはり材料体験とテクスチュア教育である。

自然に対する鋭い観察眼の訓練とさまざまな材料体験を通して、学生たちは素材の性質や材質感を知り、素材を生かした工房での実習と制作を行い、創造性が育まれるのだという構想であった。

イッテンは学生の造形感覚を育成する上で、造形技法とともに造形の素材感を重視し、材質感教育（肌理教育ともいう）を行った。彼は特に紙や木、植物、布地、動物の表皮、石などの自然素材を中心に材質感の実体験（材料体験）を課すことによって、造形素材の性質や表現性を教えた。

これがより創造性の高い造形表現に結びつくという強い教育理念をもっていた。この触覚による知覚作用を生かした造形教育が、結局は形と材料のよりよい選択をもよおし、機能性と造形性を満たすよいデザインに進化していくという主張である。

1923年、イッテンがバウハウスを去った後、自ら構成主義を標榜していたモホリ＝ナジとヨゼフ・アルバースが、これを引き継いだ。文字通りバウハウスの予備課程（デッサウでは基礎課程）は、デザイン教育の原点といわれるようになり、あらゆる造形能力の可能性を広げるカリキュラムとして後年、高く評価されていく。

イッテンの造形教育は、別名、自然研究といわれるほど材料として木や紙、石など自然素材にこだわっていたが、ナジはガラスやプレキシグラス（プラスチックなどの合成樹脂）、アルミニウムやジュラルミンなどの金属に加え、新しく写真やフォトグラム[7]など銀塩感光材や、当時最先端の映像表現や運動も導入し、時代を先取りした。アルバースは結果的にもっとも長く1923年から1933年まで予備課程を受け持ち、紙による素材研究に重点を置き、基礎教育を行った。

特にアルバースの紙とハサミによる折り曲げ加工の課題は、のり付けや分断、切りくずをださない制約された条件のもとでの造形の可能性を引きだす、いわば近代工業化を迎えた時代に即応した実験的造形教育として評価され、世界各地の戦後のデザイン教育に採り入れられていった。(p. 284 - 286参照)

こうしたバウハウスの造形教育における材料体験

---

6. p.20 注-10参照。
7. 1920年代にマン・レイやモホリ＝ナジらが試みている。

が、その後学生の創造能力を開花させた。その教育成果は、毎年開催される「バウハウス展」に展示・紹介され、内外から高い評価を受けた。

現代の造形教育において、バウハウスにおけるこうした基礎教育、ことに材料体験に基づく教育成果が、小学校の低学年では造形遊び、高学年では工作・工芸学習、中学校の機能造形に反映されている。

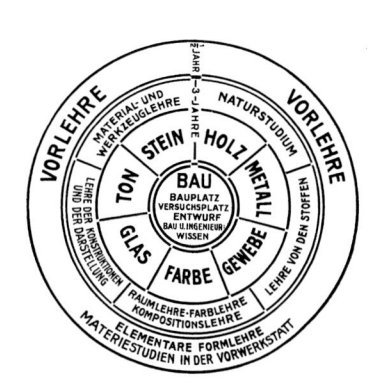

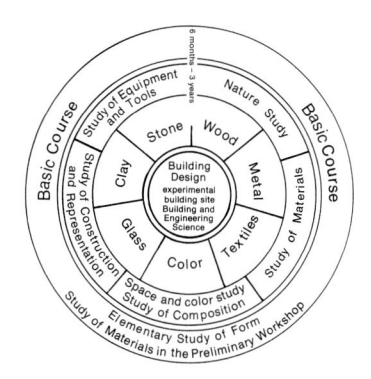

バウハウス予備課程のカリキュラムのダイヤグラム。バウハウス・ワイマール　1922（左からドイツ語・英語・日本語）

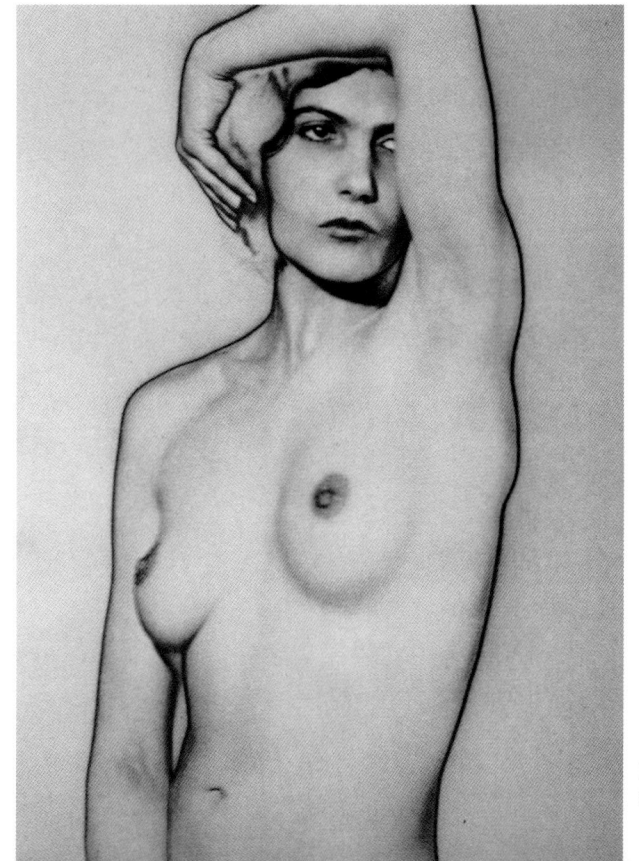

「ヌード」ソラリゼーション　マン・レイ　1931
©MAN RAY TRUST / ADAGP, Paris & SPDA, Tokyo, 2006

2-6 材料とテクスチュア

　造形表現は材料とのかかわりが強く、どんな材料を表現に用いるかによって、完成された作品のイメージは、ほぼ決まる。それは材料のもつ特有の材質感が大きく影響するためだ。これをテクスチュアとよんでいるが、科学的にいうと、材料の元となる物質の表面の組成構造や組織に由来している。

　材料に直接手で触れるとその感触が、ざらざらしているか、つるつるしているか、またはキーンとした金属的な輝きがあるか、あるいは透明感があるか、柔らかで、ぶよぶよしているかといった擬態語・擬音語などの表現のテクスチュアの感覚と、千差万別で変化に富んだ触覚的なイメージが浮かんでくる。

　このように私たちは日頃、材料の表面に直接手で触れ、その感触を確かめ、これを記憶に留めている。次第に直接触れなくても触れた感じを見ただけで判断することができるようになる。

　たとえば秋の空のうろこ雲や北山杉の美林、苔で覆われた庭の表面、川面のさざ波など直接手で触れることのできない対象にも、テクスチュアを感じる。私たちはこれを、マシュマロのように柔らかくふわふわした雲、しっとりしてビロードのような感触の苔などと表現する。それは雲を見て、マシュマロを連想するからだ。つまり雲はマシュマロの見立てであり、苔はビロードの見立てとしてのテクスチュアなのだ。

　絵画では、対象を観察し写生することによって、対象のテクスチュアを正確にキャンバスに写しとろうとする。それゆえルネサンスの王侯貴族の婦人たちが纏（まと）うドレスの材質は麻や綿でなく、一見して光沢のある上質の絹地であることが筆のマチエールだけで見事に表現されていることに驚かされる。

　このように芸術やデザインでは、その表現やイメージに占めるテクスチュアの割合は意外と高い。ことに工芸や工業製品のように、機能を前提とした形やデザインは、それがどのような材料でつくられているかということが、全体のイメージやデザインの評価を決める際の基準のひとつとなる。

　これは材料のテクスチュアが、そのものの視覚的なイメージを決定づけるからだ。料理を盛る器を例にとってみても、備前や信楽の土ものの皿に盛るか、ジノリの磁器の器にするか、あるいは朱塗りの漆器を使うか、料理に見合った器を選ぶことが重要である。取り違えると料理の設（しつら）えそのものが成り立たなくなるほど、テクスチュアの意味は大きい。

ヒイラギの葉脈
（撮影：竹村嘉夫）

● さまざまなテクスチュア‐1（筑波大学芸術専門学群「構成基礎演習」学生課題作品）
自然界や日常みられる偶発的に生じるさまざまなテクスチュアを学生各自の工夫で再現させる課題。

● さまざまなテクスチュア・2（筑波大学芸術専門学群「構成基礎演習」学生課題作品）
自然や生活空間を観察し、同じイメージのテクスチュアを写真に撮り、コラージュした課題（バウハウスの予備課程でヨハネス・イッテンが行ったカリキュラムに基づく）。

第2章　構成原理と造形要素

39

● さまざまなテクスチュア・3（筑波大学芸術専門学群「構成基礎演習」学生課題作品）
一辺が15cmの立方体に人工的にさまざまなテクスチュアをつくりだす課題制作。ヨハネス・イッテンのテクスチュアのカリキュラムに基づいた課題。人工的なテクスチュアやバーチャルなテクスチュアも含め、学生たちの自由な発想をこの立方体に託す。

2-7　テクスチュアとイメージ

　私たちが一般にテクスチュアとよんでいる概念は、すべて同じではなく、本来的なテクスチュアと、それ以外のテクスチュアや人工的につくられたテクスチュアなど、表(p. 41)のようにいくつかの種類に分けることができる。

　本来テクスチュアとは、実体のある材料がもっている材質感であり、人間はこれを造形素材として芸術表現を行ってきた。また西洋絵画では19世紀まで写実(リアリズム)を究極の美の目標として掲げてきたためか、アーティストは絵具と筆によって、いかに対象のテクスチュアを忠実にキャンバスに再現するか腐心してきた。

　そのため私たちは、キャンバスに表現されたモチーフのテクスチュアから本物のテクスチュアを思い起こし、そこからさまざまな思いを巡らすのである。

触覚的テクスチュア(Tactile Texture)

本来、テクスチュアといわれる材質感は、現実に存在する実体のある物質や素材の材質感であり、手で触れることができる。彫像・工芸品などの造形は、これにあたる。

視覚的テクスチュア(Visual Texture)

実際に手では触れることができないが、触れた感じを視覚的に捉えることのできるテクスチュア。真綿のような雲、じゅうたんのような花畑、鏡のような大理石、というように比喩や見立てとしたテクスチュアの表現を指す。

「air007-sky」フォトコラージュ　玉置 淳　2004

「air006-tokyo」フォトコラージュ　玉置 淳　2004

ミクロのテクスチュア（Micro Texture）
顕微鏡下でみる微視的（ミクロ）な物質で、手で触ることのできない視覚的テクスチュアであり、鉱物の結晶や生物の細胞やウィルスなど顕微鏡下で見られるヴィジュアル一般を指す。これも視覚的テクスチュアのひとつである。

マクロのテクスチュア（Macro Texture）
ミクロの世界と反対に、飛行機から見た地形の風景や、宇宙船から捉えた地球上の地勢、雲の様子に見られる巨視的（マクロ）なテクスチュアを指す。河川の枝分かれ、山脈の分水嶺、海岸線の様子など、マクロとして捉えた視覚的テクスチュアである。

人為的テクスチュア（Artificial Texture）
人の手が加わった人工的につくられた創造的なテクスチュア。人がつくりだす絵画表現にみられるテクスチュアは、これにあたる。画家がキャンバスに風景画や人物画を描く場合、樹木の幹の表面のテクスチュアや、人体表現の肌のテクスチュアは、人間である画家が対象を見てキャンバスにそのテクスチュアを写し取るのである。いわばこれは人がつくりだす人工的なテクスチュアである。

二次的テクスチュア（Collateral Texture）
写真や印刷のメディアを通して人間が感じ取るテクスチュア。本や雑誌に掲載され、印刷された写真上のテクスチュアは、実在する対象をカメラを通し複製された触覚の拡張された二次的なテクスチュアといえる。テレビ映像に映されたテクスチュアも同じように、二次的テクスチュアであり、また副次的なテクスチュアである。木目を印刷した壁紙やトレイなどもこの部類に入る。

バーチャルテクスチュア（Virtual Texture）
実在していない仮想のテクスチュアを、コンピュータのデジタルデータによってつくりだしたテクスチュア。いわば未だ見たことのないバーチャル（仮想）な材質感であり、現実にはありえない人工の材質感でもある。また画家が夢想しながら描きだす仮想の材質感もこの分類に入るだろう。

テクスチュアの分類

現実的 (Real)	触覚的テクスチュア	(**Tactile Texture**)	手で触れられる本来のテクスチュア 木、布、石など
	視覚的テクスチュア	(**Visual Texture**)	手で触れた感触を視覚的に捉えたテクスチュア 真綿のような雲、じゅうたんのような花畑
	ミクロのテクスチュア	(**Micro Texture**)	微視的な世界のテクスチュア 顕微鏡下の鉱物の結晶、細胞膜など
	マクロのテクスチュア	(**Macro Texture**)	巨視的なテクスチュア 飛行機から見た地形、宇宙船から見た地球
理念的 (Ideal: Virtual)	人為的テクスチュア	(**Artificial Texture**)	人間が人工的に表現したテクスチュア表現 絵画のテクスチュア表現など
	二次的テクスチュア	(**Collateral Texture**)	写真や印刷を通したテクスチュア表現 木目印刷など
	バーチャルテクスチュア	(**Virtual Texture**)	デジタルデータでつくられた仮想のテクスチュア

2-8　20世紀芸術とマテリアル

　20世紀に入ると、キュビズム（立体派）をはじめとしてフォービズム（野獣派）、ダダイズム、未来派、ロシア構成主義、新造形主義など新しい芸術運動が次々と登場し、写実を中軸にしたそれまでの西洋の伝統的な美の概念を根底から崩した。

　キュビズムは、写実から抽象へ表現を変換したその第一歩であったが、これらの新興美術運動は、いずれも多かれ少なかれそれぞれの主張する美的表現性に抽象をキーワードとしたコンセプトを採り込んでいた。

　つまり写実を放棄したことによって、抽象という新しい概念が美術表現のあらゆる改革をもよおし、次々と旧態の美術に対する伝説や常識が打破されていったのである。

　絵画では、キャンバス地に油絵具で描くという従来の表現に加え、キャンバスに砂、ガラス、布地、ボタンやプラスチックの断片から新聞の紙面や写真などあらゆるパーツが貼り付けられた。

　コラージュ、フロッタージュ（こすり出し）、デカルコマニー、フォトモンタージュとよばれる新しい表現テクニックから、プリンティング（型押し）やドリッピング（したたり技法）、マーブリング（墨流し）、スパッタリング（たたきつけ技法）、三次元表現のコラージュ、アッサンブラージュなどの技法が開発され、ピカソやダダのアーティスト、マルセル・デュシャンなど新興芸術家たちはこれらの技法を駆使しながら果敢に新しい美を模索していった。

　また従来の彫刻では、表現の主体が写実から抽象に移行するに従い、表現材料であるマテリアルの多様化現象が顕著となった。

　伝統的な彫刻において、石彫では大理石か花崗岩、砂岩、変成岩など、金属では青銅（ブロンズ）、木彫では樟の木、檜などと表現と材料（マテリアル）との一体感が彫刻表現の特徴とさえなっていた。

　20世紀に入ると、彫刻の写実から抽象への進化は、表現の制約から解放され、あらゆるマテリアルが彫刻の造形素材になりうることを可能にした。また元来、彫刻は人体や動物などの対象をボリュウム感のあるマッス（塊）で捉えながら粘土を貼り重ね、石塊を削り、かつての西洋美術が目標としたボリュウムに仕上げていく、というのが伝統的な表現技法である、と大方評価が定まっていた。

　ところが対象が写実を離れ、抽象表現になると、単なるマッスにこだわる必要はなくなり、全体のボリュウムに凹部をつくったり、穴をあけ、くり抜いたりする表現も可能となった。

　モホリ＝ナジはこうした新しい彫刻を、その著書 "The New Vision"（1928）[8]の中で否定的なボリュウム（凹空間）と言っている。

　ジャン（ハンス）・アルプ、アレキサンダー・アルキペンコ、バーバラ・ヘップワース、ヘンリー・ムーアの彫刻は、率先してこうした新しい造

---

8. "The New Vision 1928, third revised edition 1946 ; and Abstract of an Artist" Moholy-Nagy, Laszlo, New York, Wittenborn, 1946.（『ザ ニュー ヴィジョン：ある芸術家の要約』L.モホリ＝ナギ著　大森忠行訳　ダヴィッド社刊　1967。
9. 1910年代、ウラジミール・タトリン（1885-1953）が制作したワイヤーで吊された壁面彫刻作品。「カウンターレリーフ」ともいう。彼はロシア構成主義の創始者であり、「第3インターナショナル記念塔」（1919-20）が代表的である。彼は、1913年にピカソのパリのアトリエでアッサンブラージュに影響を受け、モスクワでレリーフ作品をつくりはじめた。具体的には、金属板やガラス、針金、厚紙、木片を組み合わせて部屋の角に取り付けたインスタレーション。このような、空間を採り込んで作品化する方法は、70年代以降のインスタレーションにまで影響を及ぼしている。

形に挑戦し、現代彫刻のひな型をつくりだしていったのである。

さらにひとつの造形作品に石と金属、あるいは石と木といった複数の材料が組み込まれた表現も出現した。20世紀の芸術家は、新しい美の在り方を求め彷徨するとともに、その表現にまた新しい材料を求め新しい表現への実験がくり返されていったのである。

こうした写実から抽象への表現の拡大は、従来の平面の絵画、立体の彫刻という概念さえもあやふやとなり、半立体の絵画や彫刻も出現した。

1910年代ロシア構成主義の作家ウラジミール・タトリンやアレキサンダー・ロドチェンコは、コーナーレリーフ[9]とよばれる絵画と彫刻の境界が取り払われた新しい造形も試みた。

つまり絵画と彫刻の境界が消失し、造形といったほうがふさわしい現代芸術の表現が常識化してきたのである。

都市彫刻（シカゴ）アレキサンダー・カルダー（撮影：三井秀樹）

'Construction Spatiale' アントワーヌ・ペブスナー　1962
© ADAGP, Paris & SPDA, Tokyo, 2006

「波」バーバラ・ヘップワース　1943-44

●具象から抽象へ──20世紀現代彫刻の変遷

「プトレマイオス」ジャン（ハンス）・アルプ　1953

「終りなきリボン」マックス・ビル　1947
© 2006 by ProLitteris, CH-8033 Zurich & SPDA, Tokyo

「がちょう」フランソワ・ポンポン　1908
©ADAGP, Paris & SPDA, Tokyo, 2006

「横たわる形」ヘンリー・ムーア　1938

「おっとせい」コンスタンチン・ブランクーシ　1943
© ADAGP, Paris & SPDA, Tokyo, 2006

「モビール」アレキサンダー・カルダー　1956
©Estate of Alexander Calder / ARS, New York / SPDA, Tokyo, 2006

2-9　20世紀芸術と運動表現

20世紀に入ると、芸術表現にはじめて、従来の形と色に加え、動きという「運動」の概念が加わってきた。また新素材といわれるプラスチック、ベークライト[10]などのプレキシグラスからアルミニウムやジュラルミン[11]までも造形表現の材料として採り込み、ダダや未来派、ロシア構成主義の芸術家たちによって、さまざまな表現の実験がくり返されていった。

未来派のウンベルト・ボッチョーニ[12]は1912年頃、従来の静止した立像である静力学の彫刻を破壊し、運動の観念を採り入れた動力学の彫刻を提唱している。

また化学的に合成された可塑性樹脂のプレキシグラスという自由に変形できる可塑性のある透明材料が開発されると、ナウム・ガボやアントワーヌ・ペブスナーは、早速この新素材を使った幾何学的抽象造形の作品を矢継ぎ早に発表し、芸術家の科学と芸術のかかわりを社会にアピールした。

モホリ＝ナジはプラスチックの特性である可塑性とアルミニウムの組み合わせで曲面を表現し、これまでにない透き通る立体造形をつくりあげた。

さらに1920年代に入ると、これまでの長い西洋美術の歴史ではまったく見られなかった造形素材として光と運動という実体のない、つまり手でつかんでも触感のない素材までが芸術表現の材料として登場するようになった。

最初の動く芸術は1920年、ガボが発表した「立てる波」(p. 47)であり、床面に置かれた黒い筐体（ブラックボックス）からでている1本の金属棒だけの作品であった。このブラックボックスに仕掛けられた電気モーターによってスイッチを入れた途端、高速回転する金属棒の中央部は紡錘形状に膨らみ、電源を切ると、また元通りの1本の棒に戻る。つまり電気モーターによる高速回転で生じる実際には、ありえない虚のボリューム（ネガティブボリューム）も、造形であるというコンセプトである。

同じ年、ダダのマルセル・デュシャンは、同じく電気モーターによって回転する「回転ガラス板」という作品を発表した。同軸にかけられた透明な大小5枚の円盤状のプラスチック板に描かれた同心円の輪が回転すると、円と円が重なり合い、視点の移動によってさまざまな様相やモアレパターンが生じる。この作品も電気モーターというテクノロジーによって新生した造形といえる。

この二人の作家によって発表された「動く芸術」は、ギリシャ語で運動を意味するKineticの芸術、「キネティックアート」と命名され、現代のテクノロジーアートの元祖となった。

ただ同じ運動をともなったアレキサンダー・カルダーの考案したモビールは、キネティックアートとはいわない。モビールは天井からつり下げられた形体が、左右の均衡を保ちながら室内の微妙な空気の流れに反応し、自在に動く自然力の運動体である。キネティックアートとは、あくまで人工の力、つま

---

10. ベークライト　Bakelite。フェノール樹脂の代表的商標名。ベルギー系アメリカ人レオ・ヘンドリック・ベークランド(Leo Hendrik Baekeland, 1863-1944)の発明。
11. ジュラルミン　Duralumin。ドイツの冶金学者アルフレッド・ウィルム(Alfred Wilm, 1869-1937)の発明した軽合金。名称はラテン語のdurus(硬い)とaluminiumを合わせた造語。アルミニウムを主成分として、銅、マグネシウム、ニッケル、珪素、マンガン、亜鉛などを加えた強度の大きい軽合金。軽量で加工しやすく、飛行機の骨組その他の構造用材料に広く使用。
12. ウンベルト・ボッチョーニ　Umberto Boccioni, 1882-1916。フィリッポ・トマーゾ・マリネッティと知り合い、カルロ・カッラ、ジャコモ・バッラと1910年「未来派画家宣言」に署名。1912年、「未来派彫刻技術宣言」発表、『未来派絵画と彫刻』1914出版。

●現代造形とメディアの変遷

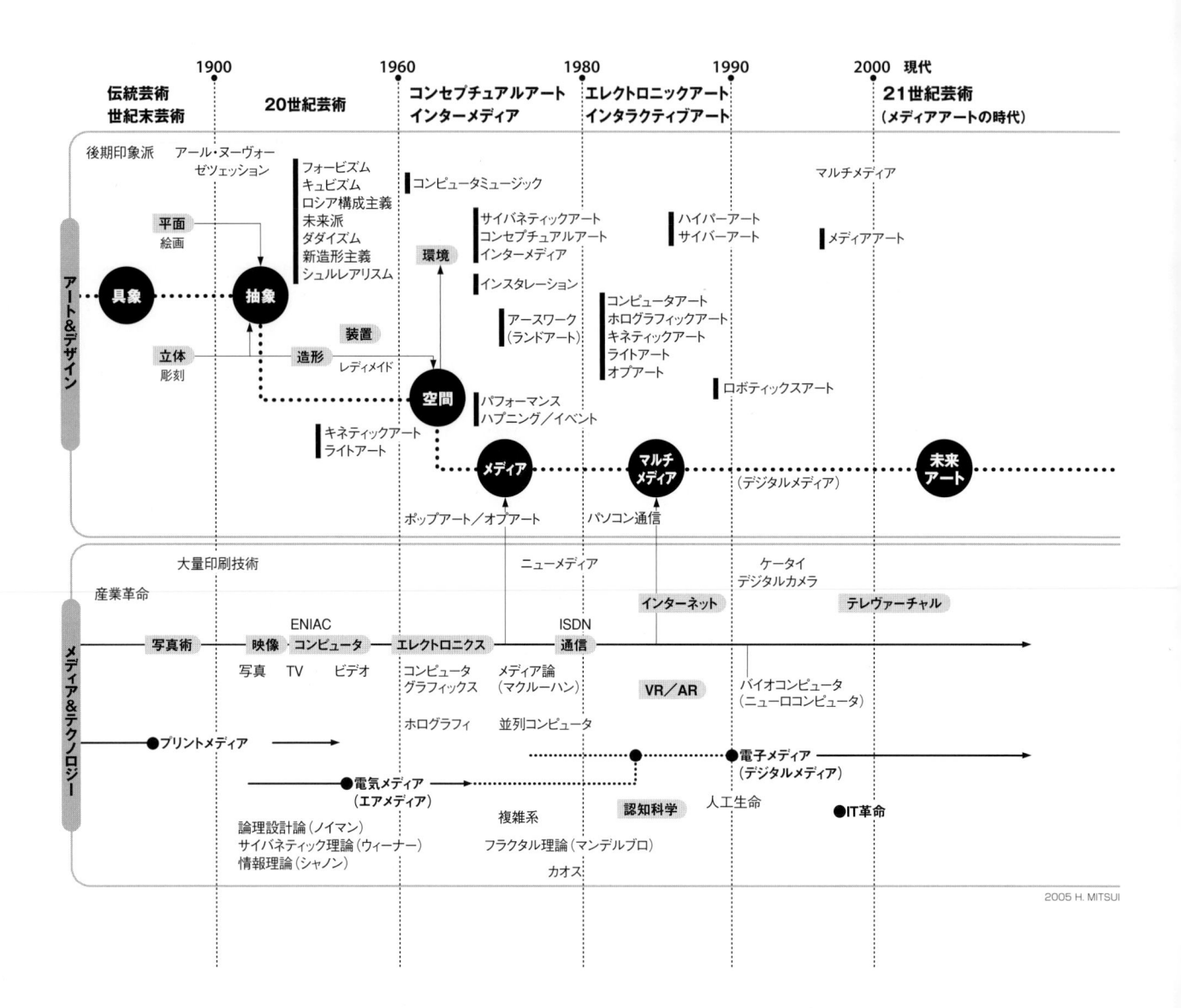

	1900	1960	1980	1990	2000　現代
伝統芸術 世紀末芸術	20世紀芸術	コンセプチュアルアート インターメディア	エレクトロニックアート インタラクティブアート		21世紀芸術 （メディアアートの時代）

アート&デザイン

- 後期印象派　アール・ヌーヴォー／ゼツェッション
- フォービズム／キュビズム／ロシア構成主義／未来派／ダダイズム／新造形主義／シュルレアリスム
- コンピュータミュージック
- サイバネティックアート／コンセプチュアルアート／インターメディア
- インスタレーション
- アースワーク（ランドアート）
- パフォーマンス／ハプニング／イベント
- キネティックアート／ライトアート
- ポップアート／オプアート
- ハイパーアート／サイバーアート
- コンピュータアート／ホログラフィックアート／キネティックアート／ライトアート／オプアート
- ロボティックスアート
- パソコン通信
- マルチメディア
- メディアアート

平面（絵画）→ 具象 → 抽象
立体（彫刻）→ 造形　装置　レディメイド
環境 → 空間 → メディア → マルチメディア →（デジタルメディア）→ 未来アート

メディア&テクノロジー

- 産業革命
- 大量印刷技術
- 写真術／映像／コンピュータ／エレクトロニクス／通信
- ENIAC
- 写真　TV　ビデオ
- コンピュータグラフィックス
- ホログラフィ
- メディア論（マクルーハン）
- 並列コンピュータ
- ニューメディア
- ISDN
- VR／AR
- インターネット
- ケータイ／デジタルカメラ
- バイオコンピュータ（ニューロコンピュータ）
- テレヴァーチャル
- プリントメディア →
- 電気メディア（エアメディア）→
- 電子メディア（デジタルメディア）→
- 論理設計論（ノイマン）
- サイバネティック理論（ウィーナー）
- 情報理論（シャノン）
- 複雑系
- フラクタル理論（マンデルブロ）
- カオス
- 認知科学
- 人工生命
- ●IT革命

2005 H. MITSUI

---

13. マルセル・デュシャン　Henri Robert Marcel Duchamp　1887-1968。フランス生まれ。1913年に米国で開催された「アーモリー・ショウ」に出品した作品「階段を降りる裸婦No.2」がスキャンダルを巻き起こす。1914年、フランシス・ピカビア、マン・レイとともに米国に居を移し、ニューヨーク・ダダの中心人物となる。多種多様な作品を創出したが、機械と肉体が合体したようなイメージを描いた「大ガラス」（通称）を制作した後は、ほとんど絵画を放棄し、「泉」をはじめとするレディメイドのオブジェを制作。

り人間が制御しながら動きをつくりだす造形、テクノロジーアートなのである。

こうした20世紀芸術運動に対する関心の高まりは、実際に動く造形ばかりに向けられているわけではなかった。未来派やダダイズムからロシア構成主義の作家たちは、疾走する自動車や蒸気機関車の動輪など運動をテーマとしてモチーフを選び、動きを予感させる構図や動きそのものの表現技法の開発によって平面における新しい運動表現への挑戦を続けていった。

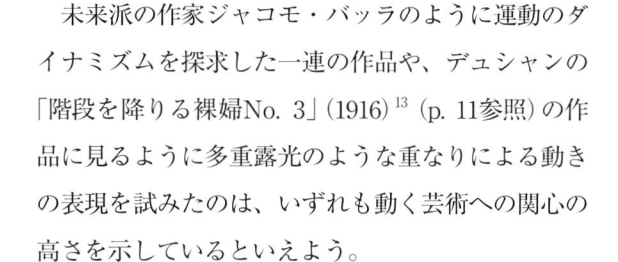

未来派の作家ジャコモ・バッラのように運動のダイナミズムを探求した一連の作品や、デュシャンの「階段を降りる裸婦No. 3」(1916)[13] (p. 11参照)の作品に見るように多重露光のような重なりによる動きの表現を試みたのは、いずれも動く芸術への関心の高さを示しているといえよう。

「無題」白色光透過再生型ホログラム　ルーディ・バーコウト　1986
（撮影：三井秀樹）

「泉」（モーター+ステンレスワイヤー）　レン・ライ　1963

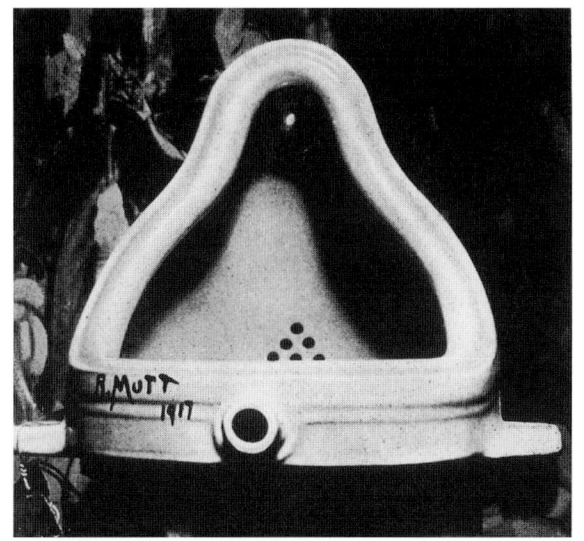

「泉」マルセル・デュシャン　1917
ニューヨーク・アンデパンダン展に出品を拒否された。
便器のサインR. Muttは、この便器製造会社の社長の名前。
ⒸSuccession Marcel Duchamp / ADAGP, Paris & SPDA, Tokyo, 2006

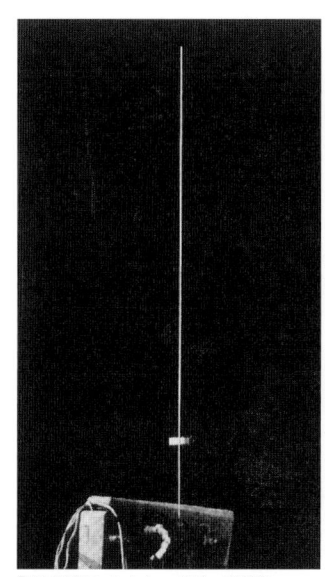

「立てる波」ナウム・ガボ　1920

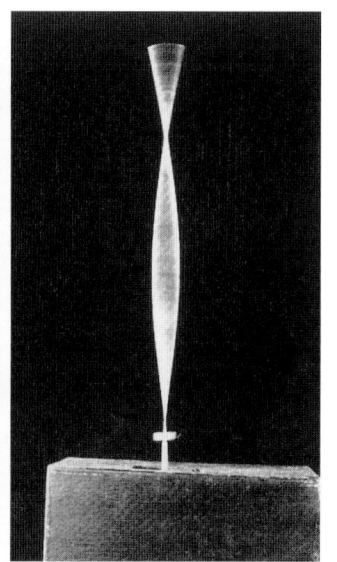

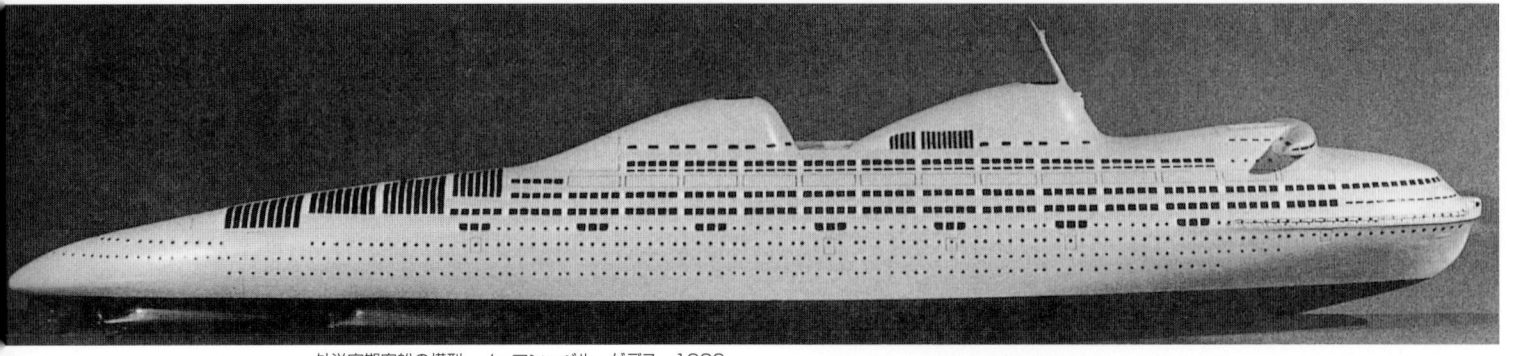

外洋定期客船の模型　ノーマン・ベル・ゲデス　1932

ペンシルバニア鉄道のS-1機関車　レイモンド・ローウィ　1937

電気扇風機(AEG)　ペーター・ベーレンス　1908
©BILD-KUNST, Bonn & APG-Japan / JAA, Tokyo, 2006

●アール・デコの造形

　アール・デコは、1925年パリで開催された装飾産業美術展に由来し、欧米を中心に流行した装飾美術様式で、1925年様式ともよばれる。

　その様式は建築、インテリア、工芸、グラフィックデザイン、ファッション、テキスタイルデザインの広範囲に及び、それらの造形は近代工業化社会の思潮を反映して幾何学的な円、四角形、三角形、ジグザグ状などの形体や、女性の身体などのオーガニック形体とハイブリッドな感覚に溢れている。

　また19世紀末から1910年頃まで流行したアール・ヌーヴォーの植物的曲線の造形的特徴が残されているが、アール・ヌーヴォーの造形が手づくりの手工芸であったのに対し、アール・デコの造形は機械生産による工業製品を前提とした工作上の形状やテクスチュア表現であるといえる。また1930年代に入ると、未来志向型の流線型デザインが大流行し、列車や自動車からトースター、鉛筆削り機まで機能には関係のない、流れるような曲線デザインが流行った。

　一方、当時のデザイン思潮として、1920年代から建築ではモダニズム（近代主義）、バウハウススタイル、インターナショナル・スタイル（国際様式）など、機能主義と装飾排除の幾何学的造形が台頭していたが、こうした先鋭的なデザイン思想の中にも、人々の装飾に対する飽くなき欲求がかい間みられる。

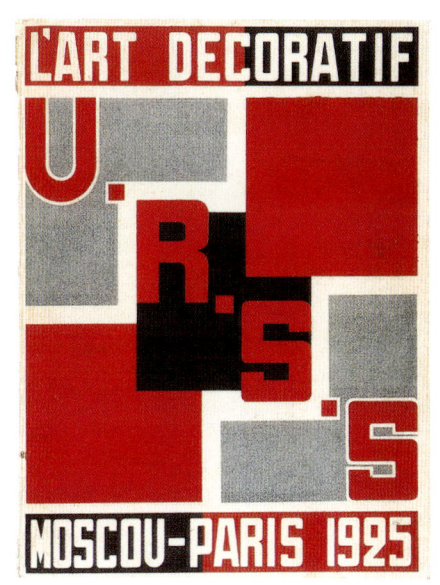

アール・デコ展のロシア版ポスター　アレキサンダー・ロドチェンコ　1925
©Aleksandr Rodchenko, 2006

chart from Réalités Nouvelles 'CONSTRUCTISM' G. Rickey　1967より

「ハンドバッグ」作者不明　1925頃（ヴィクトリア&アルバート美術館所蔵）

「蓮」化粧台　ジャック＝エミール・リューマン　1925
（ヴィクトリア&アルバート美術館所蔵）

「椅子」デナム・マクラレン　1931

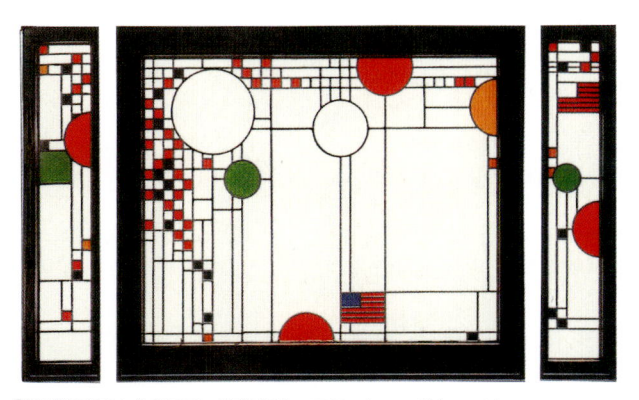

「3枚組の窓のためのステンドグラス」　フランク・ロイド・ライト　1912頃
（ヴィクトリア&アルバート美術館所蔵）
©Frank Lloyd Wright / ARS, New York / SPDA, Tokyo, 2006

ポスターが貼られたパリ市内の壁　1908

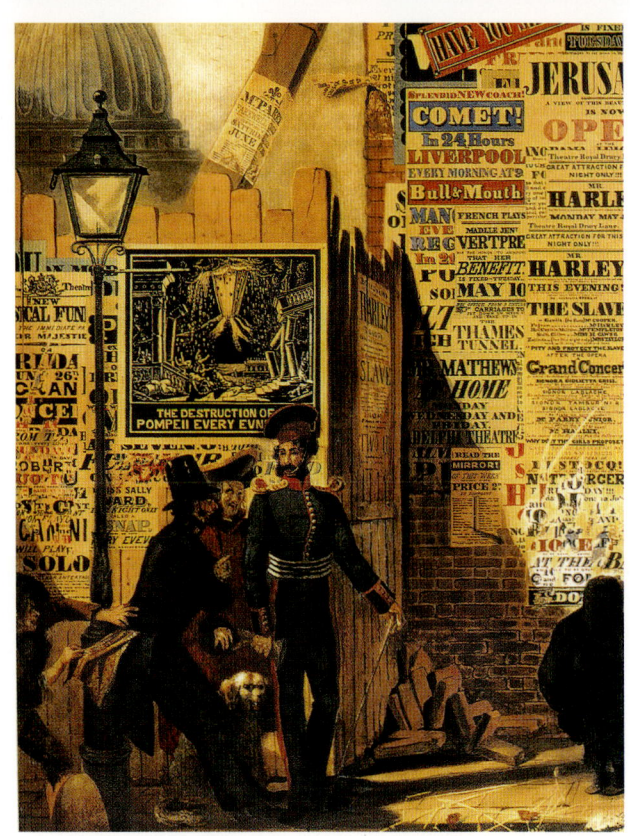

「ロンドン市内の風景」（部分）水彩　J. パリー　1835
この頃すでにロンドンの街角や壁面は、新しく登場したメディアであるポスターやビラで埋め尽くされていた。"History of Modern Design" より

パリのニューススタンド　1914

1880年代のロンドン市街のポスター

2-10　光と芸術

モホリ＝ナジが時間と空間のエネルギーとしてあげたのが、人工光線による光という造形要素である。ナジがバウハウスで教壇に立った1920年代は、人工の光としてアーク灯や白熱電球に加え、1915年フランスで開発されたネオン管[14]がすでに街路や公共建造物を照らし、広告ネオンや電光ニュースとして使用されはじめていた。

20世紀に入ると、それまで闇であった夜の街は、光やネオンの輝く人工空間となり、光は繁栄する都市のシンボルとなった。人々は光に魅せられ、昼と同じように都市に吸い寄せられていった。電気エネルギーによるこうした人工の光は、人間の意志に従い、コントロールできる新しい造形要素としても脚光を浴びることになる。

ネオンサインによる広告、投光、照明から電光掲示板など光によるディスプレイ、舞台照明と空間創造などの商業空間や舞台芸術の分野は人工の光の出現によって蘇った。

バウハウスではモホリ＝ナジが新しい造形要素として運動とともに光を採りあげ、基礎的な実験をくり返し研究課題とし、実験的に授業にも採り入れた。

そこでナジは、光とガラスやメタリックな金属と光の関係に注目し、光の反射、透過、拡散、屈折などの光の物理的な特性を活かしたコラージュや立体などの造形表現を追求した。

後年、1930年には、こうした光の光学的特性と運動表現を実験するための「光の空間調節機」(Light-Space Modulator) (p. 294)という実験装置に結実する。

ナジは、また写真術や感光材料と光の関係を重視し、レンズを通した光像の造形的な特性や見え方を研究した。その成果は1929年開設された「写真工房」以降、一層盛んとなった。

前者は「フォトグラム」であり、印画紙の上に直接対象物を置き、光を当て、感光の度合いによって画像が直接焼き付けられる写真機を使わない写真の特殊技法である。この技法は同年代、マン・レイによっても試みられ、「レイヨグラフ」と命名されている。

ナジはまたバウハウスフォトグラフィとよばれる写真表現の新しい領域をつくりだした。広角レンズや望遠レンズによる画像の圧縮や歪みなど、また当時の写真がほとんど記録媒体や絵画的写真（ピクトリアルフォトグラフィ）であったのに対し、ナジはソラリゼーション、ハイコントラストフォト、ネガティブ表現、レリーフフォトなど写真独自のフォルムとしての造形的表現を追求した。これをオプチカルコンポジションとよび、写真における新しい造形表現の領域をつくりだした。

彼は当時すでに顕微鏡下のミクロ画像や航空写真のようなマクロの画像から、X線（レントゲン）

---

14. フランスの科学者ジョルジュ・クロードにより完成され、1915年に特許取得。

写真やオシロスコープのような光学機器による新しい画像表現も光の造形表現として、自著『絵画・写真・映画』[15]に新しい視覚の表現として紹介している。

ナジのこの新しい視覚造形への概念は、彼の弟子、ギオルギー・ケペッシュが1956年に著わした"The New Landscape in Art and Science"[16]にも受け継がれ、戦後の造形教育やデザイン教育に大きな影響を与えた。

このようにバウハウス教育ではナジは、光をひとつの造形要素として認識し、光の映像実験やフォトモンタージュ、写真とタイポグラフィの合成など果敢に新しい造形表現を開拓し、これを造形教育に採り入れようとしていた。

しかし、彼がその成果を生みだす光工房は、彼の在職中には実現されず、シカゴにおける「ニューバウハウス」まで待たなければならなかった。

この「光」と先に述べた「運動」という概念は、20世紀美術運動の大きなテーマとなったが、バウハウスの予備課程や基礎課程の造形要素には加えられなかった。バウハウスでは造形を形成する造形要素として形、色、材料、テクスチュアの四つをあげ、あくまで従来の絵画や彫刻の創作表現における造形要素にとどめていた。

これは新興美術運動のどれもが光や運動を表現の中核に置きながらも、バウハウスという造形教育の現場ではその歴史的経験の浅さと、光と運動という抽象的な概念であり、実体のない対象を造形要素として認定し造形表現のカリキュラムに組み入れるには、時期尚早な課題であると捉えられていたのであろうか。

21世紀の現代、今や光と運動はIT時代の映像メディアの中核を担っている。テレビもコンピュータグラフィックスも電子の光でつくられた映像表現であり、ケータイの動画やビデオゲームも光と運動の造形要素の結晶なのである。何と皮肉なことであろう。あらためてナジの先見の明に頭が下がる思いがする。

19世紀末のタキスコープ（1895）

---

15. 『絵画・写真・映画』（バウハウス叢書）L.モホリ＝ナギ著　利光功訳　中央公論美術出版刊　1993。
16. "The New Landscape in Art and Science" Gyorgy Kepes, Theobald, Chicago, 1956.（『造形と科学の新しい風景：New Landscape』ジョージ・ケペッシュ著　佐波甫、高見堅志郎訳　美術出版社刊　1966）。

第2章　構成原理と造形要素

「渦巻の突堤（スパイラル・ジェッティ）」
ロバート・スミッソン　1970

「5600立方メートルの梱包」
（ドイツ、カッセルのドクメンタ展）クリスト
1968

「マグネットTV」
ナムジュン・パイク　1965

●新しい視覚の開発──コンピュータアート第一期

1946年世界初のコンピュータ「ENIAC」が開発され、この技術を応用した新しい視覚が登場した。デジタルテクノロジーによる芸術、コンピュータアートの登場である。1960年代までの第一期は主にXYプロッターによるラインドローイング(線画表現)の黄金期。

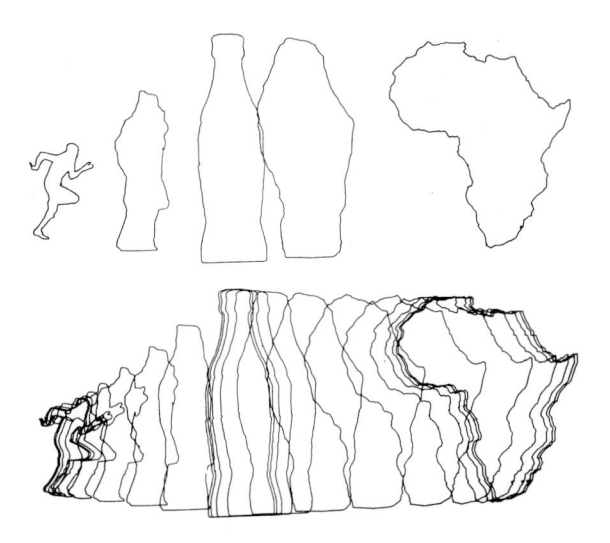

'Running Cola is Africa' CTG 1968
ランナー、コーラ瓶とアフリカの三つの形を連続的にコンピュータで描かせた。中間連続写像によるコンピュータアートの古典的名作。1968年ロンドンで開催された「サイバネティック・セレンディピティ」展に出品され、話題をよんだ。

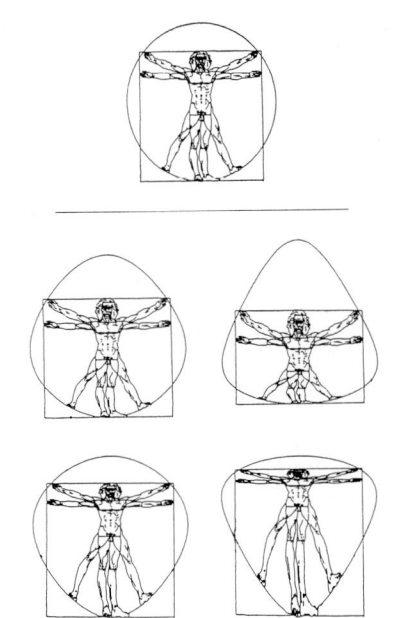

「レオナルド・マン」チャールス・スリー 1966
上はレオナルド・ダ・ヴィンチのカノン。下4点はそれを座標変換したもの。

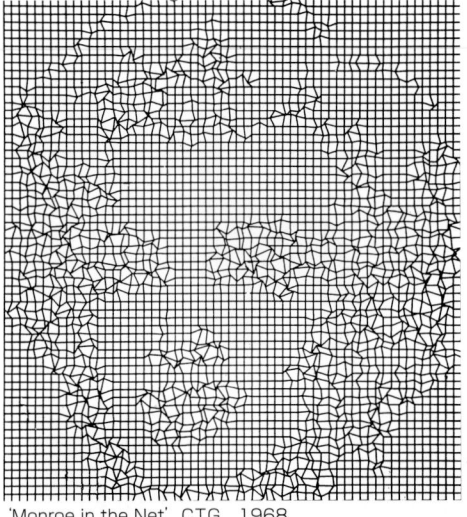

'Monroe in the Net' CTG 1968

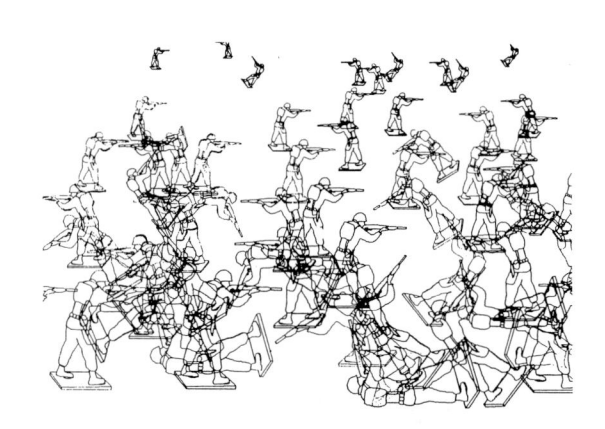

'Random War' ウィリアム・フェッター 1967

'Studies in Perception I'
(通称:コンピュータヌード)
ケネス・ノールトン /
レオン・ハーモン
(ベル電話研究所、現AT&T
ベル研究所) 1966

第2章　構成原理と造形要素

「サインカーブ・マン」チャールス・スリー　1967
サイン曲線を用い、コンピュータ制御によって男の顔を表現したコンピュータアート。

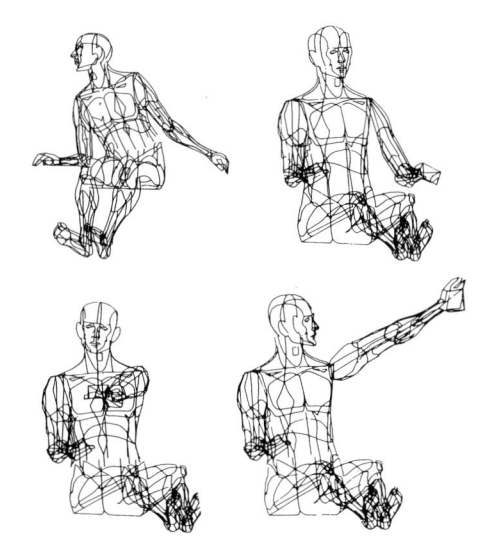

ウイリアム・フェッター（ボーイング社）　1960
コックピットにおけるパイロットの操作シミュレーション。

「樹木」出原栄一　1973

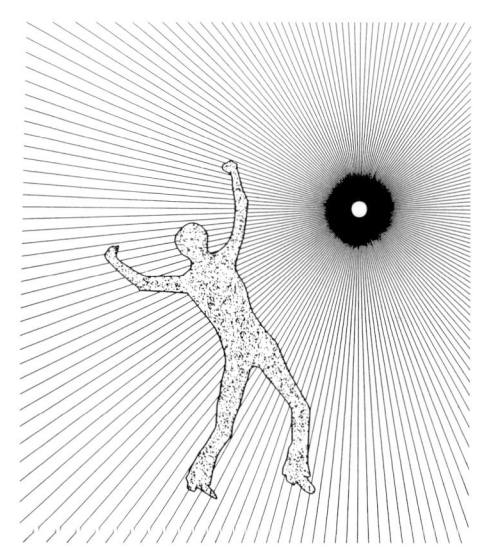

'Falling Man'（第14回コンピュータ・アート・コンテスト1等受賞作）ケリー・ジョーンズ　1976

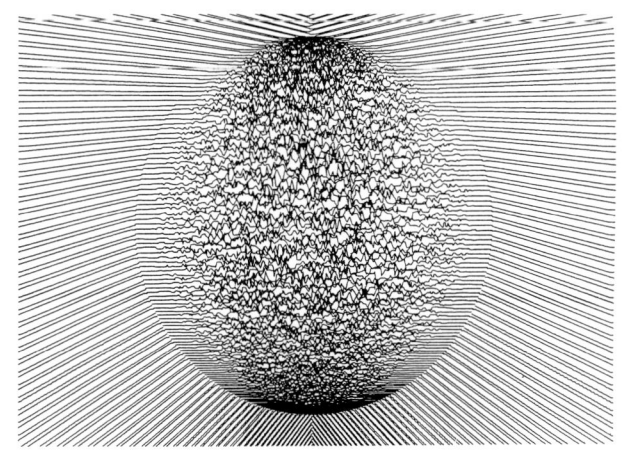

「ブラックスター」L.キリアン / C.クリチンスキー　1971

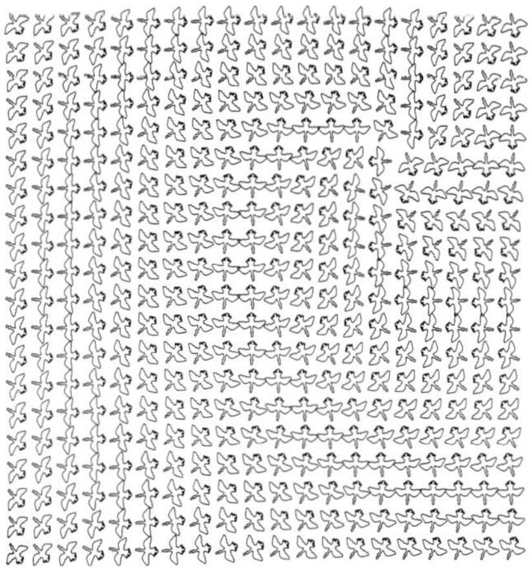

「鳥」ウイリアム J.コロミジェック　1980

●新しい視覚の開発──コンピュータアート第二期

1970年代後半になると、ラスタースキャン型CRTによるカラー出力と面表現が可能となり、写真のようなリアリティの高い映像表現が出現した。レイトレーニングやテクスチャマッピング、フラクタル理論などの技術も加わり、人間の視覚領域を格段に広げた。

「雪山」ローレンス・カーペンター　1979
写真と見間違うばかりのリアルな描写は当時の研究者を驚かせた。

「ガスのかかった急峻な山岳風景」リチャード・ボス（IBMワトソン研究所）1979

「連なる山並」ベノワ・マンデルブロ（IBMワトソン研究所）／F. マスグレイブ　1982

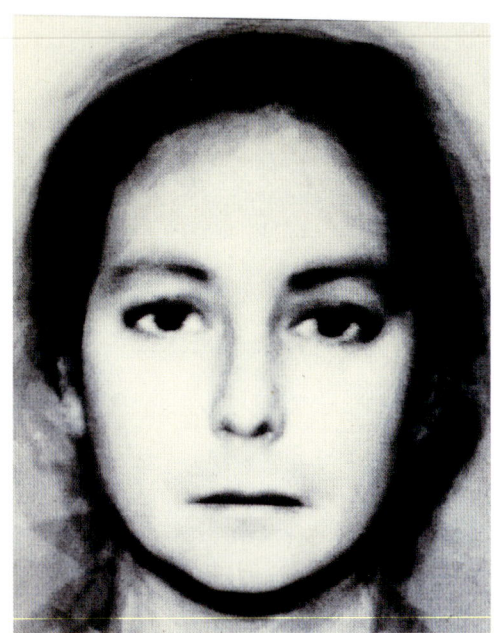

ナンシー・ブルソン　1982(SIGGRAPH83学会発表)。街角でとらえた6人の男性と6人の女性の顔のビデオ映像をコンピュータ処理(画像処理)し、その平均値で自動生成された顔の映像。女性っぽさがやや優勢。

「フラクタルによる海岸風景」(SIGGRAPH86学会発表) B. T. リーブル（ピクサー社）1986
当時絶賛されたフラクタルによる自然描写。

「ジュリア集合によるフラクタルアート」C. R. ホフマン 1992

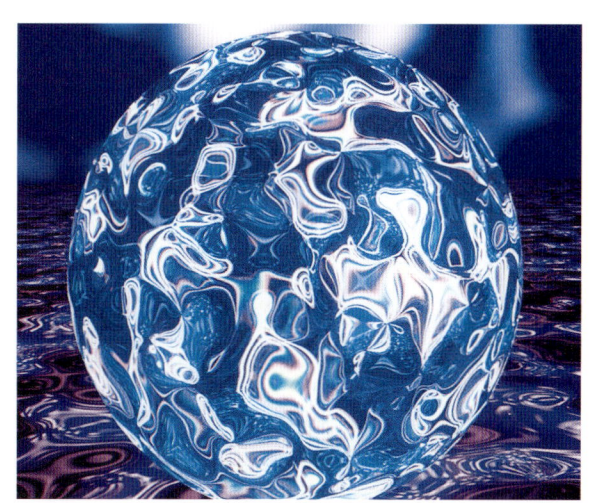

「無題」(ACM-SIGGRAPH学会発表) D. サンディン 1993
フラクタルを応用した新しいテクスチュアの球体で、コンピュータシミュレーションによって制作された。

「セルオートマトンによる貝のパターンシミュレーション」
D. R. フラウラー（カルガリー大学）1992

SIGGRAPH ART SHOW88会場（アトランタ）（撮影：三井秀樹）

2-11　造形とテクノロジー

　モホリ＝ナジが計画したバウハウスの光工房は、当時最新の光という人工の光源体や写真・映像とモーターを駆使動装置とした制御可能な運動を、芸術やデザイン教育に採り入れるための工房であり、研究施設であった。しかしその夢はドイツのバウハウスでは実現されず、アメリカに渡り、シカゴで開学したニューバウハウスでの実現への途中で、思いかなわずナジは逝った。

　21世紀の現代、光と運動は、現代芸術やデザインの造形分野には不可欠の造形要素である。20世紀初頭、この光と運動の光は白熱電球を指し、運動とは電気モーターによる回転運動や往復運動を意味していた。

　こうして科学技術の普及と人々の技術神話を受け、電気という技術の象徴の応用による造形は、社会から注目を浴び、1930年以降マシンアート[17]とよばれるようになった。

　現代の光とは何を指すのであろうか。レーザー光であり、LEDによる電子光であり、また放電現象によるプラズマ光であるかもしれない。

　運動はコンピュータ制御による複雑な運動であり、精度の高いステッピングモーターの回転運動、あるいは赤外線センサーによる絶えず方向を変えながら移動するロボット歩行運動でもあるのだ。

　かつてのキネティックアートは、単純な回転運動からセンサーとコンピュータ制御を用いた観客に反応するインタラクティブアートに進化していった。また白熱電球が点滅するだけのライトアートは、運動と連動したキネティックライトアートになり、さらに現代では音声が加わり、観客と作品がインタラクティブ（相互）に交流する五感のすべてを動員した総合芸術に昇華した。

　このように現代の造形作品の表現性には、明らかにテクノロジーが関与している。そのテクノロジーがつくりだす新しい視覚や、人間の感覚・知覚に及ぼす表現効果を主とした芸術作品を、総称してテクノロジーアートとよんでいる。

　つい最近まで、多くのテクノロジーアートには何らかの形でコンピュータ制御やコンピュータグラフィックスが関与していたため、ヨーロッパではエレクトロニックアート、アメリカではCGI（コンピュータジェネレイティドイメージ）、そして日本ではコンピュータ関連の機器やLED、レーザーなど先端技術が使われていたことからハイテクノロジーアートとよばれ、国際的に統一した名称が与えられず、しばしば混乱をきたしていた。

　私自身、1980年代、日本のハイテクノロジーアートの団体「グループ・アール・ジュニ」に所属していた。グループ・アール・ジュニは、毎年東京でハイテクノロジーアート国際展を開催、世界中の作家に呼びかけ、芸術と技術の共生をめざした作品を展示・公開していた。

　ところが欧米の作家から、たびたび「ハイテクノロ

---

17. "The Machine as Seen at the Mechanical Age" K.G. Pontus Hulten, Exh. Cat. The Museum of Modern Art, New York, 1968.

ジー」の名称について異議を申し立てられ、その対応に困惑していたことを、今では懐かしく思い出す。欧米でハイテクノロジーは軍事用の先端技術を意味し、芸術に付す名称にはそぐわないという理由であった。

●

ところが1990年に入ると、高度情報化時代、IT時代、あるいはマルチメディア時代などコンピュータと通信技術が結合した、これまでにないまったく新しいデジタルメディアの出現によって、事情が一変した。

それは、表現にかかわるすべての情報の交換が、従来のアナログからデジタルに変換したことにある。あらゆる表現を受け止め、鑑賞する人間の感性という情緒や感覚はすべてアナログである。

つまり表現するための情報の入口と出口、つまりインプットとアウトプットである造形の表現は、あくまでもアナログであるにもかかわらず、これを中継する見えないブラックボックスの部分は、デジタル処理に変革したのである。

人間はアウトプットされた表現だけを見て鑑賞し、評価を与え、大いに感激したり、あるいはこれは芸術ではない、単なる人間の感覚器官への刺激にすぎない、などと嘆くことになる。

従来の芸術作品や造形表現では、具象であれ、あるいは抽象絵画であれ、表現されたものを見て、作者が何を表現したいのか大方見当はついた。たとえジャクソン・ポロックのような抽象絵画の作品で、何を表現しているのかよくわからない作品に対して、誰しも、その疑問や何となく感じられる陰鬱な、あるいは激しい心の葛藤のような印象そのものが、その作品の評価として残っていたはずである。

ところが現代のデジタル処理されたインタラクティブアートになると、観客が作品に近づくと、突然動き出す装置、形や色の表情の変化、時には音声や振動さえともなって予想もつかない反応が、ただちに戻ってくる。

私たちは、その作品の鑑賞というより、むしろ作品との反応や人間の五感に与える刺激を楽しんでいるかのような錯覚に陥る。

かつての視覚芸術といわれた芸術作品から、今や人間の五感という全身の感覚器官を動員し、そのすべての反応をインテグレートされた体感現象の高さを競うインタラクティブな芸術作品に進化してしまったのである。

もちろんそこには、コンピュータグラフィックスによるヴァーチャルな仮想空間（VR）やまったく人工的な環境（AR）をつくりだした造形も採り込みながら、私たちの意識を拡大していくのである。

ところが、マルチメディア時代といわれる21世紀の今日、依然として裸婦や静物を描いた油絵、伝統的な技法を忠実に守りつづける日本画も、厳然として存在している。私たちはこうした芸術や造形の世界に、どのように対応していったらよいのだろうか。

これまで述べたように20世紀以降、芸術は技術の

力を借りて表現の幅が広がり、大きく飛躍してきた。単純な運動や光のテクノロジーから現代のデジタルテクノロジーによって、おおよそ表現しうるすべてのイメージが可能になったと思えるほど、表現性が多彩となり、今なおその現象は増殖しつつあるといってもよい。

　つまり、技術の共生によって芸術やデザインの表現の幅が広がり、多様化してきたというのが結論ではないだろうか。

　私たちはアナログやデジタルも含め、こうして多様化してきた多くの選択肢から自分に合った表現を選び鑑賞し、これを愉しみ心の糧とする。また作家はこれと対峙しながら、自分のイメージを作品に託し、制作する意欲を育むのである。

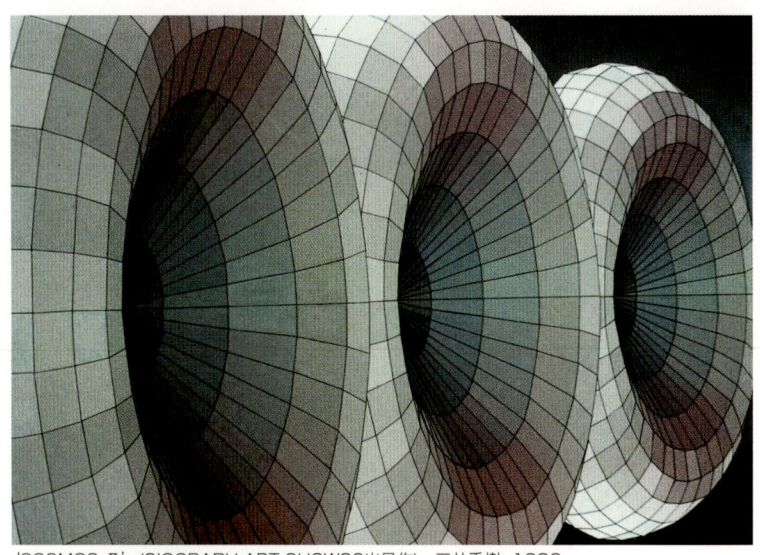

'COSMOS Ⅱ'（SIGGRAPH ART SHOW86出品作）三井秀樹　1986

'PLANETS-2'（SIGGRAPH ART SHOW85出品作）三井秀樹　1982

第2章　構成原理と造形要素

'COSMO X1+X2'（SIGGRAPH ART SHOW87出品作）三井秀樹　1986

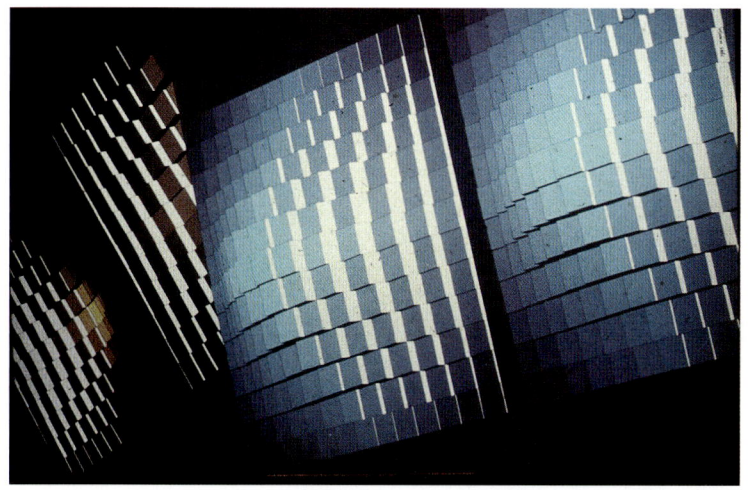

'PLANETS Ⅳ'（SIGGRAPH ART SHOW86出品作、筑波万博政府館出品作）三井秀樹　1985

'CG1972-Ⅰ'
（SIGGRAPH ART SHOW86 Retrospective展出品作）三井秀樹　1972

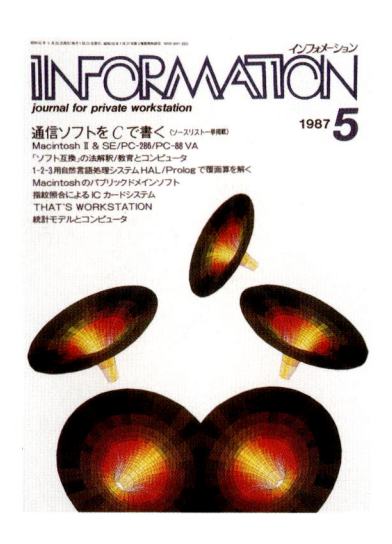

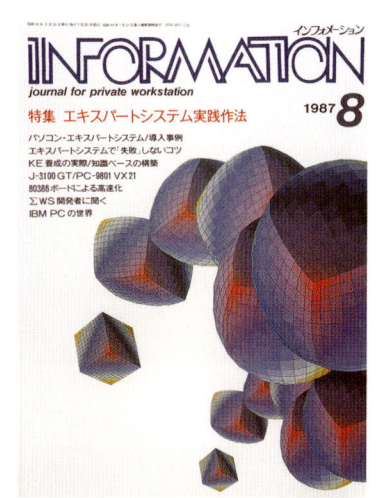

'INFORMATION'　コンピュータ専門誌表紙
三井秀樹　1987

61

「ルミナスコンサート」 田中敬一 1990
コンピュータコントロールされたヘリウムネオンの赤い光、アルゴンの緑光色が交錯するレーザー光線の乱舞。スキャニングされた光跡はさまざまなパターンや光像をつくりだす。

'Luminous-Cosmic Rays'
田中敬一 1995

第2章　構成原理と造形要素

● 色光による構成（筑波大学芸術専門学群「機器構成演習」学生課題作品）
黒ケント紙上に微細な穴をあけ、その上に多色のゼラチンフィルターを張り、直接カメラで撮影する。その際、平行移動、回転、自由運動、ズーム、ぼかし、多重露光などの技法を加える。加法混合による色光のさまざまな表現効果を生かした光のコンポジション。いわば手づくりの「色光SFX（スペシャルエフェクト）」といえる。

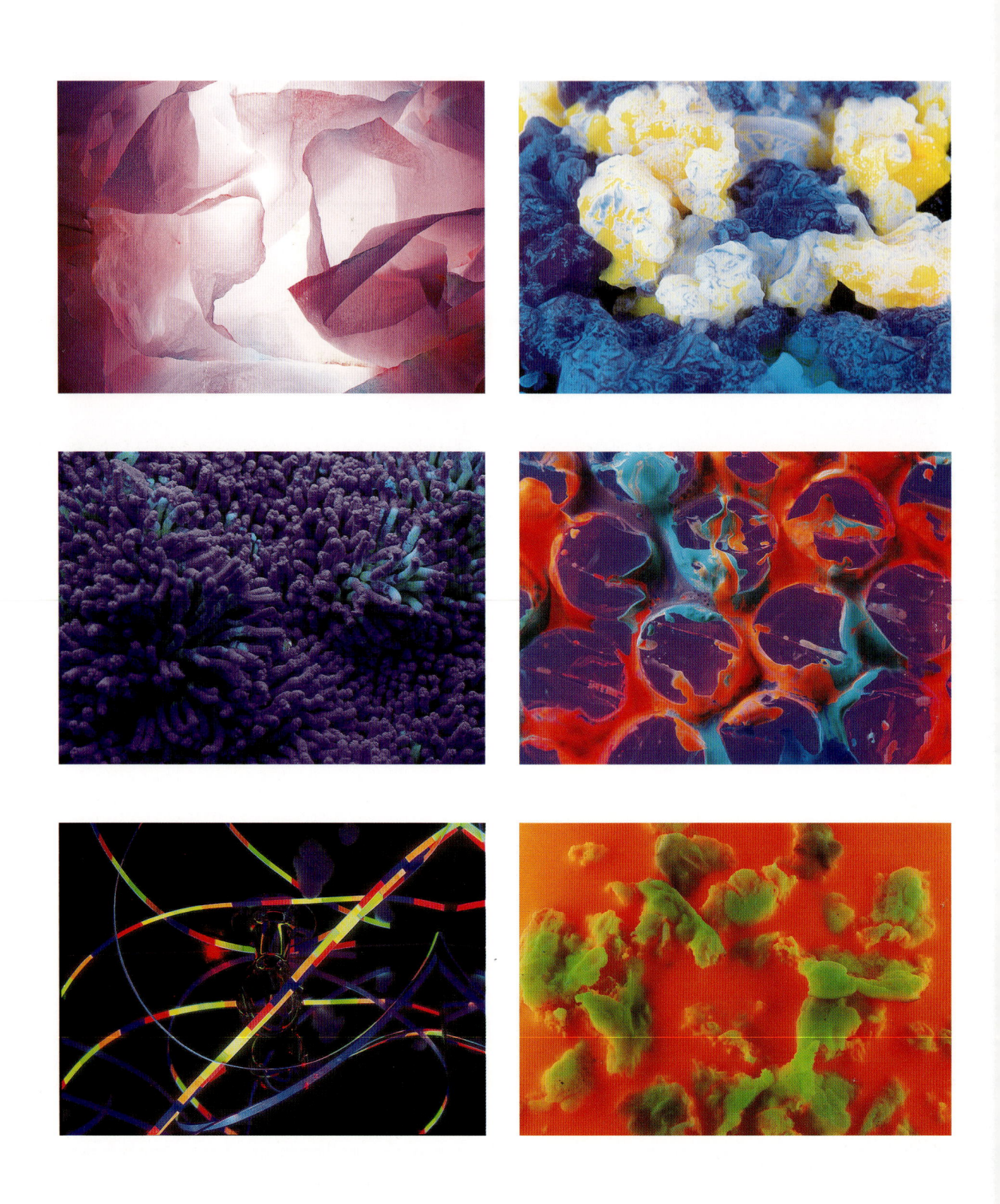

●蛍光塗料とブラックライトによる構成(筑波大学芸術専門学群「機器構成演習」学生課題作品)
蛍光ポスターカラーなどの蛍光色を塗布したり、ものに混ぜたりしてつくったオブジェにブラックライトを照射し、カラー撮影した構成。絵具や物体色、色光とも異なる特異な発色で異次元の色彩表現を追求する。

3 造形と色彩システム

3-1　色彩と造形表現

　私たちはものを見る場合、その形とともに色や材料・テクスチュアを、それぞれ見分けているのではなく、全体の印象を何となくつかみ、その形の全体像を総合的に捉えているものである。

　色彩は形とともに、そのものの対象を認知する上でもっとも基本となる造形要素である。まったく同じ形でありながら、色を変えるだけで対象のイメージが驚くほど変化してしまう場合も多い。

　たとえば同じ車種の乗用車であっても、黒い色の車、赤い車、白い車では、それぞれ印象が異なり、色によって車の持ち主の人柄や年齢層、職業などのイメージが違って見えてくるものである。

　ところで無限と思える多くの色数の中で、人間が見分けることのできる色は約10万色とも100万色ともいわれている[1]。ところが絵具や色紙や布地で再現できる能力はぐっと低くなり、デザイナーや専門家などの専門職でも1,000色余り、一般の人では数十色から数百色程度になってしまうという。

　さらに私たちが日常生活に口頭で相手に色名を使って伝達する通常の色数は、わずか30色前後となってしまうといわれている。色を専門に扱うデザイナーやアーティストが、作品制作で使用する色名帳や印刷インキの見本帳でも、多くは500〜600色程度であろう。

造形における色彩の位置づけ

　色彩の特性や表現効果を専門的に掘り下げる場合、これまでのデザインや美術専門書のほとんどは、色彩学の解説に終始しており、造形表現として色彩とのかかわりや位置づけをした専門的内容となっていない。

　これらの書では、物理学の光学としての色彩学を中心として、色彩を定量的に表示するマンセル表色系、オストワルト表色系、CIE表色系（XYZ表色系）などの色彩表示システムの体系や仕組みと色彩心理学上の人間の感覚・知覚に関する諸問題が主な内容となっている。

　そのためであろうか、造形と色彩にかかわる具体的な記述は大変乏しい。そのほとんどが色彩の光学や工学的分野や心理学的な分野中心となっている。当然のことながら表現としての色彩の位置づけが不明確になっており、形や材料などの造形要素との関係があいまいなまま、色彩が論じられている。

　私は、色彩を造形の原点から見直しながら概観した。つまり色彩を造形要素のひとつとして位置づけ、デザイナーやアーティスト、造形を学ぶ学生にほんとうに必要な色彩の知識とは何か、という視座から色彩を捉え、論じることが重要であると判断した。

　そこで造形プロセスに必要な色彩論に徹し、表色系ではマンセル表色系を中心に色彩システムについて述べ、色彩のさまざまな様相を明らかにする。造形に必要な色彩論とは、実は色彩調和の基本システムを知ることであり、アートやデザインの実践に即した実用技術としての色彩学なのである。

1.『デジタル色彩マニュアル』日本色彩研究所編　クレオ　2004。
　『入門：芸術と色彩』武井邦彦著　美術出版社刊　1995。

● マンセル表色系（Munsell Color System）

基本的な色相として赤（R）、黄（Y）、緑（G）、青（B）、紫（P）の5色が置かれている。さらにその中間に、黄赤（YR）、黄緑（GY）、青緑（BG）、青紫（PB）、赤紫（RP）が配列される。マンセルカラーシステムでは、色の三属性である色相（H）、明度（V）、彩度（C）を数値・記号化することによって色を表記する。例えば、赤は5R4/14（ごアールよんのじゅうよんと読む）と表す。(p.72 参照)

マンセル色環表（10色相）

色相 明度/彩度
 H   V /C

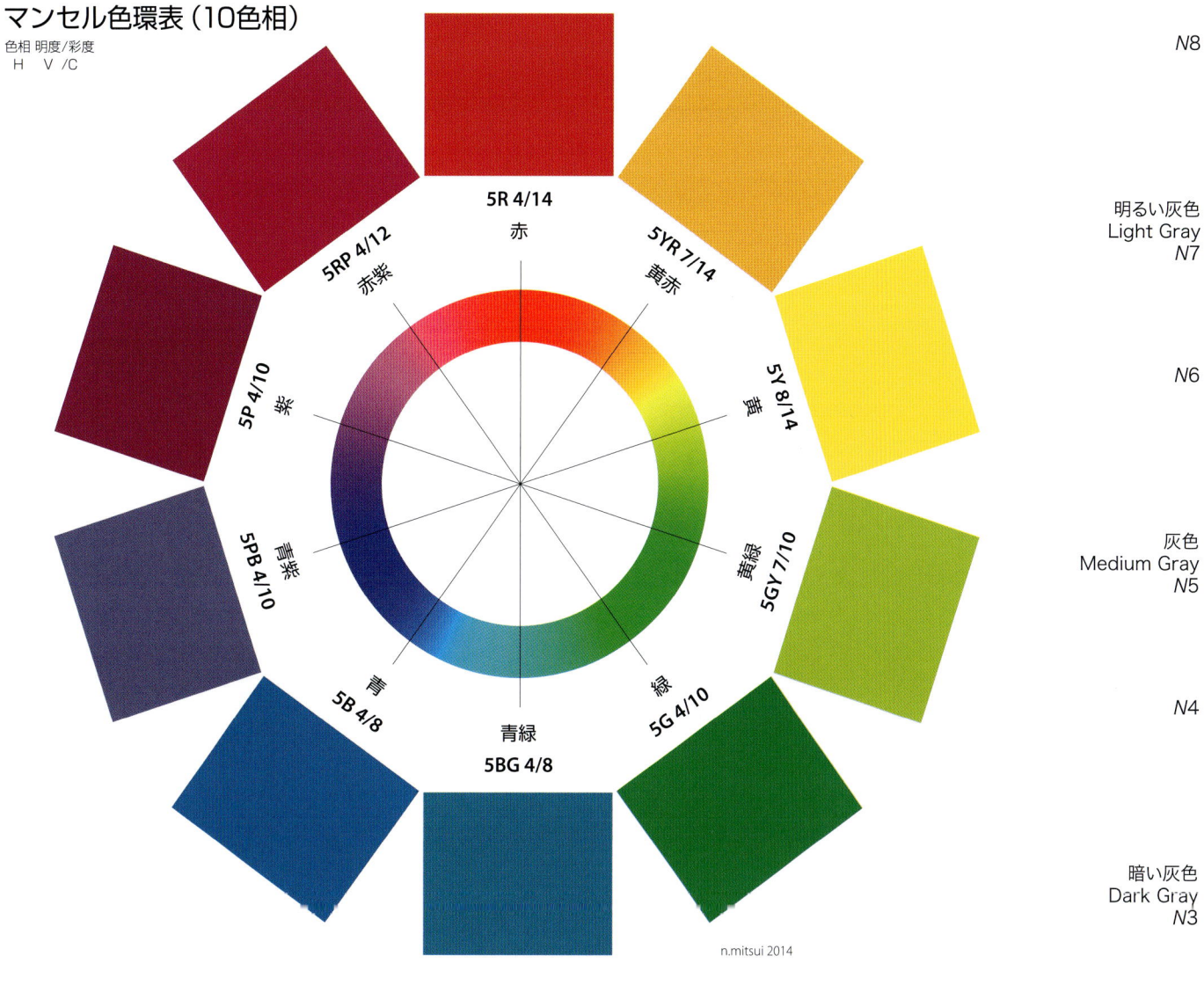

- 5R 4/14 赤
- 5YR 7/14 黄赤
- 5Y 8/14 黄
- 5GY 7/10 黄緑
- 5G 4/10 緑
- 5BG 4/8 青緑
- 5B 4/8 青
- 5PB 4/10 青紫
- 5P 4/10 紫
- 5RP 4/12 赤紫

基本5色相：R赤、Y黄、G緑、B青、P紫

中間色相：RP赤紫、YR黄赤、GY黄緑、BG青緑、PB青紫

n.mitsui 2014

無彩色の明度段階

明度は右図のように、理想的な黒を0、白を10とする。JISの系統色名では、0から2.25までを黒、8.75から10までを白としている。目安として、明度が4までを低明度、4から7が中明度、7以上が高明度色と考えればよい。マンセルカラーシステムの無彩色は、頭に大文字のイタリックで「N」をつけて表記する。たとえば、灰色は「N5」と表示される。PCCS記号では、小文字の正体「n」を使用する。

- 白 White N9
- N8
- 明るい灰色 Light Gray N7
- N6
- 灰色 Medium Gray N5
- N4
- 暗い灰色 Dark Gray N3
- N2
- 黒 Black N1

3-2　マンセルカラーシステムと造形表現

　私たちはアートやデザインの創造行為で無限ともいえる多くの色から、特定の色を選びだし、造形表現を行う。

　なぜこの色を選択したのか。また背景を何色に塗るか、隣接する色にもっとも調和する色は何か。自分の描くイメージにもっとも適切な基調となる色は、どの色かといった素朴な疑問が次々と生まれる。

　構成学に必要な色彩学は、アートやデザインの現場で直接役立つこうした色彩の実用知識であり、理論でなければならないのである。

　私は制作の場におけるさまざまな経験や長年のデザイン教育を通して、これまでの色彩教育のあり方を捉え直す必要を痛感してきた。色彩学の理想というのは創作の現場や、日常生活で私たちが色を選んだり、コーディネイト（組み合わせ）するとき、ほんとうに役立つ色彩に関しての知恵や工夫の源泉となる理論でなければならないはずである。そこで本書における「色彩」は、以下のようなコンセプトの基に論じたい。

　先ず、造形表現における色彩の基本を学ぶとともに、色の三属性と色の成り立ちの仕組みをマンセル表色系を基に正しく理解することである。

　表色系にはマンセル表色系のほかに、オストワルト表色系やCIE表色系（XYZ表色系）からNCS、DINなどさまざまあるが、人間の感性から色彩を科学的に判断したり評価できるシステムはマンセル表色系がもっともすぐれている。色彩学を専門的に学ぶ人や研究者以外は、マンセルのシステムを覚え、常用するだけで充分であろう。

　私自身、デザイン教育カリキュラムの中で色彩を扱っているが、マンセル以外はあまり必要性を感じたことはない。また他の色彩システムを知らなくともこれまで不自由に思ったことはない。

　なぜなら、アートやデザイン上の色彩に関する課題は、ほとんど色彩調和（カラーハーモニー）を中心とした配色やカラーコーディネイトのテーマに集中している。この場合、マンセルの表色系は、人間の感性やアナログ思考にもっとも近く、私たちがなじみやすい色彩定量化の方法論なのである。

　これに日本の色研（財団法人日本色彩研究所）[2]が1964年に開発したPCCS系の配色体系の調和理論を加えておけば、色彩を扱う上で鬼に金棒である。

---

2. 和田三造によって1932年に財団法人日本色彩研究所が設立され、色彩教育、色彩管理、配色調和、色彩の心理効果などの基礎研究が行われてきた。日本色研事業株式会社は、財団法人日本色彩研究所の研究成果を社会に活かし普及することを目的として、1965年に設立された。PCCS系はマンセル色彩体系に基づき、同研究所が独自に考案したカラー・トーンシステムである。（参照：日本色研事業株式会社サイトhttp://www.sikiken.co.jp/）

3-3 色の基本とマンセルシステム

　私たちが、ある色を判断する場合、色の性質ともいえる成り立ち、つまり色彩の組成は大きく三つの要素から成り立っていることがわかる。その三つとは、色相、明度、彩度であり、これを色の三属性とよんでいる。

　さらに三属性のそれぞれを色の性質の連続的な秩序として捉え、組み立てたシステム（表記法）が、その物体色の表色系とよばれ、マンセルのほかにも、オストワルト表色系などが一般化している。マンセル表色系では、色を数値や記号化することによって、色を表記、記録、保存でき、正確に再現したり、他に伝えることができるのである。

色相（Hue）

　色相とは色合いのことをいう。一般によくいわれる赤味、青味、黄味などという表現や、赤色系の色、青色系の色、または黄色系の色など、有彩色を区別する色合いを指す。

　これら色相を循環的に置いていくと、連続する円環上の色相環となる。この色環表に主要な色相を選んで並べると、赤、黄、緑、青、紫の5色相となる。これにそれぞれの中間の色相の橙、黄緑、青緑、青紫、赤紫を加えると、10色相となる。

　そこで私たちがまず色を理解する上で、この10色環表を眺めてみると、この世に存在するすべての色の原点は、この色環表上のどこかの色に帰結するという思いの境地に入っていく。

　つまり、あらゆる色は色味をもっており、どんな複雑な色でも、一言でいい表わせないような濁色も、ここから濁りや白や黒などの無彩色を取り払うと、色相環のどこかの純色にたどりつくのである。

　たとえばオフィスの淡いベージュの壁紙の色は、色環表上のある純色に白や黒が混ざって複雑な色になっている、と考えるとわかりやすい。もちろん明度の高さから察して、圧倒的に白の量が多く、少しばかりの黒と純色の恐らく黄系統の色が含まれているのだろう、という見当はつくであろう。

　したがって、このベージュの色相は黄色ということになる。この壁紙に調和する色を考える場合、元の黄色との調和する色を求めればよいわけである。

明度（Value, Lightness）

　明度とは、文字通り、色の明るさの度合いを指す。もっとも明るい明度は無彩色である白であり、もっとも暗いのは黒である。明度10の白から明度0の黒まで、等間隔に中間の灰色（グレー）を配列し全体を10段階にしたスケールが明度段階である。

　もちろん無彩色は、色合いをもっていないため、その属性は明度だけである。色合いをもった有彩色の明度はこのグレースケール（明度段階表）を基準として、その色がどこの位置にあるかによって、その明度が決まる。　P.72→

● オストワルト表色系（Ostwald Color System）

オストワルトは、ヘリングの4原色にもとづいて、円周を4分割して赤（Red）、青緑（Sea Green）、黄（Yellow）、藍（Ultra-marine Blue）を置き、それぞれの中間に橙（Orange）、青（Turquoise）、紫（Purple）、黄緑（Leaf Green）を配置した。さらに8色相を3分割した24色から色相環が構成され、各色相には1から24までの番号がつけられている。1919年に発表。

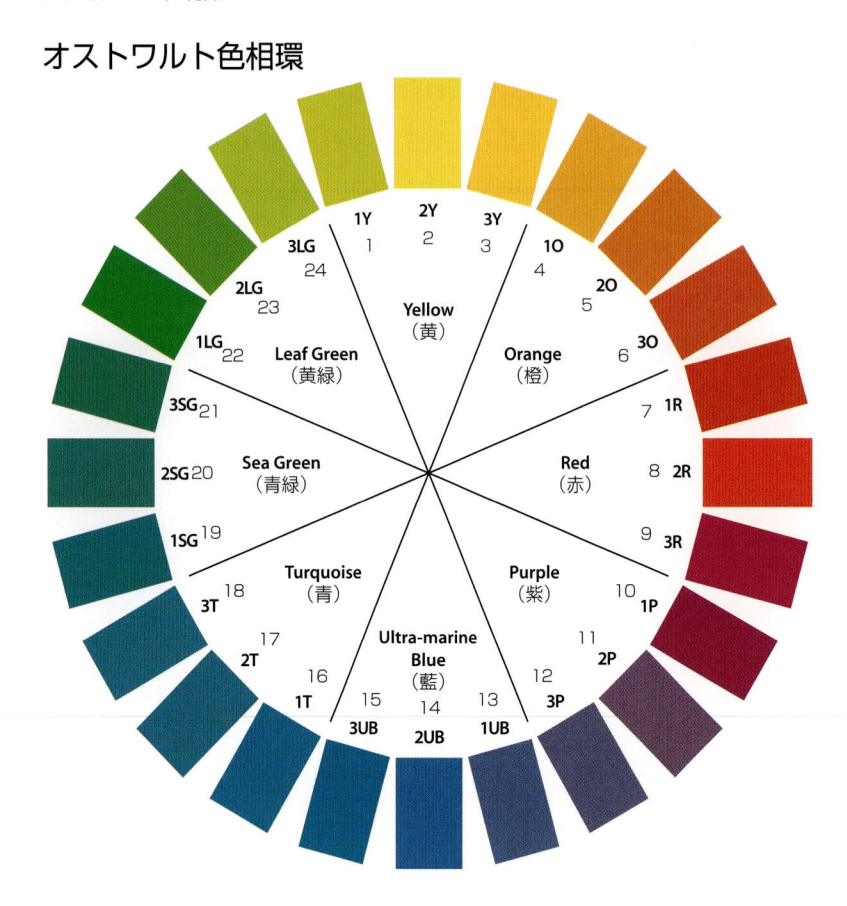

オストワルト色相環

等色相面図

オストワルトの等色相面図は、正三角形の頂点に純色を置き、明度段階を上下方向に配置している。理想的な白（W）、黒（B）、純色を仮定し、白色、黒色、純色の混合比で、すべての色を再現できると考える。理論上で、白色量（W）＋黒色量（B）＋純色量（C）＝100％となる。等色相面図では、28色に分割し、aからpまでの記号で白色量、黒色量の順に表わす。色指定は、色相の番号（1から24）に色の記号（28色）をつける。たとえば、下図の色相22の純色（正三角形の頂点）は「22pa」のように表記する。

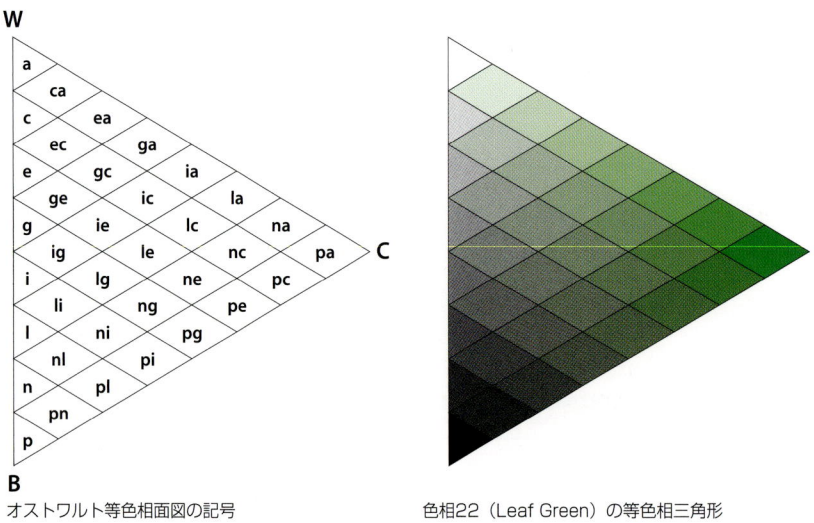

オストワルト等色相面図の記号

色相22（Leaf Green）の等色相三角形

参考：『デジタル色彩マニュアル』財団法人日本色彩研究所編　クレオ刊　2004。掲載のCMYKデータをもとに作成

● CIE表色系（XYZ表色系）
（CIE1931標準表色系：CIE1931 Standard Colorimetric System [XYZ]）

CIE表色系は、XYZ表色系ともよばれ、CIE（国際照明委員会）が1931年に定めた色刺激値を表示するための基本体系である。この表色系は光源の色光、あるいは物体からの反射・透過した色光を表示するもので、RGB表色系の数学的な変換から導かれている。下のxy色度図のように、3刺激値X、Y、Zの各値を比率化し、xとyの値を色度座標にプロットする。xy色度図は、色相と彩度を表現しており、馬蹄形の輪郭部分がもっとも彩度が高く、中央部分は白色光になる。xの値が大きくなれば、赤味が増し、yの値が大きくなれば、緑みが増す。グラフは縦軸（y）、横軸（x）が0～1.0で表わされ、馬蹄形周囲の数値は各スペクトルの長さ（nm）を示している。

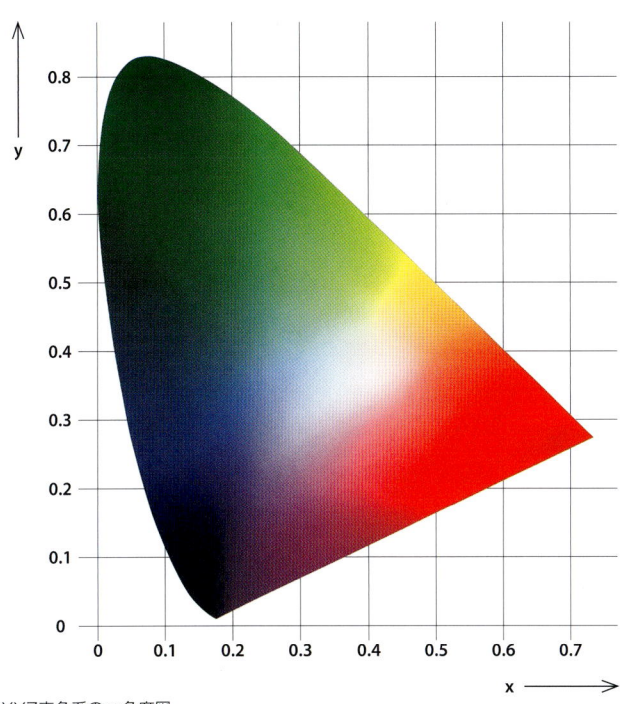

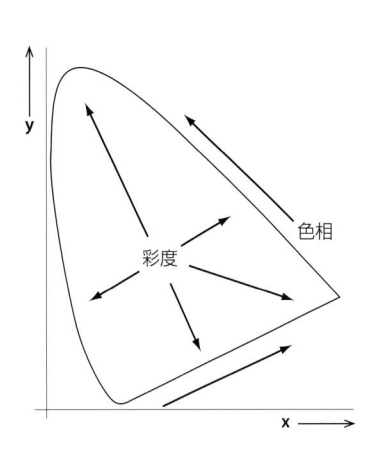

XYZ表色系のxy色度図
x、yは、それぞれ色相（主波長）と彩度（刺激純度）を表わしている
資料協力：旭光通商株式会社

xy色度図（Chromaticity Diagram）は、比率化した3刺激値x、y、zのうち、xとyの値を色度座標にプロットしている。
このxとyの値は、次の式から求められる。　x＝X／X＋Y＋Z、　y＝Y／X＋Y＋Z
これを図のように、色度図を作成する概念図として示した。高さ1の正三角形は、x＋y＋z＝1であり、zの値は、z＝1－（x＋y）でわかるので、zの値は色表示のなかで省略する。
xy色度図は、何色か、どれほどの鮮やかさなのかという「色味」を表わしていることになる。

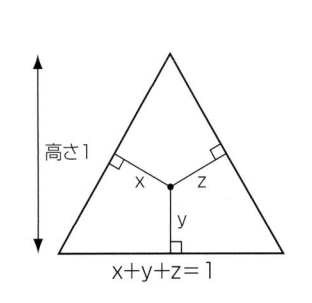

xy色度図作成の概念

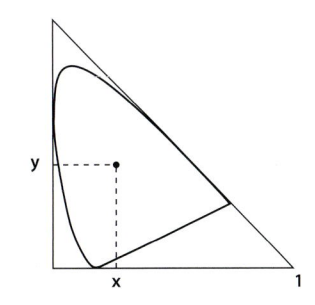

※参考：『色彩学の実践』渡辺安人著　学芸出版社刊　2005

たとえば、ある色を白黒の写真で撮った場合、その色は、白から黒までのグレースケールで表わされる。その灰色の明るさがその有彩色の明度の数値になるわけである。純色の赤（5R）は明度4であるが、これは4の灰色と明度がまったく同じであるということである。ただ10の白（理想的な白）や0の黒（理想的な黒）は、現実的な絵具などの物体色ではつくることができないため、およそ9.5の白から黒は1.0くらいと考えてよいだろう。

彩度（Chroma, Saturation）

彩度は色の鮮やかさ（色の冴え方）の度合い、いわば色味の強弱を表わす。無彩色、つまり色味のない色を0とし、色の鮮やかさが増すにつれて／5（スラッシュ5）、／14などの記号で表記する。

彩度の高さは、各色相によって一定でなく、まっ赤（5R）では14、青（5B）では8、緑（5G）では10となり、色相によってかなりの差がある。もちろん色環上のそれぞれの色は、その色味のもっとも鮮やかな純色（最高彩度）である。

一般に赤は、青緑系や緑色系の色よりも色鮮やかで、刺激値が高いといわれているが、この数値のとおり科学的にも明らかであろう。ところで全色相中でもっとも彩度の高い色は赤、橙、黄の14であるが、色彩心理学上の感情効果からみると、やはり赤がもっとも鮮やかで、刺激値の高い色ということができるだろう。

マンセル表色系の表示方法

これまで説明したように、マンセル表色系では、10色相を中心に20色相から100色相まであらゆる色の色あいを色環上の色相に分類する。

まずこの色相を定め、次に明度を指定し、三つ目にその色の鮮やかさを決めることによって、それぞれの記号の色の三属性を定量的に表記し、どんな色も数値や記号化して表わすことができる。具体的には色をHV／Cと表わす。たとえば色環上の純色のまっ赤な色（5R）は、5R 4／14（5R4の14と読む）と表わすことができる。

したがって5R 8.5／2.8と表記された記号を見たとき、明度がかなり明るい赤で彩度が2.8ということは、かなり彩度が低い色であり、白やグレーを含んだ明るいピンク系の色ということが、この記号から推察できるであろう。

このようにマンセルの表色系では、色の三属性の記号と色を見たときの人間の印象や感性が直接関連づけられているので、アーティストやデザイナーなど直接色彩を扱う専門家にとって、利便性が高く実用的な色彩システムということがいえる。

マンセル色彩体系は、アメリカの画家アルバート H. マンセル[3]が1905年に新しい色彩体系として発表、その後アメリカの光学会が1943年これを部分的に訂正し、修正マンセル色彩体系を発表した。わが国のJIS規格による色彩体系は1958年、この修正マンセル色彩体系に基づいたものである。

---

3. アメリカの画家アルバート H. マンセル（Albert H. Munsell, 1858-1918）が1905年に発表した色の表示体系。1915年には"Atlas of the Munsell Color System"、1929年には"Munsell Book of Color"を刊行した。日本では1958年、修正マンセル表色系をJIS Z8721として制定。翌年「JIS標準色系」の初版が発刊された。

PCCS (Practical Color Co-ordinate System)

　PCCSとは財団法人日本色彩研究所が、1964年、日本独自の色彩調和を目的として発表した日本色研配色体系というカラーシステムである。

　PCCSによる色彩表示法では、マンセル表色系と異なり、明度と彩度にトーンという概念を採り入れていることである。これに色相の概念を加え、基本的に色彩調和を前提としたカラーシステムとしている。

PCCSの三属性

　PCCSの色相は、マンセル表色系と異なり12色相を基準としている。これは人間の通常の色覚（これを心理四原色という）をベースとした赤・黄・緑・青という四つの色相を軸とした色相環である。さらにこの四つの色相の補色（これを心理補色という）を加え8色相とする。

　この8色相の色環上に、さらにこれらの色相が互いに等間隔に感じるように4色相を加え、全体を12色相環とした表色系である。

　こうしてできた12色相を分割し、倍の24色相環にすると、物体色（絵具）の三原色であるM（マゼンタ）、Y（イエロー）、C（シアン）と、色光の三原色であるR（レッド）、G（グリーン）、B（ブルー）がともに含まれることになる。

　PCCSはマンセルの色相環にくらべ、科学的でより人間の心理的色彩感覚に基づいたきめ細かな色相が網羅されているといってよいだろう。

　しかしわかりやすく、また実用性という視点からみると、色相間の単純な関係や色彩調和の配色を知る上で、私はマンセルシステムには及ばないと思う。

● PCCS（日本色研配色体系：Practical Color Co-ordinate System）

PCCSは、1964年に(財)日本色彩研究所が発表した表色系。色相(Hue)、明度(Lightness)、彩度(Saturation)の3属性を使用し、さらに色相とトーン(Tone)から色を分類する点が特徴となっている。PCCSのトーンとは、明度と彩度との複合概念で、「色の調子」を指す。形容詞によってトーンを表示するので、系統的に色名化できることから、親しみやすい表色系となっている。色相とトーンによる色表示は、色相番号の前にトーン記号をつけて表わす。色相は1から24まで、トーンは17種に分けられる。(p.81 参照)

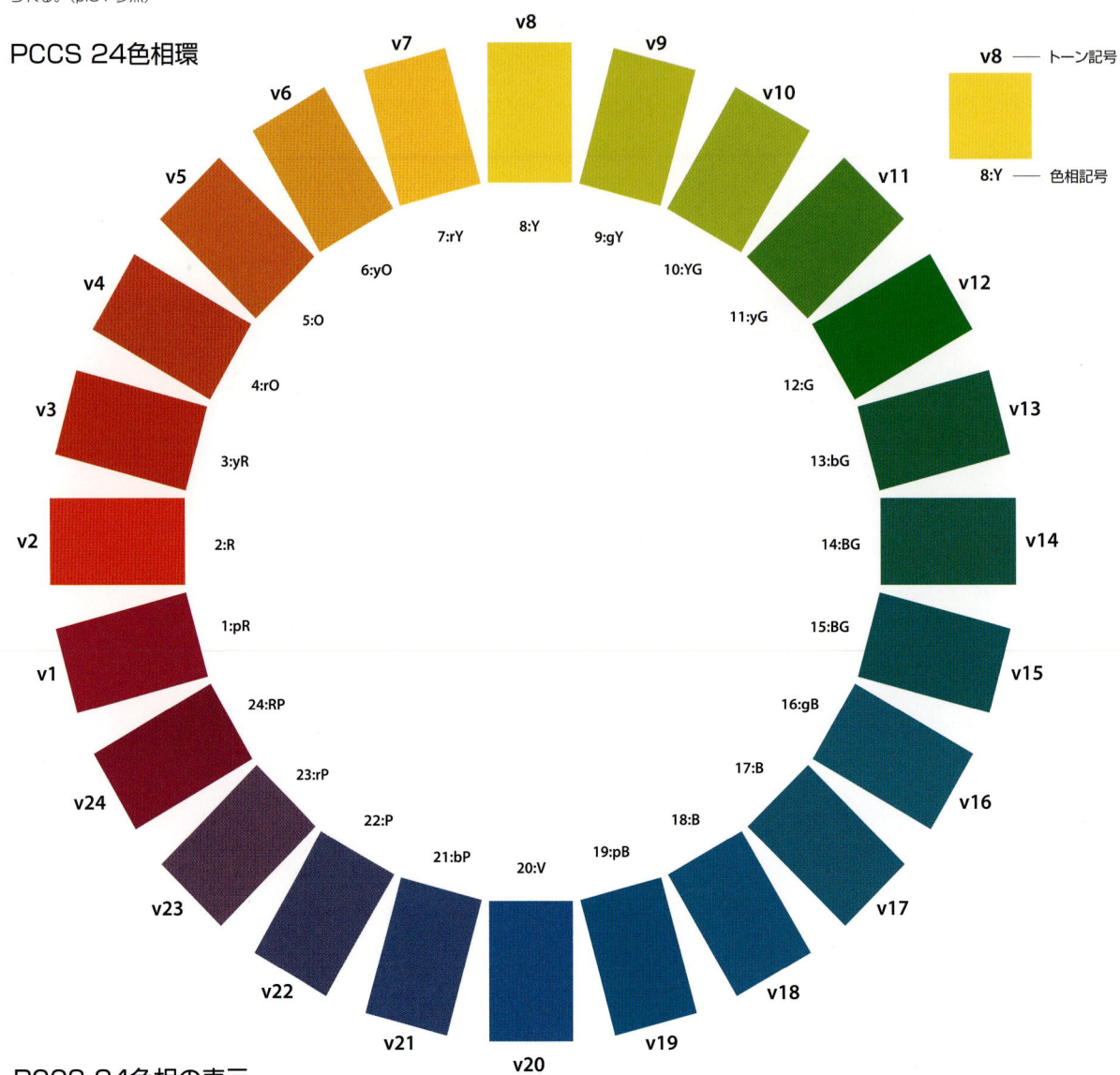

PCCS 24色相環

v8 ──── トーン記号
8:Y ──── 色相記号

PCCS 24色相の表示

トーン記号	色相記号	色相名(和名)	(英名)
v1	1:pR	紫みの赤	purplish red
v2	2:R	赤	red
v3	3:yR	黄みの赤	yellowish red
v4	4:rO	赤みの橙	reddish orange
v5	5:O	橙	orange
v6	6:yO	黄みの橙	yellowish orange
v7	7:rY	赤みの黄	reddish yellow
v8	8:Y	黄	yellow
v9	9:gY	緑みの黄	greenish yellow
v10	10:YG	黄緑	yellow green
v11	11:yG	黄みの緑	yellowish green
v12	12:G	緑	green

トーン記号	色相記号	色相名(和名)	(英名)
v13	13:bG	青みの緑	bluish green
v14	14:BG	青緑*	blue green
v15	15:BG	青緑*	blue green
v16	16:gB	緑みの青	greenish blue
v17	17:B	青*	blue
v18	18:B	青*	blue
v19	19:pB	紫みの青	purplish blue
v20	20:V	青紫	violet
v21	21:bP	青みの紫	bluish purple
v22	22:P	紫	purple
v23	23:rP	赤みの紫	reddish purple
v24	24:RP	赤紫	red purple

*「青」と「青緑」の色相名は、細かく区別できないため、色相記号が二つずつある。

3-4 配色と色彩調和

アートやデザインにとって、色彩が重要な造形要素であることには違いないが、これは単に着彩された色彩固有の光学的特性や色彩の感情効果などの物理的、心理的な問題ではない。

造形表現における色彩では、色と色の組み合わせの配色や互いに接する色彩間の調和に関する課題が重要となる。要は隣接する色と色が調和して視覚的に美しく見えるよい配色となるか否かの色彩調和（カラーハーモニー）の問題である。

色彩学における色彩調和とは、一般に2色あるいはそれ以上の複数の色の配色に美的な秩序をつくりだす組み合わせ、つまり配色を指す。したがって無意識につくられた色の組み合わせや、不調和な配色は、正しくは配色とはよべない。

従来、色彩調和に関しては、多くの研究を基に理論や原理が提言されてきたが、この中で色相環上の関係で正三角形（トライアド）や正五角形（ペンタード）などの位置にある色相に調和がみられるとの説などが展開されてきたが（p. 20 注-10参照）、そのどの理論にも一長一短があり、実用的な理論・原理とはいい難い。

なぜならば配色とは、正方形同士のようにまったく同じ形状の形がぴったりと隣接しているとは限らず、その大きさも形状も異なるからである。

色彩の調和理論に合わない配色でありながら、時折、はっとするような魅力的な配色に出合うことがある。よく見ると面積の比率がきわめてアンバランスであり、多少ずれている色相が、逆に視覚の刺激値となっているのだろうか、私たちの色彩感覚を覚醒するのである。こうした色彩調和の難しさが、むしろアーティストやデザイナーの個性を引き立てているともいえるのであろう。

したがって私は、あくまで色彩における原理・原則に添った色彩調和の理論を述べるに止めたい。これまで発表されてきたさまざまな色彩調和理論の中で、現在もっとも汎用性が高く、基本原理として応用範囲の広い原理は、やはりムーン・スペンサーの色彩調和理論であろう。

3-5 ムーン・スペンサーの色彩調和理論

ニュートンやゲーテ以来、近代工業化社会に向けて色彩の表示法や色彩調和に関する実用技術や理論に関する関心が高まり、これまで色彩学者の数だけ色彩調和の方法論や法則があるといわれるほど多くの理論が発表されてきた。

中には研究者自身の思い込みや民族色、伝統色など文化的背景からの偏った理論や科学的な論拠に乏しい色彩調和の理論もみられる。

例をあげると、かつてドイツでは青と緑の配色は、

俗に「愚者の色」とよばれ、忌み嫌われていた。またアメリカ人のオグデン・ニコラス・ルードは赤と黄、朱色と緑や黄は調和しないといっている。一方これらの配色は、日本の伝統色の中の「襲（かさね）の色目」[4]と同じ配色であり、不調和どころか当時の人々に尊ばれ高貴で優雅な色合わせとされていた。

「ムーン・スペンサーの色彩調和理論」は、アメリカ人、パリー・ムーンとドミナ・スペンサーが発表した色彩の調和理論である。

1944年、アメリカの光学会の学会誌に発表されたムーン・スペンサーの色彩調和理論[5]は、色相環上で類似色相間か対照の色相間の調和配色の原理に立って過去のさまざまな調和理論をベースに理論化した調和原理であり、現在に至るまで、もっとも汎用的でアートやデザインの現場で実用に適した色彩調和理論とされている。

この理論は、複数の色と色が隣り合った場合、色相環上の関係から調和、不調和（あいまい領域）の領域を割りだす基となる理論である。この理論によると、色彩調和の領域を計量的に図式化（p. 78）し、大きく同一調和、類似調和、対比調和の三領域に分け、配色の調和原理を説いている。

同一調和（同一色相）

マンセル表色系の色相環上の、ある色相上の2色による配色は、調和するという理論である。これは誰しも予想がつくように、同じ色の濃淡の関係にあるため必然的になじみやすく調和するという説である。

たとえば純色の赤と、赤に白を加えたピンク系の赤は同一色相の色同士であり、配色は何色になろうとも、基本となる色は一色なので、同一色相の色調で統一され、まとまり感が生じる。ただし、変化のある色彩表情が豊かとはいえず、やや単調（モノトミー）となるのは避けられない。

類似調和（近似色相・類似色相）

色相環上で約30度から40度は離れた色相の2色を基本とする近似色相の配色。適度な色相差があり、柔らかで落ち着いた女性的なイメージの色調となる。

ムーン・スペンサーの理論では25度から43度ぐらいの範囲の2色としているが、あまり厳密に考えることはない。色相間が20度前後になると、色相の微妙な差異が、人間の視覚にはあいまいに映り、自ずとその色相差を見極めようという意識が働き、逆に不調和となるのだろう。

しかし色と色が20度ぐらいの近接した色相間や、50度から100度ぐらい離れると、たちまち不調和な配色となるから注意したい。前者は色相間が近すぎ、メリハリ感がなくなってしまうからと考えられる。これを同理論では「第一のあいまい」、後者は「第二のあいまい」の領域といっている。

対比調和（補色色相）

色相環上で100度から180度の関係にある2色を基

---

4. 「襲の色目」は平安時代の衣装の色彩特性であり、1.衣の襲（かさね）の色合。女房の表着（うわぎ）・五衣（いつつぎぬ）・単（ひとえ）などのかさなった色合。2.直衣（のうし）・狩衣・下襲（したがさね）などの表裏の地色の配合。紅梅・桜・桔梗など、季節によって着用する色が一定していた。（参照：『広辞苑第四版』）

5. 原文は3部構成の論文でアメリカ光学会（JOSA）から1944年に発表。マンセルシステム上での調和の範囲を示し、配色の良否を定量的に求めるなどの提案により注目された。第1報「古典的色彩調和の幾何学的形式」、第2報「色彩調和における面積」、第3報「色彩調和に適用される美的尺度」。

本とする配色を、対比調和という。対比関係にある色相間でほぼ180度にあたる反対側の色相が補色（余色ともいう）である。たとえばまっ赤（5R）の補色は、青緑（5BG）となる。この場合きっちり180度の関係にないと安っぽい配色となり、心地よい調和が得られない。対比調和で注意しなければならないのは、このように色相によっては調和の範囲に入っていながら、ただ派手さばかりが目立ちトロピカルなイメージの配色となり、調和の配色とはいえないような場合である。

●ムーン・スペンサーの色彩調和理論（Moon-Spencer's Theory of Color Harmony）

1944年にムーンとスペンサーが、マンセル表色系をもとに発表した定量的な色彩調和理論。色相、明度、彩度それぞれについて、「同一（Identity）」、「類似（Similarity）」、「対比（Contrast）」の三つの調和関係に分類し、「あいまい（Ambiguity）」、「眩輝（Glare）」という概念を提案した。この理論は2色間における配色を基本としており、あいまいな関係が生じる部分、色の差が極端に大きく眩しさを感じる配色を不調和領域とした。

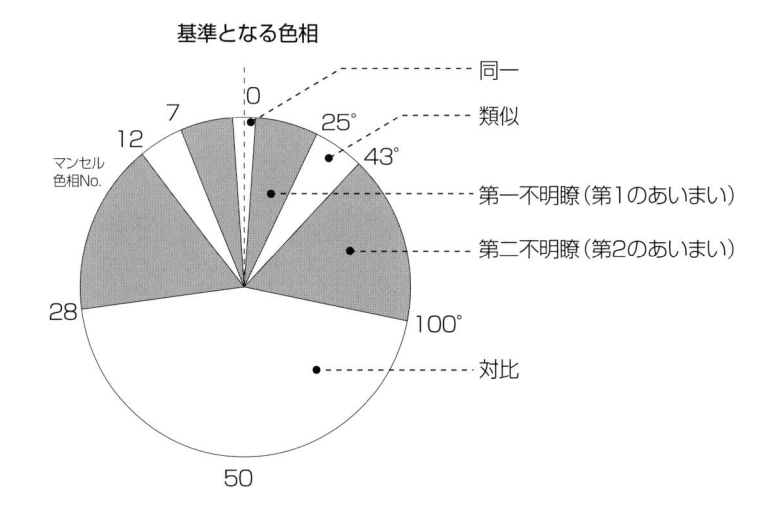

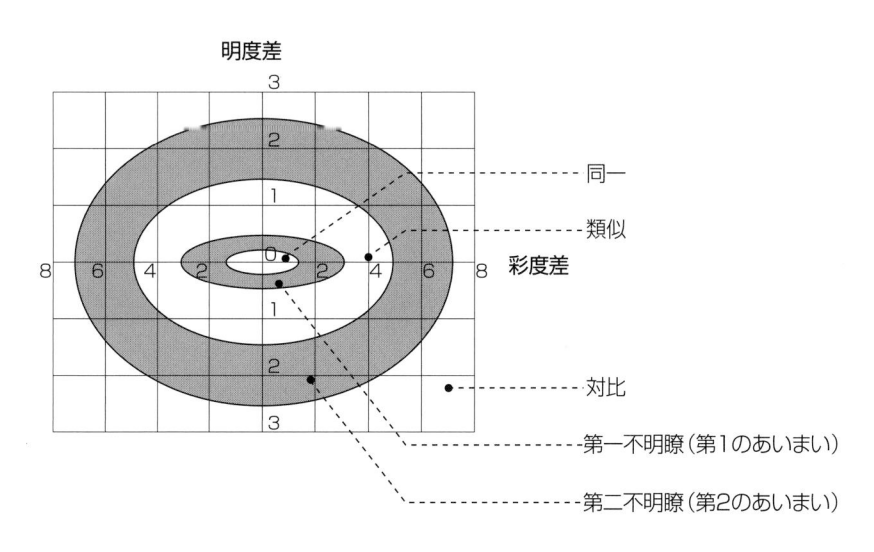

同一調和（同一色相）　　　　　　　　　類似調和（近似色相・類似色相による調和）

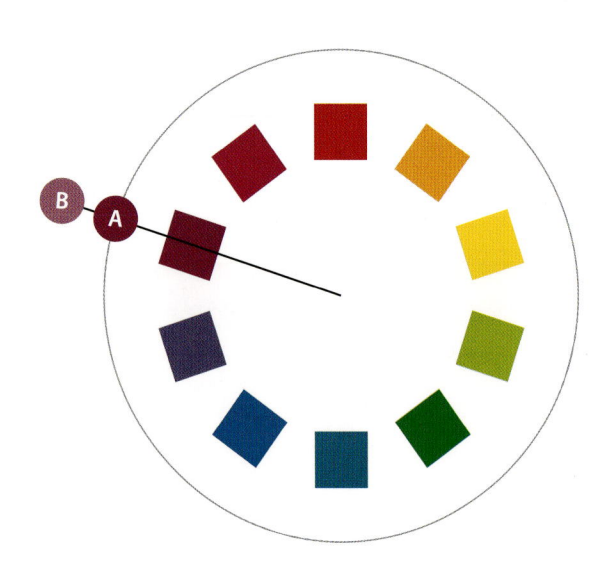

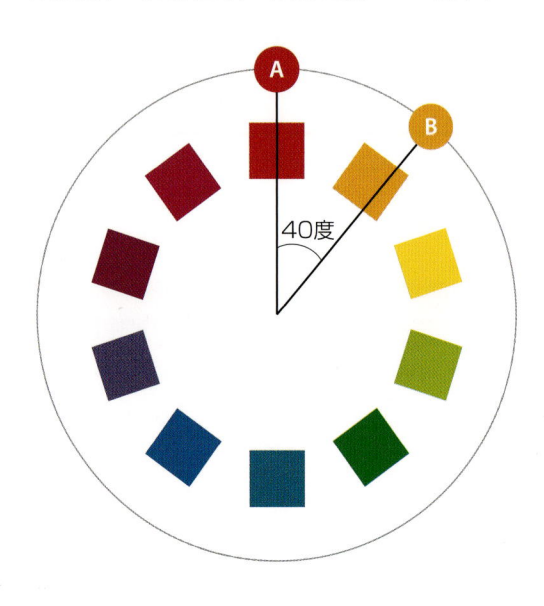

対比調和（補色色相による調和） 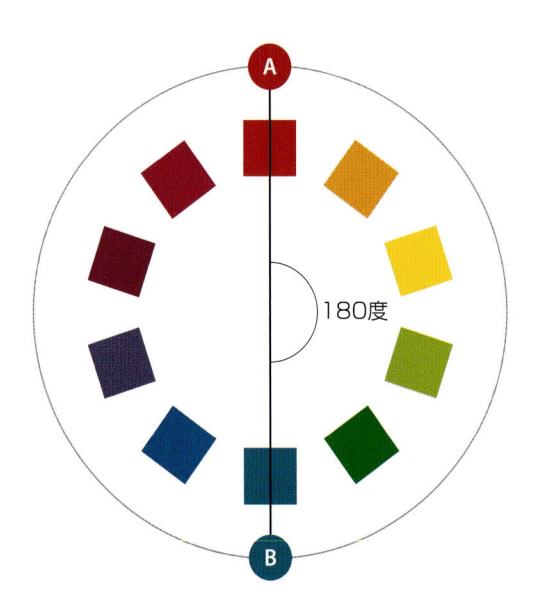　　　　スプリットコンプリメンタリー（分裂補色）
　　　　　　　　　　　　　　　　　　　　（近似色相と補色色相による調和）

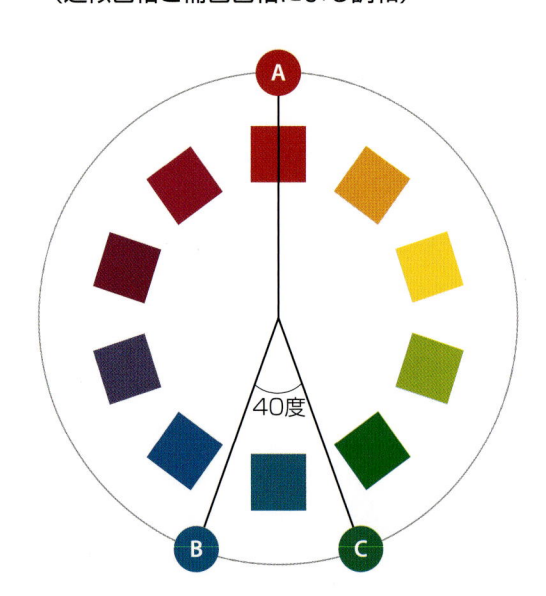

3-6 色彩調和と配色のコツ

　ムーン・スペンサーの色彩調和理論では、大きく同色同士の色（同一調和）、色相間が近い色の配色（類似調和）と色相間が対比関係になる補色あるいは補色に近い反対色の配色（対比調和）の三つのグループに分けている。

　それ以外の色相差の関係は「あいまい」な色相差として不調和な配色としている。

　しかし上記の調和関係にある配色でありながら、よい調和といえないような配色や、またあいまいな色相関係にある色同士であっても時には、目が覚めるような刺激的で独創的な配色に出合うこともある。

　こうした現象は、どうして起きるのであろうか。理想的な色彩調和というのは、単なる機械的な色相間の関係だけではない。私たちが調和すると感じる配色には、別の造形要素が関与しているためである。これは、色と色の面積の割合、つまり面積比、色同士の接し方と、色と色の明るさの関係、つまり明度差の明快さが決め手となるのである。

　色彩調和という捉え方と、色彩のイメージに関してよく誤解を招き、両方を混同して理解している人はことのほか多い。

　色の調和では、柔らかいおだやかな近似色の配色ばかりを指すのではないことを、まず理解してほしい。

　赤と青緑、黄と青紫、黄緑と紫のようなコントラストの強い派手な配色も、もちろん調和という点からみれば配色から受けるイメージの違いこそあれ、近似色相による類似の調和とまったく同じ考え方なのである。

　また色彩全体の印象を強める表現法として、面積の比率を同等にする部分と、どちらかを大きい面積にとり面積の大小をつける場合とでは、かなりイメージの差がでてくる。もっとも派手で強いコントラストの配色の補色、たとえば赤と青緑の配色を例にとると、赤と青緑を同量に配する場合の印象と、青緑を圧倒的に多く配し、赤をほんのわずかアクセント程度に入れた配色では、人に与える印象が正反対なほど異なる。

　後者の場合は、全体が緑系のまとまった印象が強く、ほんのわずか配された赤が宝石のように印象的に映るのである。つまり面積比をさまざまに変えることによって補色の関係にある配色でも、強いコントラストのイメージや、柔らかい統一したイメージに仕上げることもできるのである。

　さらに同じ色相を使った配色であっても、隣接する色と色の明度差の少ない不明瞭な場合は、歯切れの悪いメリハリのない印象となり、配色全体がぼやけて見える。やはり明快な明度差が色彩調和に不可欠の要素となるのである。

3-7　色彩とテクスチュア

また色彩がどんな材質のテクスチュアに表現されているか、という点も造形表現の全体のイメージを決定する上で、大きな要因となる。

同じ色であっても、素材が紙や布なのか、あるいは木質かメタリックな金属色なのかという点は、造形上きわめて重要な表現要素となる。油絵のようにキャンバス地に描かれた油絵具同士の色であればともかく、異質な色の組み合わせ、たとえば木質の塗装面と金属の塗装面とでは、イメージもかなり違って見える。つまり紙に塗られた平板なポスターカラーの赤、アルミ缶に印刷されたメタリックなまっ赤なバラの花弁、色ガラスの透明感のある赤、コンピュータのモニター画面の赤など同じ赤色でありながら、その材質や表面のテクスチュアが変わると、その色から受ける感情効果も当然のことながら異なってくる。

ただ美しい配色という色彩調和を計る場合、はじめから素材本来の色やその材質感（テクスチュア）をあわせて検討すると、より複雑になるので、まず色彩を純粋に比較対比させ、カラーハーモニーをつくりだし、その後で材料やテクスチュアを検討するほうが効果的である。

そのためトーナルカラーのような色紙やポスターカラーからグァッシュ、アクリル絵具のような色材から純粋に色彩のみを選びだし、まずよい配色をつくりだすことである。

その後で、材料やテクスチュアをどのように選び、組み合わせるのかを決めればよい。どんなに材料やそのテクスチュアにこだわってみても、配色がよくないとデザイン全体の仕上がりに及ぼす影響が大きいのだ。

それほど造形表現では、色彩の占める領域が広いということがいえる。

3-8　トーンと色彩調和

これまでムーン・スペンサーの色彩調和理論を中心に配色による色彩感覚のつくり方について述べてきたが、配色を考えるうえで、「トーン」という概念も外すことはできない。

「トーン」は日本が編み出した日本色彩研究所の配色による概念であり、明度と彩度がそれぞれ類似した色をグルーピングしてまとめた使いやすい配色法である。

一般に白っぽい高明度の色ばかりを集めた色はハイキートーンとよばれるが、トーンの概念ではペールトーンとしてグルーピングしている。

たとえば全体が白っぽい「ペールトーン」は、雪景色や朝もやの街並みが美しく見えるように、圧倒的な量の白という無彩色が、あらゆる有彩色同士を調和させる触媒作用のキーカラーとなっていると考えられる。

これと反対にもっとも彩度の高い原色に近い色ばかりのグループは、ビビッドトーンとよばれ、全体で12グループのトーンと5グループの無彩色の計17のグループからなっている。ここで、同じトーンの

仲間の色同士は、色相が異なっていても彩度はほぼ同じグループにあり、この中での適度な明度変化によって調和しやすい、ということができる。

つまりそれぞれのトーンは、配色としての色のまとまり感が強く、系統的な配色テクニックとしてきわめて有効な配色法といえる。

たとえば淡くやわらかい感じのイメージの配色でまとめたいと思ったときは、ライトトーンやソフトトーンの色を選び、落ち着いてシックな配色がイメージに適していると思えば、グレイッシュトーンあるいはダルトーンを選びだし、配色を行うという方法である。

ここで注意したいことは、色彩を施す面積比、互いの明度差に歯切れのよい差をつけることである。同じような大きさが並ぶよりも、大小さまざまな形が混在しているほうが変化があり、また適度な明度差をつけ配色したほうが画面全体に生き生きとした

PCCSトーン名

トーン記号	tone (英名)	トーン (和名)
v	vivid	冴えた・鮮やかな
b	bright	明るい
s	strong	強い
dp	deep	濃い・深い
lt	light	浅い
sf	soft	柔らかい・穏やかな
d	dull	鈍い・くすんだ
dk	dark	暗い
p	pale	薄い
ltg	light grayish	明るい灰みの
g	grayish	灰みの
dkg	dark grayish	暗い灰みの
W	White	白
ltGy	light Gray	明るい灰
mGy	medium Gray	中間の灰
dkGy	dark Gray	暗い灰
Bk	Black	黒

PCCSトーン分類図

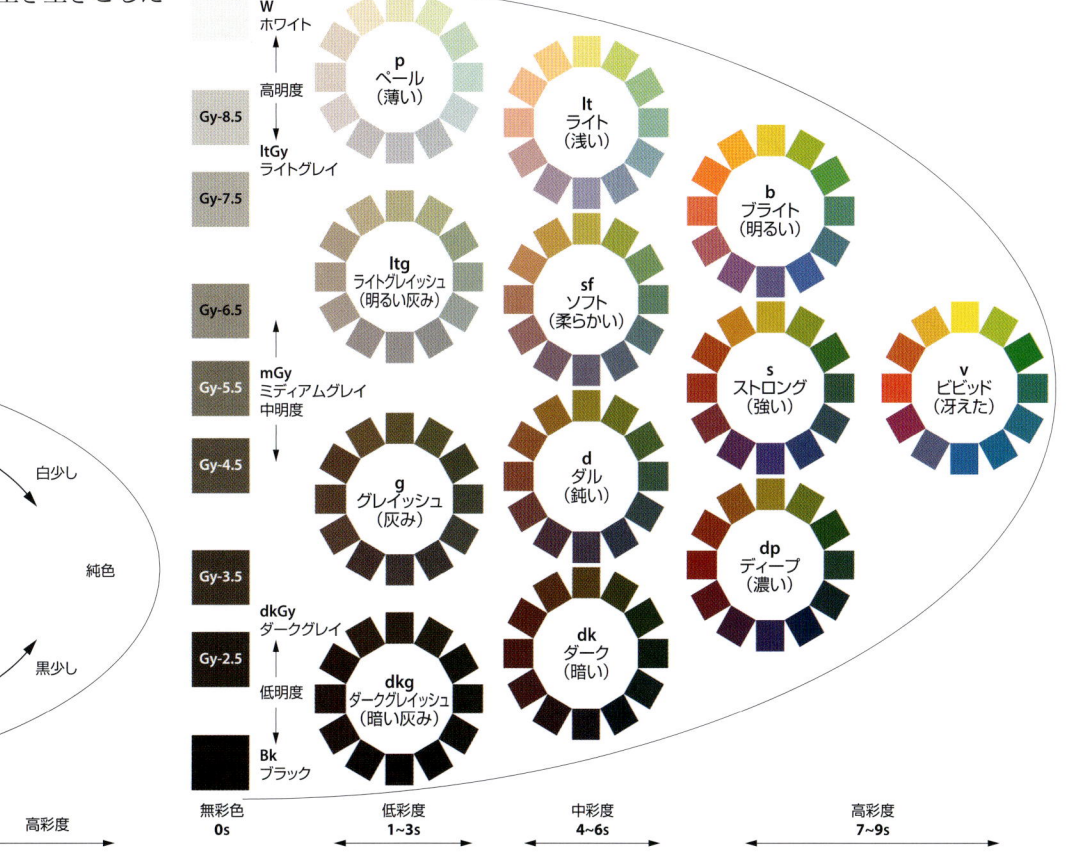

メリハリが生まれ、魅力的な配色となる。

●

これまで述べたように、配色を中心とした色彩感覚を育成し、いわゆる色感に優れ、色彩的センスを育むためには、マンセル表色系のさまざまな調和の原則やトーンの概念を理解し、色材を通してトレーニングを重ねること以外に王道はないのである。

はじめからデスクトップ上でPhotoshopやIllustratorのようなグラフィックソフトを使ったデジタルカラーの配色練習も効果がないわけではないが、真の色彩感覚は色材による体験を通したアナログ感覚が基になっていることを忘れてはならない。

このアナログ感覚を培ったうえで、デジタルカラーによるシミュレーションを行うならば、さらに色彩感覚は磨かれるであろう。

3-9　デジタルカラーの配色

IT時代を迎えた21世紀の今日、私たちは日々デジタルカラーとの出合いで日が暮れる。パソコン画面、ケータイやデジタルカメラ、液晶やプラズマテレビの映像、都会の電飾広告から駅の案内表示まで、すべてデジタルカラーのつくりだす色彩の世界である。

ところで現代のプロダクトデザイン(製品デザイン)や自動車の設計・意匠デザインでコンピュータを使用していない企業は恐らく皆無であろう。コンピュータによる設計・デザインソフトをCAD (Computer Aided Design)とよんでいるが、ここでは、設計図面はもとより、三次元データによる立体のイメージ、ソリッドモデリングによる写真と見紛うばかりの完成予想図から色彩の混色やテクスチュア、マット(つや消し)、透明・半透明の色まで自由に再現できるようになった。

ところで私たちの色彩感覚は幼い頃からクレヨンや色鉛筆、水彩絵具、また色紙などの色材を使って、色彩感覚を育んできた。

こうした色彩の表現媒体は、すべて物体色であり、絵具の混色によって色は濁色となることは避けられなかった。

つまり物体色の三原色であるY(イエロー)、M(マゼンタ)、C(シアン)をそれぞれ混ぜ合わせると、彩度は必ず低くなる。この三原色をいっしょに混ぜると黒色になり、これが減法混合(減算混合)である。これに対し、コンピュータ、テレビなどの映像は色光のひとつで、光の三原色であるR(レッド)、G(グリーン)、B(ブルー)によって構成されており、これを混ぜると白色光になるという加法混合(加算混合)の性質をもっている。

これまでコンピュータやテレビの色彩に関しては、主に色彩の再現性に関心が高く、色彩の混色や色彩のメカニズムにはほとんど注意が払われなかった。

最近はパソコンの性能向上により、色彩を絵具と同じようにモニター画面上に出力し、これをもとに混

色、グラデーションなど、さまざまな色彩のシミュレーションが、きわめて簡単に行えるようになった。

つまり色光にもかかわらず、私たちは絵具など物体色と同じようにコンピュータの色彩、つまりデジタルカラーを空気のように意識せずに扱うことができるようになった。

コンピュータなどデジタル機器の色彩出力機能は光の三原色R、G、Bによってすべての色が発色されていることをまず認識しよう。

ここではマンセル表色系の色彩体系の加法混合によってすべての色が再現できると体系づけられる。現在のようにIllustratorやPhotoshopを使って色を選んだり、彩色する場合、絵具と同じようなアナログ感覚で色彩を扱うことができるが、あくまでR、G、Bの混色や色彩出力は、コンピュータ側のブラックボックスとしての変換機能の成せる技である。

コンピュータのディスプレイのモニター画面（CRTや液晶ディスプレイ）では、R、G、Bの三原色の比率をデジタル情報として色彩を特定する。ディスプレイ上で再現される色数は、1ビット（0もしくは1）では、白と黒の2階調（2色）、8ビットでは、$2^8=256$色表示が可能となる。また、現在では最大表示可能な色数はR、G、Bそれぞれに8ビットで出力され、計24ビットになるので、$256^3＝$約1677万色にのぼり、デジタルカラーの色再現は、豊富な色彩出力能力をもっている。

デジタルカラーを扱う場合、カラー表示はデスクトップ上にグレースケールやR、G、BやC、M、Y、Kのカラーパレットから色を自由に選んだり、変更することができる。またIllustratorやPhotoshopではスウォッチパレットで使用したい色を選んだり、使用した色を登録して、オリジナルのパレットをつくることもできる。印刷においては、日本では大日本インキ化学工業株式会社の印刷見本帳と同じDIC COLOR、東洋インキのTOYO（CFカラー）、アメリカのPANTONE（パントン）などのカラーチップが特色として用意されているが、DTPにおいても色指定することができる。見本帳から選んだ特色を、IllustratorやPhotoshopの画面上で確認し、カラー出力することも可能である。

またグラデーションの設定では、図（p. 85）のように従来の印刷指定では困難であった色相間のグラデーションがあっという間に、スムーズな配色となって取り出せるようになった。はじめとおわりの各色を指定し、形のそれぞれの対応点や段階数（ステップ数）を選択するだけで、さまざまなエフェクトを加えながら効果を確かめ、カラープリントとして出力できるのだ。

つまりデジタルカラーといっても、あくまでこれを使いこなしたり、配色、混色、グラデーションなどの色彩設計は、従来私たちが絵具で配色を行っているときと同じアナログ感覚で、扱うことができるのである。さらにデジタルカラーのメリットは、配色を決定する前に、シミュレーションによって多くのカラーサ

P. 87→

● デジタルカラーによるRGBとCMYのシミュレーション

テレビモニタなどでの色光の再現は、RGB で行われている。R(Red)、G(Green)、B(Blue)はそれぞれ 0～255 までの 256 段階の発光の強さでコントロールされている。つまり、すべての場合の階調を考えると、256×256×256＝16,777,216 の色光を表現できることになる。この約 1677 万色で表現されることを一般的にフルカラー表示という。RGB は、光の三原色といわれ、RGB の発光がすべて重ね合わせられると白色光となる。また、RGB のいずれもがまったく発光されないときは、Black(黒)となる。RGB は、色光を重ねることによって明るくなるので、加法混合ともよばれる。

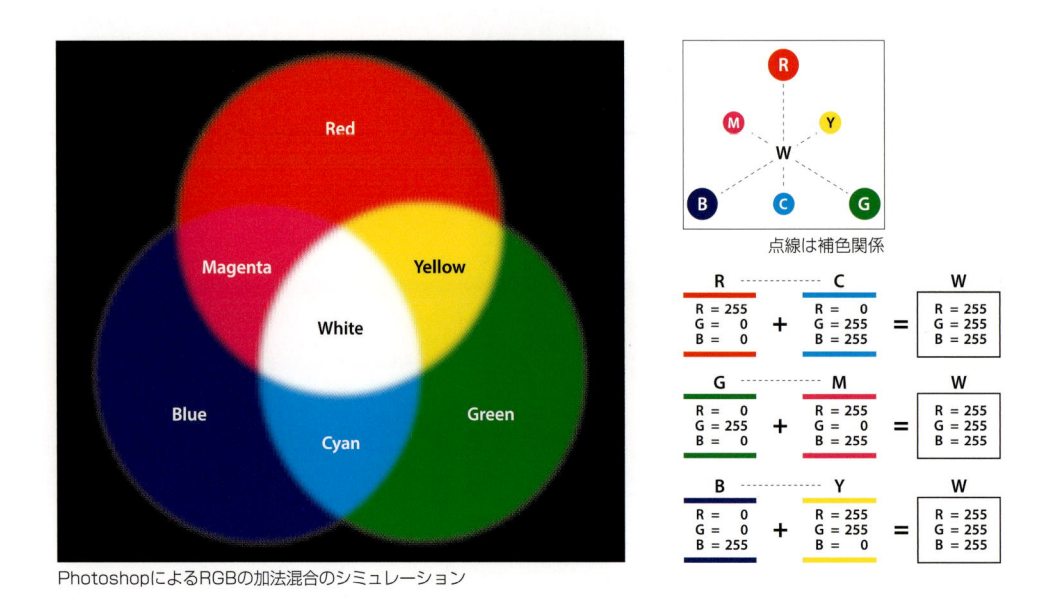

点線は補色関係

R		C		W
R = 255 G = 0 B = 0	+	R = 0 G = 255 B = 255	=	R = 255 G = 255 B = 255

G		M		W
R = 0 G = 255 B = 0	+	R = 255 G = 0 B = 255	=	R = 255 G = 255 B = 255

B		Y		W
R = 0 G = 0 B = 255	+	R = 255 G = 255 B = 0	=	R = 255 G = 255 B = 255

PhotoshopによるRGBの加法混合のシミュレーション

カラー印刷などで利用されている色の再現は、CMYK で行われている。C(Cyan)、M(Magenta)、Y(Yellow)の 3 色は 0～100% までの濃度の比率でコントロールされている。理論的には、CMY の絵具を重ねると、Black(黒)となるが、実際には再現することができないので、K(黒：スミ)を使用している。CMY は色材の三原色であり、CMY がいずれも 0%のときは白色となる。CMY は、色(絵具)を混合させる(混ぜ合わせる)ことによって暗く濁ってくるので、減法混合ともよばれる。

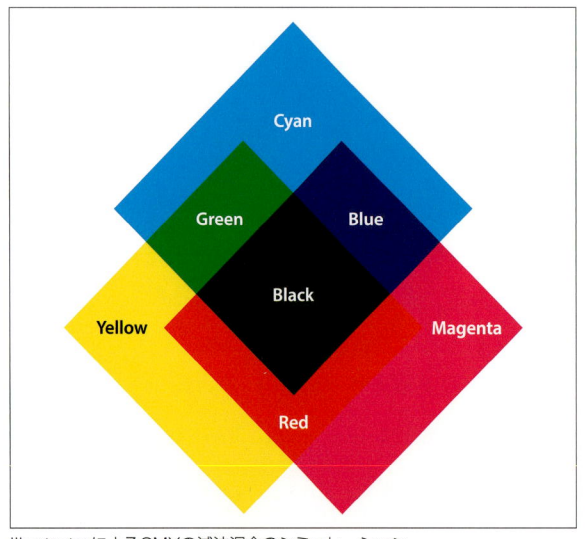

点線は補色関係

C		R		Bk
C = 100 M = 0 Y = 0	+	C = 0 M = 100 Y = 100	=	C = 100 M = 100 Y = 100

M		G		Bk
C = 0 M = 100 Y = 0	+	C = 100 M = 0 Y = 100	=	C = 100 M = 100 Y = 100

Y		B		Bk
C = 0 M = 0 Y = 100	+	C = 100 M = 100 Y = 0	=	C = 100 M = 100 Y = 100

IllustratorによるCMYの減法混合のシミュレーション

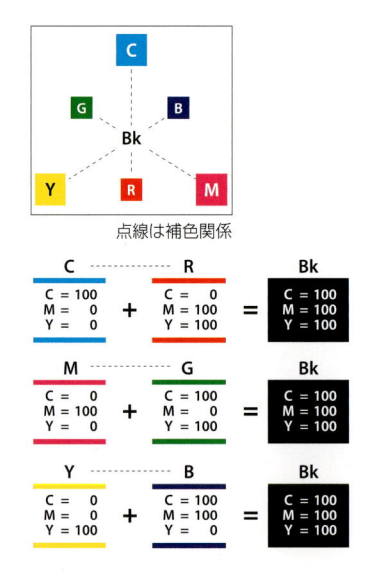

第3章　造形と色彩システム

● グラデーションのバリエーション

グラデーションとは、色を段階的に変化させていく配色法をいう。「段階的変化、徐々に変化する」という意味で、「グラデーションの配色」は、秩序や統一感、連続感が生まれる配色である。見た目にもリズム感のある心地よい配色となる。グラデーションには、色相・明度・トーンのそれぞれを変化させていく配色があり、またそれらを組み合わせたさまざまなバリエーションがある。

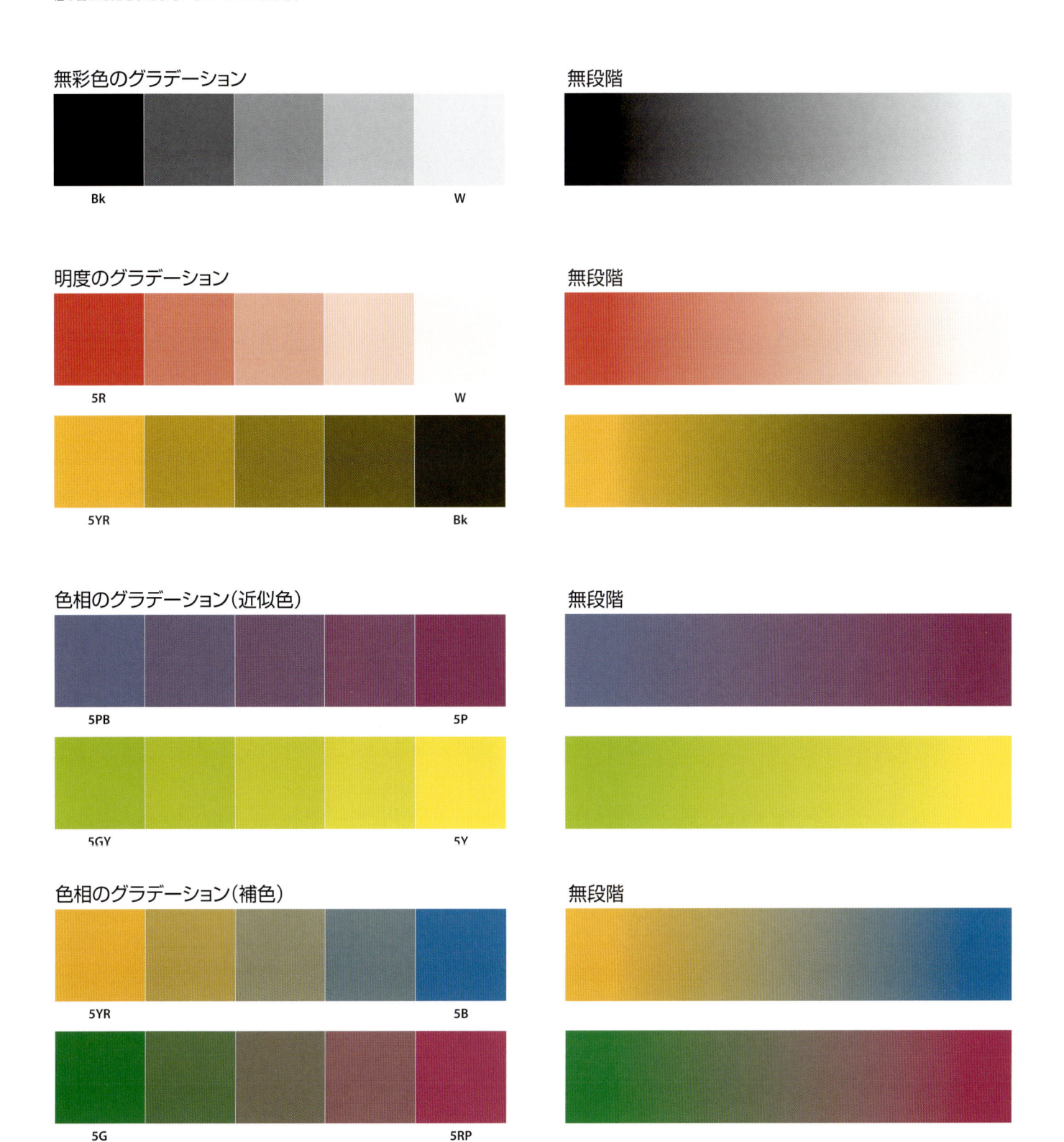

無彩色のグラデーション　　　　　　　　　　　　　　無段階

Bk　　　　　　　　　　　　　W

明度のグラデーション　　　　　　　　　　　　　　　無段階

5R　　　　　　　　　　　　　W

5YR　　　　　　　　　　　　Bk

色相のグラデーション（近似色）　　　　　　　　　　無段階

5PB　　　　　　　　　　　　5P

5GY　　　　　　　　　　　　5Y

色相のグラデーション（補色）　　　　　　　　　　　無段階

5YR　　　　　　　　　　　　5B

5G　　　　　　　　　　　　　5RP

85

●カラーチャート

下図は、プロセスカラーCMYKの再現できる色領域をマトリクスで示した例。左はY＋M＋W、右はM＋C＋BLの10段階カラーチャートである。デジタルデザインでは、Illustratorなどのグラフィックアプリケーションを利用すれば、カラーチャートを簡単に作成することができ、デスクトップ上の色見本として活用できる。

Y＋M＋Wのグラデーションマップ

Y100　　W
M/Y100　　M100

M＋C＋BLのグラデーションマップ

C100　　BL
C/M100　　M100

Y＋M＋W（10段階）のカラーチャート

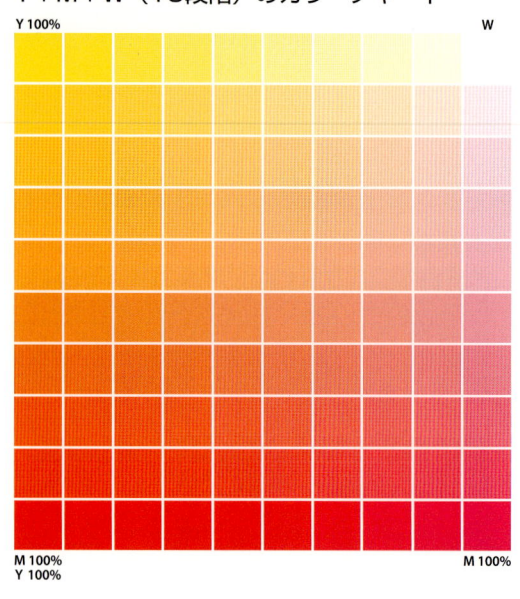

Y 100%　　W
M 100%　　M 100%
Y 100%

M＋C＋BL（10段階）のカラーチャート

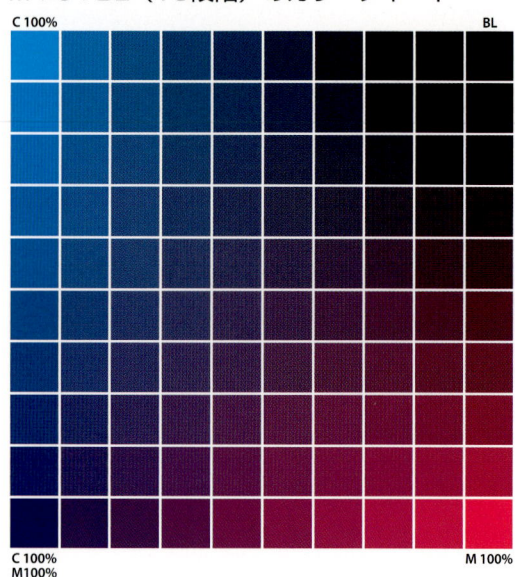

C 100%　　BL
C 100%　　M 100%
M 100%

ンプルを出力し、じっくり検討しながら最適の配色や色彩設計を行うことができるということである。

デジタルカラーで出力した色彩構成や配色のサンプルも、ポスターカラーで塗ったアナログ作品と同じように色彩調和や対比から色彩の感情効果までまったく変わりはない。

デジタル、アナログにかかわらず、コンピュータか絵具かの色彩構成の手法が異なるだけで、色彩表現とその評価に関しては、同じであるのだ。

ところが絵具を使わず、いきなりコンピュータのデスクトップ上で色彩構成を行っても、本当の色彩感覚は身につかない。つまり絵具を使って混色し、色彩調和という手技を通して色彩感覚を体で覚え感性を養っていく、という方法がもっとも大切である。

3-10　バウハウスと色彩教育

色彩調和や色彩対比など色彩を本格的に美術・デザイン教育に採り入れたのは、やはりバウハウスが最初であろう。この先進的な造形学校の予備課程のカリキュラムにヨハネス・イッテン[6]やヨゼフ・アルバース[7]が、絵画表現やデザインに直接役立つ配色訓練として、色彩調和の教育を行った。

イッテンは材料体験や色彩教育を通して、理論より実習による経験を重んじ、造形教育の基礎とした。またアルバースの色彩の同化・融合効果や色彩対比などを採り入れたトレーニングによる色彩教育は、当時もっとも革新的な試みであり、現在、世界の造形・デザインの基礎教育として息づいている。

その他、表現主義の画家、パウル・クレーや抽象主義画家のパイオニア、ヴァシリー・カンディンスキーやピエト・モンドリアンも色彩調和をめざした独自の色彩理論を展開し、バウハウス教育の基礎を固めた。

マンセルやオストワルトの色彩理論が、科学的な体系に基づいた論理的な色彩科学であるのに対し、当時のバウハウスでは、光学や色彩科学とはやや距離を置きながらも、画家や教育者としてそれぞれの個性を生かしたわかりやすく実用的な独自の色彩論を展開した。

ただ、バウハウスの色彩教育として概観してみると、デザイン教育の色彩という一領域にイッテン、アルバース、カンディンスキー、クレー、モンドリアンほか多くの教師が、それぞれ独自の色彩論を展開したこと自体に少なからず問題がみえる。

彼らは、色彩理論ばかりでなく、これに基づく課題作品を課しており、残された課題から判断するとイッテンを除き、きちんとした色彩体系のもとで色彩調和（カラーコンディショニング）をはじめとする色彩の諸問題を検討したとは考えにくい。

むしろこのような状況から、当時の色彩学に対する教師たちの飽くなき期待が垣間見られ、造形教育に対する熱意が感じられるのである。

---

6. p.20 注-10参照。
7. p.20 注-11参照。

'Movement · 1' 朴 秀光

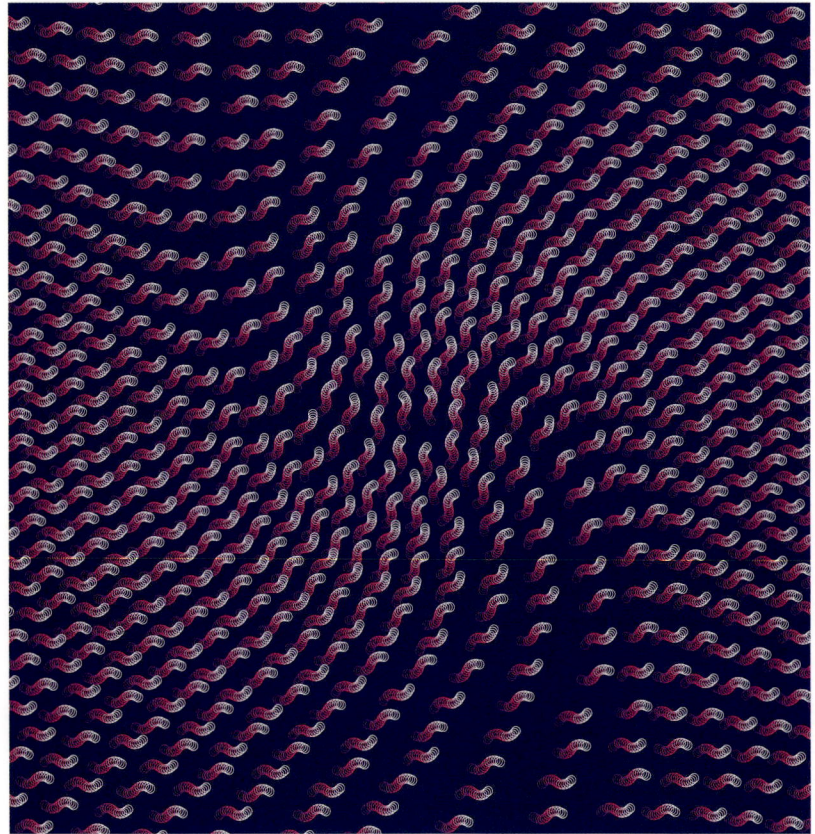

'Movement · 2' 朴 秀光

4 造形の秩序と表現

4-1　造形表現と美の形式原理

　芸術やデザインを創作するうえで人を感動させるようなよい表現、つまり人を惹き付ける表現のうまさ、あるいはよい形や色をもっているか否かという美醜を決める条件から、作品や装飾・デザインを考えると、二つの側面がみられる。

　ひとつは、その表現の情緒性や表現されたものの意味や、鑑賞する人間の個人的な感覚や観念などの感性的な表現効果と、もうひとつは円や正方形から格子・縞模様、さらに立体的な放物線や双曲線などの数的秩序に基づいた誰もが一様に認める普遍的な美しさの有無という側面である。

　古代より、より多くの人々に使用される装飾性の高い対象、たとえば衣服や家具、タピストリーなどの装飾用品では、表現された意味や内容とは切り離された、数理的な秩序をもつ形やパターンが、多く使われてきた。

　したがって紋様や多くの装飾美術には、むしろ個人的な感情を押さえた普遍的な美しさを追求した形や装飾が多い。そのためそれら装飾美術は、多くは無名の職人たちによるという匿名性をもち、作家の個人的な心象描写を反映した絵画などの芸術作品とは、表現上では対極の関係にあるといえる。

●

　このように作家の対象に対する個人的な思いや情緒性を、その作品の表現から切り離してみると、装飾品などにみられる紋様が等間隔に並ぶリズム表現のように、表現上の普遍的な形式による美的要素が浮き上がってくる。こうした美的な表現の方法、つまり表現様式を美的形式原理とよんでいる。

　西洋美術ではギリシャ時代以来、もっとも重要視されてきた美的形式原理に、黄金比とシンメトリーがある。黄金比は割合や分割にもっともすぐれた比例法とし、代表的な普遍的な美のプロポーションとされてきた。

　そのほか調和を意味するハーモニーやコントラストから、形と形の視覚的な均衡のバランスや、パターンをつくりだす基本的な概念のリズムなどを代表的な美的形式原理という、いわば造形秩序の原理である。

　古代より人々は美に憧れ、何とかこれを上手に表現し、より多くの人々に見せ伝えたいと思ったとき、その表現のプロセスにこうした美的形式原理を用いながら形や色と素材を巧みに組み合わせ、彼らの思い描く美を創出してきたということは、きわめて自然の成り行きであったといえる。

　そのような美的形式原理を統括し、多様な美的要素をとりまとめるのが統一、つまりユニティの原理である。ユニティは表現としてのまとまり感であり、表現全体の視覚効果を一層際立たせる造形原理の最頂点に立つ概念である。

4-2　造形秩序とユニティ

　美術やデザイン、あるいは装飾的な表現などの造形の表現上で、もっとも上位にあり、全体を統一する概念がユニティという「統一」の秩序の原理である。造形表現では先に述べたように形、色、材料などの造形要素が集まり、巧みに構成され、互いの関係が見事に高められ作品として評価されたとき、これをユニティがあるという。

　その互いの造形要素にかかわる形式原理や秩序の要素を、造形秩序とよんでいる。

　造形秩序は表（p.27）で示すようにユニティを最高位の概念として、その下にさまざまな秩序をつくりだす美の形式原理で構成されている。

　人が芸術作品やデザインに接したとき、感動を覚え陶酔にも似た言い知れぬ美的な満足感を味わう。こうした場合、その作品やデザインにはユニティがあるからである。ユニティをわかりやすくいえば、造形表現上のいわばまとまり感であり、人を惹き付ける造形上の美的な秩序、つまり芸術的価値観なのである。

　従来、芸術作品では、その芸術価値の評価の方法のひとつを感情移入という心理美学上の哲学的概念によって説いていた。「感情移入」は、19世紀ドイツのテオドール・リップスやヨハネス・フォルケルトがEinfuihlungとよんだ日本語訳の哲学用語である[1]。

　人がある作品に出合い、言葉に言いつくせないほどの感動を覚えたとしよう。この芸術作品と見る人、つまり鑑賞者の間には目に見えない精神上の交流が行われる。つまり感動した絵画の中に鑑賞者自身の感情が投入され、対象（絵画）と自己（鑑賞者）の心理的な同化、融合を意識する。この共感（同感）作用が「素晴らしい絵だ」「忘れられぬ感動の作品」と言わしめるのである。つまり鑑賞者は、作者と同じ気持ちに陥り、あたかも自分がその作品を制作したような心理状態になり、気分が高揚して感極まる。

　ただ絵画の場合、そこに描かれた情景や、見る人の個人的な嗜好や国籍、年齢、性別から、個人の思想的背景など、情緒的な要因が強く影響を及ぼすという欠点も否めない。したがってある人にとって、その作品が感動的であっても、別の人間には駄作としか評価を与えない場合も、ときにはみられるものである。

　ユニティは、こうした人間の個人的な感情や環境のさまざまな条件を一切排除した客観化された視点の美的概念であり、普遍的な造形上の抽象的な概念である。そのため絵画、彫刻、デザイン、建築物にも共通する造形のまとまり感であり、造形の美的秩序の、いわば造形原理なのである。

　ユニティの概念は20世紀に入って、工業化社会を迎えた欧米社会のバウハウスという造形教育の場でまとめられたことに大きな意義がある。この頃になるとデザインに対する期待が高まり、「デザイン」が普遍的な美の評価基準となり、これを一般に広め、構成学という造形教育に採り入れることによって定

1.　『抽象と感情移入-東洋芸術と西洋芸術』（岩波文庫）ヴォリンゲル著　草薙正夫訳　岩波書店刊　1953。

着してきたともいえる。

　ただ一般の造形教育でわかりやすく教授することは、なかなか難しく、それがどれだけの意味をもつかという批判もあり、現在の義務教育制度の美術・デザイン教育や大学の構成教育のシラバス（講義概要）の中に組み込まれている教育機関は、ほとんどみられないのが現状である。

　アートやデザインを評価する際、こうしたユニティの概念を通し、造形に対する理解を深めていくことがいかに大切であり、造形教育、つまり構成教育上いかに大きなメリットがあるか、私は声を大にして申し上げたい。

　普遍的な美は、ややもすると現場の教師が抱く、「芸術やデザインの独創的な芽をつみとってしまうのではないか」という危惧に対する誤謬が、いつの間にか拡大してしまっていることも否めない。

　美というものは、美の形式原理や普遍美の上に、ほんのわずかの個人の独創性がドリップ（ふりかけ）されただけにすぎないのである。

4-3　ハーモニーとコントラスト、バラエティ

　構成学では、ユニティが芸術表現やデザインのクオリティ（内容の豊さと質の高さ）を決める最上位の統合概念であると先に述べた。ところでユニティには、これを支える三つの柱があり、他の秩序の形式原理をまとめる役を担っている。この三つの柱とはハーモニーとコントラスト、それにバラエティという概念である。

　ハーモニーは文字通り、調和を意味し、コンポジションやプロポーションなど、他の形式原理における程よい関係の要にあたり、また色彩や配色の調和、色彩調和を意味する。また反対に互いの要素が反発したり、ハーモニーを崩している場合は、これをディスハーモニー（不調和）という、いわば造形のまとまり感の中核をなす概念である。

　コントラストは、それぞれの造形原理の小気味よい対比、キレの感覚を指す。つまり形の大小、色彩の明度差など表現上の差異性、いわばメリハリ感をいう。どんな作品でもメリハリのない表現は、全体に鈍重で眠い感じを与え、作者の制作意図が的確に伝わらないばかりか、印象が薄く、暗いイメージを与えかねない。

　注意しなければならないのは、柔らかなイメージや全体が白っぽいハイキートーンの表現では、コントラストの概念がないように感じられるが、微妙な明度差や緊張感を演出する形の表現にも、コントラストがないと作品としては魅力に乏しい。

　またバラエティは、情緒性や豊富な見せどころといった多様な表現性をいう。魅力ある作品やデザインは、必ず見る人、見方によって、さまざまなメッセージを伝え、作者の豊かな感受性が、私たちにひ

しひしと伝わるはずだ。

　この表現上の「華やかさ」とでもいうような多様性が、バラエティなのである。逆に表情が乏しく一面的な表現は、単調となり、平淡すぎて魅力に欠けた表現となってしまう。

　かつて日本美の原点には、粋や風流、数奇といった日本独自の情緒性が存在していた。琳派の美学には、造形上の粋の心が生命であった。この日本人の美意識や感性は、まさしくこのバラエティにあたる。

　以上、構成学では造形の三つの柱となるハーモニー、コントラストとバラエティが最上位の統合概念、ユニティを支えるのである。たとえば質の高い水墨画は、墨の濃淡のみで極彩色の油絵以上に、すべての色彩を彷彿とさせる豊かな感性を伝える。こうしたモノトーンの表現にも、すぐれた作品にはハーモニー、コントラストやバラエティの概念が厳然として存在している。

　ユニティにはこれら三つの要素が均等に入っているわけでなく、ある作品にはコントラストの妙が表現上きわめて効果的となっているが、別の作品では、ハーモニーとバラエティが主な見どころとなっているように、それぞれ異なる。

　つまり、すぐれた作品や魅力あるデザインは、それぞれ個性的な表現上の吸引力をもっている。その独創的な表現にはそれぞれのユニティがあり、一様ではない。またこれを支える三つの造形秩序の力関係は、それぞれの表現によって、当然変わってくるのである。

　この三つの概念は、黄金比というプロポーションやシンメトリーのように、具体的に図示できる概念ではなく、すべて抽象的な概念であるため、捉え方の難しさがあるのは否めない。

　逆に黄金比やシンメトリーにおける、数値データや幾何学のように作図上、明示できないところにこそ、アーティストやデザイナーが造形力を発揮する場があるといえる。そしてそこに彼らの感性の質の高さが要求され、芸術やデザインの価値観や存在的意義など、高次の特異性も認められる、ということもいえるだろう。

　こうした概念は、やはり多くの作品から影響を受けながら、個々人の造形の基礎的訓練、つまりトレーニングを重ねながら構築し、身につけていく造形感覚なのである。

4-4　プロポーション

　造形行為の中でもっとも重要な構成原理としてプロポーションがあげられる。構成学におけるプロポーションは部分と部分の割合、部分が全体に占める割合、つまり長さや面積の数量的な比例の関係を指す。

　その割合がちょうど適切な関係にあると、人は美的な快感を感じ「美しい」と言葉を発する。およそ

プロポーションほど造形の美しさを演出し、秩序をつくりだしながら、形全体を統合する普遍的な概念はないであろう。

　キャンバスに描かれた絵の視覚的な中心を、どこに置けば効果的であるかは、画家が描きはじめて最初の関心事である。天空と地を分ける地平線の位置やモチーフとなる人物を左右、中心のどこに置くかという全体の構図も同様である。

　ファッションでもウエストラインをどこにもってくるか、スカートの広がり、丈などデザイナーはもちろん、装う人にとっては重要なポイントとなる。これらはすべてプロポーションにかかわる造形秩序の問題である。

　もっともよく知られ、古くから使われてきたプロポーションは、かつて西洋では黄金比であり、日本では1：2や3：5、5：8の整数比による視覚的に整った美しさを感じさせる等量分割の比であった。普遍的秩序ともいうべきこれらのプロポーションは、美的形式原理のもっとも代表的な比例法であり、古来より洋の東西では、この造形原理を用いて建築や装飾美術から絵画彫刻などの芸術を数知れずつくってきた。かつて職人や芸術家はややもすると、こうした形式化されたプロポーションに頼り過ぎ、表現の本質をおろそかにした事例も少なくなかった。

　ところで、あるよこ長の矩形を黄金比によって二つに分割すると、二つのそれぞれの矩形は黄金比の位置で分割されたことになる。つまり比率や割合を表わすプロポーションと分割の概念は、表裏一体の関係にある。

　黄金比の比率で二つに分割することを黄金分割とよぶ。このように比率や割合とその比率で分けられる分割は、連理の関係にあるといえる。

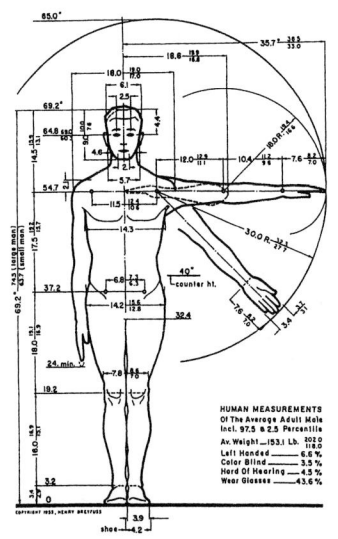

ドレフェスのモデュロール　人間工学のための人体測定図　1934（Henry Dreyfuss,1934）

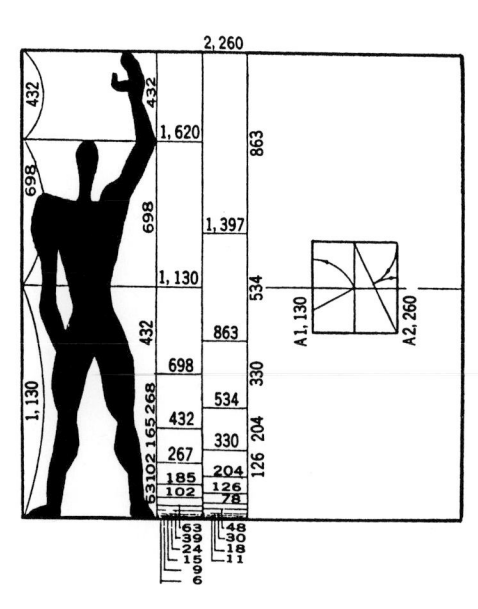

ル・コルビュジエのモデュロール　1945

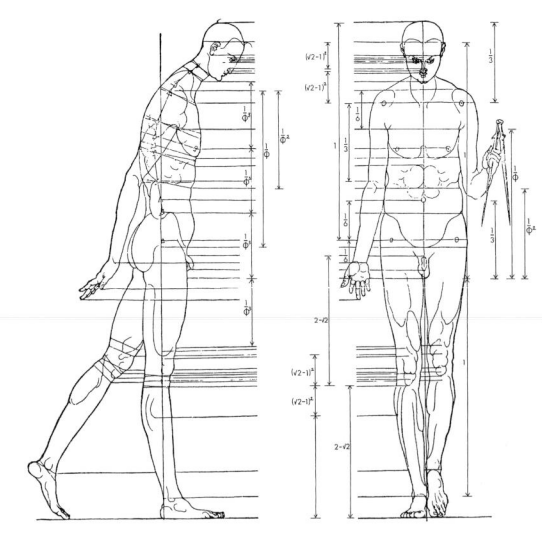

デューラーのモデュロール　1526頃

4-5 黄金分割

西洋では、美術・文化における美の原理は、黄金比とシンメトリーに帰するといわれる。ギリシャ時代以来、19世紀末まで黄金比はそれほど多用され、芸術、建築、装飾美術などあらゆる視覚文化の美の規範となってきた。

黄金分割の名称は、神授法のひとつとして言葉通り、黄金のように輝かしく至高の比例法という意味から中世以降、いつの間にか定着した呼び名である。そこから西洋人にとって、それほどまでに完璧な比例法として崇められていた西洋の合理主義文化が読み解かれて興味深い。

黄金比ならびに黄金分割を数学的に記述すると、短いAと長いほうのBのそれぞれの辺があるとしよう。黄金分割とはAとBの割合が、A：B = B：A+Bであるような数的関係を指す。つまりA：B =1：1.618…となる分割であり、この分割によって生じた小さいA、大きなBの関係は、整数比に直すと約55：89となる。

これは数理的には複雑で半端な比率のように思えるが、幾何学的にはきわめて合理的で端的な作図で求めることができる。

右図のようにペンタグラム（星形五角形、五芒星、五線星型ともいう）は、古くから西洋では均衡の多角形として知られ、シンボルや模様に使用されてきた。この五角形は黄金比の宝庫となっているため、徳や和の象徴とされ、古代から護符・呪術のしるしとされてきた。

ギリシャの数学者ピタゴラスは、この黄金のペンタグラムをサルスピタゴラ[2]と名付けた。これは円周を五等分し、円内にできた正五角形を内包する星形を指すが、この形には五角形の辺の長さと五つの頂点をひとつおきに結んだ直線の長さは黄金比となる。またこの直線同士が交差する点は、それぞれの対角線の黄金分割点となる、というものである。

黄金分割は、ギリシャ以前のエジプト時代の神殿やピラミッドの建造時には、すでに実用化されていたといわれ、その歴史は古い。

ギリシャ時代に入ると、ギリシャ文化は、別名数理文化といわれるほど、黄金分割やシンメトリーの数理性にこだわり、建築をはじめ、彫刻や壺から人体の計測の人体美学にいたるまで、数理性に基づく美学を基に創造活動を行っていた。

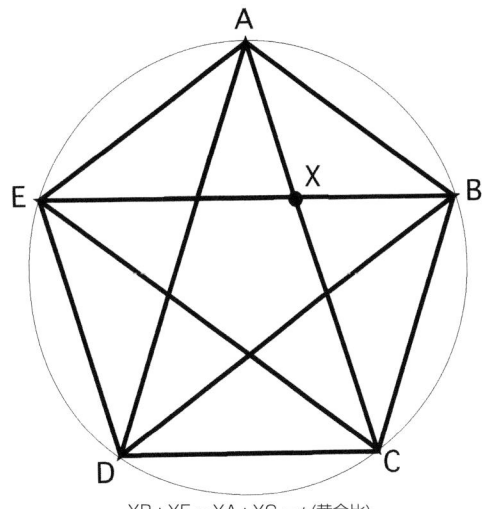

$XB : XE = XA : XC = \phi$(黄金比)

---

2. ピタゴラス学派はサルスピタゴラをシンボルマークとしていた。日本では、平安時代の陰陽師、安倍晴明が五行の象徴として用いた。桔梗の花に似ていることから晴明桔梗紋とよばれる。現在でも晴明神社の神紋にみられる。

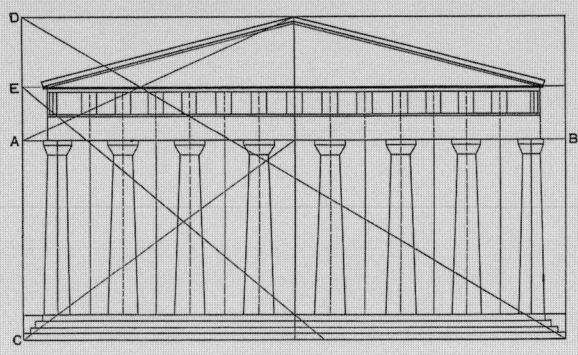

パルテノン神殿と黄金分割（ハンビッジ教授の分析）
この神殿のファサード（正面）には、いたるところに黄金比が使われている。まず建物全体の外形が黄金矩形であり、さらに柱頭から底面までの高さと間口の幅の1/2が黄金矩形となっている。

4-6　黄金分割とジャポニスム

　黄金分割のよさは、人間が求める適度な変化と動きを予感させる象徴的な比例法であるということだ。

　つまり大と小のバランスがとれ、部分が全体に対して均衡がとれている比例は、結局のところ黄金比や日本の3：5や5：8のような割合に収束していく。それゆえルネサンスの時代には、西洋の美術・建築の比例法は黄金分割一辺倒となった。まさしく神から与えられた比例法という意味から、黄金分割は神授法のシンボルとして西洋文化全体に深く浸透していたのである。

　しかし比例法としての黄金分割や黄金比への西洋人の盲目的な信仰は、美本来のあり方を問う真の芸術の姿を歪めるマニエリスム[3]を招くことになり、ルネサンス以降、美の形式化、技巧化などの概念的傾向を強めることになった。

　こうした西洋美術や文化の黄金比信仰は、芸術の写実主義と相まって、19世紀に入ると、隘路にはまり込み、次第に表現の新鮮さを失っていく。

　つまり、決まりきった構図とあくまで写実へのこだわりは、18世紀後半イギリスに勃発した産業革命によって転機をもたらした。人々の科学技術への信頼の高まりは、こうした形式化した美術表現への打開のための契機となり、表現性の模索が続けられていく。

　1839年、ダゲレオタイプによって写真術が発明されると、写実にこだわりすぎた過去の西洋人の美術表現に対する反省が引き起こされる。

　一方、黄金分割は、19世紀中盤から熱烈な日本文化の流行「ジャポニスム」[4]の到来によって、従来ほど重要視されなくなった。

　1850年代以降、日本から大量に持ち込まれた浮世絵に、西洋の芸術家や文化人は一様に目を見張った。遠近法もなく明暗法も用いていない、一見稚拙にみえる浮世絵という版画表現の、何と繊細で新鮮なことか。輪郭線の縁取りの中の鮮やかな色彩表現の驚くべき迫力のあることか。当時の画家や文化人は日本の浮世絵に対して、一様に驚きの声をあげたのである。

　どの浮世絵の登場人物も、中心（シンメトリー）や黄金比に分割されたラインには置かれていない。人物は極端に左右のどちらかに寄っており、それどころか人物の半分が画面でたち切られているではないか。地平線も画面すれすれの下方や、上方に置かれ、何と視点の自由度の高い視界であることか。こうした非対称の大胆な構図と斜線を生かした配置は、浮世絵や屛風絵、扇絵、団扇絵、掛画（掛軸の絵）から小袖の絵柄のどれにも共通した日本人の表現法であったのである。この日本美術の何と斬新で生き生きとした表現であることか。

　こうして黄金比にこだわった西洋人のこれまでの足跡を打ち消すように、黄金比への離反がはじまったのである。

　印象派絵画の画家たちは、こうしてジャポニスムの影響を一心に受け、黄金比の呪縛から解放され、日本美術の表現をそっくり写し取るように彼らの表現に採り入れていった。

---

3. 16世紀中頃（ルネサンス後期）よりバロックにかけて、おもに絵画を中心として、ヨーロッパ全体を支配した芸術様式。曲線的でデフォルメされた人体表現や明暗のコントラスト、現実離れした色彩などが特徴で、寓意的、抽象的な内容もみられる。パルミジャーノ、アルチンボルド、グレコ、ティントレットらが挙げられる。

4. p.23 注-17参照。

4-7　黄金分割とバウハウス

　確かに1890年代以降、世紀末のヨーロッパは、ジャポニスムに湧き日本風の造形原理が、黄金分割というかつての美学を追いやろうとしていた。

　従来のシンメトリーや黄金分割にかわり、日本美術の様式であるモチーフの非対称性、つまり余白を生かした大胆な構図は1：3どころか、1：5や1：7のような極端な比例になっている。彼らは早速こうした比例法を見習い、印象派の絵画やポスターのレイアウトに応用していった。

　浮世絵の表現から影響を受けたベルエポック[5]では、ポスター文化が花開いた。浮世絵は木版画であるが、ヨーロッパの当時のポスターは石灰岩を平滑にして版面にした多色刷り石版画であったため、浮世絵の表現技法をそのまま写し取ることができた。非対称に置かれたモチーフ、単純化された形と色無地の背景、鮮やかな色彩、陰影のない平坦な表現は、遠方からよく見えるよう明視性を高めるポスターの表現要素には好都合であった。

　ジュール・シェレや、ムーランルージュの踊り子をモチーフとしたロートレックのポスターが爆発的な人気をよび、続々とポスター作家が誕生し、パリの街中の壁面をポスターで埋め尽くしていった。

　20世紀に入ると工業化社会の進展により、デザイナーの養成が急務となり、専門の造形学校の設立への要請が高まっていった。また同時にかつての西洋の美学と、日本美術が西洋にもたらした非定形の美学をあわせて、体系化させながらグローバルな造形原理を一般に広く普及させる必要も強まってきたのである。

　この要請に応えるようにドイツのワイマールに誕生したのが、バウハウスという造形学校である。「バウ」とはバウヒュッテからで、中世の職人のギルドを意味し、「ハウス」は建築家を要請する学校の理念から命名された。

　バウハウスでは、再びシンメトリーや黄金分割が見直されはじめた。バウハウスの予備課程における造形基礎教育では、バランスのとれた伝統的な西洋の分割法として、黄金分割やかつての数理的比例法が再評価され、日本の美学とともに造形実習のカリキュラムに採用された。これが今日の構成学における構成原理のプロポーションの概念となった。

　日本の美しい比例法とされる等量分割が今日の構成原理のプロポーションの概念となったのは、等量分割の3：5や5：8は、それぞれ1.618…と1.60となり、黄金比の1.618…ときわめて近似の比であること、つまり西洋の美学である黄金分割の比率と、日本の等量分割で得られる美学も、結果的にほぼ同じであり、同じようなバランス美学をもちあわせていたということが彼らに理解されていったからである。

　また黄金分割が人体比例にもかかわり、人間工学的に意味をもった応用的価値があることがわかった。近代建築の始祖のひとり、ル・コルビュジエがモデュロール[6]を提唱し、使い勝手のよい家具や、

5.　Belle Epoqueとは「美しき時代」の意。一般に、1880年代後半から第一次大戦が勃発した1914年までの約30年間、フランスを中心とする西欧で平和と豊かさを享受できた時代を指す。

6.　モデュロール(Le Modulor)は、ウィトルウィウスが『建築十書(De architectura)』においてモデュロス(Modulus)とよんだ建築形式美の基準に黄金分割(Golden Section: Section d'or)の概念を結び付けた造語。コルビュジエは、はじめてモデュロールを「Unités d'Habitation：ユニテ・ダビタシオン」(マルセイユ、1947-53)で採用した。『モデュロール1』(SD選書)ル・コルビュジエ著　吉阪隆正訳　鹿島出版会刊　1976。『ル・コルビュジエ―理念と形態』ウイリアム・J. R. カーティス著　中村研一訳　鹿島出版会刊　1992。

建築空間におけるインテリアなどの比例法に大きな影響を与えたからである。(p.94参照)

このように結果的に西洋の伝統的美学の黄金分割とシンメトリーと、日本の美学、非対称や等量分割、斜線の美学が、バウハウスの構成学のカリキュラムによって整理・統合され、インターナショナルな造形原理となったのである。

今日のグラフィックデザインや広告、あらゆる造形活動では、こうした洋の東西の美学が統合したかつてのバウハウスの構成原理が縦横に活用され、構成のコンストラクティブアートや芸術のジャンルばかりでなく人々を惹き付ける広告やエディトリアルの媒体をつくりあげてきた。

また後述するが黄金分割は、現在最先端の科学理論、フラクタル理論やカオスなど複雑系科学とも深いかかわりがあることも解明され、奇しくも黄金分割の黄金比例たる本来の美学や精神性に、再び脚光があたった。

4-8　分割法と構成教育

私が現在、担当する美術やデザインの学生を対象とした構成学の基礎演習では、分割の概念を徹底的に教え込むために与える課題は、図(p.100-103)のように垂直・水平線による黄金分割と等量分割による平面構成である。

分割や比例によってプロポーションの美しさを体感させることは、造形のバランス感覚を同時に身につけることであり、また分割法によって画面のどこに視覚的な中心を置いたら、全体の統一感(ユニティ)が得られるかという造形力の育成にも連なっていくので、きわめて効果的な課題である。

この視覚的な重心ともいえる全体の中心を、おおむね非対称の位置に置きながら、全体の緊張感をつくり、大小の面積を配しバリエーションを演出し、まとめていくことがポイントとなる。文字通り画面の中心に重心を置くと、安定はするものの、あまりにも静止した動きのない構成となり、魅力がない。

またこのプロセスを経て実習をすすめ、黄金分割による構成も、等量分割による構成もバランスをとりながら面で分割していくと、でき上がったコンポジションは、結局どちらもあまり大差なく同じように統一されたイメージとなることがわかる。つまり西洋も日本も構成学における分割法は最終的には、同じゴールをめざしていたのである。

このように線をプラスしたり、消したりしながら、こうした構成法を体感する平面構成によるトレーニングが、学生たちにとってもっとも造形力を身につける構成学の教育法なのである。もちろんこの実習は配色を施すので、同時に色彩構成の課題ともなる。

これは、さまざまな色調の色を配色することによって、色彩調和(カラーハーモニー)の方法も会得することができる。色彩の明度や面積比によっては、

● 主な色彩調和（Color Harmony）による色彩構成

色彩調和理論にもとづく代表的な配色の事例を色彩構成によって図示する。総じて面積比、明度差の明快さ（適度な差）が、配色の美的視覚効果の表現手段となる。また基調色（主調色）は、色彩の統一感を演出するうえで効果的である。もっとも派手で華やかなイメージをつくりあげるためには、敢えて基調色をつくらず、ほぼ同量の面積比にしたほうがよい。ここでは、たて・よこ、それぞれ8分割のフォーマットの条件下に、垂直・水平線による分割面に自由に配色を行い、全体に統一感をもたせるため、視覚的な中心に高彩度色を配した。

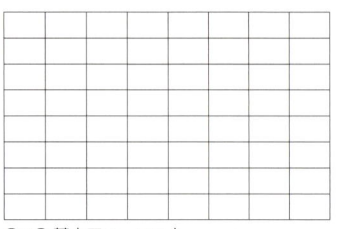

8×8 基本フォーマット

A. 同一調和（同一色相）

B. 近似色相

C. 補色色相

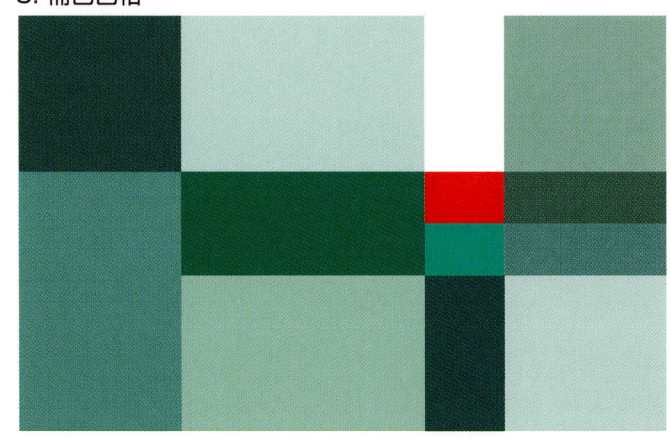

D. スプリットコンプリメンタリー（分裂補色色相）

バランスが崩れ、色を変えたり、分割線を変えなければならない。

この構成実習によって分割法を会得し、同時に配色のセンスを修得できるという一挙両得の造形力を身につけることができる。読者諸氏、是非とも実行してみてはどうであろうか。

E. 連続多色色相

F. 高明度有彩色色相（ハイキートーン）

G. 低明度有彩色色相（ローキートーン）

H. 無彩色

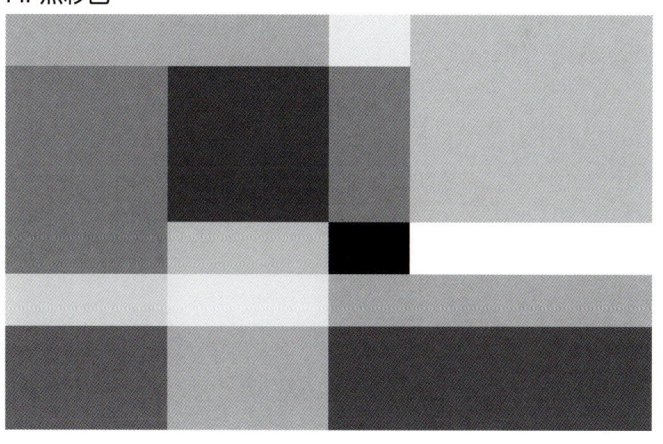

● 5×5分割を基本としたコンポジションと色彩

コンポジションの概念は、色彩構成によって基本的な考え方を捉えることができる。以下の事例作品は、右図のように5×5分割のフォーマット（グリッドシステム）をもとに、自由に分割面をつくりながら色彩によるコンポジションを試みた習作である。いずれも無彩色（白から黒までの6段階の明度）の分割面を主として、コンポジションの視覚的中心となる領域に少量の有彩色を配している。隣接する色面の明度差・面積比のバランスと視覚的な中心がコンポジションにおける重要な造形要素となる。非対称の位置に中心を置き、面積比を自由にしたダイナミックなコンポジションをいかにつくりだすかがポイントとなる。

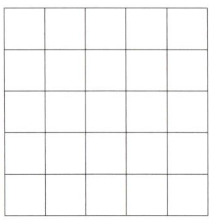

5×5基本フォーマット

第4章　造形の秩序と表現

103

4-9　等量分割と日本文化

　西洋の黄金比・黄金分割に対し、日本では古くから独自の比例法、等量分割が用いられてきた。等量分割は1：1や3：5のようなきわめて単純な整数比による分割法であり、現在もなお構成学では、黄金比にならぶ基本的な比例法となっている。等量分割の比率の美しさは、一瞬にして判別できる単純・明快さが原点にある。紙を二つ折りにした等量分割が端正で美しいのは、二つに折ったとき、ぴたりと端と端が一致することが誰にも明快だからである。その限界は1：5ぐらいの整数比に帰する。

　したがって日本の等量分割は、人間が識別できる知覚能力の限界点を応用したすぐれた分割法ともいえる。

　ところで西洋の黄金分割に対し、等量分割を生んだ日本文化とのかかわりはどうだろうか。日本文化の原点は、四季の美しい島国の日本の自然にあるといってもよい。自然とともに暮らしたいという日本人の生活観から、木と紙でつくられた開放的な構造の質素な家に住み、四季折々の花を愉しみ、季節の移ろいと自然の姿を、美に採り入れてきたのである。

　それゆえ、日本では自然の造形から学んだ非数理的で非対称な造形と、自然木の部材から造作した家屋の数理的な構造が不思議と両立しているのである。すなわち日本家屋の単純な数理的な分割法の間取りと、畳にみるような整数比の構成や、障子の桟のリズムの美が、非数理性の自然と見事なほどに共存しているのである。

　つまり非数理的な非定形の美と、数理の美を巧妙に使い分けたのが、日本文化の造形原理であり、粋ともいえるのである。そこでは定形の美と非定形が共存することによって、色彩対比のように互いの色を引き立てあい、より鮮やかに際だたせる術を、日本人はもともと心得ていたともいえる。

　一例をあげると、端正な間取りの日本家屋では、等量分割の美で埋め尽くされているといってもよい。柱と壁による方形の構造から障子、格子窓や戸、襖、屏風から畳敷きの配置に至るまで、整数比1：1や1：2、3：5、5：8などの単純な整数比で分割された美学によってすべて構成されているではないか。

　広く開け放たれた縁側からは、庭の風景が目に飛び込み、非定形の自然の美と室内の水平・垂直の構造の人工美がきわめて自然に融合している。

　ところが室内は定形ばかりか、歪んだ床柱や梁、違い棚の有機的な非定形の美も存在し、これがまたアクセントとなり、室内の空間を凛とひきしめるのである。

　このように日本文化の根底には、等量分割というきわめて数理的で明快な定形と、これに相反する複雑で一見無秩序にみえる自然の造形や、景観の非定形が絶妙にフュージョンする対比調和の美学が、潜んでいるともいえる。

4-10　バランスと造形表現

　バランスとは本来、物理学の用語であり、天秤ばかりのように両端に大きさの異なるものをのせ、水平になるよう支点の位置をずらし均衡をとる力学的な釣り合いを意味する。

　これに対し、構成学におけるバランス、つまり美術やデザインにおけるバランスという概念は、力学的なバランスに対し、視覚上のバランスを指す。これは単純な力学的な均衡と異なり、形の大きさ、色、材料、テクスチュアが総合的に均衡がとれた、釣り合いの感覚に基づく造形秩序である。

　それゆえ、バランスのとれた配置（レイアウト）であっても、色彩を変えてしまうと、バランスが崩れてしまう場合が生じるのは、こうした理由からである。色には重く見える色や軽やかな色があるように、色彩の感情効果という色彩心理が働くためである。

　この視覚上のバランスこそ、造形全体の構造を意味するコンポジションを支えるもっとも重要な造形秩序である。人はあるイメージを発想したとき、絵画が四角い額縁の中に収まっているように自分が描きたい画面が必ず思い浮かんでくる。つまりその画面に、形やものなどの対象を配置する。そこで形を画面のどの位置に置くかによって、全体のイメージは異なる。形が複数の場合、形と形の大きさ、互いの位置のバランスによって表現は変化してくる。このように表現におけるバランスの意味は大きい。

　実際の造形では、決められたスペースの中で、いくつかの形をどのように配置したら意図するイメージに合致するかという、もっとも大切な秩序の概念がバランス感覚なのである。

　静的で安定したイメージのバランスであるか、これに対し動的で不安定なバランスにすると、このバランス感覚は、現代的でいかにも動きだしそうな変化に富んだアヴァンギャルドな感覚を生みだす。

　かつて西洋では、いつの時代でもどこかで絶えず戦争が起き、天変地異の自然災害に悩まされ、疫病によって多くの人命が奪われたため、人々の心は世の中の安寧や秩序を願い、常に安定志向にあった。つまり、バランスの安定した絵画の構図や装飾模様、シンメトリーの建造物、庭園の形に常に目が向けられていた。

　ところが近代工業化社会を迎えた20世紀に入ると、科学技術や医療の進展によって人々の生活は格段に豊かになった。こうした社会情勢の変化によって人々は安定よりも変化や未来志向の動き、つまり変化のあるバランスの構図を求めるようになったのである。

　また19世紀中頃、西欧を席捲したジャポニスムによって、西欧の人々が非定形文化の斬新なバランス感覚を志向するようになったことも、その要因に加担したといえる。

現代デザインでは、表現する目的に応じて自在に使い分ける能力が当然、必須となる。

つまり古風で権威を感じるような安定した動きのないバランスであったり、変化に富んだ現代的で、時代を先取りするバランス、あるいは静的なバランスでありながら、一条の光を感じるシックで高度なセンスを感じるバランスなど、さまざまなイメージを自由に創造できる構成学における表現力が必要となる。

私はこれまで色彩構成や平面構成の実習を通して、大学の教育現場で学生たちにアートやデザインにおける造形のバランス感覚の涵養に力を注いできた。このバランス感覚を身につけることによって、造形の重要な感性（造形的センス）となっているかを私自身、教育者として問われてきたからである。

また現代社会では、思考のバランス感覚がその人の人柄や人間性を左右するように、造形表現においてもバランス感覚は表現の要であり、アートやデザインの根幹となる造形原理といえる。

4-11　リズム表現

リズムは、本来音楽の旋律のように、時間軸にそって変化していく。くり返し（リピティション）は配列したときに生じる造形的な旋律であり、構成学では現在なお主要な造形秩序となっている。

あるひとつのユニット（単位形）が、いくつかくり返し配列されると、リズムの感覚が生じる。これは心臓の鼓動のような生命感のリズムであり、爽やかな造形的な魅力となっているのである。古代から装飾美術の造形原理となった水玉模様や縞模様の美的快感は、古くから万国共通のリズムの美が生んだ造形的な旋律の美である。

ところでユニットが二つ、三つ並ぶだけではリズムという感覚は感じられない。それが五つ以上並ぶと、不思議なことに六つ目、七つ目も並んでいるのではないか、という連続性の予感が生じてくる。

いわば見えない配置の連続性が増幅されることによって、リズム感が生まれ、その旋律は一層高まっていくのである。

こうしたくり返しによるリズム表現では、ある形をユニットとする数理的な一次元の配列や、二次元に広がる配置そのものがリズムを支えるバランスとなって全体に統一感を与えているのである。

一次元の配列とは、帯状に並ぶ一方向のリズムであり、二次元の配置は水玉模様のように、たて・よこと四方に広がっていく四方連続型の二次元の方向

に並ぶリズムを指す。水玉模様、縞模様、市松模様、格子模様は地域を越え、世界各地にみられる幾何学的構成の普遍的な装飾紋様の代表的なパターンであるが、これらはすべて、四方に広がる紋様のリズム感が、表現としての最大の魅力となっている。

二次元に広がるリズムではたて・よこ方向ばかりでなく、どのななめ方向からみてもリズムが連続するため、そのリズムの快感は一層増幅される。前者は現在の構成学では二方連続構成形式（帯状構成形式）（図p.112）、後者は四方連続構成形式（図p.113）とよんでいる。

ところでリズムの美学を、もっとも上手に活用しているのが、紋様のパターンとしての紋様の美学、装飾様式であろう。

人間が安定した農耕社会を築き、集団生活を営みはじめ文明が誕生すると、次第に人は、装飾する喜びに目覚め、衣・食・住の生活環境すべてに装飾を施すようになった。世界各地の文明の勃興とともにそれぞれ特徴はあるものの、こうした装飾美術の発展は不思議と同じ過程をたどってきた。

西欧文明のルーツといわれるエジプト紋様から、アッシリア、ペルシャ、ギリシャ、ローマ、ビザンチン、ロマネスクからゴシック紋様を経て西欧近代様式に至るまで、その時代を代表する紋様によって装飾美術が形成され、それぞれの時代様式をつくりあげ、その様式美がつくられてきた。

こうした美術の変遷はもちろん、日本でも同じプロセスを経て今日に至っている。仏教伝来の天平文化から安土・桃山文化、元禄文化など、それぞれの時代様式に基づいた様式美があり、それぞれの装飾美が展開されてきた。

これら様式美を造形的に分析してみると、それぞれの時代の様式を象徴する紋様のくり返し、また数理的な並べ方（配置法と形式）によって生じる秩序感が美的な表現効果を生むリズムの美学にあるといってもよいことがわかる。

リズムの発生

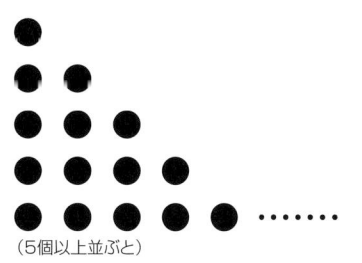

1個の円　┐
2個の円　│
3個の円　├ という概念で、リズム感はない
4個の円　┘
（5個以上並ぶと）円が沢山並び、この先も続くという連続性の予感が生じてくる（リズム感が発生）

●さまざまな原始パターン

世界各地に残る原始パターンをみると、ほとんどは単純な幾何学的パターンのくり返し(リピティション)による紋様である。単色でも視認性の高い紋様は、呪術的意味とともに部族の象徴であり、識別の印としてもすぐれた造形といえる。

1〜5、12. アメリカインディアン
6〜10. 南アメリカ、ブラジルインディアン
11. アフリカ、マリ族

上：ナイジェリアの植物製の扇
左下：モロッコの陶製つぼ
右下：モロッコの陶器皿

●ヨーロッパにおけるさまざまな装飾紋様の縁取りパターン

アッシリア、ギリシャ時代の植物紋様や幾何学的紋様が複雑にからみあい、ビザンチン、ロマネスク様式以来、近世までそれぞれの時代の様式美をつくりあげてきた。

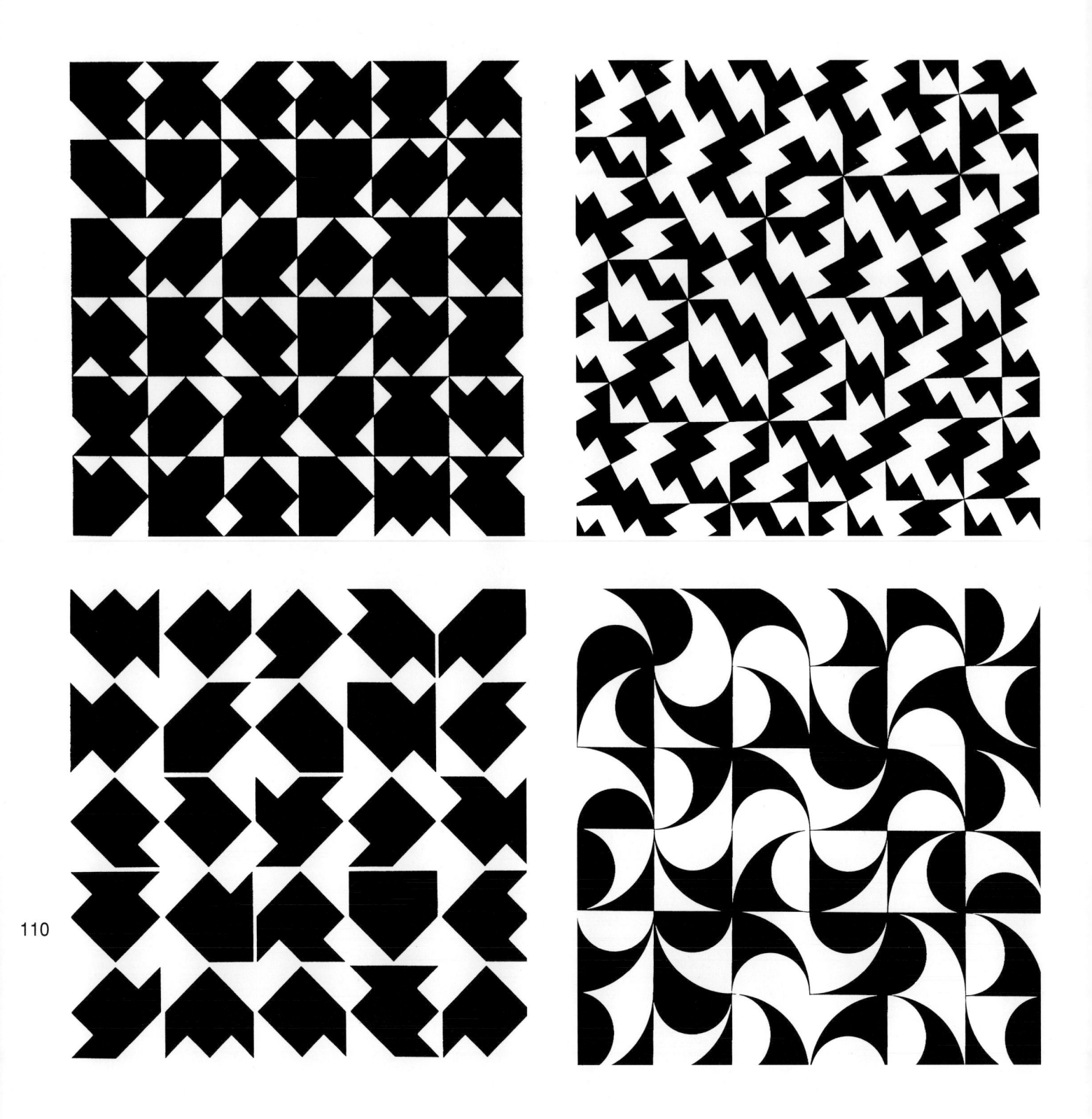

● **ユニットパターン（ヴィジュアルデザイン研究所学生作品）**
一定の条件のフォーマット(基本割付図)をもとに、グリッド状に変化を与えた現代のジオメトリックパターン。

4-12　リズム変化とオルタネーション

　構成学におけるリズムの表現には、ユニット（単位形）の単純なくり返しから、次第に相似の形や似たような類似系が並ぶ多様なリズムの構成が編み込まれるようになった。

　相似の形のリズムとは、水玉模様を例にとると、大きい円と小さい円がさまざま交じった配置であるが、すべて円という形には違いなく、秩序感は保持されるので、変化のあるリズム感が楽しめる。

　また類似形のリズムでは、似たような形が並ぶので親和性があり、リズムという秩序性は乱さず、変化に富んだ表現が魅力となる。たとえばユニットに小鳥の姿を選んだ場合、小鳥の姿のさまざまな様子を並べても、同じ鳥であるという親和性から、鳥の姿のディテールは異なるものの変化に富んだリズム感が生じ、むしろ生き生きとした生命感はより強く感じられる。

　現在の構成学では、単純なリズム表現よりも、こうした複雑な中に秩序をもつリズムと、より高度なオルタネーション（交代）のリズムのほうが好まれ、グラフィックデザインなど応用範囲が広い。

●

　リズム表現の中で、同じユニットあるいは相似の形、類似の形とは異なり、より変化に富んだリズムとして、構成学にはオルタネーションというリズムの概念がある。

　オルタネーションは、単位形がひとつではなく、丸・三角・四角がひとつの単位となってくり返される高次のリズム表現である。つまり●▲■、●▲■、●▲■・・・と続くリズムの秩序である。子持縞という縞柄があるが、これもオルタネーションの一種で、細い縞と太い縞のセットがひとつの単位となってくり返されるリズムである。

　その他、装飾美術の歴史をひもとくと、リズムの表現には図（p. 112）のように、単純なユニットの反復からユニットを対称（鏡映）にして組み合わせた形で反復する型や、逆対称の組み合わせから異なるモチーフの組み合わせをセットした交差・反復の型までさまざまな形式がみられる。

　リズム表現では、日本の紋様表現ほど変化に富ん

P. 114→

反復　Repetition	●●●●●●●●● ▲▲▲▲▲▲▲▲▲
交代　Alternation	●▲■　●▲■　●▲■　●▲■ ❙❙❙❙❙❙❙❙❙❙❙❙❙❙❙❙❙❙❙❙❙❙❙❙

●装飾紋様の基本構成

一次元の反復・交代（二方連続構成形式）帯状にのびる模様形式

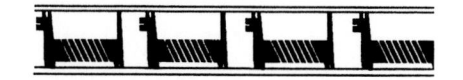

		古代メキシコ	 中国
単純反復	同じモチーフのくり返し		

		古代ギリシャ	 メキシコインディアン
単純反復	同じモチーフの連続したくり返し		

		ローマ時代	 ギリシャ時代
鏡映反復	対称型モチーフのくり返し		

		フランス国王のモチーフ	 中国
逆鏡映反復	逆対称型モチーフのくり返し		

		古代メキシコ	古代メキシコ
交差・反復	異なるモチーフの組み合わせ・反復		

第4章　造形の秩序と表現

二次元の反復・交代　たて・よこ方向の四方に広がる模様形式

単純反復・複合●四方連続構成形式

古代メキシコ紋様　　二つ巴

反復・複合（カレードスコープ型）●充填構成形式

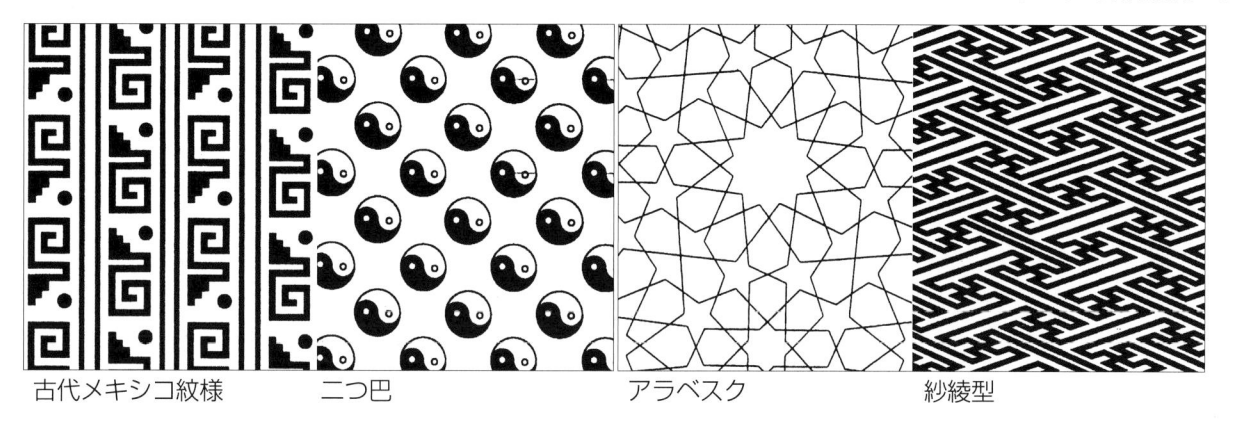

アラベスク　　紗綾型

ランダムな反復・複合●散点構成形式

つぼつぼ　　細うず

非定形の反復・複合●非定形型充填構成形式

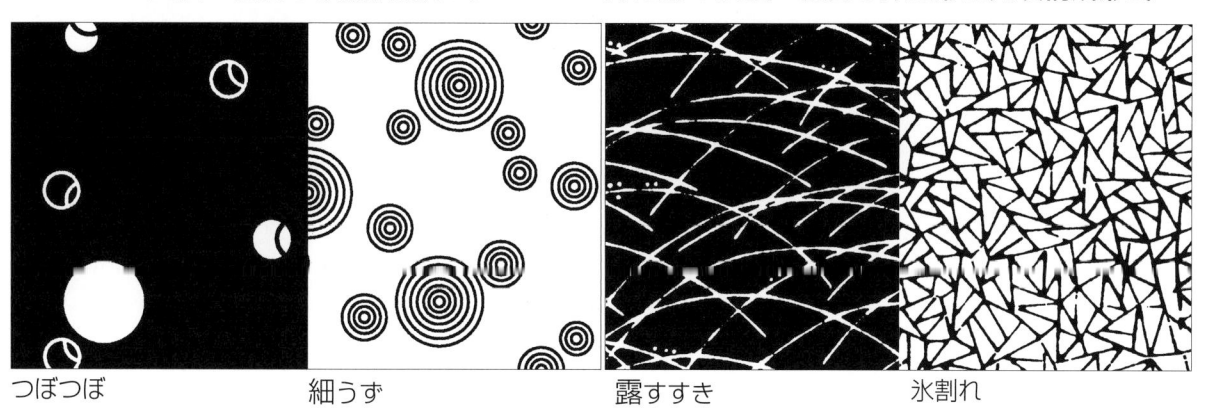

露すすき　　氷割れ

だ型は、他の国ではみられないだろう。リズム表現は、本来表面を覆いつくす装飾様式の基本であり、紋様の集合体である。これがパターン、つまり模様であるが、西洋や中国の模様は、一様に壁面や画面全体を紋様で埋め尽くす空間充填の形式である。が日本の模様では、ところどころに余白があり、一様ではない。

あるいは配置法が、着物の小袖の模様や襖絵などにみられるように規則的ではなく、ランダムである。こうした紋様の配置法は、日本の装飾美術のみにみられる現象で、ここでも非定形文化としての日本人の美意識の粋を感じとることができる。

イギリスの評論家、ハーバート・リード[7]は西洋人がこうした紋様の空間充填法によって埋め尽くすのは、「空間の恐怖」「空間装飾」の概念をもっているからだ、と説明している。

余白を残すことへの恐怖感が、すべて紋様で埋め尽くす行為にかりたてられるという解釈である。このことからも、西洋人の人間主体の合理主義思想がかいま見られ興味深い。

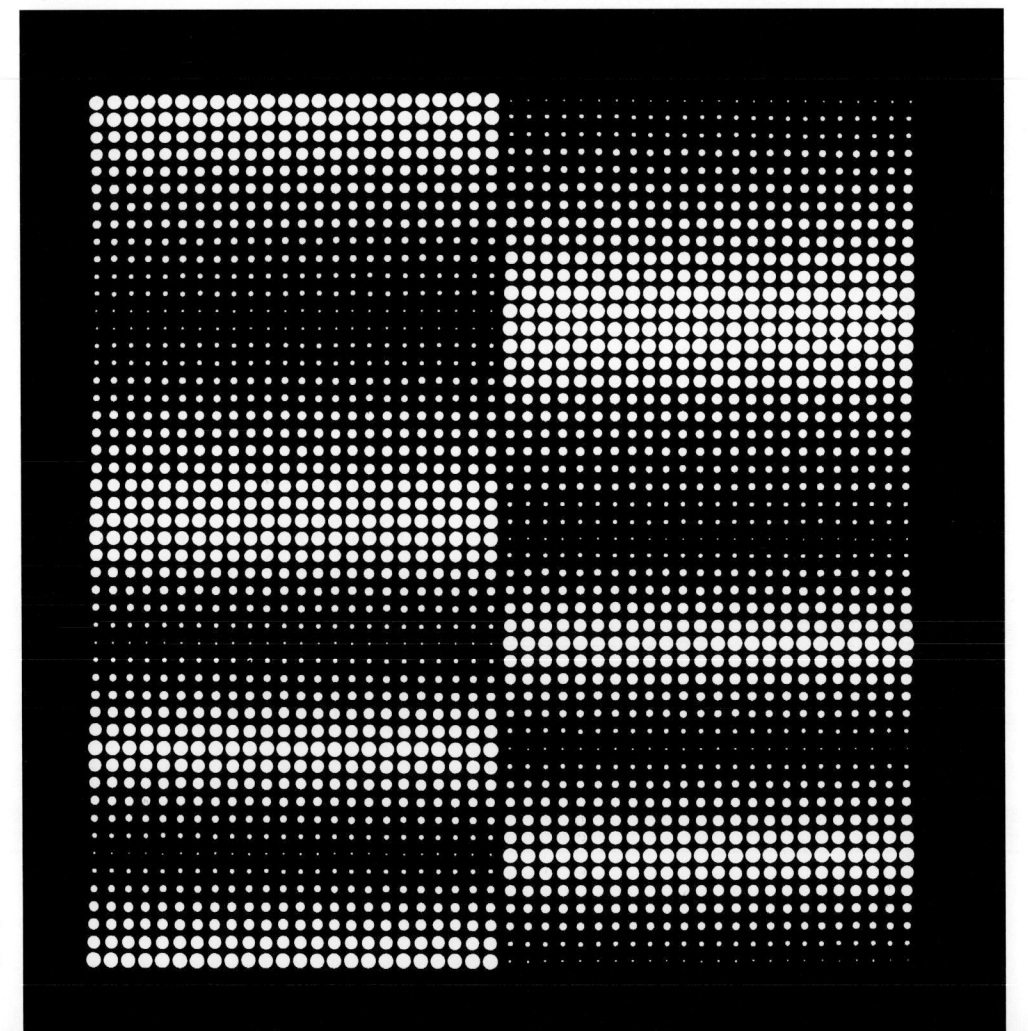

'Concave-Convex (凹型と凸型)'
アルミール・マヴィグエ 1962

4-13 プログレッシブリズム

　形が少しずつ大きくなっていく様子をプログレッションという。これに対し色が少しずつ変わっていく様子、たとえば、赤から次第に白に変化する現象を漸変、つまりこれがグラデーションである。

　時折、デザインの専門書にもグラデーションをプログレッションと混合して形が少しずつ変化していくこと、と堂々と述べられているので注意したい。

　数理的な秩序を保ちながら形が大きくなっていく表現は、等間隔に並べられた同じ大きさのリズム表現より、格段に美しく感じられるものである。構成学では、これをプログレッシブリズムとよんでいる。このリズムは、大別して二つに分けられる。ひとつはユニット（単位形）となる形が、少しずつ大きく（小さく）なっていく配置である。

　たとえば水玉が中心に向かって少しずつ小さくなっていく様は、等間隔に並べられた水玉模様よりアトラクティブであり、今日の構成・デザインの分野では強い主張をもった魅力的な表現として感じられる。

　もうひとつは、同じ形のユニットの配置が等間隔ではなく、中心に大きく（あるいは小さく）なっていくパターンである。

　もちろんこの二つを同時に重ねて表現してもきわめて訴求性の高いプログレッシブリズムが生まれる。

　さらに高度な表現として、異なるプログレッシブリズムを重ねたり、重ねた上でずらしたり回転するとパターンのズレによって干渉縞（モアレパターン）[8]が副次的に生じ、知的なリズム感が生まれる。

　1960年代には、スイス派とよばれる幾何学的抽象造形のヨーロッパの作家や、日本ではグラフィックデザイナーの杉浦康平による音楽会のポスターのイラストレーションによく用いられた。

　現在デザインツールとして市販されているスクリーントーンという印刷されたパターンがあるが、これを利用してプログレッシブリズムを手軽に体験してみるのもよいだろう。スクリーントーンは透明フィルムに幾何学的なパターンや特殊な地模様が印刷され、裏にはパラフィンが塗ってあり、こすると簡単に紙の上に密着する。正確なパターンなので、2枚重ねて回転させたり角度をずらすと万華鏡のようにさまざまなパターンと干渉縞が生まれて、広い分野で応用価値の高いデザインツールである。

　もちろん現在では、PhotoshopやIllustratorなどのグラフィックソフトを使って、コンピュータのデスクトップ上で簡単にこれらのパターン作成はできるが、まずはじめは、やはりバイハンドでその表現効果を確認し、その微妙な感覚をつかんでからにしたほうがよい。

　デジタルデザインは、アナログデザインをベースとしたアナログ感覚があってはじめて実現される構成の造形力の成果である。

---

7. 『芸術の意味』（新装版）ハーバート・リード著　滝口修造訳　みすず書房刊　1995。
8. モアレ（仏語：moire）は、規則正しいくり返し模様を複数重ねた時に、周期のずれにより視覚的に発生する縞模様のこと。印刷製版のオフセット印刷では、CMYKの4色のアミ版を重ねて色を再現させるため、アミ点とアミ点が重なったときにモアレが生じないように、各版の角度を微妙に調整する。また、コンピュータによる画像処理においても画像データがピクセル（画素）で表現されているためにモアレが発生することがある。（P.213参照）

さまざまな数列

等差数列（公差2）　1、1+2=3、3+2=5、…

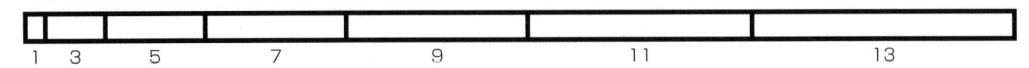

1　3　　5　　　7　　　　9　　　　　11　　　　　　13

等比数列（公比2）　1、1×2=2、2×2=4、…

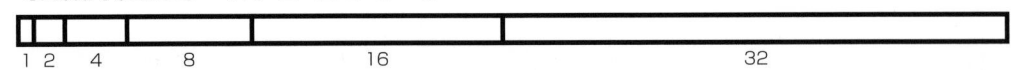

1 2　4　　　8　　　　　16　　　　　　　　32

フィボナッチ数列　1、1、1+1=2、2+1=3、…

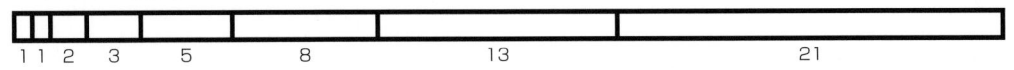

1 1 2　3　　　5　　　　8　　　　　13　　　　　　　21

調和数列（各項の逆数をとると、等差数列となる）　下図は1/1、1/2、1/3、1/4…を逆順にした場合

1.4　1.6　2　　2.5　　　3.3　　　　　5　　　　　　　　10

「ベートーベンコンサート」ポスター
ミューラー・ブロックマン　1955

● プログレッシブリズムによるチェッカーパターン

等差数列（公差2）

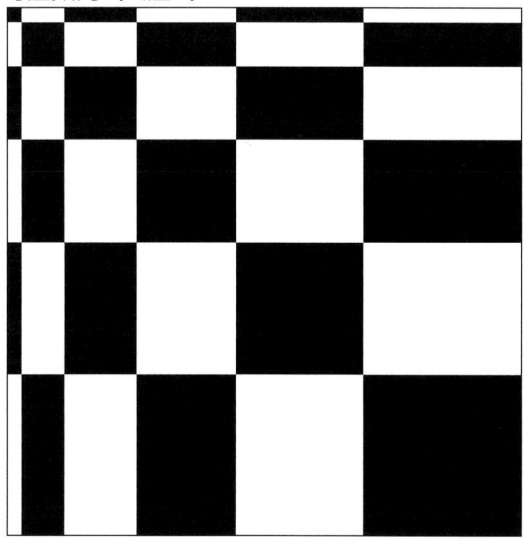

等比数列（公比2）

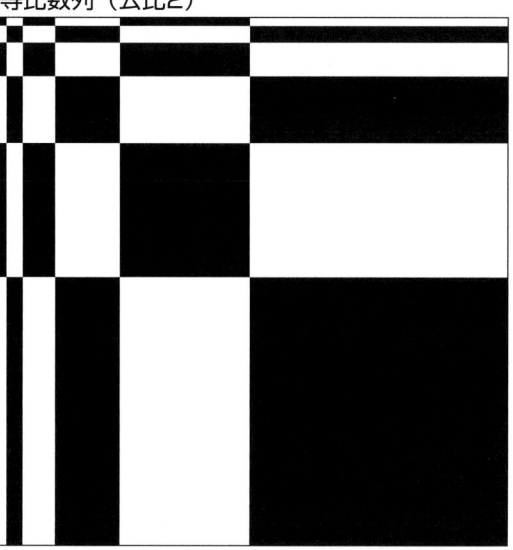

フィボナッチ数列

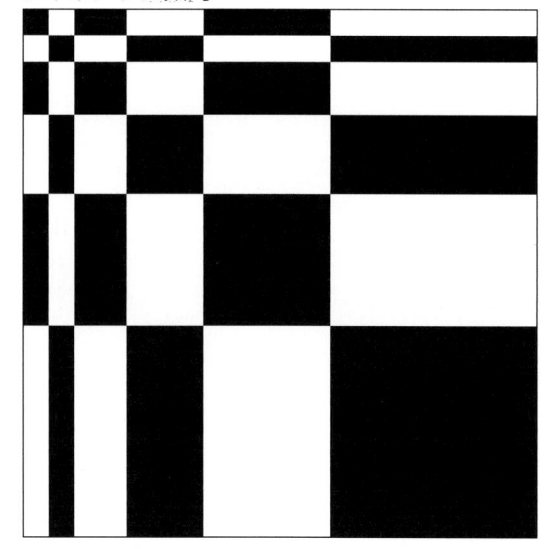

調和数列

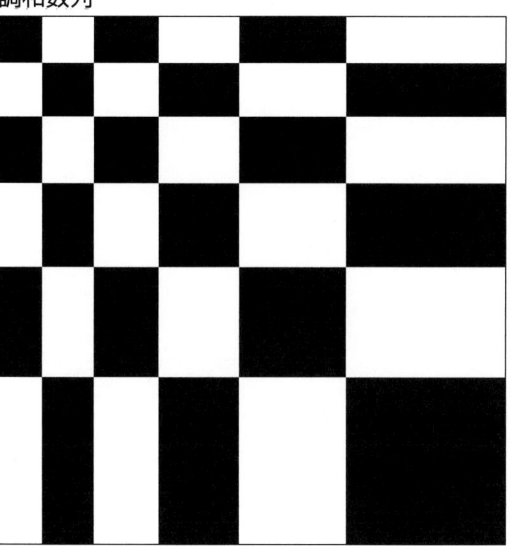

●プログレッシブリズムによるパターン

スパイラルパターン／次第に大きくなる正方形の構成／
できあがったストライプが線織面となる。

スパイラルパターン／円の構成―スパイラル／円の中
心が円周上を移動しながら大きくなる円の構成（面）。
包絡線が渦巻となる。

スパイラルパターン／円の構成―スパイラル／円の中
心が円周上を移動しながら大きくなる円の構成（線）。
包絡線が渦巻となる。

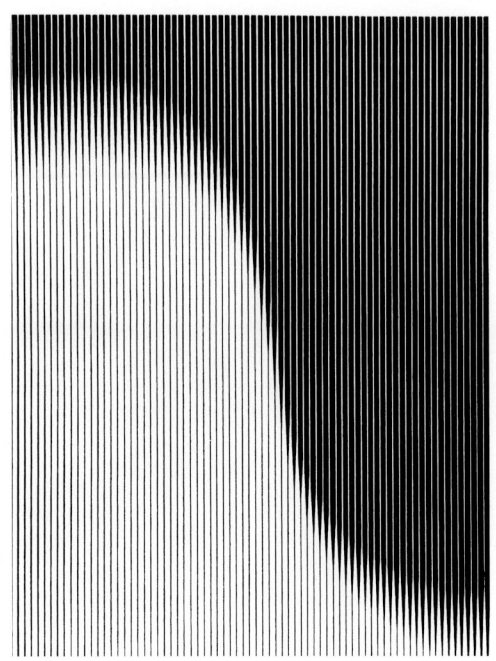

新聞広告のイラストレーション　H. カピッキー

報告書表紙　ディエトマー・ウィクラー(MIT)　1960

第4章　造形の秩序と表現

● プログレッシブリズムの展開（ウィジュアルデザイン研究所学生作品）
左右、上下と徐々に大きく（小さく）変化していく二次元のリズム表現をプログレッシブリズムとよんでいる。帯状の一次元のリズムより、はるかにリズム効果が高い。さらに数理性の異なるリズム同士を重ねたり、回転、あるいは互いに重なる部分を反転させるなどの操作を加えると、複雑ながら知的イメージの高い豊富なバリエーションのパターンが生まれる。

「震え」ブリジッド・ライリー　1963

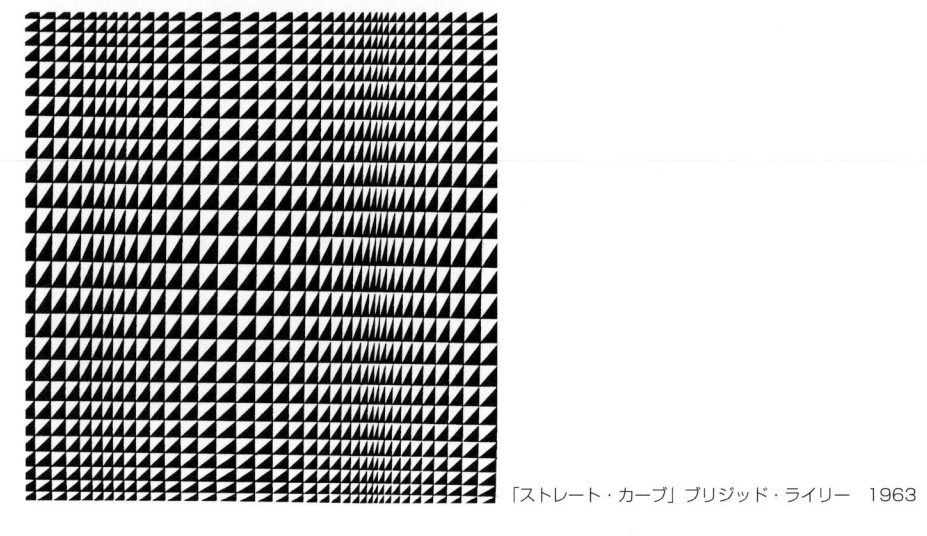

「ストレート・カーブ」ブリジッド・ライリー　1963

「移行」ブリジッド・ライリー　1963

複雑系の形──数学的モデル　Geometrical Model of Complex System

4-14 数列とリズム

プログレッシブリズムのある規則に従い、徐々に大きくなっていく数理性には、数列という概念がある。

主な数列には下記の等差数列、等比数列、フィボナッチ数列や調和数列などがある。それぞれ一長一短があり、変化が豊富で、もっとも適度な変化のみられる部分を使うと、プログレッシブリズムを生かした知的で斬新なイメージのデザインとなる。(p. 116参照)

等差数列
a_1、a_2、a_3・・・a_nの公差が一定の数列
公差が2の場合1、3、5、7、9、11、13・・・・と続く数列。

等比数列
a_1、a_2、a_3・・・a_nの公比が一定の数列
公比が2の場合、1、2、4、8、16、32、64・・・・と続く数列。

フィボナッチ数列
n項とn+1項を加えた数がn+2項となる数列
1、1、2、3、5、8、13、21、34、55、89、144・・・と続く数列。

調和数列
1、1/2、1/3、1/4・・・1/nと続く数列
つまり1、0.5、0.33、0.25、0.2、0.16となるが、小数なので、10倍にして10、5、3.3、2.5、2、1.6となる。これを逆順にすると次第に大きくなるので扱いやすい。

等差数列は常に差が一定であるが、数が大きくなると変化が目立たなくなるので、最初のほうが使いやすい。

等比数列は数が大きくなるにつれ、急激に大きくなり、これも結構扱いにくいので最初のほうがよい。

これに対しフィボナッチ数列は、よく見ると数列の途中に黄金比である55：89がでてくる。つまり限りなく黄金比に近づく数列で、黄金比の連続の数列であるということができる。

最初のほうの数列には、日本の等量分割である1：2、2：3、3：5、5：8が表われ、文字通り、日本美と西洋美の求める適度の変化の美が同一ゴールをめざしていることがわかるだろう。

調和数列は、項が進むにつれて、その差が縮小し、限りなく一定の数に近づき際立った変化がみられないので、これまた適度な変化のみられる範囲を取りだし、上手に使うべきであろう。

またこれら四つの数列を複数組み合わせて使用するのも一考である。たとえば等差数列のうえにフィボナッチ数列のパターンを色違いで重ねると、重なった部分の差もまた数列変化の対称となり、変化がより複雑となり豊富なバリエーションが楽しめる。

線表現ばかりでなく、線と線の間をひとつごとに塗りつぶしたり、重なってずれた部分のみを色面にすると、まったく予想もしなかった複雑なプログレッシブなリズムのパターンが生まれる。そ

---

9. ピエト・モンドリアンに代表される無機質な幾何学的抽象を指し、ヴァシリー・カンディンスキーの表現主義的な抽象造形を形容する「熱い抽象」に対峙する。「冷たい抽象」はバウハウス、デ・ステイル、ピュリスムなどと連動し、「熱い抽象」はポロックのアクション・ペインティングやアンフォルメル、タシスムなどに継承された。

10. マウリッツ・コルネリス・エッシャー　Maurits Cornelis Escher, 1898-1972。オランダのレーウヴァルデンで生まれる。ハールレムの建築装飾美術学校入学、後にグラフィックアート科に移籍。ポルトガルのS・J・デ・メスキータに師事。木版技術をマスターする。
『エッシャーの宇宙』ブルーノ・エルンスト著　坂根厳夫訳　朝日新聞社出版局刊　1983。

11. 亀倉雄策　1915-97　新潟県生まれ。1960年日本デザインセンター設立。代表作に、東京オリンピックポスター、ヒロシマアピールズポスター、NTTマーク等がある。日本グラフィックデザイナー協会長、日本デザインコミッティー理事長を務め、1989年デザイン誌「CREATION」(リクルート発行／六耀社発売)を創刊、責任編集。

第4章　造形の秩序と表現

こにもある一定の数理性がみられるので美しい。1960年代の杉浦康平の音楽会のポスターにはこのテクニックを巧みに用いた作品が多くみられる。

元来、プログレッシブリズムは、近代デザインの誕生以前にはほとんどみられなかった造形表現で、戦後の広告やデザイン表現に突然出現したパターンである。

私は、これは1960年代以降の冷たい抽象[9]といわれるヨゼフ・ミューラー・ブロックマン、カール・ゲルストナーやマックス・ビルなどのスイスや当時の西ドイツの作家やデザイナーが、幾何学的抽象造形をモチーフとしてポスターに使用しはじめてからであろうと考える。

特異な画家としてマウリッツ・コルネリス・エッシャー[10]の具象や抽象のユニットのくり返しの作品があげられる。しかし何といってもプログレッシブリズムを利用したもっとも画期的な表現は、1965年ニューヨーク近代美術館（MOMA）で開催された「応答する眼（Responsible Eye）」展に出品したオプアート、正式にはオプチカルアートの作家たちの一連の幾何学的抽象作品であろう。

ヴィクトル・ヴァザルリや当時、イギリスの新進女流作家のブリジッド・ライリーをはじめ、リチャート・アヌスキウィッツ、ヤコブ・アガムなどの作家が、巧みにプログレッシブリズムを自己の作品の表現に採り入れた。

目のくらむような錯視のパターンが人々を惹き付けた。これに影響を受けた日本人作家に亀倉雄策[11]、杉浦康平、永井一正などのグラフィックデザイナーがあげられるが、彼らはポスターやパッケージなどグラフィックデザインの分野で、数学的パターンを巧みに使いこなして多くの作品を発表し、世界的にも注目された。

巻貝の美しさはプログレッシブに大きくなるらせんにある。

4-15　グラデーション

　プログレッションが、次第に大きく（小さく）なる連続した形のリズム、つまりプログレッシブリズムであるならば、色彩が少しずつ変化して、次第に別の色に移っていく色彩表現をグラデーションとよんでいる。

　グラデーションの色彩効果は、自然界にもよくみられる現象のため、私たちは日頃その美しさを実感している。

　朝焼けの空、夕焼けの空、太陽のまっ赤な色から次第に空の青に、また夕闇の暗い色へと劇的に変化する様子や山並みが遠方から手前の山々になるにつれ、淡い紫色から次第に緑色に変わっていくグラデーションや、咲き誇る花の花芯から周囲に向かって色変わりする絞り模様、春の若葉、秋の紅葉の色の移ろいなど、すべて自然がつくりだす変化である。日本人は、こうしたグラデーションの色彩美を昔から伝統美として捉え、数々の美術・工芸品に表わしてきた。

　特に日本人は、自然の美しさを模倣し、これを再現することに至高の美があると信じていたため、日本の美術・工芸品にはグラデーション色彩効果を生かした表現が意外と多い。空や海のブルーはもちろん、地表や奥行きの空間はほとんどグラデーションで表わされている。たらしこみ（溜込）という日本画独特の表現技法は、宗達や光琳が好んで使用したぼかしのグラデーションである。浮世絵にみる北斎や広重の鮮やかなプルシャンブルーのグラデーションが、どれほど印象派の絵画に影響を与えたことか。

　それに比べ西洋美術では、近世までほとんどグラデーションという漸変[12]の色彩表現に関心を示していなかったと思えるほど、その実例は少ない。これは恐らく西洋絵画が徹底した写実主義であったため、空など風景や陰影表現を除いては、ほとんどみられなかったことに起因しているのではないだろうか。

　これに対し日本美術では、装飾表現の発達と抽象的な捉え方による描写が多く、これを表現するにはグラデーションがきわめて効果的な技法であった。

　それゆえ、西洋で色彩のグラデーションが意識的に使用されはじめたのは、浮世絵表現の影響を受けた19世紀末、ポスターが登場してからである、といえる。

　ところでグラデーションは、色彩学上からみると大きく二つに分類できる。（p.85-86参照）

　ひとつは明度のグラデーションであり、ある色相の色に無彩色を加え、次第に白や黒、灰色に近づく色彩の漸変である。

　もうひとつは、色相のグラデーションである。これはある色相から別の色相へ色が次第に変化していく色彩の漸変現象である。

　この場合、色環表の順に変化していくグラデーション、たとえば赤から橙、さらに黄色に変化していく様子は、レインボーカラーのように見え、単純で劇的な変化はみられず、あまり魅力ある配色とはいえない。

---

12. 日本美術では装飾技法として、蒔絵の砂子、切子、和紙のにじみ、かすれなどのぼかし効果を用いた表現が多く取り入れられた。

グラデーション効果が発揮される配色は、色相間が、互いに補色に近い対比の関係にあるグラデーションのほうが、色彩効果が高い。

この対比の2色相の中間は、暗い濁色となるため、両端の色相が彩度対比でより一層鮮やかに見え、グラデーションの色彩効果がもっとも高くなる。玉虫色や朝焼けの空のグラデーションが美しく印象深く見えるのは、緑と赤紫、橙と青という補色間の関係にあるからである。

ところでプログレッションが形の数理的変化を指すのに対し、グラデーションは色彩の数理的な明度差や色相差のリズム変化をいう。したがってどちらも音楽的な旋律の快感とモダンな感覚があり、現代デザインではよく用いられる表現技法である。

またプログレッションとグラデーションをあわせもつパターンでは、その視覚効果はさらに高まる。いわば形のリズムと色のリズムによる相乗効果であろう。

ヴィクトル・ヴァザルリの作品では、この漸変の段階的表現による視覚効果を生かした幾何学的抽象パターンの表現が多い。

一般にグラデーションの表現には、彩色筆やぼかし筆によるぼかし、エアブラシによる絵具の粒子によるぼかしがある。また琳派の宗達や光琳が好んで用いた、たらしこみ（溜込）による色のにじみとぼかしや、書道の筆の筆致によるかすれ、にじみ効果によるぼかしがある。

現代デザインでは、リズム効果を生かした面表現の段階的なグラデーションが多い。いわば色面分割による積層のグラデーションである。この分野では1930年代のアール・コンクレ（Art Concret：具体芸術）の流れをくむカール・ゲルストナーやマックス・ビルの作品に先駆的なグラデーション効果の表現がみられる。

私の構成学の実習では、この段階的な色彩のグラデーションをテーマに課題を出すと学生たちは、喜々として制作に励む。時間はかかるが数学の方程式のように、規則に従い順々に色面を塗っていくと、いつの間にか目の覚めるような色彩のグラデーションができ上がるからだ。その達成感を味わえるのが、グラデーションやプログレッシブリズムの表現である。

また帯状に変化する一次元のグラデーションより、さらにたて方向も加えた二次元のグラデーションにすると、たて・よこ・ななめ、どの方向から見ても美しいグラデーションとなり、その表現効果はきわめて高い。これは色彩の形式原理ではないかと見違うばかりの、失敗のないデザイン技法といえる。

ヴァザルリはさらに奥行きを加えた三次元のグラデーションを試みた作品を数多く手がけている。私もコンピュータグラフィックスを用いて1980年代この三次元グラデーションに挑戦し、いくつかの連作をつくりあげた。これらの作品はかつての筑波科学博覧会やアメリカのコンピュータグラフィックスの学会、SIGGRAPH（シーグラフ）[13]に発表された。（p.60 - 61参照）

---

13. SIGGRAPH：the Special Interest Group GRAPHics of the ACM（シーグラフ）は1969年に設立された世界最大のアメリカのCG学会。ACMというコンピュータ学会の一部門としてスタート。第1回には600人程度の参加者数であったが、1995年には4万人以上を記録した。

現在、PhotoshopやIllustratorなどのグラフィックアプリケーションを使って、いとも簡単に一次元も二次元のグラデーションも、また霧のようなぼかし効果もあっという間にできあがる。

しかしその表現はマンセルの色立体や印刷インキのかけ合わせ見本帳を見ているようで、なぜか魅力がない。ところが、人間の感性を頼りにグラデーションをつくりあげると、微妙な凹凸の段差ができ、これがかえってアクセント効果となり、魅力のある訴求性の高い表現となるから、何とも不思議である。

4-16　ディストーションとデフォルメ

ディストーション(歪曲)やデフォルメ、あるいはデフォルマシオン(変形)は、表現された対象の形を意識的あるいは機械的・無意識的に変形することをいう。

ディストーションは、凸面鏡や凹面鏡に映った画像が自動的に歪曲する、いわばレンズやシステムなど、ものを通し機械的につくられた形の歪みである。

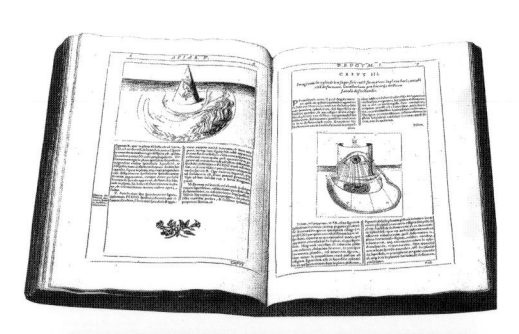

西洋では17世紀から18世紀に流行したアナモルフォーズがある。これは遠近法という科学的な理論に基づいた表現技法を逆用した一種のだまし絵(トロンプルイユ)である。奇妙に歪んだ画像の上にきれいに磨いた金属の円筒形を置くと、そこに映った画像は、見たとおりの正常の形となって見える。

走る車の運転席から見た制限速度の表示は、正しく見えるように道路上には異常なほどにたて長にペイント表示されているのと同じ原理である。

アナモルフォーズやトロンプルイユと異なり、現在の絵画や広告・デザインに応用されるディストーションは、画像が予見できる程度の像の歪みを利用した表現が多い。人間の視覚の認知可能な範囲の表現のほうが、元の画像とのギャップの大きさがわかり、視覚効果が高いからだろう。

このディストーションを幾何学では、正座標系に描かれた図形を座標変換し、たて長や凸面などに歪ませた座標系に表示される図形操作を指す。つまり直交する正座標系を曲座標系や、座標系を任意に変えた座標系上の図形・画像である。

生物学者のダーシー・トムソンは、魚の形を例にとり、あらゆる魚の形は、正座標系に描かれた標準の魚の形を、さまざまな座標系の変換によって表示できる、と『生物のかたち』[14]で述べ(図p. 127左)、さまざまな魚の形を座標変換の比率(プロポーション)によって表わした。

生物の機械論的なこの説は、ディストーションの概念にも通じ、きわめて興味深い。よこ長の座標系にすると、さんまやさよりの形となり、左右をつめ

上：アナモルフォーズの解説図
『アピアリア哲学的・数学的な普遍的養蜂術』マリオ・ベッティーニ著より。(東京都写真美術館提供)
下：円筒型アナモルフォーズ
18世紀後半

14.『生物のかたち』ダーシー・トムソン著　柳田友道、他訳　東京大学出版会刊　1973。

た座標系ではたいやひらめの形となる。また右方に末広がりにすると、まんぼうの形となる訳である。

筑波大学で私が担当している授業に、「機器構成」という科目がある。この授業では、平面(紙)に描いたストライプや水玉模様などを歪曲させて固定し、これをさまざまな角度から複写用フィルムを用いて広角レンズのカメラで陰影がでないように撮影し、硬調現像・硬調印画紙に焼き付け、白黒だけのハイコントラスト印画をつくる。うねるようなストライプのパターンによって私たちは凹凸感を感じ取るが、上下逆さにすると凹凸が逆転して見える錯視現象を起こす。ここでは陰影がまったくないので、私たちはものの存在感を光と陰で知ることを改めて感じる。

いずれにしても人間の手では表現できないディストーションの課題作品である。

●

これに対し対象を作者の意図によって意識的に変形させる表現を、一般にデフォルメ、デフォルマシオンとよんでいる。

もっともよく知られているデフォルメ表現では、写楽や歌麿の役者絵とよばれる一連の浮世絵があげられる。いずれも役者や遊女の顔を大きく描き、表情の特徴を巧みに捉え、極端なほどの誇張(デフォルメ)した表現がみられる。見栄をきった大きな目と歪んだ口元、巨大な鼻など、どう見ても正しいプロポーションからは考えられない表現である。

しかし見る人は、その誇張された表現の個性に惹かれる。この不思議な吸引力は、作者のデフォルメ技法の巧みさに由来しているかもしれない。

そのほかにも日本の美術・文化には、デフォルメに関する、すぐれた多くの遺産が残されている。茶道に用いる器は、ろくろでつくった点対称の形とともに、手びねりでつくったいびつに歪んだ形が好まれ、多くの名品を生んだ。

茶室の曲がった床柱や梁から古竹で張られた天井や土壁など、均一さを敢えて拒否したような形やテクスチュアに、日本人は美を見出してきたではないか。こう考えると日本人の美意識は、デフォルメの美学にあるとさえいえるのではないだろうか。

こうした日本人独自のデフォルメ表現は、ジャポニスムの影響として当時の印象派絵画に大きな影響を与え、近代ポスターや広告デザインのイラストレーションやコミック(まんが)等、新しい造形の表現の開拓につながってきた。

極端なパースペクティブを生かしたアングルからの描写やイラストレーションは、1920年代からの写真表現の発達とともに、デザインや広告表現に盛んに用いられるようになった。広角レンズによるディストーションは、視野の広い画像を取り込んだダイナミックな表現を生み、また望遠レンズによる圧縮された画像は、通常の人間の視覚を超えた先端的な表現となった。

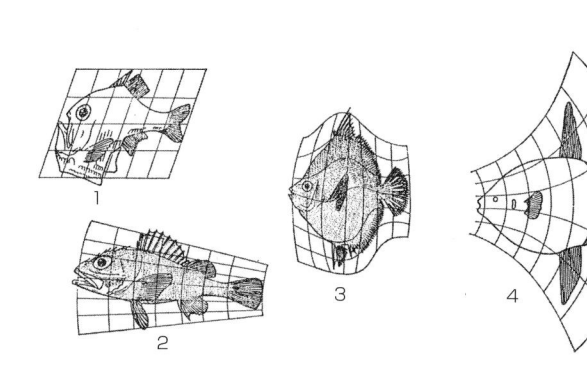

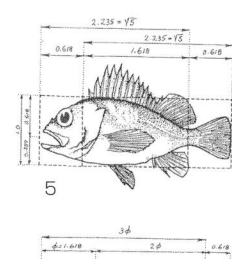

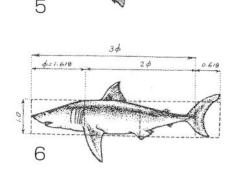

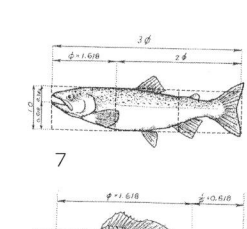

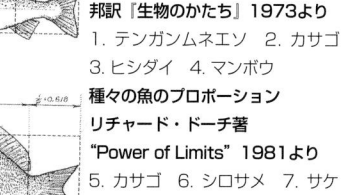

種々の魚の座標変換
ダーシー・トムソン著
邦訳『生物のかたち』1973より
1. テンガンムネエソ　2. カサゴ
3. ヒシダイ　4. マンボウ

種々の魚のプロポーション
リチャード・ドーチ著
"Power of Limits" 1981より
5. カサゴ　6. シロサメ　7. サケ
8. ウミタナゴ

● フランコ・グリニャーニのディストーションパターン

「ある点に向かう凹凸のカーブ」フランコ・グリニャーニ　1966

「縞状平面の光学的分離」フランコ・グリニャーニ　1969
Franco Grignani,1908イタリア生まれ、グラフィックデザイナー、AGI会員

「斜線による緊張のミクロ構造」フランコ・グリニャーニ　1981

「放射線状のねじれた構造」フランコ・グリニャーニ　1965

130

● パターンディストーション（筑波大学芸術専門学群「機器構成演習」学生課題作品）
平面上（紙）に描いたストライプ（縞）、ドット（水玉）、チェッカー（市松）、同心円などの幾何学的パターンをディストーション（歪曲）させた曲面にすると、パターンの歪みによってさまざまなオプチカル効果が生じる。この課題では写真撮影したパターンを陰影のないハイコントラスト処理を行い、パターンの変化だけで錯視効果（ヴィジュアルイリュージョン）の高い表現をめざす。

●パターンディストーション（筑波大学芸術専門学群「機器構成演習」学生課題作品）

5 シンメトリーとコンポジション

5-1　シンメトリーと構成学

　美術やデザインの表現では、最終的に表現としてのまとまりや統一感(ユニティ)をいかに上手につくりあげるかという表現上のさまざまな技法、つまり構成法がきわめて重要となる。表現での他の細かいテクニックがいかに巧みであっても、このまとまり感がないと表現のクオリティが下がり、全体の評価は低くなってしまう。

　表現上のまとまり、つまりその作品のレベルの優劣を決めるのが、シンメトリーとコンポジションという造形の秩序の概念である。造形表現では、まずこの二つの概念が根幹となる構成をつくりあげ、そのうえでプロポーション、リズムなどのさまざまな造形秩序が枝葉を整えていくのである。

　シンメトリーはギリシャ時代以来、黄金分割とともに西洋美術や文化の中核を占める美の構成原理であり、コンポジションはモチーフをより引き立てるための配置(レイアウト)の概念である。

　この章ではシンメトリーとコンポジションを中心に現在の構成学の考え方の基本を説いていきたい。

●

　シンメトリーは古今東西、装飾美術、建築、工芸はもちろん、美術・文化の美の表現上、もっとも基本的な概念となっていた。

　このことに関しては、誰も異論をはさむ余地はないだろう。シンメトリーのもっとも基本的な概念は、左右対称という線対称(鏡映)とよばれる左右均等のシンメトリーである。シンメトリーは造形表現のうえで、まとまり感を演出するもっとも基本的な概念である。

　なぜならばシンメトリーには、もともと釣り合いというバランス感覚と、ハーモニーという調和の感覚をあわせもった統合された概念が含まれているからである。シンメトリーの構成では、形のそれぞれの部分が必然的に調和し、バランスは左右均等のため、これまた全体を融合する役目を果たす。

　シンメトリーには図(p. 135下)のように、ある線分から左右均等の位置の関係にある左右対称(線対称、鏡映ともいう)のほかに、ある点を中心として回転すると同じ形が再び現われる点対称(回転対称、放射対称)や同じ形が一定の距離を経て平行移動で再び現われるすべり鏡映(平行移動、並進)、またある形が相似状に大きくなったり(拡大)、小さくなったり(縮小)も広義のシンメトリーとして含まれ、その範囲はかなり広い。たとえば点対称と拡大を組み合わせると渦巻の形となり、これまたシンメトリーなのである。

　したがって、左右対称と点対称(放射対称)あるいは平行移動を組み合わせた造形表現も必然的にバランス・調和の概念をあわせもっているといえる。

　このようにシンメトリーを捉えると、シンメト

シンメトリーの概念

シンメトリーの基本形
- 左右対称（鏡映・反射）
- 点対称（放射対称・回転・逆対称）
- 平行移動（すべり鏡映・並進）
- 拡大（または縮小）

狭義のシンメトリー

基本形二つの組み合わせ
- 鏡映・回転
- 回転・移動
- 移動・拡大
- 拡大・鏡映
- 鏡映・移動
- 回転・拡大

基本形三つの組み合わせ
- 鏡映・回転・移動
- 回転・移動・拡大
- 移動・拡大・鏡映
- 拡大・鏡映・回転

広義のシンメトリー

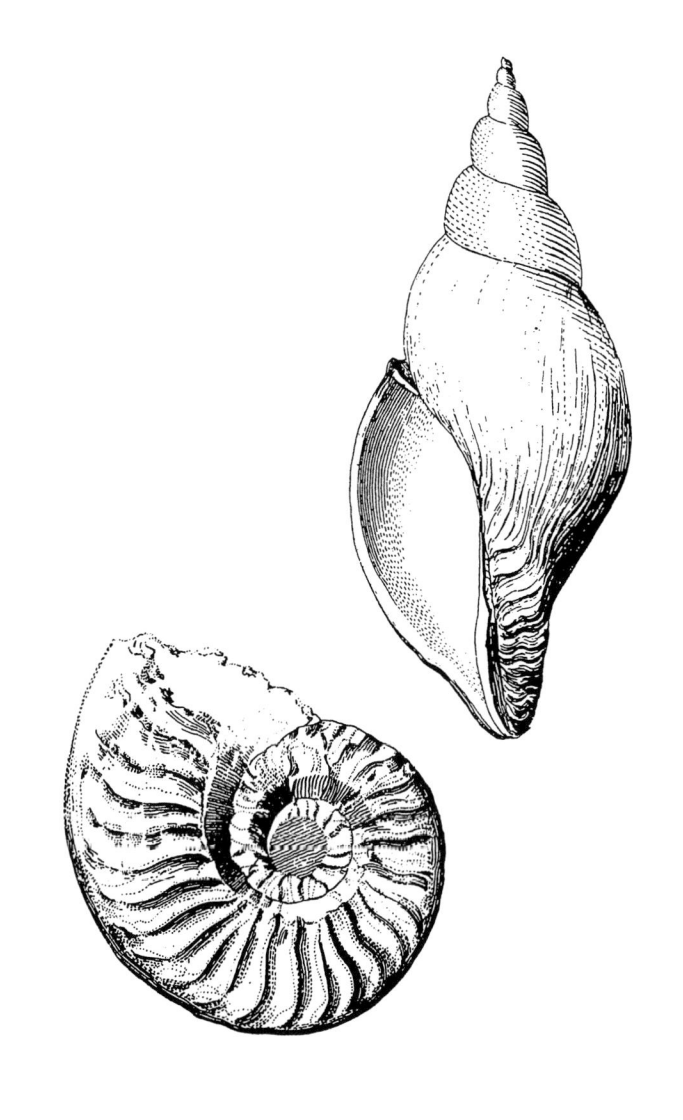

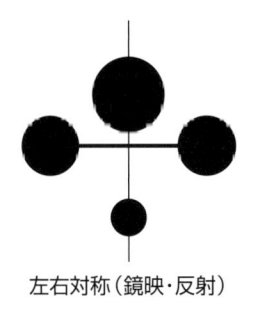

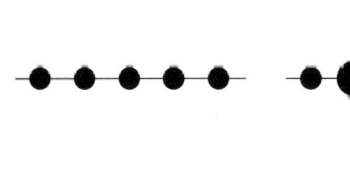

左右対称（鏡映・反射） 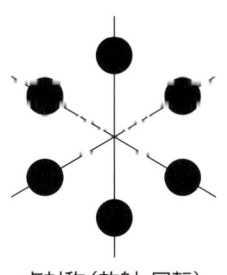 ／ 点対称（放射・回転） 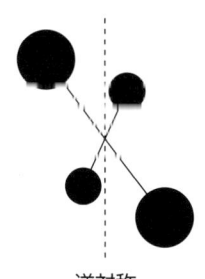 ／ 逆対称 ／ 平行移動（すべり鏡映・並進）  ／ 拡大（縮小）

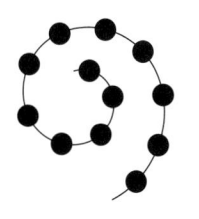

回転＋移動 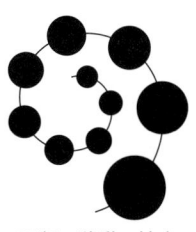 ／ 回転＋移動＋拡大 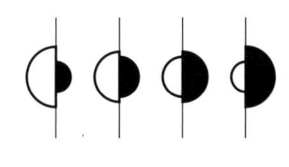 ／ （鏡映＋拡大）＋平行移動 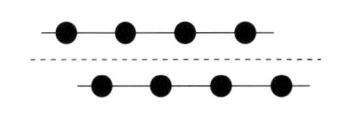 ／ （平行移動＋鏡映）＋平行移動

リーという形式原理を使いこなすだけで、表現領域のかなりの部分をカバーできることがわかる。

ギリシャ時代以来、近世まで西洋の芸術・文化でシンメトリーが黄金分割とともに、美の規範の中心的役割を果たしてきた理由はそんなところにあるのかも知れない。

5-2　シンメトリーとアシンメトリー

シンメトリー（対称）とアシンメトリー（非対称）は基本的に相対する造形の概念である。シンメトリーは左右対称、点対称、平行移動、拡大・縮小というシンメトリーの数理性に基づいた形の秩序であるのに対し、アシンメトリーは、それ以外のすべての数理的秩序をもたない形のコンポジションやレイアウト（配置）全般を指す。

シンメトリーは自然界にも少なからずみられるが、他のほとんどの形は数的秩序をもたない非対称の形、つまり非定形の形である。自然界には、側面から見る（側面図）と複雑なオーガニック（有機的な）形がたくさんある。しかし人間や動物の形のように正面から眺める（正面図）と、おおむね左右対称の形がほとんどである。

また花々の花弁や、ヒトデ、雪の結晶、蜂の巣、放散虫のような点対称の形や逆対称の形は有機・無機にかかわらず、シンメトリー性を有した形といえる。

紙に落としたインクのしみは、偶発的に生じる複雑で秩序のない形である。これをオートマチックパターンとよんでいる。

インクのしみが乾かない間に紙を二つ折りにすると、反対側にこの無秩序なパターンが転写される。再び紙を開くと折り目を中心軸として左右対称のパターンができあがる。これをデカルコマニー（転写）とよんでいる。

このパターンは、そのイメージする見え方により、ロールシャッハテスト[1]とよばれる人格診断法にかつて利用されてきた。

左右対称になった形からは、どんな無秩序な形であっても全体としての統一感ともいうべきバランスをともなった秩序が生まれる。生物や人体の形は、まさしくこうした左右対称の形であるための、まとまり感があるともいえる。これは、やはりシンメトリーのもつ造形のもっとも基本的な美的形式原理のひとつであろう。

シンメトリーの研究の第一人者ヘルマン・ヴァイルは自著 "Symmetry"[2] の中で「自然を支配する数学的法則が、自然におけるシンメトリーの源泉であり、また創造的な芸術家の精神の中に、その概念が直感的に実現されるものが、芸術における根源であると考えたい」と述べ、シンメトリーのもつ美の力を強調している。

ところでシンメトリー形は、幾何学的に作図として表わすことのできる数理的な秩序をもつため、

---

1. 精神科医ヘルマン・ロールシャッハによって考案されたもので、投影法人格検査のひとつ。紙の上にインクを落とし、それを二つ折りにしてできた左右対称のイメージが何に見えるかにより、被験者のものの見方、意味づけや対人関係、知能、成熟度、情緒性、欲求、人格を多角的に診断する検査法。見せるイメージは無彩色が5枚、赤と黒2枚、複数の色を用いたもの3枚の計10枚。
2. "Symmetry" Hermann Weyl, Princeton Univ. Press, 1952.（『シンメトリー：美と生命の文法』ヘルマン・ヴァイル著　遠山啓訳　紀伊國屋書店刊　1957）

数値や作図法によって、その関係を形に再現することができる。たとえば左右対称(鏡映)では、中心線から鏡に映った形(鏡映)で左右に均等の位置に二つのかたちが対峙している。これは中心軸から等距離の位置にあるため、当然のことながら正確にその形を再現することができる。

これに対しアシンメトリー(非対称)は、このような数的な秩序が一切ないため、再現は不可能である。

人間が描画能力をもちはじめた古代より、円や三角、四角形あるいは渦巻きなどのように数理的に明快な形は、誰もが正確にその形を再現させることができるため、人々に親しまれ装飾の紋様や模様のパターンとして利用されてきた。

つまり他の非定形の形以上にシンメトリー性の形が尊ばれ、紋様となり、ときを経て装飾美術にまで高められてきたのである。

このことは、紋様の発生から装飾美術へ発展した経緯をみると、一目瞭然である。世界各地の肥沃な河川のデルタ地域に発生した文明の歴史をたどってみると、古代遺跡から発掘される遺物に描かれたり刻み込まれたパターンは、なぜか幾何学的な形が主であって、具象的な形ではない。鳥や植物をモチーフとした紋様が登場するのは、時期はずれてはいるが、それぞれの文明で幾何学的な紋様が定着し様式化した後にみられる現象なのである。

これは人間が、シンメトリーのもつ形の単純な数理的な秩序の美しさに目覚め、これこそが唯一人間が自然に対抗しうる造形であることを知ったからだろう。

それ以来、紋様のモチーフとなる形は、唐草や蛇や鹿、羊などの動物に変わったが、その配置(レイアウト)や構造は、基本的にシンメトリーなのである。この表現法が、後々伝統的な紋様の様式美をつくりあげていくのである。

その後、西洋では、シンメトリーのさまざまな数理性の中で、特に左右対称の鏡映が好まれ、時代の様式の形式的な美の原理となっていった。

"VICTORY" LPジャケット G.トーマス 1981 (写真：H.ニュートン)
(亜シンメトリー：シンメトリー+アクセント)

シンメトリー　　　　　　　　　　　　亜シンメトリー
（左右対称のレイアウト）　　　　　　（左右対称＋アクセントのレイアウト）

「東京オリンピック」ポスター　亀倉雄策　1961

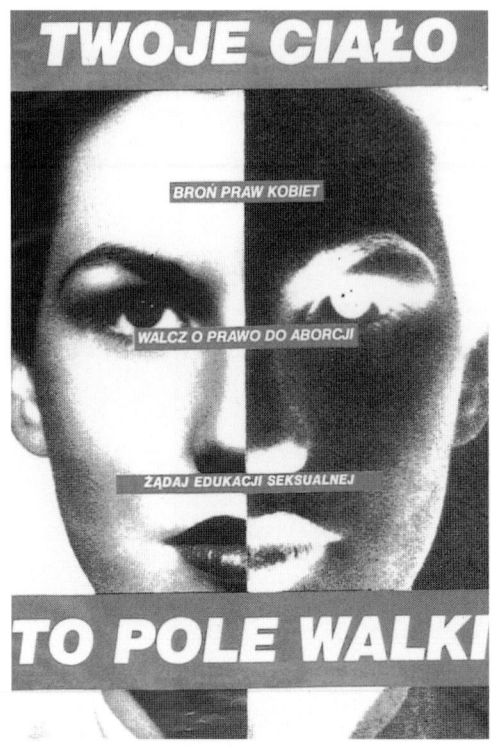

'Your Body is Battle Ground' エイズ撲滅ポスター
バーバラ・クルーガー　1997

「核戦争反対」ポスター　ハンス・エルニ　1954

時計メーカーの雑誌広告　カール・ゲルストナー

第5章 シンメトリーとコンポジション

アシンメトリー
(非対称のレイアウト)

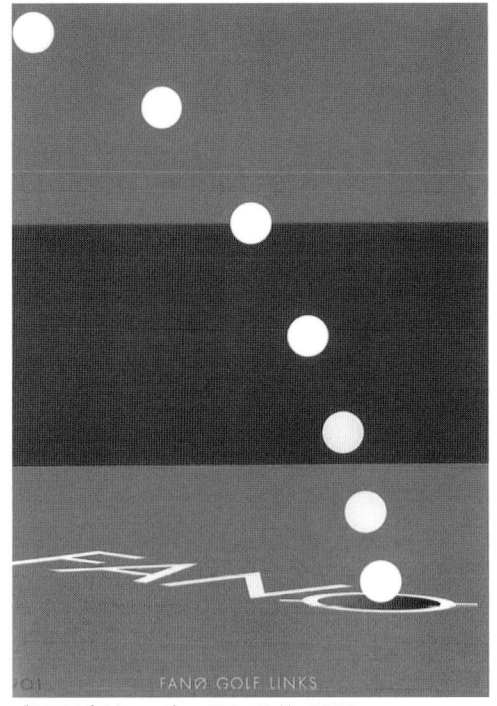

ゴルフ場ポスター　バー・アルノルド　2001

観光ポスター　バー・アルノルド　2003

「ジャパン、日本国有鉄道」ポスター石版画
里見宗次　1937(ヴィクトリア&アルバート美術館所蔵)

「北方特急」ポスター　アドルフ・ムーロン・カッサンドル　1927
©MOURN. CASSANDRE.All rights reserved / SPDA, Tokyo, 2006

5-3　亜シンメトリーと造形表現

　亜シンメトリーとは、亜流などのように「亜」の意味がシンメトリーに近い、準ずるという意味から付けられ、通称としている名称である。

　これは、一見すると左右均等のシンメトリーの形であるが、左右どちらかの部分にバランスを崩した造形要素を加えた表現を指す。まったくの左右対称形のレイアウトのどちらかに、アクセントのようにある形を付加したり、ななめにする、あるいは鮮やかな色彩を加えるなど、さまざまな変化を加えたシンメトリーに近い形である。

　静的でやや古風にみえる表現を、現代的なイメージにリファインする方法として、現代デザインではシンメトリーに変わり、幅広く使用されている表現技法である。

　つまりシンメトリー・プラス・アクセントというような感覚で捉えられる表現である。あくまでアクセントであって、この変化の度合い（破調）が大きくなると、文字通り、全体のバランスを崩しかねない。

　一例をとると、現代のフラワーデザインの分野では、これをゆるやかなシンメトリーとよんで、シンメトリーでありながら、古風なイメージではなく現代的でフレッシュさを演出する際、よく使用される表現テクニックである。

　このようにシンメトリーは、ゆるぎない力強さと安定さにおいては、他のどんなコンポジションよりも強い表現力をもっている。逆に変化のない静的な配置ゆえに堅苦しく余裕のないイメージも与えかねないという点も考慮しなければならない。

　ところがそこに少しだけ変化の要素を加えることによって、現代的な感覚が生まれる。そのため、現代デザインでは、完全なシンメトリーよりも、むしろ亜シンメトリーのほうが好まれ、よく使われる。

　つまり亜シンメトリーは、シンメトリーのもつ表現効果は失わず、しかも動きや変化と現代性を兼ねそなえた新しいシンメトリーともいえそうである。

　その造形表現の手法として、具体的には次のような方法がみられる。

左右の色彩を変える
左右対称の配置（レイアウト）をとっているが、左右の色を少しだけ変える。

左右の均衡を変える
シンメトリーの形の両サイドを上下に少しだけずらして変化を与える。

シンメトリーの配置をとり、左右の大きさを変える
左右の形に差異をつける。または大きさを少しだけ変える。

シンメトリーの配置に、右あるいは左位置に少量の形を加える
完全なシンメトリーをとりながら、どちらかの位置と新たな造形要素を付加する。

　いずれにしても変化の与え方は、シンメトリーという全体の統一感を崩さない程度に押さえることが

重要である。変化が大きすぎると文字通り破調となり統一感が失われ、見る人にかえってイライラ感を与えかねない。

5-4 シンメトリーの拡張

　シンメトリーの基本形は左右対称の線対称であるが、ある点を中心に回転し、再びもとの位置に戻ってくる写像も、点対称としてシンメトリーの概念と定義している。

　また形の平行移動は、ある形と合同形が別の位置に移動した形と捉えられ、これは平行移動（すべり鏡映、並進）とよばれ、これもシンメトリーである。さらに形が大きくなったり、小さくなる拡大・縮小の形はもとの形の相似形であり、これもまたシンメトリーのひとつである。

　狭義のシンメトリーでは、紙を二つ折りにし、中央の対称軸を中心に左右均等につくりだされた形が左右対称（鏡映）である。また回転によるシンメトリーを点対称とすれば、図（p.135下）のように平行移動や拡大・縮小や拡張された形を広義のシンメトリーとして捉えると、理解しやすいのではないかと、私は提案したい。

　しかし、こうした考え方は、カール・ロター・ヴォルフの"Symmetrie"やヘルマン・ヴァイルの"Symmetry"ですでに提唱されていた。この新しいシンメトリーの概念では、四つのシンメトリーと、さらにこれらを二つないし三つ組み合わせた総計14のシンメトリーの組み合わせた形の概念もシンメトリーであると定義している。

　たとえば点対称と拡大のシンメトリーを組み合わせると、渦巻状のらせん形となる。このように拡張されたシンメトリーの概念を、さまざまな造形行為にあてはめると、装飾のパターンや模様など紋様の様式美は、すべてシンメトリーの概念を応用・展開しながらつくられた形であることがわかる。

　古代より各地にみられる紋様や装飾パターンをみてみると、造形的に共通している特徴は、紋様のモチーフとなる形をリピート（くり返し）させながらリズム感をつくりだしていることである。

　シンメトリーの概念から紋様の発展をみると、文明の発展とともに人々はもっとも単純なくり返しの原始紋様から、平行移動や、左右対称や点対称、さらに拡大・縮小した形（ユニット：単位形）を複雑に組み合わせながら帯状の模様を編みだしていった、といえるのではないだろうか。

　図（p.108、p.109、p.112、p.113）にみられるように、いくつかのくり返しパターンをひとつのユニットとした交代（オルタネーション）による装飾や、さらに四方に広がる四方連続模様など、高度な装飾表現技法を駆使したパターンが、世界各地に広がっていったと考えられる。

　そうした紋様の変遷の中で世界的に共通している

紋様表現は、ある地域、特にヨーロッパや中国では時代を経ると、単純な幾何学的形体から、動植物などの具象形体に移り変わっている。

もちろん日本のように、幾何学的紋様と具象のモチーフを巧みに使い分けるとともに発展させてきた文化様式もみられるが、紋様全体からみるとほとんど具象形体に移行していったといってもよい。

日本の場合は、幾何学紋、たとえば亀甲紋や円紋、菱紋、枡紋の中に植物紋などの具象形を組み合わせた紋様、また格子（グリッド）や縞（ストライプ）、市松（チェッカー）から麻の葉、網代、紗綾形、七宝、立涌などの全体を覆うパターンの紋様と具象形を融合させた高度で複雑な紋様も多い。

いずれもこれらの装飾様式は、シンメトリーの数理性をきわめて巧みに採り入れたパターンである。

数理的秩序をもつこれらの紋様は、すべてシンメトリーのさまざまな造形の秩序を効果的に組み合わせ、さらにリピティション（くり返し）によるリズムの表現効果をあわせ、その相乗効果によって生まれたリズムの造形美といえる。

西洋文化の歴史が、黄金比とシンメトリーによって成り立ってきたといういわれも、こうしてみるとあながち過信や誤謬とはいえないだろう。

つまり黄金比が、プロポーションとバランスによってつくりだされる造形に、ある種の緊張感を与え、表現上のユニティをつくりだす美的形式原理であるならば、シンメトリーは、安定と権威や伝統を象徴する左右対称の形とともに、人間に装飾する喜びを互いに分かち合う、あらゆる紋様のいわば、造形原理となっているといえる。

基本模様と応用

				基本パターンの複合
縞模様 stripe pattern				
水玉模様 dot pattern				
格子模様 grid pattern				
市松模様 checker pattern				

V・ヴェルジン「基本模様とそれに共通する法則」(1953) を基に作成　三井秀樹　1999

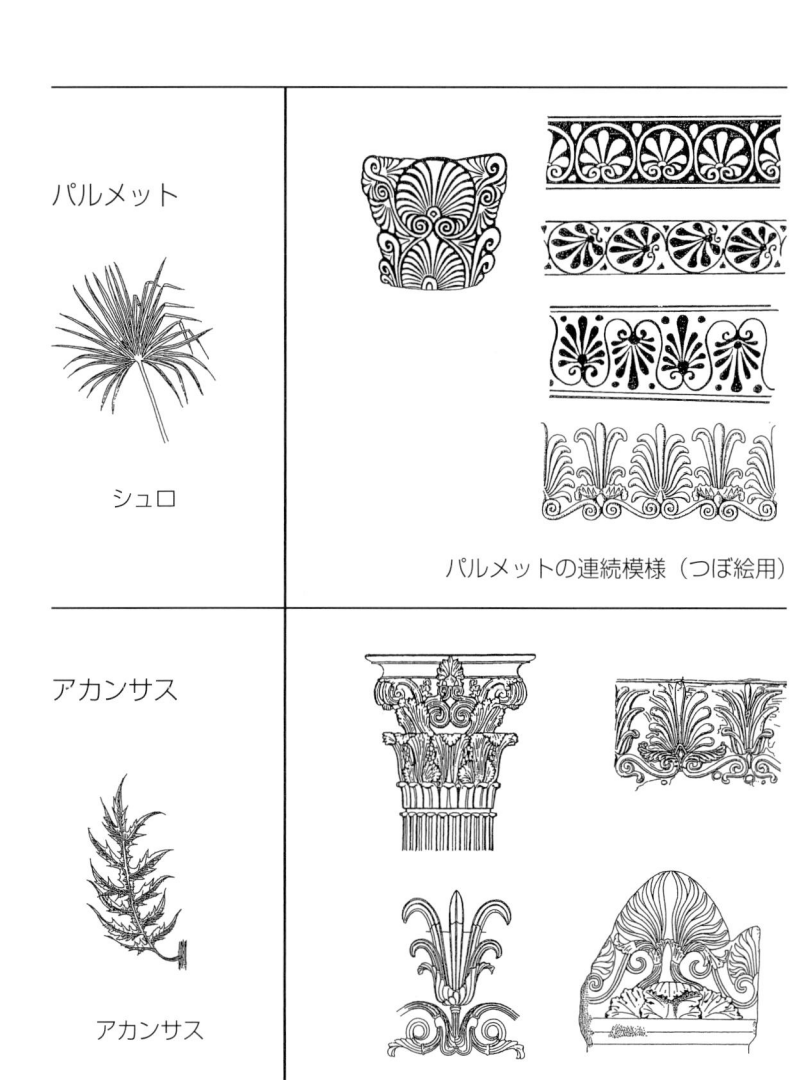

第5章 シンメトリーとコンポジション

パルメット	
シュロ	パルメットの連続模様（つぼ絵用）
アカンサス	
アカンサス	アカンサスの連続模様

アカンサスの葉をモチーフとしたコリント式の柱頭。

5-5　シンメトリーと装飾

　人間は本来、装飾願望をもった万物の霊長である。

　人類が道具を生み、日常生活に必要な器や衣服から住居など生活用品や住環境を整えはじめると、恐らく同時期に彩色やさまざまな記号やパターンが施された装飾への兆しが、すでにはじまったと考えられる。

　原始社会の不安定で不確実な環境下において人間は、精神的な糧として祈願、祈祷、厄払い、守護や祝い事のしるしやシンボルとしての形への欲求を強めていったに違いない。

　こうしたしるしやシンボルは、やがて権力の象徴としても使われるようになり、祭祀のしるしから日常の生活環境への装飾として形成されていった。

　器物や衣服に色や形を施し飾る行為は、こうした人間本来の装飾願望と当時の社会的要請によって、確実にしかも急速に社会に浸透していったのである。

　原始社会における初期の装飾紋様を調べてみると、世界の各地域、文明の発生時期を問わず、なぜか一様に幾何学的紋様である。唐草や鹿や鳥などの動植物をモチーフとした具象的な紋様が登場するのは、文明が発達し高度なコミュニティ社会が出現した後、現われるというパターンなのである。

　しかも紋様のモチーフとなる丸、三角、四角から渦巻、山形、波形など単純な幾何学的形体がくり返し並べられることによって、快適なリズム感が生じ、見るものに美的な快感を与えることになる。このことについてはすでに第4章でリズムが生みだす造形の秩序として述べたとおりである。

　こうした装飾美術が高度に発展してくると、モチーフを帯状に単純に並べるリズムの視覚効果だけでなく、シンメトリーの数理的な造形秩序を生かしたさまざまなパターン生成のシステムがつくりだされる。

　世界各地の遺跡から発掘された出土品や衣服、建造物、壁画をつぶさに観察するとそのほとんどは、左右対称にはじまり、点対称、平行移動、拡大・縮小、さらにそれらを複雑に組み合わせた表現技法を巧みに使い分け、さまざまなバリエーションを生みだしていることがわかる。

　この研究では、ドロシー K. ワッシュバーンとドナルド W. クロエの "Symmetries of Culture"[3]に詳細に分析した研究報告が掲載されている。それによると南北アメリカインディアンからアフリカ、南太平洋、ジャワ、ロシア、インドなど世界中の幾何学紋様による装飾パターンの生成システムは、このシンメトリーの造形原理にあることが図解とともに明快に述べられている。

　同書から、そのシンメトリーによる展開の事例を紹介しよう。

---

3. "Symmetries of Culture : Theory and Practice of Plane Pattern Analysis" Dorothy K. Washburn／Donald W. Crowe, Univ. of Washington Pr., 1988.

●装飾紋様の造形性

古今東西のあらゆる装飾紋様の連続性は、左右対称・点対称・平行移動・拡大・縮小・逆対称などの組み合わせの数理的パターンであるといえる。

●先住民族の幾何学的紋様

世界各地の先住民族の紋様には共通して幾何学的形体が多くみられ、シンメトリー性によるくり返しパターンの構成となっている。

1. ベルト（ペルー）
2. 矢筒（アメリカインディアン、オレゴン州）
3. ショルダーバッグ（メキシコ）
4. ラフィア布（ザイール）
5. ヤナギ細工の飾額（ホピ族、アリゾナ州）
6. 編込盆（オセアニア諸島）
7. 水差し（アメリカインディアン、アリゾナ州）
8. ビーズ玉模様の腰帯（東アフリカ）
9. つぼ（アメリカインディアン、アリゾナ州）
10. 布切れ（アフリカ、マリ）
11. タパーガジの木の皮で編んだ布（サモア諸島）
12. つぼ―陶器製（アメリカインディアン、ニューメキシコ州）
13. ボウル―陶器製（アメリカインディアン、ニューメキシコ州）
14. ウールの敷物（ナヴァホ族、ニューメキシコ州）
15. ラフィア布―ヤシ科の葉の繊維で編んだ布（ザイール）
16. 男性用ブランケット（ガテマラ）
17. 運搬用ひも（ペルー）

5-6 日本の家紋とシンメトリー

　日本の家紋ほど、紋様として完成された美の形はないであろう。日本の家紋は世界の他の国のそれに比して造形性、視認性、審美性、象徴性のすべての点で優れた紋様といえる。またその造形性は先のシンメトリーの数理性を、それこそ縦横無尽に駆使し、デザイン性を世界に誇っている。

　現代デザイン、特にシンボルマークやトレードマークの分野で、どれほど日本の家紋が欧米デザインに影響を与えてきたか調べてみると、思いのほか多いことに驚かされる。単純明快な造形性、抽象造形としての象徴性も兼ねそなえた造形の原理は、やはり家紋のシンメトリー性にある。

　西洋には同じような目的で自然発生的に形成されたクレスト（楯紋）がある。しかし日本の家紋と比べると一目瞭然、その造形性は低く、象徴性より説明的で記号としての意味性のほうが高いのが特徴である。

　これに対し日本の家紋は、動植物のような具象形体のモチーフであっても、きわめて造形的に単純化され、幾何学的形体に純化し、余計な造形要素を一切排除したシンボル性を誇る。もちろん本来は具象形であるが、菱紋、巴紋、うろこ紋、雪紋、星紋、輪紋、亀甲紋、角紋のように幾何学的抽象形体の紋様から、さらにその組み合わせまで多種多様の変化形が生まれている。

　もうひとつ特記すべきことは、それぞれの紋様のバリエーションの豊富なことである。平安朝の牛車の車紋を起源とする家紋は、時代とともにその数を増し、明治期にはその数、3万以上にのぼるとされている。

　そのほとんどはシンメトリー性を利用した左右対称、点対称から「重ね」「並び」「つなぎ」などのような平行移動、拡大・縮小はいうに及ばず、逆対称やネガ・ポジ反転の「かげ」「地抜き」「抜け」や歪曲（ディストーション）の「むくみ」「反り」などの細かいテクニックを駆使している。さらに円や四角（角・枡）、六角（亀甲）、菱形（菱）などの明視性の高い幾何学的造形処理によって、造形的魅力を失わないように多くの変化形、亜種・亜形を生みだしているのである。

　19世紀に入って、欧米に「ジャポニスム」という日本文化のブームを引き起こしたが、浮世絵とともに日本の紋様や家紋が西欧文化に大きな影響を与えた。モネやゴッホ、クリムト、コロマン・モーザの絵画には、家紋を模した模様やパターンがしばしば登場している。またこの頃起業したルイ・ヴィトン、エルメス、マイセン、バカラ、ティファニーなどの企業は、自社の製品に巧みに日本の家紋をデザインして急成長を遂げた。

　今日の日本ブームの発端は、まさにジャポニスムに沸き立った当時の欧米企業の家紋デザインの日本映し、つまり日本の家紋のコピーにあったのである。

　20世紀に入って近代工業化社会を迎えた欧米の企業のトレードマークの発想の原点は、日本の家紋や商紋の造形にあると、語ったニューヨークのグラフィックデザイナーの声に日本人として誇らしく思ったことがある。

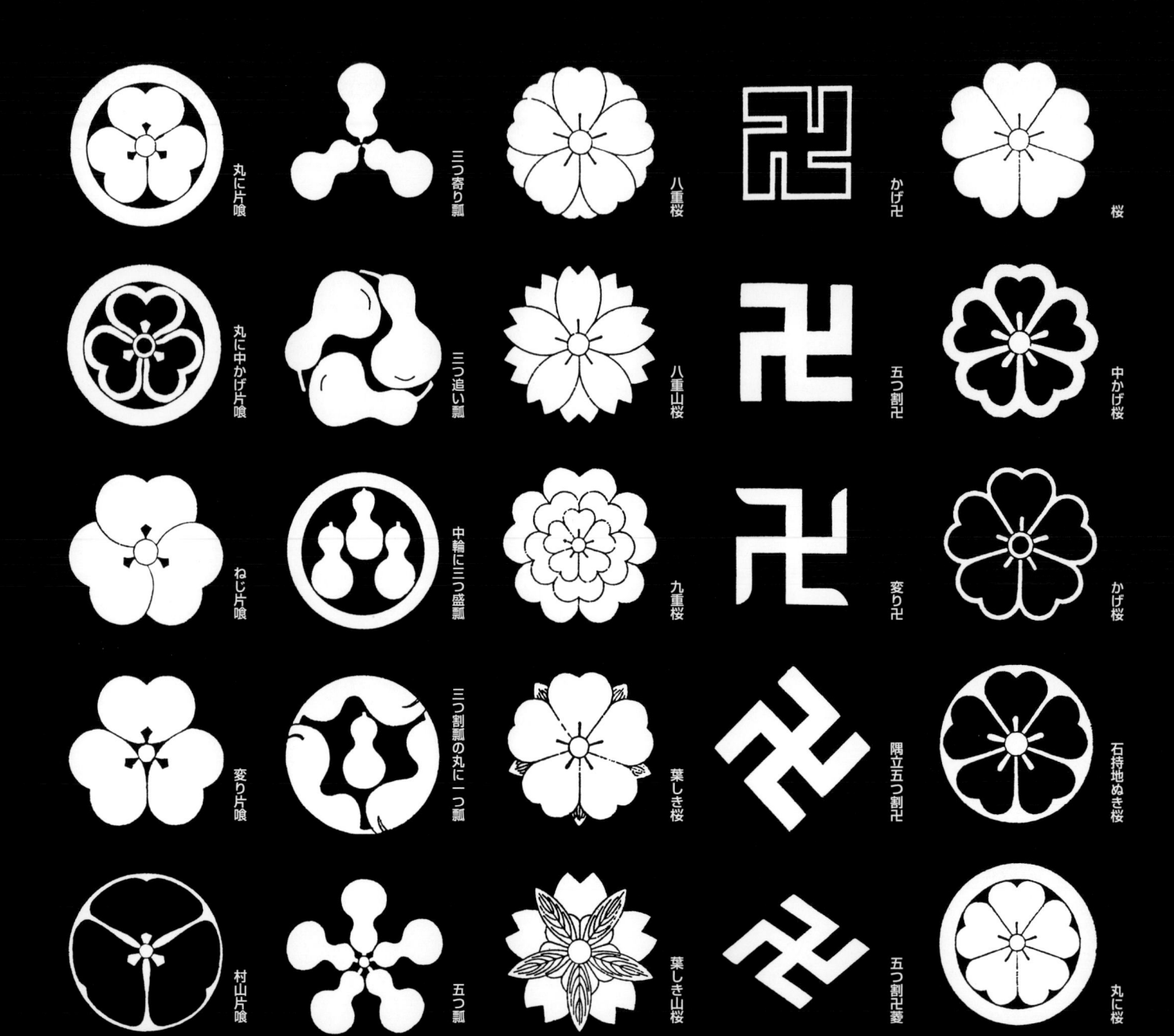

●日本の家紋のシンメトリー性（紋章のフォーマットと点対称の数理造形）

丸に片喰	三つ寄り瓢	八重桜	かげ卍	桜
丸に中かげ片喰	三つ追い瓢	八重山桜	五つ割卍	中かげ桜
ねじ片喰	中輪に三つ盛瓢	九重桜	変り卍	かげ桜
変り片喰	三つ割瓢の丸に一つ瓢	葉しき桜	隅立五つ割卍	石持地ぬき桜
村山片喰	五つ瓢	葉しき山桜	五つ割卍菱	丸に桜

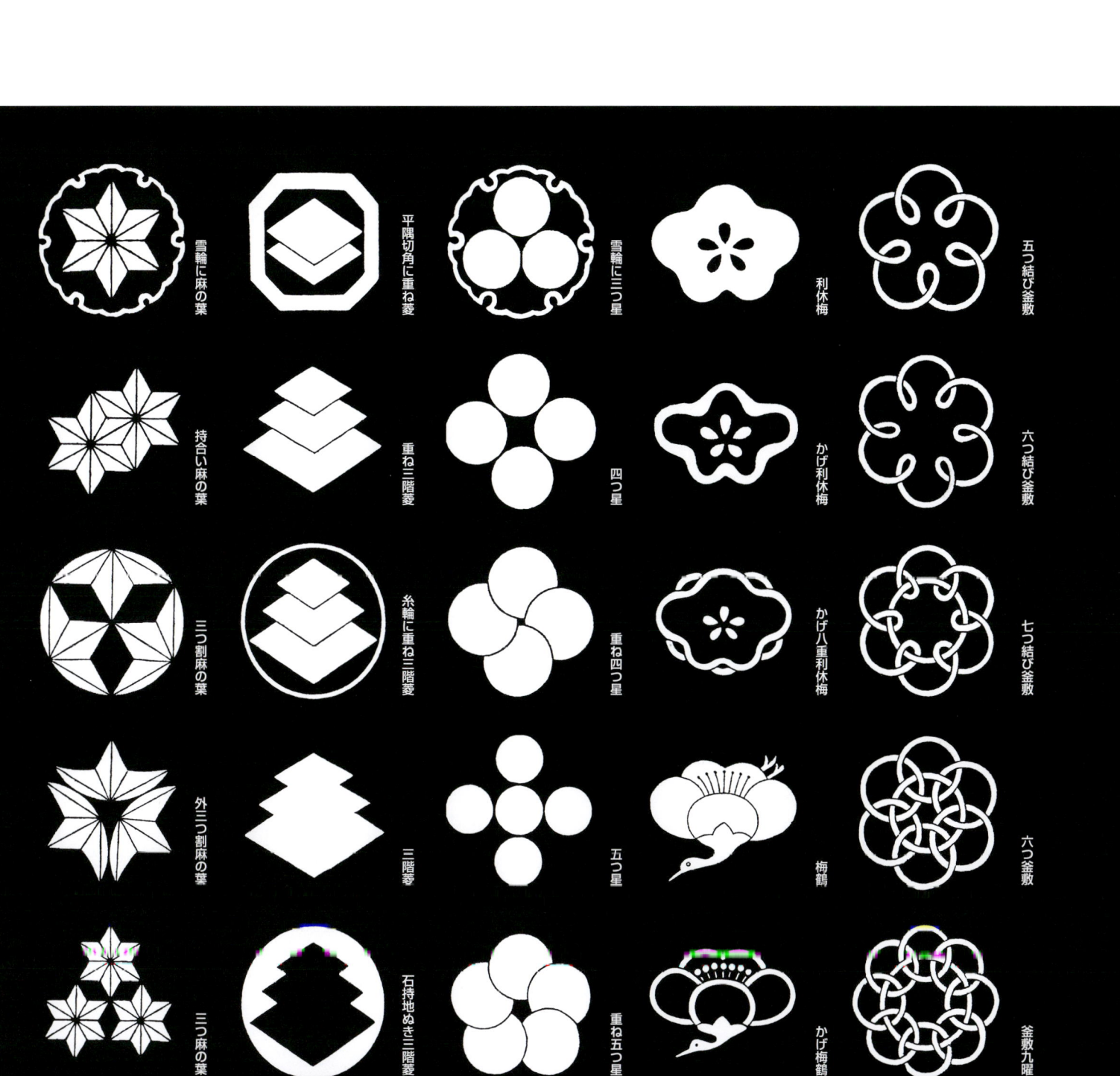

第5章　シンメトリーとコンポジション

雪輪に麻の葉	平隅切角に重ね菱	雪輪に三つ星	利休梅	五つ結び釜敷
持合い麻の葉	重ね三階菱	四つ星	かげ利休梅	六つ結び釜敷
三つ割麻の葉	糸輪に重ね三階菱	重ね四つ星	かげ八重利休梅	七つ結び釜敷
外三つ割麻の葉	三階菱	五つ星	梅鶴	六つ釜敷
三つ麻の葉	石持地ぬき三階菱	重ね五つ星	かげ梅鶴	釜敷九曜

● 日本の家紋の数理性

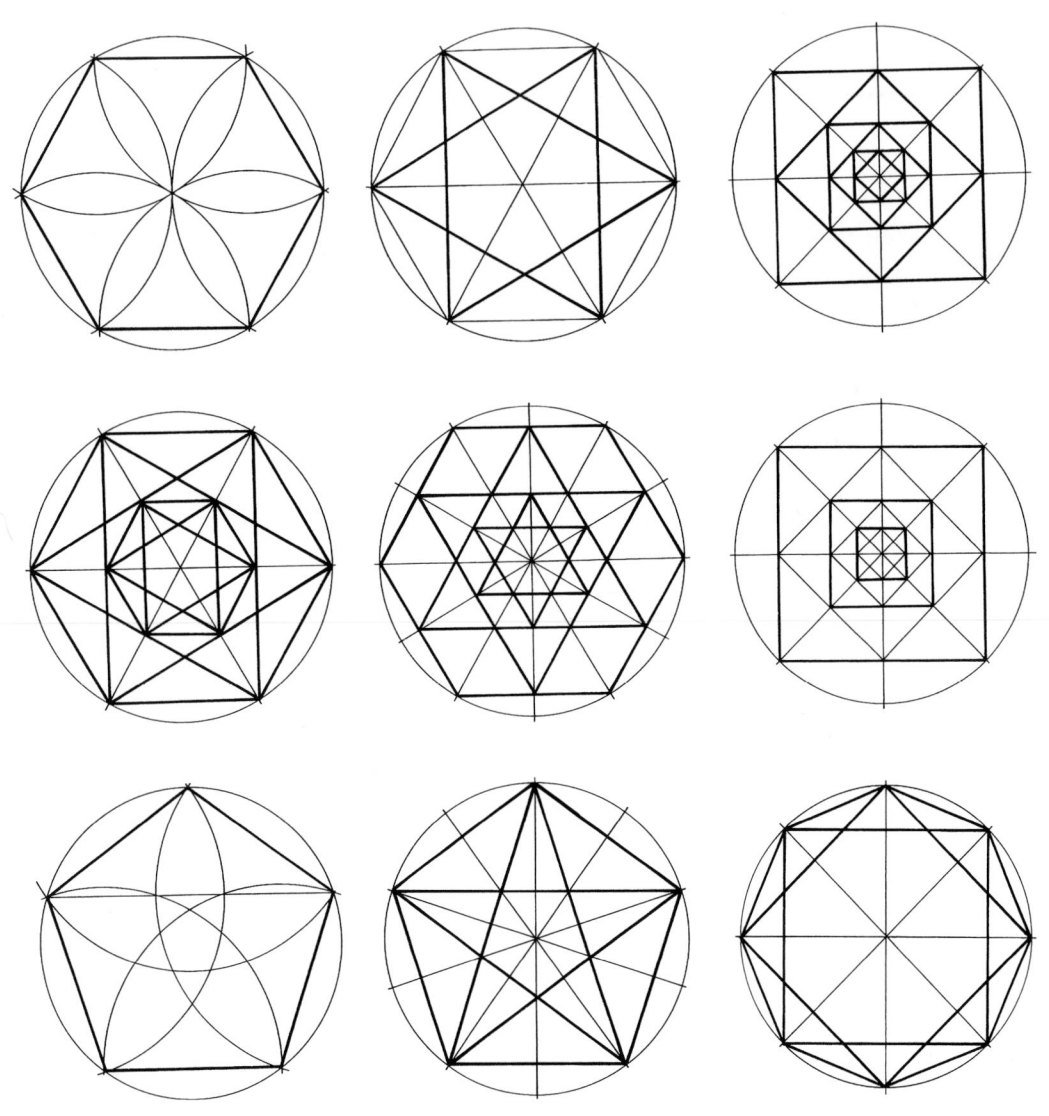

日本の家紋の基本形は、点対称のもつ数理性と造形的特徴を巧みに生かしている。

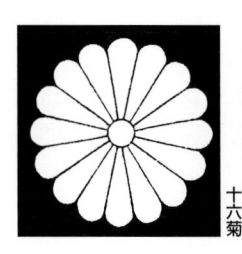

十六菊 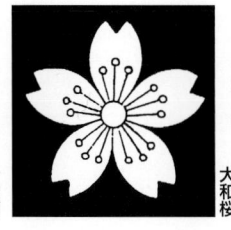　大和桜 　光琳梅 　麻の花 　四つ蔓柏

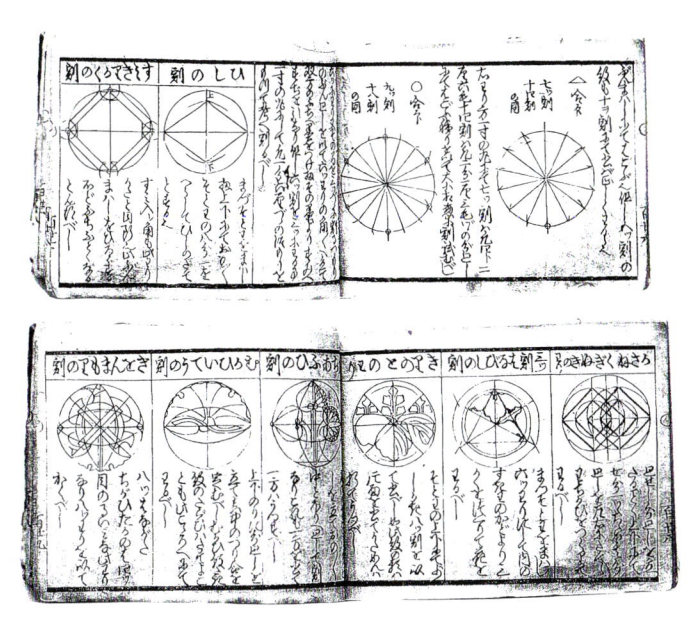

第5章　シンメトリーとコンポジション

「紋帳」。紋の基本フォーマットと紋章の作図法（紋どり法）が記されている。

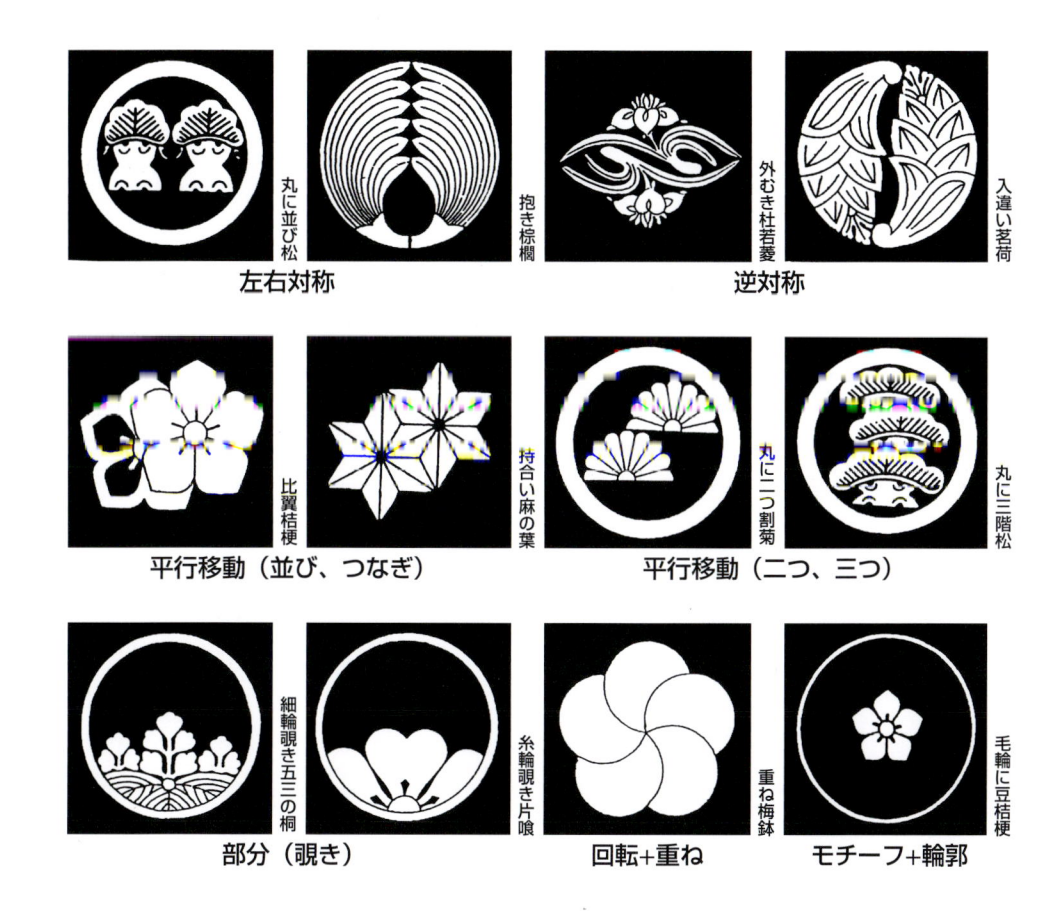

左右対称　丸に並び松／抱き棕櫚

逆対称　外むき杜若菱／入違い茗荷

平行移動（並び、つなぎ）　比翼桔梗／持合い麻の葉

平行移動（二つ、三つ）　丸に二つ割菊／丸に三階松

部分（覗き）　細輪覗き五三の桐／糸輪覗き片喰

回転＋重ね　重梅鉢

モチーフ＋輪郭　毛輪に豆桔梗

151

5-7　シンメトリーと現代造形

20世紀に入ると、西洋美術はギリシャ時代以来の伝統的写実表現から解放され、新しい美のあり方を希求しながら、さまざまな実験的な試みをくり返してきた。

その先陣を切ったのは、1907年のピカソによるキュビズム（立体派）の美術運動である。これと前後して西欧ではフォービズム、ダダイズム、未来派、シュプレマチスム（絶対主義）、デ・ステイル（新造形主義）、コンストラクティズム（構成主義）と、矢継ぎ早に新しい美術運動が華々しく展開されていった。いずれもアンチリアリズムの旗印を掲げ、抽象表現へ

日本と西洋における美術の表現性

	日本美術	西洋美術
表現法	平面的（二次元的） 線表現（輪郭線） 遠後近前法・遠小近大法 鮮やかな色彩・金銀の配色 省略と誇張 空気遠近法：近景は暖色　　　　　　　遠方は寒色	立体的（三次元的） 面表現（明暗法） 遠近法（透視図法） 写実的な色彩 写実的描写
	装飾性・デザイン性・抽象性	実用性・再現性
対象	自然中心（四季・花鳥図） 自然主義・宇宙観 生活美術（総合芸術）	人間中心 人間中心の合理主義 純粋美術（大芸術）
	貴族・武士から町民まで	王侯・貴族・ブルジョア層
構図	非対称と余白 動的な構図 視点の自由度 斜線の構図	シンメトリーと黄金比 静的な構図 目線の視覚 黄金分割の構図

の模索が開始されたのである。

　世紀末から20世紀初頭のベルエポックのかつての、情緒的な表現は陰を潜め、次第に造形の本質を見極めようとした抽象的な表現が台頭し、装飾的な造形要素は排除されるようになった。

　ヴァシリー・カンディンスキーやピエト・モンドリアンから、ロシア構成主義の作家たちのアヴァンギャルドな幾何学的抽象表現が、時代を先取りした新しい芸術の風として社会に受け入れられていった。

　特にモンドリアン、テオ・ファン・ドゥースブルフ[4]やカジミール・マレーヴィッチ[5]、アレキサンダー・ロドチェンコ、エル・リシツキー[6]たちの無機質な幾何学的形体をモチーフとした絵画やポスター表現は、時の装飾排除の思潮を受けたインターナショナル・スタイル（国際様式）[7]や建築のモダニズム（近代主義）の追い風を受け、大いにもてはやされた。

　そのコンポジションは、かつての左右対称（鏡映）を離れ、非対称の構図と斜線のレイアウトによるダイナミズムが強調された構図であった。

　いずれも19世紀、西洋を席捲したジャポニスムにみる日本美術、特に浮世絵から影響を受けた表現技法である（表p.152）。

　一方装飾美術は、こうした20世紀美術運動の影響を受け、綿々と受け継がれてきた伝統的な装飾紋やさまざまな様式は、すでに過去のものとして軽視されていった。

　つまり、シンメトリーの美学に基づいたくり返し（リピティション）のリズムをベースとし、左右対称、点対称、平行移動、拡大・縮小を駆使した紋様の空間を埋め尽くしたこれまでの装飾様式は、終焉を迎えたのである。

　1920年代に入ると、こうしたシンメトリーの数理美学はかつての装飾美術ではなく、視座を変えた方向から見直しがはじまった。

　また同時期、ロシアに起きた構成主義は新生ソヴィエト連邦の政治的なプロパガンダ（広報・宣伝）の手段として利用され、多くの芸術家が新政府の庇護の下で活動の場を与えられた。マレーヴィッチ、ロドチェンコ、ウラジミール・タトリン、リシツキーからナウム・ガボやアントワーヌ・ペブスナー[8]などの作家は、幾何学的抽象によって多くの作品やポスターを発表した。その多くの作品のコンポジションは、かつてのシンメトリーの数理性を利用した表現がほとんどであった。

　特にポスター表現では、左右対称を排したシンメトリーの数理性と斜線の構図を利用した造形表現が目立ち、ダイナミズムと斬新性によってたちまち世界のポスター表現のリーダーシップを握った。

　このポスターでは、初期の円、正方形や三角形などの幾何学的抽象とタイポグラフィの造形から、人物や商品など具象的な表現への変換がみられ、多くの抽象造形作家たちは次第に姿を消していった。

　この傾向は、ドイツのバウハウスにも影響を与えたが、政治的なプロパガンダという使命の呪縛から

P.156→

---

4. テオ・ファン・ドゥースブルフ　Theo van Doesburg, 1883-1931。
5. カジミール・マレーヴィッチ　Kasimir Malevich, 1878-1935。
6. エル・リシツキー　El Lissitzky（本名ラザーリ・マルコヴィッチ・リシツキー：Lazar Markovich Lissitzky), 1890-1941。

7. インターナショナル・スタイル（国際様式）：International Style。1920年代の先進的なデザイン思想で、装飾排除と機能主義に基づく建築様式。この用語はH＝R・ヒッチコックとP.ジョンソンの二人による造語であり、1932年にニューヨーク近代美術館で開催された「モダン・アーキテクチャー」展以降広まった。
8. アントワーヌ・ペブスナー　Antoine Pevsner, 1886-1962。ナウム・ガボ（Naum Neemia Pevsner）の兄。

● レイアウト（配置）の基本構成

A. 放射（レディエイション）
B. 集中（セントラルティ）
C. 平行（並行）
D. 平行に近い斜線
E. スパイラル（渦巻状）
F. 垂直・水平線によるレイアウト
G. 垂直・水平による斜線の効果
H. まとまりのある方向性（方向と運動性）
I. 自由な方向の斜線（アンフォルメルを含む）
J. シンメトリー（Symmetry）：対称のレイアウト
K. アシンメトリー（Asymmetry）：非対称のレイアウト
L. 亜シンメトリー（シンメトリー＋アクセント）

レイアウトの留意点
1　いずれのレイアウトも視覚的な中心が必要
2　方向性や動き（形の運動感）
3　まとまり感（バランスと変化）
4　リズム感（形のくり返しによる旋律）
5　シンメトリー性（左右の均衡）

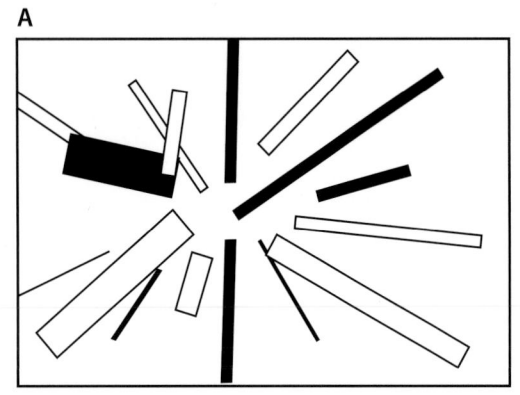

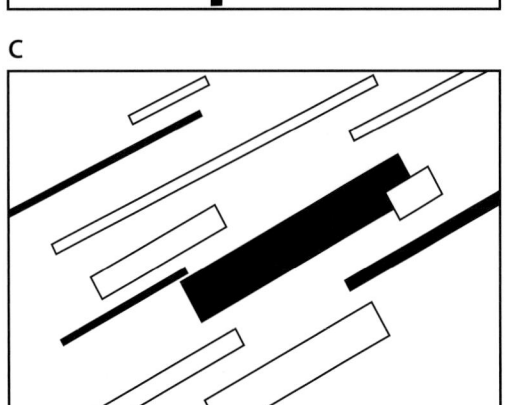

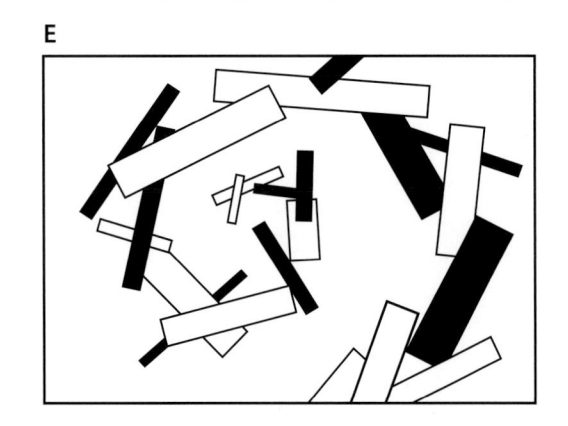

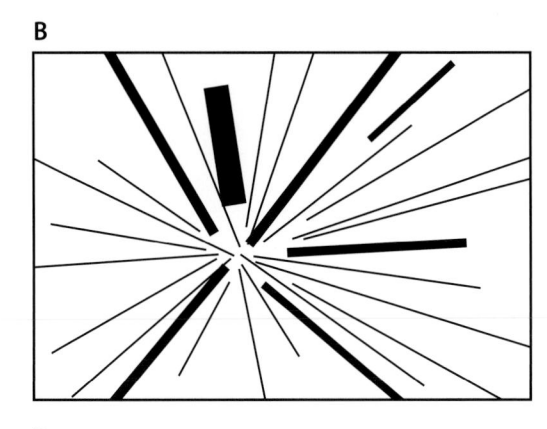

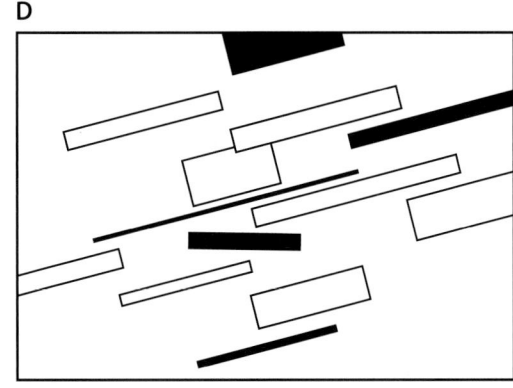

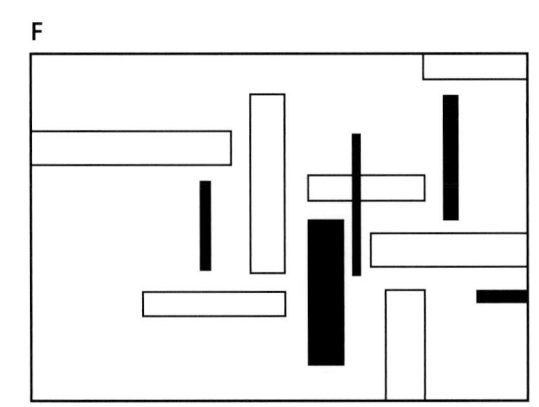

A

B

C

D

E

F

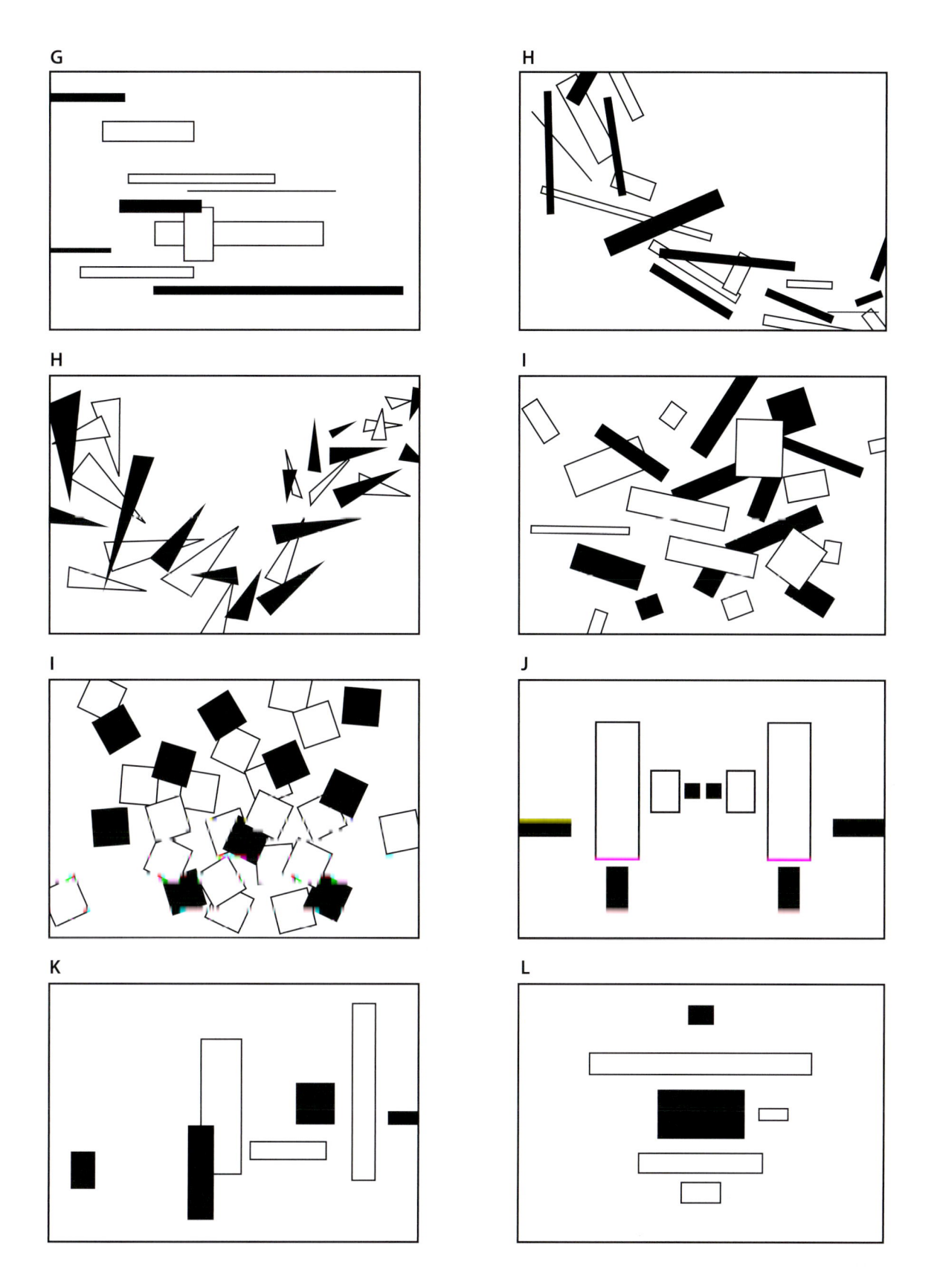

第5章　シンメトリーとコンポジション

155

解放された反動のように、発想とデザインが知的で純粋造形的に処理され、広告としての造形的な魅力にあふれていた。

　第二次世界大戦後は、さらにこの傾向が造形的に純化されていく。特にスイスやドイツを中心としたコンクリートアートでは、シンメトリーの数理性によるコンポジションと幾何学的抽象形体によって高度なポスター表現が花開いた。

　かつてバウハウスで学んだマックス・ビル、ハーバート・バイヤーをはじめ、リヒャルト・パウル・ローゼ、ハーバート・マター、ヨゼフ・ミューラー・ブロックマン、カール・ゲルストナー、からマックス・フーバー、オトル・アイヒャー、アルミール・マヴィグエらのスイス派とよばれる作家は、ポスターを中心に構成主義的な造形表現を基軸にシンメトリーを縦横に駆使した構成と数学的な形体処理によってクールで、知的なイメージをつくりあげた。

　こうした傾向は、アメリカや日本にも大きな影響を与え、戦後の世界のポスターの指導的役割を担っていった。

　その多くは、シンメトリーの数理的な秩序と斜線の構図のフュージョンによるダイナミズムと知的インテリジェンスによるイメージの作風の作品であった。

　1960年代以降顕著な表現は、拡大・縮小の漸変を応用したプログレッシブリズムのパターンをモチーフとした作品である。ヴィクトル・ヴァザルリの作品展開がそうであったように、次第に大きくなる音楽的旋律のパターンの増減による一連の作品は、戦後の高度な先端技術革新の社会性と呼応し、人々の心を惹き付けていった。1965年のオプチカルアート（オプアート）という幾何学的抽象美術の流行は、こうした社会的背景の下で、グラフィックデザインに対しても大きな影響を与えた。

　特にポスターというメディアでは、インパクトの強いシンボリズムの必要性から、リズム、プログレッシブリズム、スパイラル（渦巻）、ストライプ（縞模様）、チェッカー（市松模様）、ドット（水玉模様）、グリッド（格子模様）、コンセントリックサークル（同心円）、レディエイション（放射）とセントラルティ（集中）といった錯視を誘発する幾何学抽象パターンが圧倒的に多くみられた。

　1960年代、日本では高度経済成長期に入り、デザインに対する社会的地位が向上し、グラフィックデザインへの認識が社会的に高まった。1964年の東京オリンピックを契機に亀倉雄策、杉浦康平、永井一正、片山利弘といったグラフィックデザイナーは、幾何学的抽象パターンを巧みに採り入れ、すぐれたポスターをつくりだしていった。

　特に杉浦は、プログレッシブリズムとシンメトリーの数理的操作、ネガ・ポジの重複などのテクニックと印刷技術を駆使しながら、音楽会のポスターなど、古典的名作を残している。

第5章 シンメトリーとコンポジション

● 空間とコンポジション

空間における五つの正方形の大きさ、方向、位置によって、さまざまなイメージのコンポジションが得られる。（p. 160参照）

A

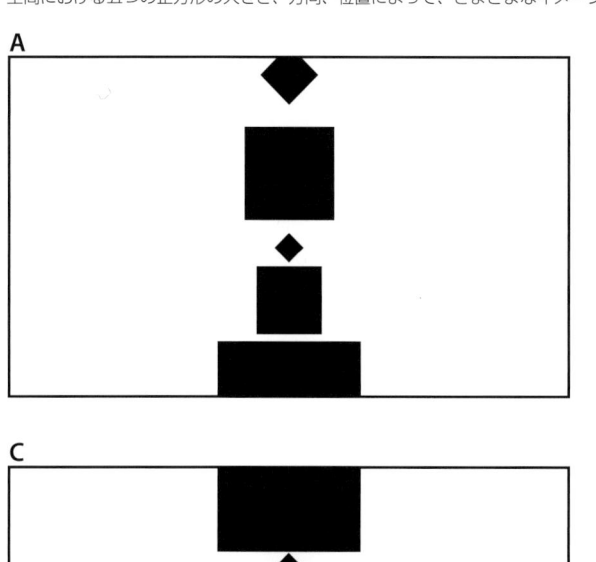

B

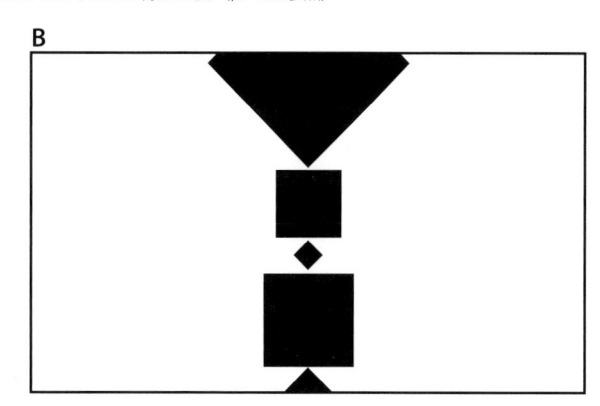

C

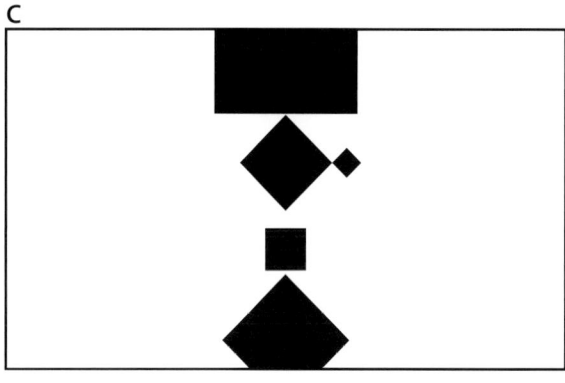

D

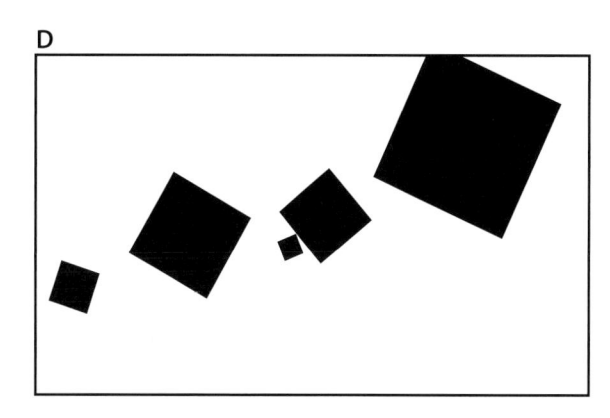

E

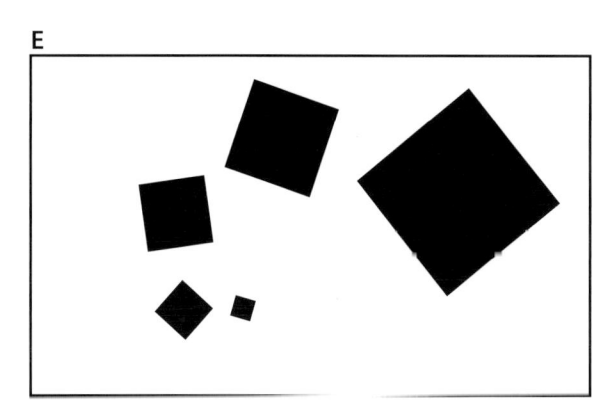

F

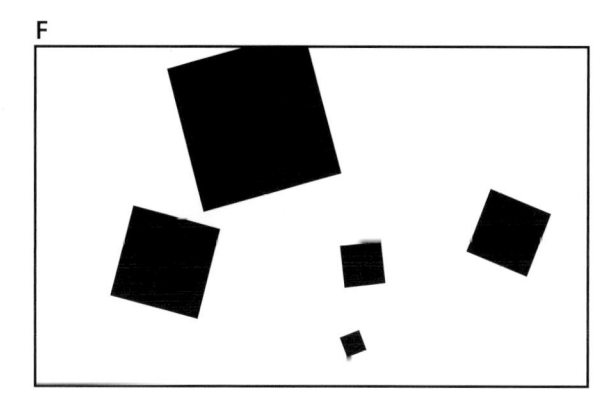

G

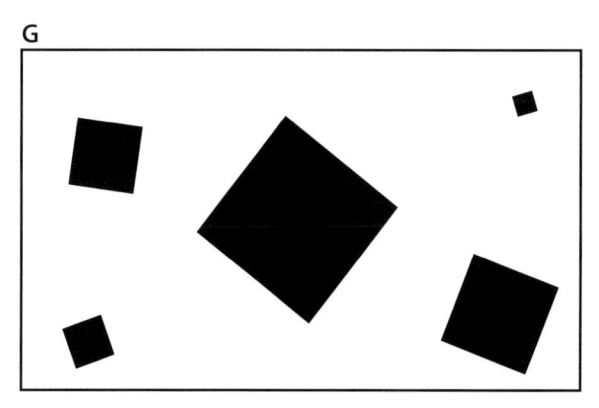

157

5-8　造形とコンポジション

　アートやデザインという創造行為において、作品として優劣を決定づけるもっとも大きなファクターは、造形秩序のまとめ役といえるコンポジションであろう。

　この章のはじめにシンメトリーの重要性をコンポジションとあわせて論じたが、シンメトリーはある意味で、美をつくりだす公式ともいえる美的形式原理のひとつであり、黄金分割のように自ずと一定の表現効果が期待できる。

　コンポジションは、構成学の基となったコンストラクションとコンポジションをあわせもった概念であるように、造形表現の骨格をなす構造・構図を意味している。コンポジションは、シンメトリーや黄金分割のようなはっきりとした形式原理はもっていないため、作者の造形力によってどんなイメージもつくりあげることができる。

　私たちは制作という創造的行為に入る前に、必ずあるイメージを描くであろう。思い着く発想を整理し、スケッチブックや紙の上にラフスケッチを描きながら、具体的な表現へ煮つめていく。

　絵のように二次元の限られた矩形の視野、あるいは彫刻や工業製品のような三次元の対象にしても、発想から具体的な制作に入る際、人間は必ず一定の視野の中で、全体の構図やそれぞれ、造形要素の形やパーツの配置を練っていくのである。

　その画像（イメージ）の視野で、たとえば風景画では地平線やモチーフの中心線の位置など、作者が意図するキーラインの分割や比率（プロポーション）が、まず構図の基本となっていく。

　バウハウスでデザインを学び、後にシカゴのニューバウハウスでモホリ＝ナジの後継者となったギオルギー・ケペッシュはこの一定の視野の領域を著書『視覚言語』[9]の中で「画平面の縁四辺は、一般的にみて空間の基準となる基幹的方向軸の役を果たす。画面の縁は、新しくつくりだされた世界の水平軸、垂直軸であると考えられ、画面上のひとつひとつの視覚的ユニットは、このような意味をもつ縁との関係から、位置、方向、感覚などの空間的評価を受ける。」と述べ、人間の創造行為における表現と視認性の関係を四角に区切られた矩形の中で捉えていこうとする特質を指摘している。

　ポスターやエディトリアルデザインでは、タイポグラフィ、イラストレーション、写真など、それぞれ造形要素を、画面を占める特定の形として見立てて、形の位置、大きさ、方向、形状、色彩、テクスチュアなどの諸要素が互いにバランスをとりながら、心地よい緊張感をつくるようにレイアウトを心がける。前置きが長くなってしまったが、コンポジションとは、こうした要素を巧みに構成し、造形美を追求していく表現の方法論であり、構成学のもっとも重要な造形秩序なのである。

---

9. "Language of Vision" Gyorgy Kepes, Chicago, Paul Theobald, 1951.（『視覚言語：絵画・写真・広告デザインへの手引』G. ケペッシュ著　編集訳刊グラフィック社　1973）

第5章　シンメトリーとコンポジション

● 三つの円の配置（レイアウト）によるコンポジションの基本概念

A

中心線に沿ったコンポジション。一直線上にバランスをとった大中小の円が、リズミカルに配置された構成。

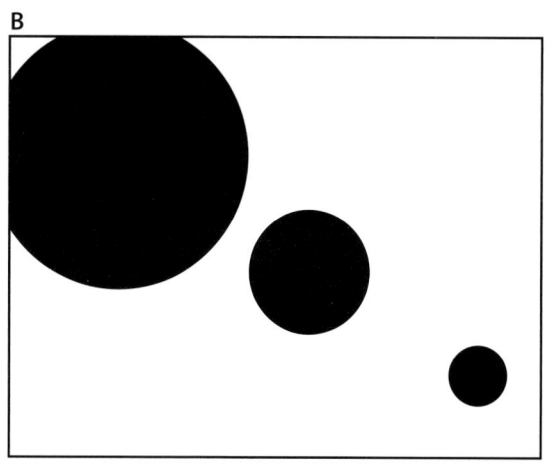

B

斜線上に並んだ円の構成。上部に重心があり、動的な変化に富んだコンポジション（円の大きさをランダムにしたほうがより変化に富む）。

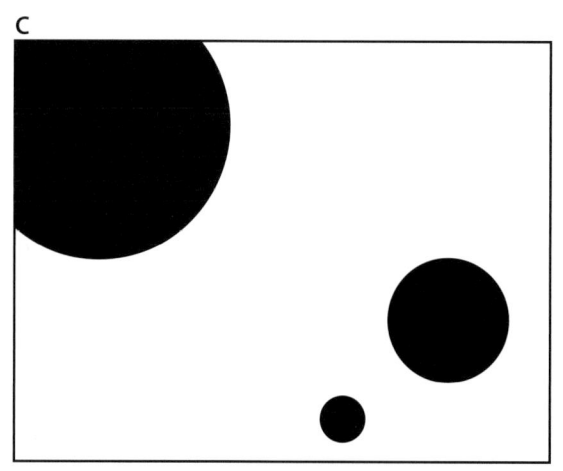

C

上部に欠けた大円があり、大中小の円のつくりだす緊張感がダイナミックなコンポジションを生む。

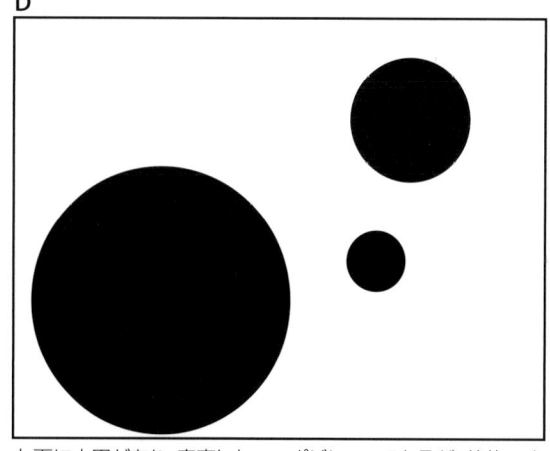

D

左下に大円があり、安定したコンポジションであるが、静的でやや古風なイメージとなる。

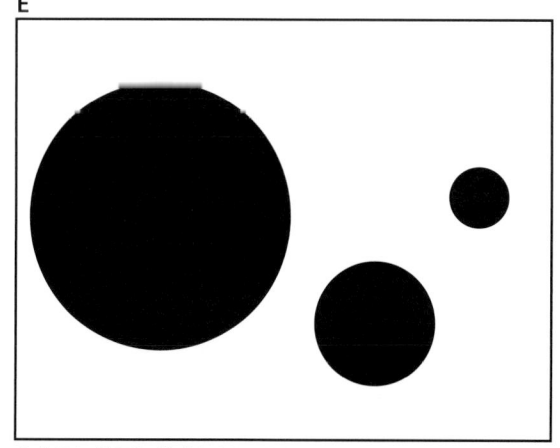

E

全体的に散漫な構成となり、ややもの足りない平凡なコンポジション。

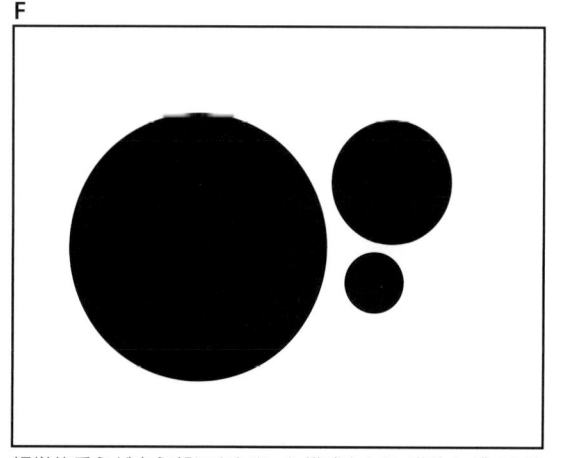

F

視覚的重心が中心部にまとまった構成となり、動的なダイナミズムに欠ける。

コンポジションをより具体的に理解するために図（p.157）をご覧いただきたい。ここでは、それぞれ大きさの異なる正方形を五つ用意してその形の大きさ、位置だけを抽出した。その他の色彩やテクスチュアの要素は除き、空間における形体と位置のかかわりによって、どんなイメージがつくりだせるか実験してみた。

大きさの異なる五つの正方形の空間における位置関係だけで、さまざまなイメージを創出できることがわかるであろう。

A. いわゆる左右対称の構成で線対称のシンメトリーのコンポジションである。整然とした美しさはみられるが、静止した安定感ゆえに保守的でやや古くさいイメージとなる。
B. 同じ左右対称のシンメトリー構成であるが、上部の方に重心があり、不安定で動きが感じられる。さしずめ現代のシンメトリーのコンポジションである。
C. 亜シンメトリーの構成で、シンメトリー＋アクセントの配置で、古くささを感じさせない。
D. 斜線の方向性が強いコンポジション。意図的な方向性が感じられ、特定の意味性がイメージされる表現である。
E. 中心から渦状に回転しながら、大きくなっていくダイナミックな構成。1960年代以降コンクリートアートのアーティストによく用いられた。
F. ダイナミックな均衡のコンポジション。上部が重く強い求心力をもった構成であり、変化と動きを予感させる現代的なコンポジションといえる。
G. 全体に中心のないコンポジションでオーバーオールとよんでいる。ややもすると、散漫なイメージとなってしまうので注意したい。

この事例では、色彩やテクスチュアの要素を除外しているため、彩色された形やテクスチュアをともなっている場合には、さらにこのコンポジションを基に視覚効果の検討を重ねる必要がある。

たとえば黒い正方形と明度の高い黄系統の同じ大きさの正方形の場合、視覚的な重さは同じ大きさであっても断然黒の正方形のほうが重く感じられる、という色彩の感情効果を考察すべきであろう。

またテクスチュアを施すと、その質感によって重さや捉えられるイメージは微妙に異なるという視覚効果も考慮すべきである。

トランスペアレント（透明）の材質、メタリック（金属）な材質から、映像表現による二次的な視覚的テクスチュアまで20世紀以降出現した新素材は、コンポジションのイメージ創成にも大きな影響を与えている。

5-9 コンポジションと抽象形体

　構成学における研究や演習では、幾何学的抽象形体をモチーフとしてさまざまな造形実験、トレーニングが行われる。

　バウハウスが開学され、ヨハネス・イッテンが担当した予備課程の実習では、主に人体や動植物の素描を中心とした構成の課題演習が行われた。これに反し、イッテンの後任のモホリ＝ナジやヨゼフ・アルバースはあくまで具象形体を避け、抽象形体にこだわり、構成実習と演習を義務づけた。

　もっともこれはイッテンの個人的な教育理念ばかりともいえず、ワイマールのバウハウスでは、必須の実習として、「構成」は記憶画や裸体モデル、人物、動植物、風景画、壁画制作などの選択肢のひとつにすぎず、純然たる構成教育が重視されていたわけではない（1919年のワイマール国立バウハウス綱領より）。

　予備課程後任のモホリ＝ナジは彼の造形教育の理念として、人間が新しくつくりだす20世紀の造形は、抽象的な幾何学的形体によってのみ造形の本質を知ることができるという信念をもっていた。西洋における、これまでの写実主義の造形教育では、具象ゆえの造形の本質を見極めることのむずかしさを、彼はすでに熟知していたものと思われる。

　たとえば紋様の美は、リズムという造形秩序にあると理論づけていても、実際にその紋様の単位（ユニット）が、花や動物の装飾紋様であった場合、装飾としての意義はあるが、純粋造形的な視座からみると数理性や造形秩序という意味が軽視され、構成学的には低い位置に評価されてしまう。

　幾何学的抽象形体は本来、数理的な秩序を基にして生みだされた形である。具象的なイメージを想定させる余分な要素をすべて剥ぎ取り、単純化された明快な造形的感情を生む形なのである。

　幾何学的抽象形体のこうした特徴を、私の恩師、高橋正人は、著書『視覚デザインの原理』[10]の中で「自然界には幾何学的形態はほとんど存在しないので、自然の形態に対して、幾何学的形体のほうが、人工形態としての特徴を強く感じさせる」と述べている。

　それゆえ造形表現の中でコンポジションを捉えようとしたとき、具象絵画よりも抽象絵画のほうが純粋にその造形要素の構造や構成を抽出しやすい、ということがいえる。

　たとえば格子状の交点に並べられた円の集合である水玉模様のほうが、同じ交点のハートのマークよりリズムという概念を抽出しやすい。ハートがたて・よこ四方に並んだパターンを眺めたとき、人はリズムとしての美よりも、ハートが象徴する恋とか、愛情の意味を強く感じてしまうからにほかならない。

　構成学では、はじめにコンポジションはもちろん、さまざまな平面構成や色彩トレーニングを抽象形体を用いて行うのは、こうした理由からである。

　この徹底したトレーニングによって、その数理性

10.『視覚デザインの原理』高橋正人著　ダヴィッド社刊　1965。

やコンポジションを基本に置き、グラフィックデザインの現場では、全体の構図とともにタイポグラフィや写真に置きかえ、レイアウトしていく。

　また日本の伝統的な芸術である生け花の世界では、それぞれの花材、主枝・副枝・客枝[11]の長さや、枝と枝の挿す傾斜、角度、花の大きさや色という抽象造形としての捉え方を前提としたコンポジションが、造形の中心となっている。

　このように構成学は、造形やデザインといった応用分野そのものの技法や構造を掘り下げるのではなく、美術・デザインにあまねく共通した造形の仕組みや原理をひたすら追い求める学問である。

　コンポジションはまさしくその形の根幹をなす造形の秩序といえる。

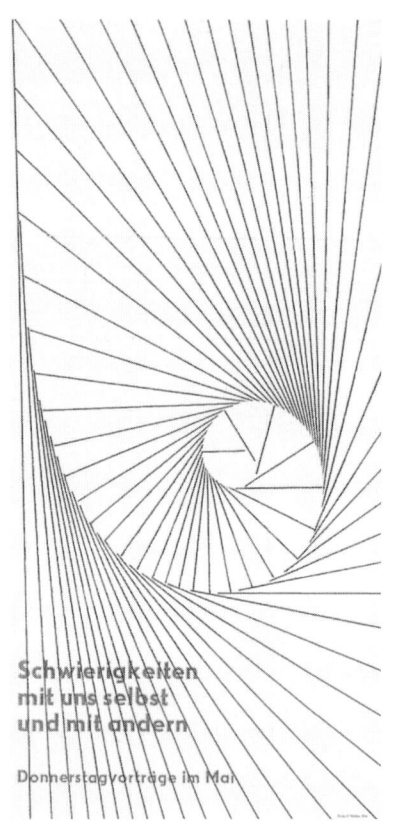

「市民大学木曜講座」オトル・アイヒャー　1955

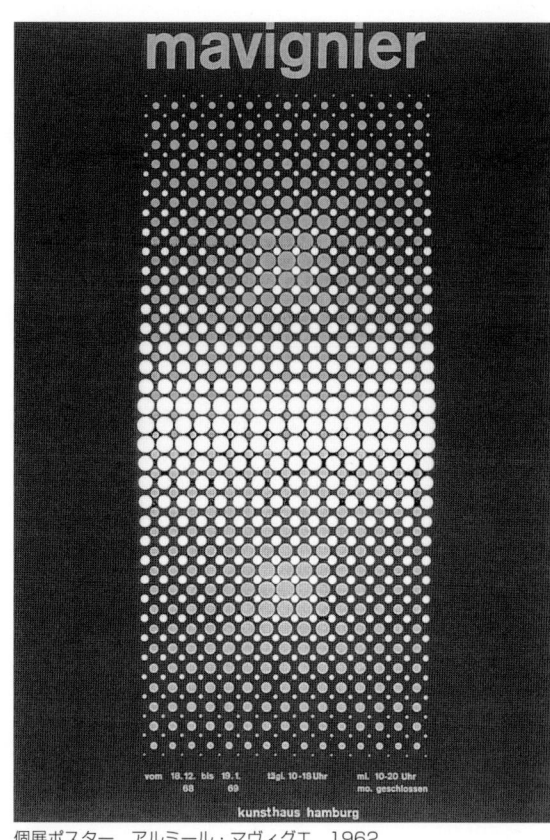

個展ポスター　アルミール・マヴィグエ　1962

11. 生け花の造形では、概して非対称のコンポジションを基本型としている。非対称の構成をひとつの造形としてまとめあげるコンポジションの考え方として、主となるグループ、これに対抗する副のグループ、主のグループに従う寄り添うグループのそれぞれの造形要素を主枝・副枝・客枝とよんでいる。流派によって天、人、地や真、副、体あるいは体、用、留などの呼称がある。

第5章 シンメトリーとコンポジション

スイス製版会社のためのポスター
カール・ゲルストナー 1960

コンサートポスター
ヨゼフ・ミューラー・ブロックマン 1953

「中心軸のずれた梯形の配列」
ソフィー・トイバー＝アルプ 1934

スイス製版会社のためのポスター
カール・ゲルストナー 1960

ポスター
オットー・バウムベルガー 1928

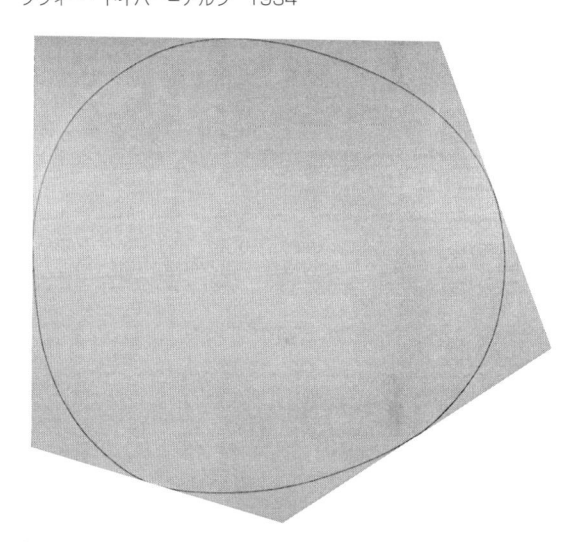

「多角形の中の歪んだ円Ⅰ」ロバート・マンゴールド 1972
©Robert Mangold / ARS, New York / SPDA, Tokyo, 2006

"Three Squares"
アルミール・マヴィグエ 1965

展覧会ポスター　ジャン（ハンス）・アルプ／
ワルター・サイリャック 1929
©BILD-KUNST, Bonn & APG-Japan / JAA, Tokyo, 2006

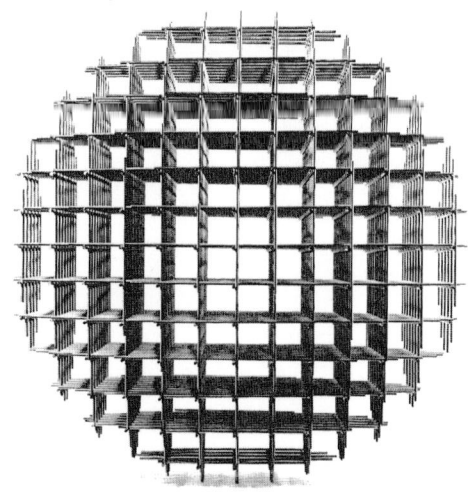

「球」フランソワ・モルレ 1962

163

「垂直・水平的に密集する体系的な15の色彩列」
リヒャルト・パウル・ローゼ 1953/1983
©2006 by ProLitteris, CH-8033 Zurich & SPDA, Tokyo

「ブラジリア建築展」ポスター
メアリー・ヴィエラ 1954

「水平的諸分割のリズムのあるシステム」
リヒャルト・パウル・ローゼ 1949-50
©2006 by ProLitteris, CH-8033 Zurich & SPDA, Tokyo

音楽会ポスター
ヨゼフ・ミューラー・ブロックマン 1954

「街頭の絵」カール・ゲルストナー 1961

「シュイテマ展」ポスター
ハンス・ノイブルク 1967

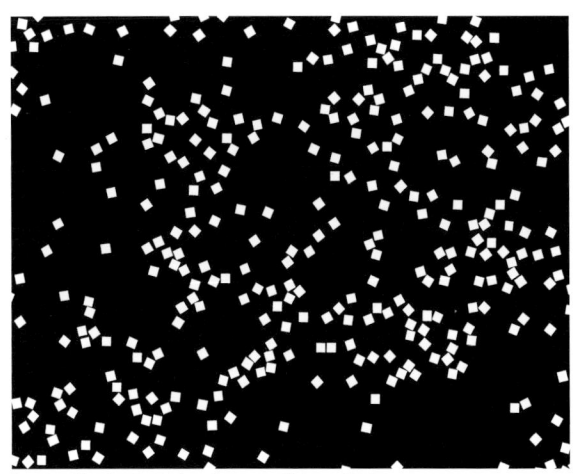

第5章　シンメトリーとコンポジション

「コラージュ V68-84」ヘルマン・ヴリエ　1968

「知識と消滅」リチャード・アヌスキウィッツ　1961

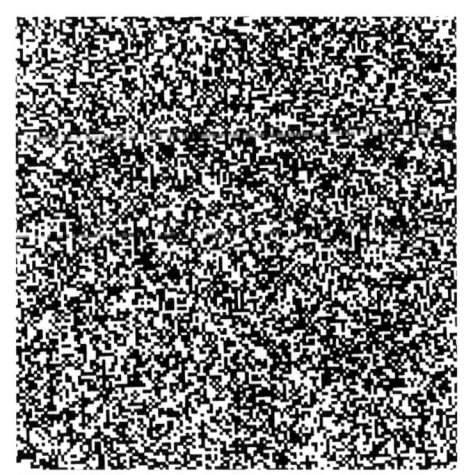

「オプチカルアート」フランソワ・モルレ　1961

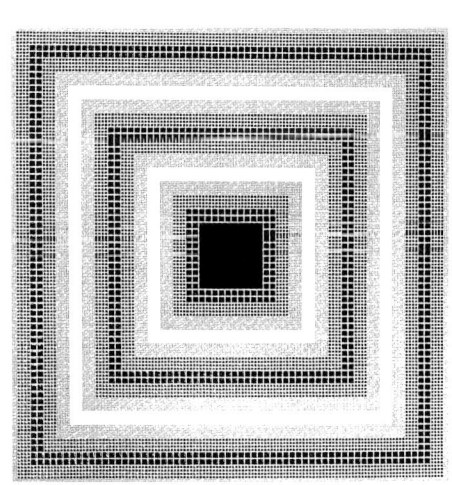

「太陽の輝き NO.271」リチャード・アヌスキウィッツ
1968

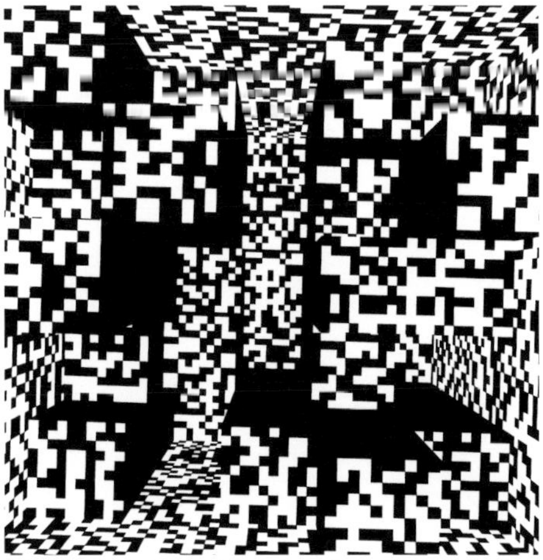

「表面 no.94」リシャルト・ウィニアルスキー　1971

'Seine(魚網)' エルスワース・ケリー　1951

5-10　コンポジションと分割

　アートやデザインという造形とは、作者のイメージを一定の視野の中で構成する美的な創造行為である、という構成学の捉え方がある。絵画ではまず四角いキャンバスや紙面の中にイメージによって構想をまとめていく。そこでは形や色などの造形要素をいかに巧みに操り、表現の統一を計っていくかという構成法が、もっとも重要な制作上のポイントとなる。

　この表現の構造や構図がコンポジションであり、もっとも基本となるその秩序が分割という概念である。分割についてはすでに黄金分割と等量分割について論じたので、ここでは表現上の意味・特徴や方法論については割愛する。しかしコンポジションと分割という概念が造形、表現上のもっとも基本の造形原理となっていることには変わりない。

　分割という造形行為は、文字通り、画面を二分する基線となり、二つに分けられた互いの線分や面積の釣り合いによって、見る人はさまざまな思いを想起する。絵画では空と地を分ける地平線であり、また平面における人物の位置であったりする。

　建築では柱と柱の間隔、天井高とのバランスや間取りの構成であり、ファッションでは、ウエストラインの位置やスカートの丈、ポケットの位置なのである。

　この分割線があいまいであったり、的確な位置にないと、間の抜けた表現となってしまう。また分割は単純な平面構成の分割や色分けにとどまらず、それぞれの形やボリュウムのレイアウトの位置を決める座標系となる。

　つまり画面のどこに形やモチーフを置いたら、もっとも効果的であるか、という表現上のテーゼ(命題)に対し、左右、上下の美の分割線の交点上にレイアウトするという技法がきわめて理にかなっている。

　たとえば、左右、上下の黄金分割線の交点にモチーフの視覚的中心を置くという技法は、専門家の間でこれまで伝統的な技法として当然のことのように行われてきたのである。

　したがって分割という方法によって、私たちは通常コンポジションの概念を会得し、画面全体の視覚的な中心となるバランス点を見つけていたのである。

　この視覚的な重心は、いわば、アートやデザインという作品上の求心力を発する源であり、造形性を発揮するもっとも重要な力点となる。それゆえ、この視覚的中心のないコンポジションは、造形として魅力のない単なるドローイングにすぎない。

　すぐれた作品やデザインには、作者の意図的な視覚的中心がはっきり認められ、明快なコンポジションが一様に見えてくるものである。

　そのため私たちは何となく絵を描いたり、デッサンを行うときには、コンポジションはあいまいとなり、作品としての完成度は低くなってしまうものである。

　アートやデザインが文字通り、作品として評価でき

第5章　シンメトリーとコンポジション

るレベルに達するのは、画面全体に凛とした緊張感があり、はりつめた力学的なコンポジションが感じられるときである。そのコンポジションを支えるのが、分割というもっとも基本的な造形行為といえよう。

構成学で行われている造形教育、これを一般に構成教育とよんでいる。そのコンポジションのトレーニングでは、垂直・水平線による分割によって視覚的中心をつくり、全体をまとめていくという色彩の平面構成の演習によって造形力を培っている。

そこでは画面の文字通り中心となる点を視覚的中心にするよりも、非対称の点に中心を置き、全体のバランスをとる構成法であるコンポジションのほうが、魅力的でダイナミックな表現となる。

その構成は、黄金分割や3：5あるいは5：8のような等量分割線を垂直・水平に引き、交点の位置に視覚的な力点を置いたコンポジションが、やはりもっとも明快で、見る者にストレートに求心力を与えるものである。

その視覚的な中心の部分に彩度の高い色を配したり、明度差の離れた強い色をもってくると、さらにその効果は高まる。

絵画であれば、そこにモチーフや作者の意図する対象を置くというテクニックである。その際、他の部分に中心点が分散されたり、二重につくるといった視覚的中心を減ずるような分割法にすると、たちまち求心力を失ってしまうから注意したい。

このように造形のコンポジションでは、分割という行為が不可欠であり、むしろ分割法によってよりよいコンポジションをつくりあげることができる、といってもよいだろう。

『グラフィックデザインマニュアル』アーミン・ホフマン著　1965より

5-11　コンポジションとリズム

　コンポジションでは画面を区切る分割線が全体の構図を決める大きな役割を担っている。しかし分割によって仕切られた画面構成が、コンポジションすべての概念というわけではない。

　コンポジションという造形のまとまり感を与える視覚の統合化のファクターは、もっと複雑でさまざまな形と形の関係がからみ合い、全体の均衡をつくりあげているのだ。

　つまり色彩の色相、明度、彩度から表現する材料のテクスチュアと、それぞれの形の位置、方向や形の大きさ、形と形の間隔などの造形要素の互いの関係が、画面上に空間的な意味をもつとき、緊張感が高まってくる。これがコンポジションによる造形要素がつくりだす抑揚・リズムであり、一般にはレイアウト（配置）とよばれている造形秩序である。

　このリズムは、水玉模様のように規則正しい数理性を保ったまま並べられたパターンとは異なり、形と形、色彩と色彩、また形と色彩が折り重なった相互の画面の空間上のきわめて高度な均衡なのである。

　この均衡が高まると、全体を統合しようとする力学的なテンションが強まり、緊張感がみなぎってくる。

　このときこうしたアートやデザインの作品に接すると、人は感銘を受け、いい作品だなと評価する。このようにすぐれた作品には、それぞれ造形要素が互いにある種の均衡を保ちながら造形的な統合されたリズムを感じる。あるいは、これを空間的な力の場のコンポジションといいかえてもよいだろう。

　たとえばある色彩とこれに接する別の色彩がバランスのとれた場合、配色として美的な効果を発揮し、これを色彩調和（カラーハーモニー）とよんでいる。この色彩調和が、つまり色彩の均衡であり、リズムなのだ。

　これと同じように形、色、材料、テクスチュアなどの造形要素が、さまざまな位置関係で均衡がとれた場合、心地よいレイアウトとなり、人は美的なリズム感を受動する。このようにコンポジションによってレイアウト（配置）が成立し、造形における均衡のリズムが生まれるのである。

●

　本書のはじめに提示した表（p. 27）を、もう一度ご覧いただきたい。「構成の原理と要素」の体系図の「造形秩序」では、コンポジションは、表現全体のまとまり感であるユニティ（統一）を形成するひとつの造形秩序にすぎないように誤解されかねない。ところが造形表現全体からみると、他の造形秩序よりもコンポジションが上位の造形概念であると考えてもよいだろう。元来、構成学の語義がコンストラクションとコンポジションに由来してい

第5章　シンメトリーとコンポジション

ることからも、コンポジションの重要性が推察されるかと思う。

　従来、コンポジションは、絵画ではいわゆる構図、その構図や図法を専門的に研究する図学という学問領域があるが、分割の概念で解読したり、分析を行ってきた。その分割は主に黄金分割であり、シンメトリーであった。

　コンポジションには先に述べたように、レイアウトによる均衡のリズムという造形概念をあわせもっている。

　一般にレイアウトという概念は、画面の空間上に複数の形や線がある場合、表現するイメージに従い、さまざまなレイアウトを工夫する。

　たとえば大きさの異なる三つの円を用いてダイナミックで現代的なイメージを演出したい場合は、図（p. 159 B、C）のように大円を左上方に置き、やや不安定であるが変化に富んだレイアウトを行う。

　この不安定さは、他の二つの円との距離感やバランスによって全体の均衡を保っている。ここに目に見えないリズム感が生じ、調和（ハーモニー）の感覚を享受する。

　これまでも画家やグラフィックデザイナーは、二次元の平面上、また彫刻家や建築家は三次元の空間上で制作を行うとき無意識のうちにも、こうした造形のレイアウトや空間処理を行ってきたのである。

　構成学において、このコンポジションは造形行為の中核を占める概念であるとして、重点的な教育指導のテーマとしてこれまで平面構成、色彩構成から立体構成という構成の演習でトレーニングを積ませ、造形力の涵養を計るカリキュラムを組んできた。

　こうしたトレーニングによって、コンポジション、リズム、レイアウト、プロポーション、シンメトリーの造形秩序の概念を会得し、これらを巧みに使い分け、また相互に組み合わせながら新しい表現への可能性を切り開いてきた、といえるのではないだろうか。

演劇ポスター　ステンブルク兄弟　1928

5-12　配置とコンポジション

　前項ではそれぞれの造形要素の適切な配置（レイアウト）によって均衡が得られると、画面全体に心地よい緊張感が走り、人を惹き付ける造形となると説いた。

　一般に形と形を画面内に配置するとき、対称（シンメトリー）や非対称（アシンメトリー）に配置する構図とその表現効果についてはシンメトリーの項目で詳しく述べた。またある形を単位形（ユニット）として規則正しく並べるリズムの表現効果についてもすでに論じてきた。

　ところがコンポジションという造形上の概念は、シンメトリーやリズムというある種の数理性をもつ造形表現が、それぞれコンポジションとして完結した造形秩序として捉えられているため、これまでシンメトリーとリズム表現を除いた秩序として捉えられてきた経緯がある。

　つまり、造形としてそれぞれの形や色の位置、大きさ、方向などの関係がコンポジションであるとするならば、シンメトリー、リズムも広義のコンポジションの概念の中に含まれる、と考えてよいのではないだろうか。

　一般にコンポジションとは、画面を分割して構成される色面間の関係、あるいは形と形の関係を意味する。そこでディビジョン（分割）やプロポーション（割合、比率）という概念を、造形教育上の重点指導項目にあげ、これまでカリキュラムに組み込んできた。

　これが平面構成であり、色彩構成という構成教育におけるベーシックなトレーニングである。構成原理の体系図では、これまで述べたコンポジション以外には集中、放射という配置があるので以下に記す。

集中（Centrality）

　ある点に向かい四方からいっせいに集中していく様子が感じられる表現を指す。一点に集中する造形は、表現に勢いと力の方向がヴィジュアルとして表現されるため、ダイナミズムが感じられ、視覚的に訴求力が高い。

　一点透視図法のように、ある一点に消失点をもつ遠近法の描写が迫力あるように、ある点に集中する指向型のコンポジションは、オーソドックスでさほどめずらしくもないが、根源的な表現力の強さはある。

放射（Radiation）

　中央の一点から四方八方に広がっていく様子。周囲に一斉に飛散する力学的なダイナミズムが感じられる魅力的な表現である。それらの表現が放射であるのか、あるいは集中であるのかは、一見すると区別しにくいが、力学的な視覚効果によって決まる。

　要は、集中が中心に向かうモーメントの強い表現であるのに対し、放射は外に向かう力学的モーメントの強い表現といえる。

12.『構成教育大系』川喜田煉七郎、武井勝雄著　学校美術協会出版部刊 1934。p. 19 注-9参照。

5-13　シュパヌンクとコンポジション

　これまで述べたコンポジションの概念は、リズム、シンメトリーやさまざまなレイアウト(配置)を含め、すべて具体的な形や色という造形要素の組み合わせや配置の方法を通して得られる均衡の造形秩序である。

　これに対し、シュパヌンクは、かつてヴァシリー・カンディンスキーが提唱した概念で画面上の離れたいくつかの点と点の間に感じる見えない力やラインを意味している。バウハウスのワイマール校の予備課程でカンディンスキーは、この概念を採り入れ、学生たちの演習課題としていた(図p.290左)。

　バウハウスに留学した数少ない日本人の一人、水谷武彦はこれを日本語では「勢力」と翻訳し、1934年に出版された『構成教育大系』[12]で、シュパヌンクが造形表現にいかに重要な要素となっているかを実に81ページにわたり論じている。

　その後、シュパヌンクは「緊張」となり、現在に至っている。この「緊張」は、形と形の見えない力のラインなので私は、むしろ「力線」であり、「導線」であり、物理学用語としている「モーメント」と言い換えたほうが、わかりやすいのではないかと考えている。

　同書では「形と形の間にある関係」あるいは「人間が見る対象をもっとも単純な形に還元して見ること」とも論じ、「流れる線の方向、勢い」と述べている。

　これをわかりやすく解くならば、形と形との関係において、見えない力の働く方向や線という視覚心理的な表現ではないだろうか。

　かつての日本絵画では、モチーフとなる人物を画面の端に置き、反対側に大きなスペースをとる、い

左：『構成教育大系』本文
下：『構成教育大系』川喜田煉七郎、武井勝雄著
　　(昭和9年)1934

わゆる余白の美の構図が好まれた。その他、日本美術の表現の特徴である平面的描写や鮮やかな色彩、デフォルメなどの技法にも興味をもち研究したが、私がもっとも強い影響を受けたのは、非対称の構図による、この余白の美であった。

日本人は、この余白のスペースに見えない方向性や力（勢い）を感じ、画面の外側の見えない空間を想像する楽しみに粋を感じ取ったのであろう。この見えない力が、まさしくシュパヌンクであったのである。印象派の画家たちは、誰しもこの余白の美の構図に惹かれ、たちまちこの表現技法は広まった。

西洋絵画では、19世紀までこの非対称の構図による余白を生かした表現は、ほとんどみられない。それゆえ日本美術から学んだ、この余白の美の表現上の演出効果に強く惹かれ、興味を強めていったのである。

また20世紀を迎えた近代工業化社会の背景には、機械技術に対する信仰と憧憬があり、この時代の思潮のキーワードは、スピードと運動であったことも影響していると考えられる。スピードや運動という概念は、静止していても常に動きを予感させ、かつての安定した構図よりも、不安定な構図や非対称の構図、斜線の構図が好まれるようになったのであろう。

もっとも日本の伝統的芸術の生け花は、このシュパヌンクの考え方から捉えると植物の成長していくという生命の勢いを秘めた天空にのびた方向への、まさしくシュパヌンクの芸術といえるのではないだろうか。

生命体である樹木や植物は光や水・土という自然の恵みを受け、地面から上へ上へと生長を続ける。樹木には天に真っすぐにのびる力線を感じ、花卉の葉や草木は放物線という弧の曲線のモーメントの美を生むではないか。

私たち日本人は、こうした自然の造形にシュパヌンクを認め、これを芸術表現として高めていったのである。

ところが戦後の新しい美術・デザイン教育では、残念ながら世界的にシュパヌンクを独立した造形秩序の概念として、教科の内容からは除外した。私自身、1961年から大学の構成教育を受けたが、すでにシュパヌンクという用語は卒業するまで一度も教授されることはなかった。驚いたことに現在構成学を学ぶ大学院生にもこのシュパヌンクを知るものはほとんどいない。

シュパヌンクをコンポジションや分割によるコンストラクションのトレーニングとしてとらえ、構成実習のプロセスにこのシュパヌンクの考え方は当然含まれているものとしてきた経緯がその要因と考えられる。

振り返ってみると、アヴァンギャルドなモダンアートや粋で旬の現代デザインの造形的魅力は、まさしく、このシュパヌンクにあるのではないだろうか。

私は本書によって、かつてカンディンスキーの提唱したシュパヌンクの理論を再び蘇らせ、造形秩序のひとつとして再認識すべきではないかと考える。

6 立体と空間

6-1 美術から造形へ

19世紀末まで芸術表現は大芸術として二次元の絵画、三次元の彫刻と、明確に二つのジャンルに分けられていた。

20世紀初頭のキュビズム以来の芸術の抽象化への流れは、平面と立体の境界をあいまいにし、レリーフやコーナーレリーフ[1]、アッサンブラージュのような平面とも立体ともつかない空間を視野に入れた新しい造形を出現させた。

さらに第二次世界大戦後は、新たに光や運動という造形概念が加わり、造形は環境との接点を強めていった。光の芸術であるライトアート、動く芸術であるキネティックアートから環境芸術、サイバネティックアートという新しいコンセプトが打ちだされ、ランドアート(アースワーク)[2]やインスタレーションのような新しい芸術表現が続々登場した。

さらに従来の表現は全て、制作された表現そのものに対する評価であったのに対し、作者の芸術に対する考え方を第一義に重んじたコンセプチュアルアート(概念芸術)や、作品の制作プロセスや経過そのものを芸術評価の対象とするパフォーマンスや、ハプニング、イベントというようなジャンルも誕生し、芸術表現の多様化を一層促進させていった。

また1946年に開発された世界初のコンピュータ、エニアックは、単に電子計算機という枠を超え、出力機器である印書装置(プリンタ)や自動製図器(XYプロッタ)を媒体としたコンピュータアートの出現をもよおしたのである。

1960年代日本では、コンピュータで描かれた表現を電子計算機絵画、電子絵画などとよんでいた。1960年代末には、こうした新しい表現は先端芸術として、すでにものめずらしさの時代は過ぎ、コンピュータアートというジャンルを獲得した。

さらに戦後のめざましいテクノロジーの発展は、それぞれの技術を生かしたテクノロジーアートとよばれる芸術表現を生みだした。

レーザー光が開発されるとレーザーディスプレイ、レーザーアニメーション、さらに三次元映像のホログラフィによるホログラフィックアート、テレビとビデオデッキによるビデオアート、また既存の光の調光や動きをコンピュータ制御に技術革新したライトアート、キネティックアートが再び脚光を浴びた。

またこの時代、現代人が日常使用する生活用品や、大衆のシンボルを採り込んだ大衆芸術ともいえるポップアートや幾何学的抽象形体の錯視を応用したオプアートも、こうした戦後の多様化した芸術表現に新たに加わり、美のあり方はますます複雑で混沌とした様相を呈してきた。

こうして20世紀は美術の概念を広げ、立体や空間とのかかわりを一層深めていった世紀といえる。美術やデザインは、広く造形という枠組みの中で捉えられるようになり、その造形理論として構成学は注目されるようになったのである。

---

1. p.42 注-9参照。
2. 1960年代から70年代のアメリカで、大地や自然をキャンバスに見立てて作品制作したことからアースワークともいう。美術館収蔵は不可能で、写真を通じて鑑賞される。ロバート・スミッソンによるユタ州の湖沼の巨大な「スパイラル・ジェッティ」(p.53参照)やマイケル・ハイザーによるネバダ州の「円形の地表」が有名。あるいはN・ホルトやD・オッペンハイムらがいる。

第6章　立体と空間

「ワイルドチューリップ」壁紙　ウィリアム・モリス　1884

「柳の枝」壁紙　ウィリアム・モリス　1887

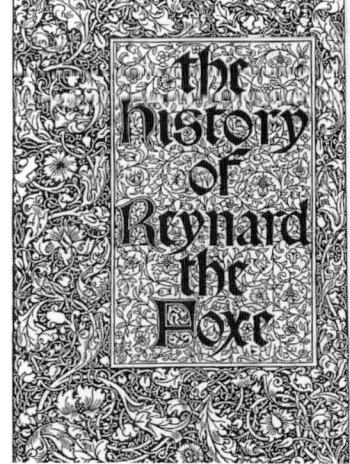

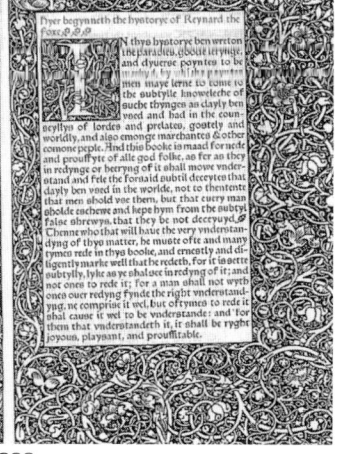

「狐のレナード物語」ウィリアム・モリス　1893

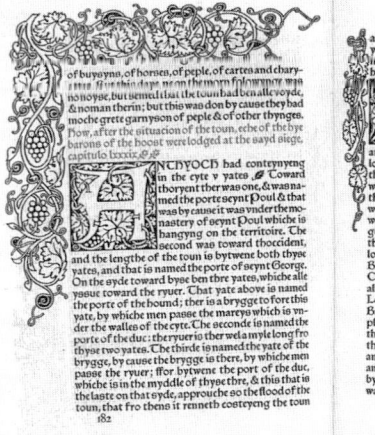

「ゴドフロワ・ド・ブイヨンとエルサレム征服の物語」ウィリアム・モリス　1893

6-2　バウハウスと立体構成

　バウハウスが開校した1919年は、第一次世界大戦が終結し、西欧全体がロシア革命直後で、未だ政権が不安定の時代にあった。しかし近代工業化社会の基盤はすでに固まり、人々の間には技術神話が着実に浸透しており、技術が生みだす新しい工業製品への期待はますます高まっていった。

　工業製品は、以前のような職人の手づくり生産と異なり、機能と形状つまり、機能とデザインを一致させ、さらに人々に製品として魅力あるデザインを提供するという使命を担っていた。

　そこでは純粋造形としての形の美しさと機能性が求められ、あわせて資本主義社会の視点から、量産化によるコストダウンと経済性の向上が「デザイン」の使命に課せられた。

　バウハウスでは、まさしくこうした資本主義社会の要請に応えるデザイナーの育成が、もっとも大きな教育理念の柱だったのである。

　予備課程の実習教育では、七つの工房に分かれ、それぞれ材料体験と技法実習によってデザイナーとしての基礎教育を修得させた。デッサンや描画、装飾のような二次元の平面構成の実習とともに、さまざまな材料による立体造形のトレーニングを課した。

　ヨハネス・イッテンの予備課程では、主に紙や木・石といった自然素材のテクスチュアを中心に材料体験と加工技術や表現技法の習得に力点が置かれた。イッテンの後任のヨゼフ・アルバースは、紙によるレリーフや立体構成に新しい造形教育の方向性を見いだしていった。

　イッテンの教育方針は、予備課程の手工芸教育をあくまで造形の中心的活動と捉えていたが、アルバース、モホリ＝ナジは手工芸教育は手段であり、目標ではないという理念をもっていた。これは学長のヴァルター・グロピウスが芸術と技術の統一を掲げていた教育理念に合致していた。アルバースとナジは機械生産を近代的手段として肯定し、予備課程の手工芸教育の中核に平面構成、立体構成を置き、造形基礎訓練を行った。

　これにより、バウハウスは欧米における従来の美術学校（アカデミー）[3]や工芸学校の延長線上に位置する教育機関とは一線を画した新しいデザイン、インダストリアルデザイン、建築の造形教育の場としてスタートしたのである。

　アルバースの立体構成のトレーニングは、主に紙を使用して行われた。紙の折り、切れ込み、弾性による曲げやひねり、さし込み、重ね、組み込みなどの基本技法を基に、レリーフ、ほり起こし、カットアウトとよばれる切れ込みによる紙の造形、積層の形、モビール、曲面をつくりだす立体構成の基礎造形の学習法であった。これは20世紀工業化社会を迎えた新時代の空間を意識した立体構成指向のカリキュラムだったといえる。(p.284 - 286参照)

---

3. p. 22 注-14参照。

これらのトレーニングは、単に紙によるペーパーレリーフやペーパースクラプチュアを超え、金属、木、プラスチックなどの立体構成や素材の加工への応用・発展につながっていくと考えていたからにほかならない。

　紙の折型による造形は、現代では飛びだす絵本や、二つ折りのカードを開くと思いがけない形やパターンが飛びだす仕掛けでおなじみである。

　また紙に切れ込みを入れ、上方からシーリング（吊り下げ）させると、紙自体の重力と弾力により上下にゆれる造形ができあがる。室内のわずかな空気の流れにも反応するモビール（動く彫刻の意で、マルセル・デュシャンが命名した）ともなる立体造形の原形だ。

　このような、切る・曲げるなどの基本的な操作だけで紙による立体造形の可能性を追求するトレーニングによって、学生たちは制限された条件下で機能的な立体の構造や機構を学び、形をつくりあげる造形力とすぐれた感性を培っていくのである。

　そのバウハウスの立体構成のトレーニング法が、現代の美術・デザイン教育における立体と造形の概念づくりの基となっていることは、いうまでもない。

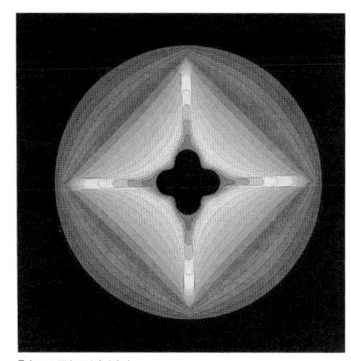

「色の形の連続」
カール・ゲルストナー　1982

「色の形の連続」（厚さ5cmの積層）
カール・ゲルストナー　1982

「積層の形」マルチェロ・モランディーニ　1969　©UNAC

「積層の形」マルチェロ・モランディーニ　1979　©UNAC

6-3　立体構成と機能構成

　構成学では主に平面を扱う領域を平面構成、立体や空間を対象とした領域を立体構成とよんでいる。これまで本書では、構成学を平面・立体の区別なく形、色、材料、テクスチュアなどの造形要素と、これらを基に組み立てる造形秩序について論じてきた。

　立体構成は平面構成に比べ、造形から受ける視覚効果ばかりでなく、現代彫刻を含む立体造形、パッケージ、家具、工業製品から建築のように、構造や造形のメカニズムなど、力学的な構造や運動機能とのかかわりが深い。この中には風、水、重力など自然の力で動く造形の機能も含まれる。最近ではロボットや人工知能による応答するインタラクティブな運動造形も先端芸術表現として脚光を浴びている。

　したがってこうした機能という視座から立体構成を捉えた領域として、機能構成という専門の研究分野も存在する。

　ところで私たちの身のまわりや日常生活に接する対象や環境は、二次元の平面よりも、むしろ圧倒的に三次元の立体や空間にかかわる造形が多い。21世紀の今日、芸術においては二次元と三次元の表現の境界もあいまいとなり、従来の絵画と彫刻という枠を超えた映像や造形という概念のほうが強くなってきている。

　芸術やデザインの制作上では、形や色彩などの造形要素や、造形秩序となるコンポジションやコンストラクションをまとめようとするとき、三次元の立体や空間の構成を対象とした場合でも、二次元の平面上の視野で捉えたほうがわかりやすく、便利で全体のイメージがつかみやすい。例をあげると、奥行きのある自然の景色を私たちは三次元で捉えている。風景画という空間表現の絵画では、二次元の平面に投影した形で表わしているではないか。ところで構成学における立体構成という分野は、立体や空間の概念をイメージや理論で終わらせるのではなく、実際の材料を基に立体につくりあげる造形上の視覚効果や、構造上の特性を総合的に捉えていこうとする研究領域でもある。

　また立体構成は、単なる頭の中にイメージした仮想の立体ではなく、実際につくりあげることのできる安定した構造の形体を対象とした構成学分野の一領域である。すなわち、この空間上の立体造形はまず、構造力学に基づいた物理的な形体を前提としているからである。

　たとえば1枚の紙片は、そのままの状態では外力に対し、きわめて不安定な材料であるが、正三角形を4面組み合わせるとピラミッド状のバランスのよい正四面体、正方形を6面で構成するとサイコロ状のキュービック、つまり正六面体となり、紙でつくられた造形と思えないほどの丈夫で安定した立体となる。

　また紙片の端を手で持つと自重を支えることができず、ぐにゃりと曲がってしまうが、一端を押さえながら曲面にして固定すると意外にも強度の高い構造となる。

第6章　立体と空間

　また立体構成のもっとも単的な応用として、建築の構造があげられる。建築におけるアーチ型の形体やヴォールトやドームとよばれる曲面の立体造形はどれも、曲線や曲面がつくりだす構造力学上、見事なほど安定した構造を生みだす。ゴシック建築の教会やイスラム建築の曲線の石積みやレンガによるアーチの形は、構造力学という機能と視覚上の造形美が見事に調和した形といえる。

　現代では、鉄骨やコンクリートによる堅固なラーメン構造（枠組構造）や、軸組みの安定した三角形の組み合わせによるトラス構造を駆使した、超高層建築、橋梁、タワー、大型スパンの工場や屋内競技場などの空間建築が、すでに普及している。最近では吊り構造の東京ドームのような鉄製巨大吊り橋、体育館など、かつての飛行船や気球のように空気圧の差を応用した浮遊するような膜構造の曲面構造は、球場の大空間ドーム構造を実現させた。

　こうした建築物や構造体は、技術革新による鋼板など構造材である材料に加わる物理的な特性、つまり引張力（テンション）、圧縮力（コンプレッション）、曲げ、剪断、ねじりなどに対する応力の対応力が高くなったから実現可能となったと考えられる。

　現代の立体構成は、こうした建築における人工の構造物に応用されているように、機能優先の構造を掘り下げる分野、これを機能構成とよんでいるが、この機能とともに視覚的な美しさをめざした造形の基礎となる研究領域である。

●

　20世紀に入って科学技術が進歩すると、人々は機械技術の成果によってさまざまな恩恵を受け、これを深く実感するようになった。それは移動手段としての列車や自動車、飛行機の発明であり、近代工業化社会の実現による日常生活では、身近であり便利で使いやすい豊富な生活用品の供給と普及であった。

　飛行機の形のようにスピードを求める空力学に基づいた形が美しいと感じる機能美は、機能を追求した結果生まれた形である、と人々は信じるようになった。この考え方をデザイン思想としたのが機能主義の形であり、1920年代以降のインターナショナル・スタイル（国際様式）とともに世界的に流行したデザインのコンセプトであった。

　先に述べたように古来、人は誰しも意識しなくとも空間上のイメージを一旦、二次元の平面に還元して、つまり、三次元を二次元に変換（コンバージョン）して構成しながら、クリエイティブな能力（造形能力）鍛錬の方法を自然と身につけてきたのである。これは建築家が、正面図や側面図の設計図を見ただけで、建築の各部材の関係、奥行き感や全体の構造や建物全体の景観が見えてくるというプロフェッショナルな眼と同じなのである。

　つまり立体構成とは、さまざまな造形要素を掘り下げながら、機能美と造形美を統合した形を造形的視座に立って純粋に追求する学問領域といえる。

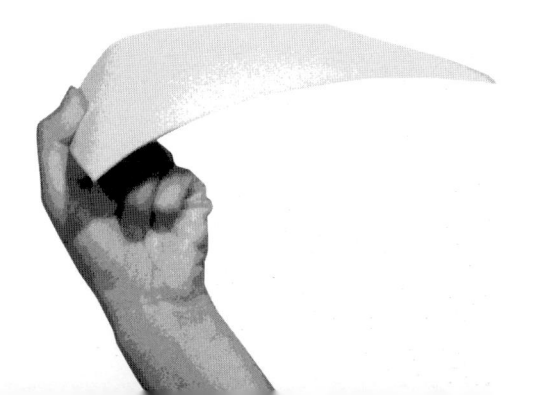

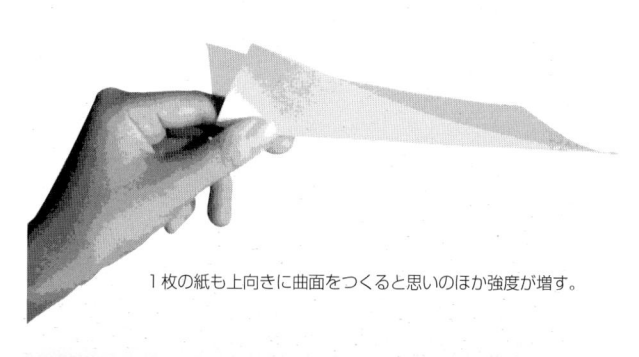

1枚の紙も上向きに曲面をつくると思いのほか強度が増す。

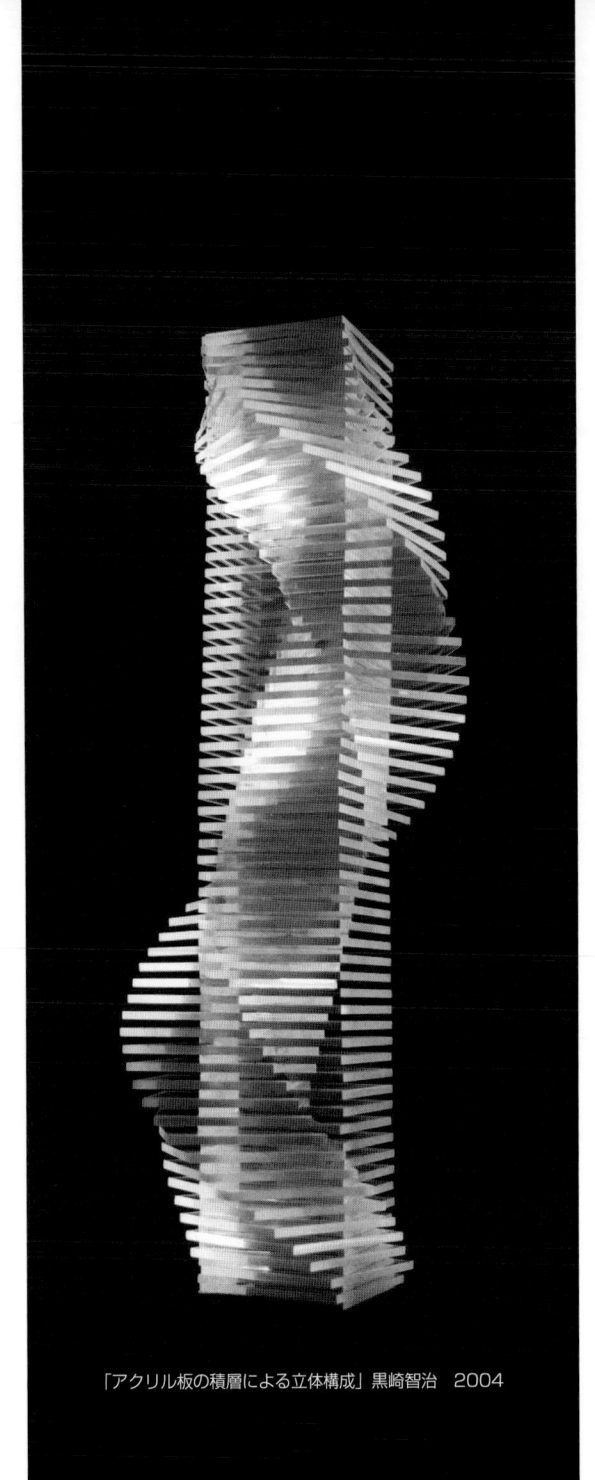

「アクリル板の積層による立体構成」黒崎智治　2004

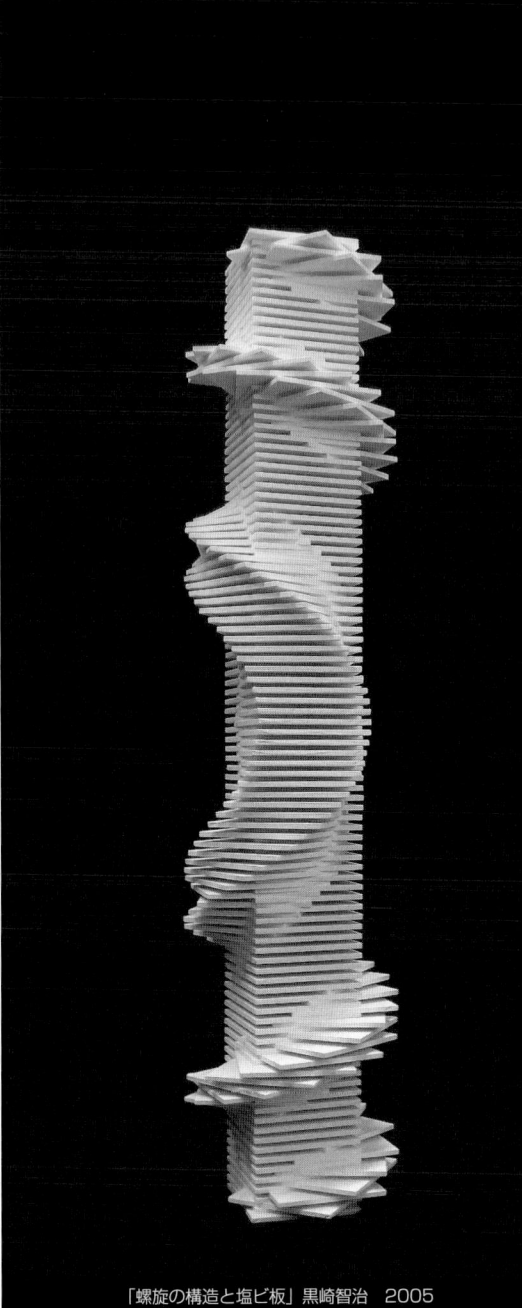

「螺旋の構造と塩ビ板」黒崎智治　2005

6-4　構造と力

　構成学における立体構成の教育目標は、彫刻や建築、またあらゆる工業製品からパッケージにいたるまで、立体構造の造形をつくる材料を体験し、その工作法や構築法を知り、機能に適合した構造をつくりあげるための造形原理を学び、視覚的にも美しい立体造形をつくることにある。

　平面における造形教育では、コンポジションやシンメトリーなどの造形秩序の概念の体験や修得が重要である。そのため平面構成や色彩構成による造形の基礎的なトレーニングを徹底して行うことが重要である。

　立体構成では、立体をつくりあげる自然素材や人工素材それぞれの特性を知り、その加工法を学ぶことからはじめることが大切である。立体構成は実現可能となる形であるため、材料を離れては造形美も機能美も存在しない。

　そのうえでレリーフのような半立体も含め、訴求性が高くダイナミックで緊張感のある美しい形をつくりあげるための立体や空間に及ぼす造形秩序をトレーニングする教育である。

　そこで立体構成の材料は、どんなものでもかまわないが、自然材料、人工材料などを粘土やレンガ、岩石、ガラス、プラスチックなどの塊材、鉄板や板材、合板、紙のような面材、糸、竹、角材、鉄棒、針金、パイプなどの線材に分ける。

　塊材は中身の埋まったマス（塊）として受け取れる存在感のある材料である。

　面材は紙のような二次元平面を感じさせる材料であって、たとえ厚みのある鉄板であっても視覚効果からみて、面的に構成されているならば面材として捉えてよいだろう。

　線材は線状の表現ゆえに、空間や軽快さ、あるいは方向性を象徴し、浮遊するようなイメージの造形をつくりあげる。

　次にこうした塊材、面材、線材による力学的立体構成の主な構造を紹介する。

ラーメン構造（Rahmen）

　構造体の接合部（接点）が固着して一体となった構造をいう。鉄骨と鉄骨を溶接して結合する工法やコンクリート造りの構造などをいう。

　ラーメン構造では外力に対し、変形しにくい構造体であるが、ある一定の許容量を超えた外力が加わると、変形破壊を起こす。最近、高層建築ではカーテンウォール方式の柔構造のラーメン構造も普及している。ゆらぎやフラクタル性をもった構造体のほうが外力を分散させ、安全性が高まるからである。

トラス構造（Truss）

　線材を4本でつなぎ、矩形を組み立てると、容易に変形しやすい。ところが3本でつなぎ、三角形にすると三つの支点（ピン接合）に圧縮力と引張力が

互いに負の弛みを軽減し変形しにくく、丈夫になる。これをトラス構造とよんでいる。

パイプや鉄製の線材は、塊材に比べ軽量であり、これを材料として構造にすると、意外に大きな構造物をつくることができる。

ブリッジ、タワー、アリーナ、ターミナル、工場、アトリウムなどの大規模空間のアーチ型トラスの構造物、フラードームのような球体、半球体のドームは、すべてトラス構造の工法によって可能となった。日本の切妻屋根もハウトラスという頑強なトラス構造である。

アーチとヴォールト（Arch、Vault）

中世の教会の多くは、巨大な天井を支え大空間をつくりだすために、ほとんどがアーチやヴォールトの構造が採用されている。トンネルやドームは古くから、方形に切りだした石を少しずつずらして重ねる「持送り」工法によって半円筒形に積み上げ、空間を確保してきた。

アーチ型は円弧や放物線、双曲線などの二次曲線の形である。この曲線によって上部からの力を圧縮に変え、荷重を集中させず、全体に分散させながら天井を支える構造となっている。

アーチ型の梁を通し、対角線に架ける構造の屋根を、ヴォールトとよんでいる。ヴォールトでは半円球形（ドーム）でなく教会のような長方形の屋根を覆うことができる。

テンション構造（Tension）

テンション構造は、1970年代以降注目された建築様式でワイヤーやケーブルで引っぱり、吊り下げる引張力の物理的特性を生かした造形である。ぴんと張りつめた引張力による力学的な構造は、視覚的にも美しく映える。

瀬戸大橋やベイブリッジの吊り橋は、テンション構造のもっとも単純な力学的な視覚ゆえに、見る人に美的な快適性を与える。

彫刻の分野でも、テンション構造を生かした現代造形が注目されている。重い金属の物体がワイヤーの引張力によって宙に浮く、浮遊しているような造形は単純な力学的な構造でありながら、緊張感に満ちた空間造形である。まさに機能美がつくりだす現代の彫刻といえよう。

シェル構造（Shell）

シェル構造とは、文字通り貝状の薄い膜に覆われた曲面構造を指す。卵の殻、貝殻、放散虫などのように薄膜でありながら高い剛性の力学的構造をつくりだしている。

これを建築に応用すると、劇場やアリーナのような表面積に比べ薄い厚みの大空間を必要とするシェル構造の建築が実現可能となる。

車のボディの曲面がきわめて薄い鋼板でつくられているにもかかわらず、剛性を倍加し、ある一定の強度を保っているのは、このシェル状の曲面構造による。

膜構造（Skin, Membrane）

　構造からみるとシェル構造も広義の膜構造であるが、敢えて膜構造として分類するのは、ドーム球場のような空気膜構造や、曲面を覆う支持方式が懸架式（サスペンション）膜構造のHP（双曲放物線面）やEP（楕円放物線面）などのシェル構造が1970年代以降、大空間建築工法として注目され、世界的に採用されるようになったためである。

　いずれも現代の最先端技術による工法と新素材を駆使してつくられた幾何学的な数理曲面で、視覚的にも美しい造形をつくりだしている。
　膜構造研究の第一人者、フライ・オットー[4]はシャボン玉のような気泡のみられる無駄のない構造から膜構造のヒントを得たと語っている。
　以上のように、建築のさまざまな構造を通して立体や空間を概観してきたが、立体構成は平面構成と異なり、物理的な構造が必要であり、安定した構造と強度が前提条件となる。
　こうした観点から立体構成は、機能を重視した機能構成ともつながる。建築や多くのプロダクトデザインの基礎として、紙を素材とした立体構成による基礎的な造形訓練は、立体の構成法により構造のメカニズムを知り、立体感覚・発想力を涵養するためにきわめて教育効果が高いといえる。

4.『自然な構造体：自然と技術における形と構造, そしてその発生プロセス』（SD選書）フライ・オットー他著　岩村和夫訳　鹿島出版会刊　1986。

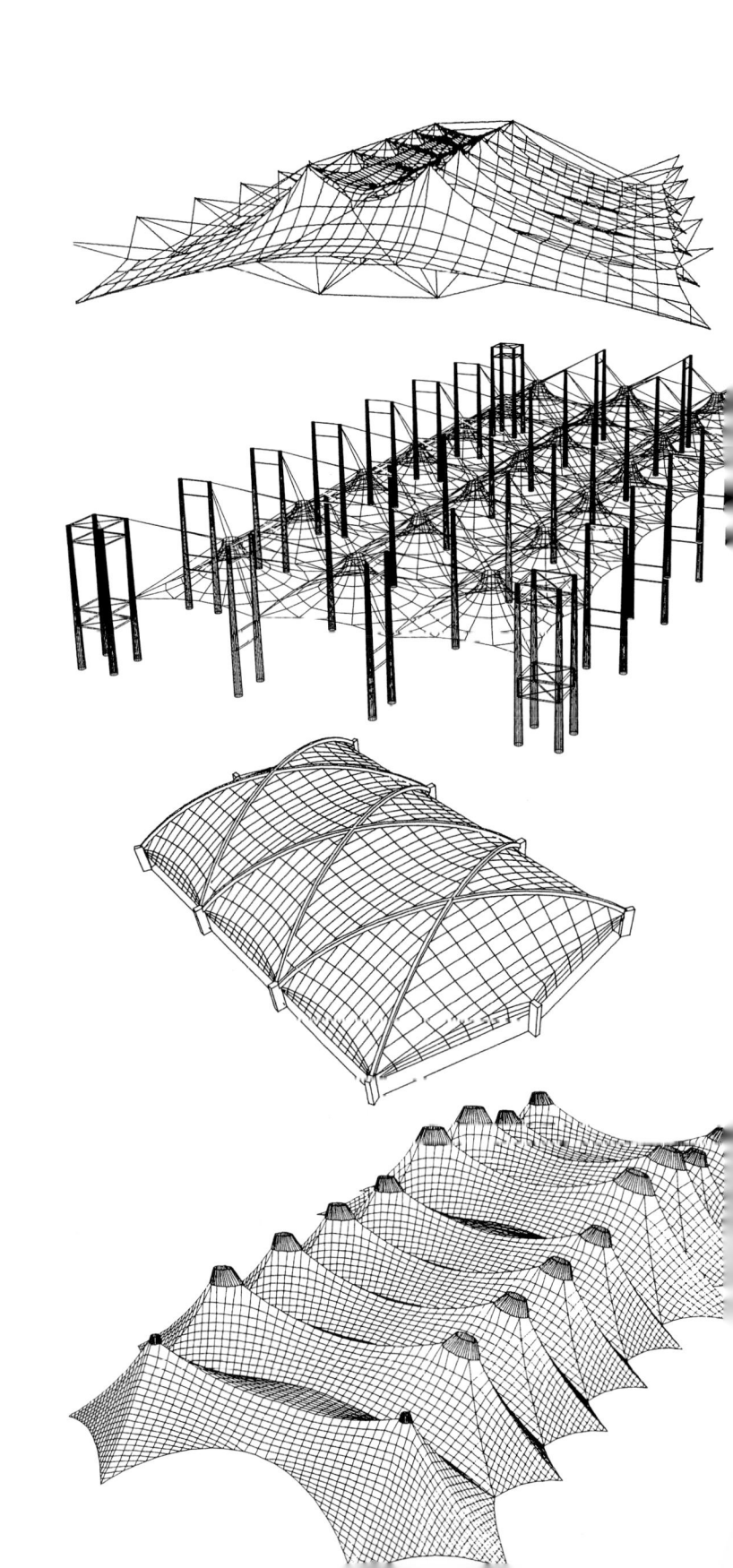

● トラス（Truss）

トラスは、三角形の構成の基本単位とし、直線部材の接合による骨組み構造。この構造による利点は、構造部にかかる力は三角形がつり合うことで、せん断力が生じない。三角形を組み合わせた構造は、外力に対する抵抗力が高く、形が崩れにくいので、大きな構造物にも適している。住宅の屋根組みや鉄橋などに用いられ、素材として鉄骨、金属製フレーム、木材などが使用される。

A. キングポストトラス（King Post Truss）

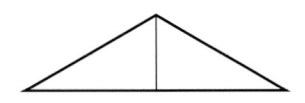

B. クィーンポストトラス（Queen Post Truss）

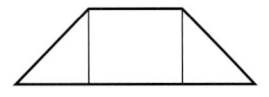

C. ハウトラス（Howe Truss）
勾配付きハウトラス（Pitched Howe Truss）

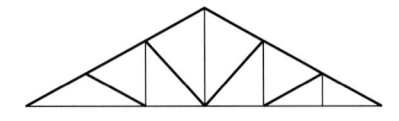

平行弦フラットトップハウトラス
(Parallel Chord-flat Top-Howe Truss)

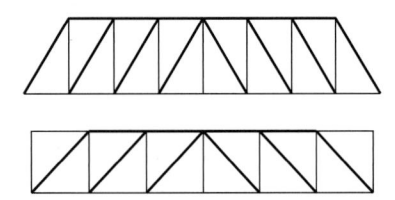

D. プラットトラス（Pratt Truss）
勾配付きプラットトラス（Pitched Pratt Truss）

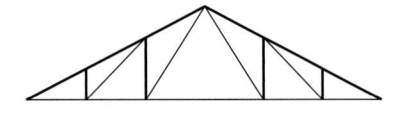

キャメルバックプラットトラス（Camel Back Pratt Truss）

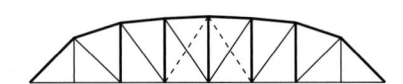

クレッセント（三日月）トラス（Crescent Truss）

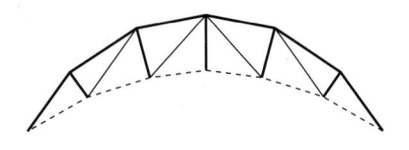

E. ワーレントラス（Warren Truss）
平行弦フラットトップワーレントラス
(Parallel Chord-flat Top-Warren Truss)

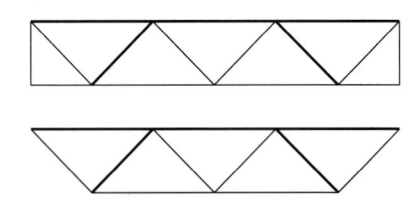

2方向交差フラットトップワーレントラス
(2way Intersection-flat Top-Warren Truss)

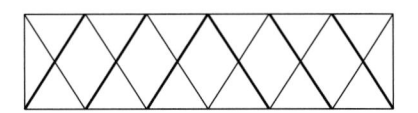

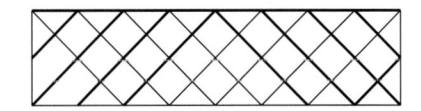

F. ベルギートラス（Belgian Truss）

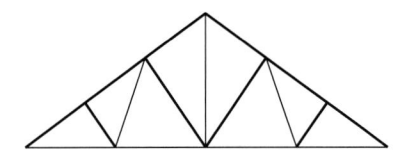

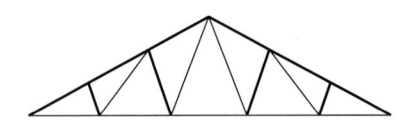

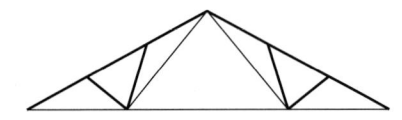

三角ファントラス（Triangular Fan Truss）

第6章　立体と空間

G. フィンクトラス（Fink Truss）
標準フィンクトラス（Standard Fink Truss）

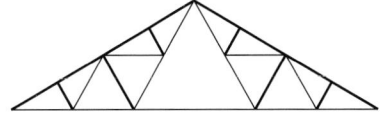

H. シザース（鋏組）トラス（Scissors Truss）

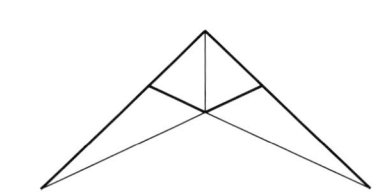

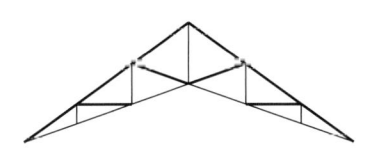

I. ボウストリング（弓形）トラス（Bowstring Truss）
bowstringは弓弦（弓のつる）のこと。

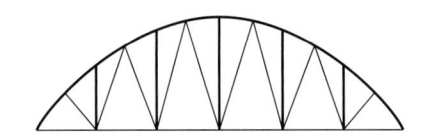

J. フィーレンデールトラス（Vierendeel Truss）
フィーレンデールトラスは斜材がないため、本来はトラスの定義から外れるが、トラスとして扱われている。

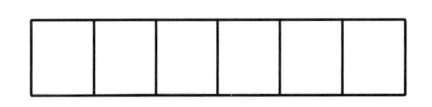

K. のこぎり屋根トラス（Saw-tooth Truss）

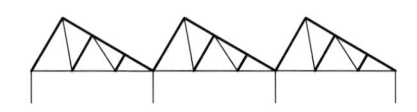

L. ヒンジなしアーチトラス（Hingless Arch Truss）

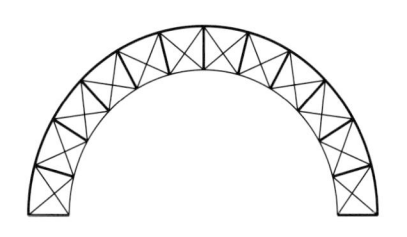

M. 2ヒンジトラス（Two-hingled Truss）

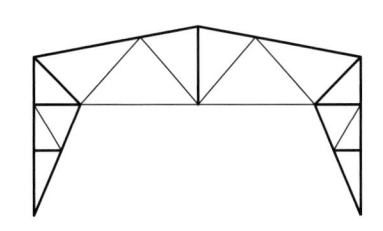

N. 固定アーチ（Hingless Arch）

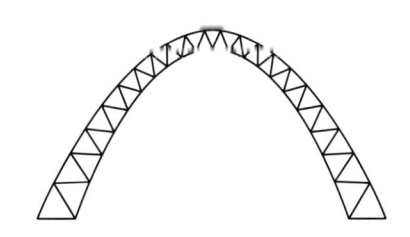

参考：『建築ヴィジュアル辞典：英和対照』フランシス D. K. チン著　深尾精一ほか訳　彰国社刊　1998。
『建築英語事典』星野和弘著　彰国社刊　1978をもとに作成。

● アーチ（Arch）

石やれんがのくさび形の部材（迫石）を積み上げて造る組積造を基本とし，鉄骨や木の小部材を組み立てたトラスアーチ，鉄筋コンクリートによる一体的な構造もアーチという。アーチが連続してトンネル状になったものをヴォールト（Vault），半球状になったものをドーム（Dome）という。日本語では，拱（きょう）・迫（せり）・迫持（せりもち）などとよばれる。

A. 1中心アーチ（One-centered Arch）

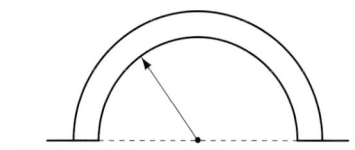

半円アーチ（Semicircular Arch, Roman Arch）

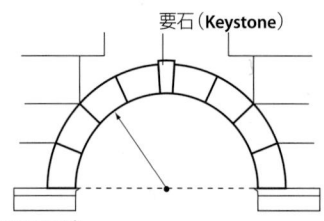

要石（**Keystone**）

ローマンアーチ（Roman Arch）

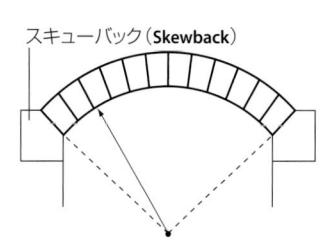

スキューバック（**Skewback**）

セグメンタルアーチ（弓形アーチ：Segmental Arch）

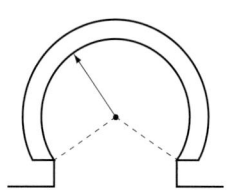

馬蹄形アーチ（Horseshoe Arch, Moorish Arch）

B. 2中心アーチ（Two-centered Arch）

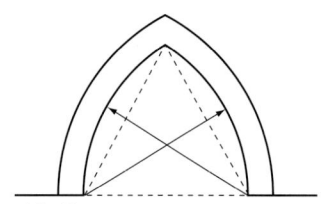

等辺アーチ（Equilateral Arch）

C. 3中心アーチ（Three-centered Arch）

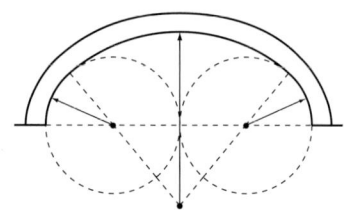

3中心アーチ（Basket-handle Arch）

D. そのほかのアーチ

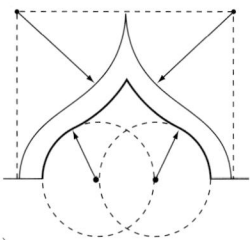

オジーアーチ（Ogee Arch）
2種類の円弧で構成され，上部がくぼんでいる。葱花（ねぎばな）アーチともよばれ，イスラム建築に多く用いられたが，後期ゴシック建築にもみられる。

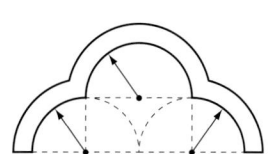

三葉形アーチ（Trefoil Arch）

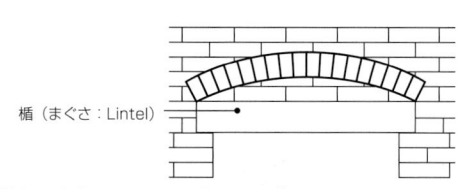

楣（まぐさ：Lintel）

隠しアーチ（Relieving Arch, Safty Arch）

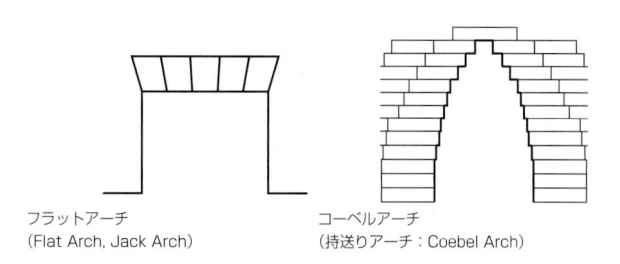

フラットアーチ（Flat Arch, Jack Arch）

コーベルアーチ（持送りアーチ：Coebel Arch）

参考：『建築ヴィジュアル辞典：英和対照』フランシス D. K. チン著　深尾精一ほか訳　彰国社刊　1998。
『建築英語事典』星野和弘著　彰国社刊　1978をもとに作成。

● 膜構造（Membrane Structure）

引張力の発生を通して荷重を伝達する、薄くしなやかな表面。ラーメン構造、シェル構造などは曲げ剛性をもち、圧縮及びせん断力に耐える部材で構成されるのに対し、膜構造は膜材料・ワイヤーといった、曲げ剛性をもたない、面内の張力とせん断力にのみ耐え、圧縮力に耐えない部材によって構造体が構成されている。

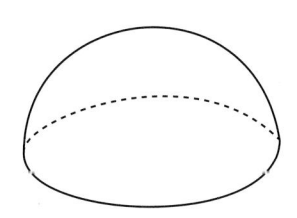

ドーム（スフィア：Spherical Surface）

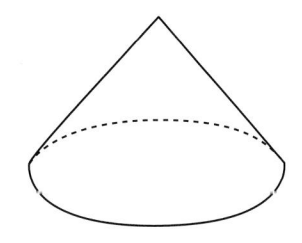

コーン（Cone）

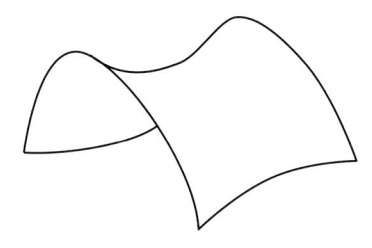

鞍形HPシェル（Saddle Hyperbolic Paraboloid Shell）
（注）Hyperbolic Paraboloid：双曲放物面

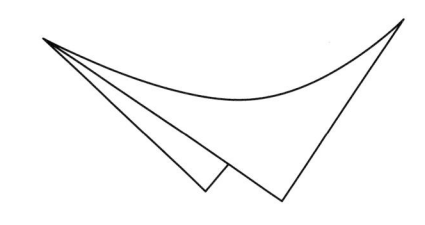

鞍形曲面（Saddle Surface）
（注）Hyperbolic Paraboloid：双曲放物面

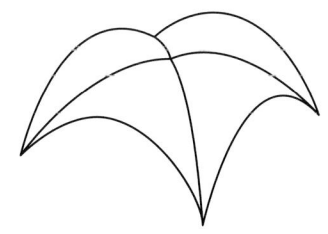

相貫シェル

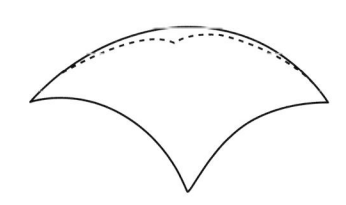

EPシェル（Elliptic Paraboloid Shell）
（注）Elliptic Paraboloid：楕円放物面

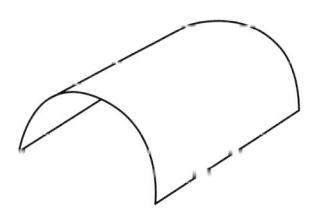

半円筒シェル（Barrel Shell）

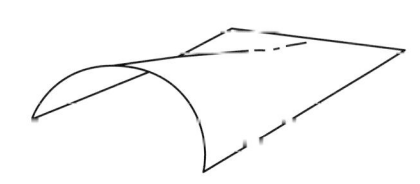

コノイド(錐状面：Conoid)

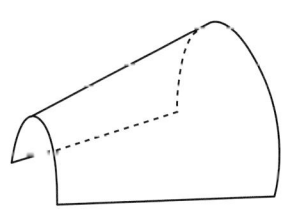

擬円錐面

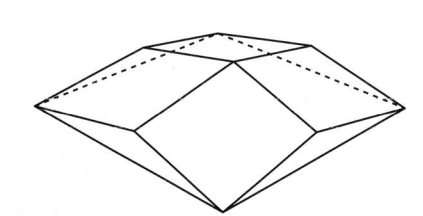

単一シェルの組み合わせ

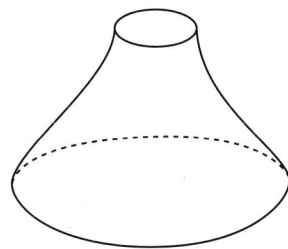

単葉双曲面（One-sheet Hyperboloid）

トラス構造　ロサンゼルスコンベンションセンター
（撮影：三井秀樹）

トラスとテンション構造　サトラスTGV駅　建築：サンチャゴ・カラトラバ

アルミとステンレススチールによるテンション構造
'Free Ride Home'　ケネス・スネルソン　1974

アーチ　Hulme Arch　マンチェスター　Paul Baker / Dominic Bettison /
Keith Brownlie, Jim Eyre / Chris Wilkinson　1997

膜構造　工場の屋根　フライ・オットー　1959

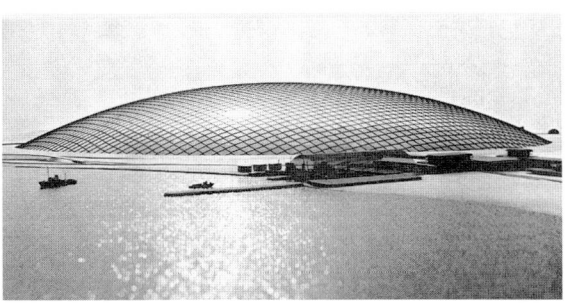

Arctic City Project　フライ・オットー　1971
（都市を内包する巨大ドームの構想）

6-5　多面体の幾何学

　もっとも単純な立体の構造は、複数の平面の組み合わせによってできあがる。1枚の紙を二つに折ると屏風のように空間に立てることが可能となる。正方形が6面集まると、サイコロ状の正立方体（キューブ）ができあがる。

　四つ以上、つまり4面以上の正多角形で囲まれた立体を正多面体とよんでいる。

　正多面体は、もっとも単純で無駄のない幾何学的立体造形の原点として、古くから人々に親しまれてきた。多くの正多面体は究極には、限りなく円球に近似となっていくが、その基本となる正多面体はわずか5種類にすぎない。

　すなわち、正三角形が4面集合した正四面体、正方形が6面の正六面体（立方体）、正三角形が8面の正八面体、五角形が12面の正十二面体、また正三角形が20集まった正二十面体の計5種類である（図p. 190上）。いずれも同心球に外接、内接、中接する。またそれぞれの正多面体の稜の中点で、それぞれ均等に切り落とすと別の多面体ができる。アルキメデスの立体は、いずれも正多面体から容易に導かれ、全部で13種類あり、全て同心球に内接する（図p. 190下）。いずれにしてもこれら多面体の基本形は正立方体（キューブ）であり、立体造形の構成学的な原点となっている。

　こうした多面体は水晶や黄鉄鉱のような鉱物の結晶系と同様、数理的な秩序に基づいた立体であり、さらにその中にいくつものシンメトリー性が内包されているため、無秩序な立体でありながら端正な美しさを誇っている。

　さらに多面体の表面にそれぞれをベースに角錐を加えると凸型正多面体となる。いわばこれは星型の凸多面体であり、これを星形正多面体（立体星）とよんでいる。もともと正多面体は円球に外接（内接）する球系の等稜多面体のため、星型の凸多面体も同じシンメトリーの数理性を内包し、その美しさは変わらない。

　また角錐に変わり、角柱や台形を加えるとまた新しい複雑な星形正多面体（立体星）ができあがる。

　これと逆に、当然のことながら凹型の星形正多面体（立体星）も考えられる。多面性の内側に向かって凹加工を施した立体である。また同じ球系構造をフラードームのような線状の稜線のフレーム構造の多角体はトラスと同様、屋外建築物によくみられる構造である。

　そして多面体と多面体の一面を共有して接合すると、樹系のように末端に伸びる宇宙ステーションのような造形もつくることができる。多面体をユニットとした立体の連続のパターンともいえる。このユニット式連続を押し進めると蜂巣（ハニカム構造）や石けんの泡のような空間充填の立体造形ができる。

　こうした多くの多面体の基本は、すでにギリシャ時代、プラトンによって明らかにされている。黄金分

● 正多面体（Regular Polyhedra）の造形的な特性　※正多面体は、プラトンの立体（Platonic Solids）ともいう。

正多面体は、頂点形状が同じで、同一の正多角形で構成されている。多面体の頂点の数をV、辺（稜または線）の数をE、面の数をFとすると、V−E+F=2が成り立つ（オイラーの多面体定理）。

名称	正4面体	正6面体（立方体）	正8面体	正12面体	正20面体
面の形	△	□	△	五角形	△
側面数（F）	4	6	8	12	20
頂点数（V）	4	8	6	20	12
稜数（E）	6	12	12	30	30
稜の中点で切り、加工した形	正8面体	等稜14面体	等稜14面体	等稜32面体	等稜32面体

アルキメデスの立体（Archimedean Solids）

頂点形状がすべて同じで、2種類以上の正多角形により構成された多面体。正多角柱（Prisms）と正多角反柱（Antiprisms）を除いて、以下の13種類がある。

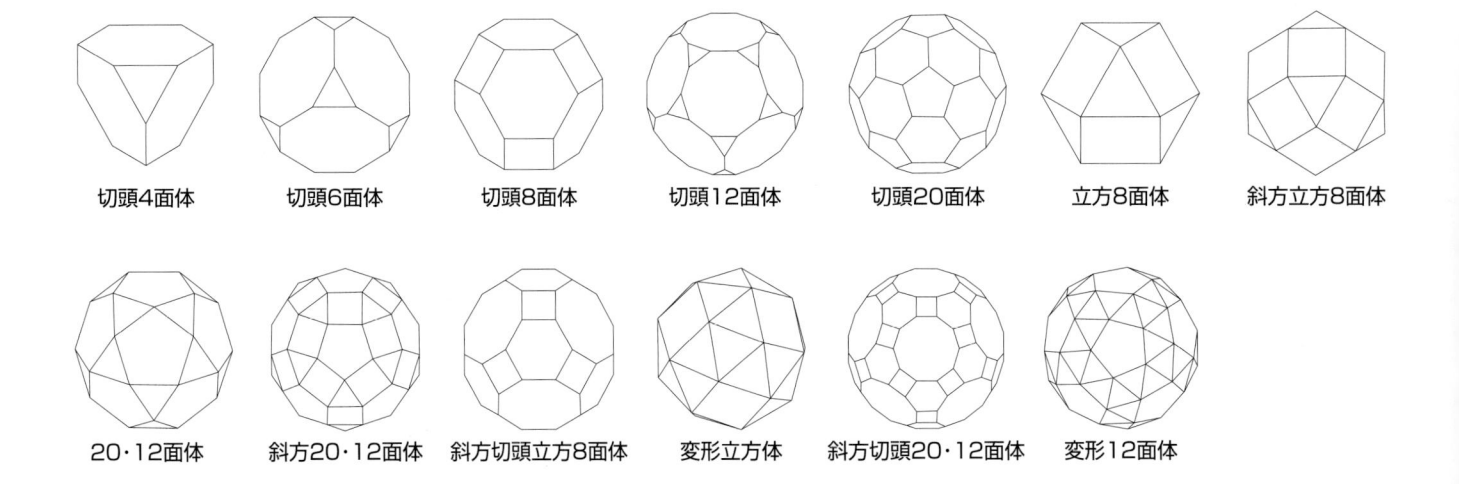

切頭4面体　切頭6面体　切頭8面体　切頭12面体　切頭20面体　立方8面体　斜方立方8面体

20・12面体　斜方20・12面体　斜方切頭立方8面体　変形立方体　斜方切頭20・12面体　変形12面体

割やシンメトリーの数理幾何学とともに、数学と形の美のかかわりの造形原理がうかがわれて興味深い。

私の教授する立体構成の実習では、これら五つの正多面体をまっ白なケント紙に展開図を作図させながら、できるだけ無駄のでないような紙取りで、立体をつくらせ、学生に多面体の幾何学的な特徴を体験させる。さらにそれぞれの切り落とし加工による新しい多面体を、ケント紙でつくらせることによって立体造形におけるシンメトリー性等の数理的特徴についても会得させる。

さらに厚紙を重ね、少しずつずらしながら連続させると積層の形ができる。粘土や金属のような塊状のボリュウム感とは異なり、ユニットズレによる連続性がリズム感となり視覚的にも美しく感じられる。

また立体と異なる立体が互いに交差し、突き抜ける造形を貫入体とよんでいる。現代造形では、よく使われる表現技法である。

石と金属、木とガラスのように異素材との貫入造形によって、さらにコンセプチュアルな意図が入り、アヴァンギャルドなイメージが演出され、多くの作家がこれに挑戦した。

このような実習は、後にコンピュータグラフィックスの制作やCADなどのCG演習に大いに役に立ち、立体構成を履修しなかった学生との造形力の差は歴然となった。

こうした演習による立体や空間感覚の把握が、立体構成へのもっとも近道であることは現在でも変わらない。

さまざまな雪の結晶(すべて六方晶系の幾何学的パターン)

星形正多面体（立体星）(Stellated Regular Polyhedra)

星形正多面体はケプラー・ポワンソの立体（Kepler & Poinsot's Solids）ともよばれる。

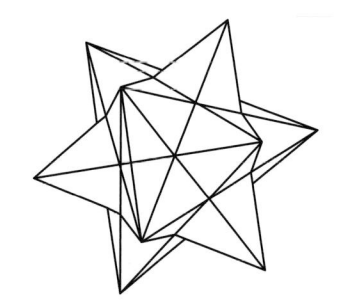

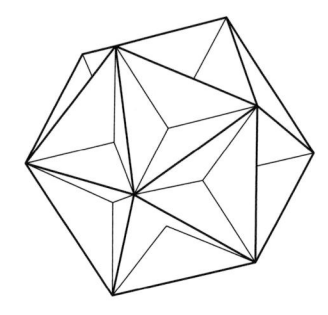

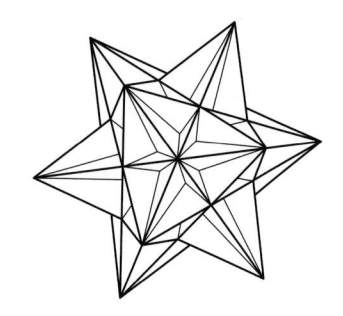

複合多面体（Compounds）

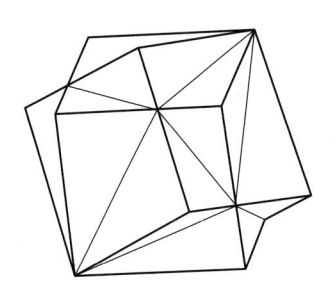

立方体＋正8面体　　　　　　　　正12面体＋正20面体

空間充填型多面体（平行多面体：Parallelohedra）

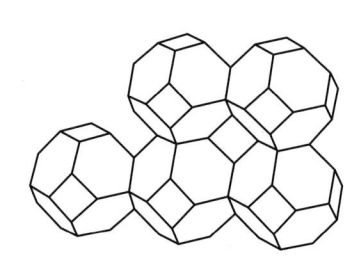

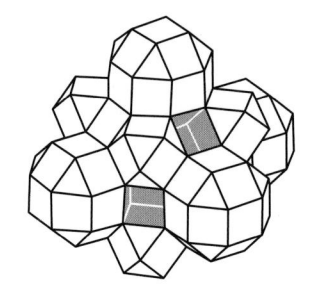

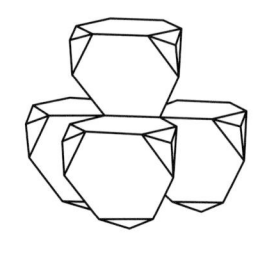

第6章 立体と空間

'P.Z.B.Ⅱ' アルトロ・デ・マリア 1994

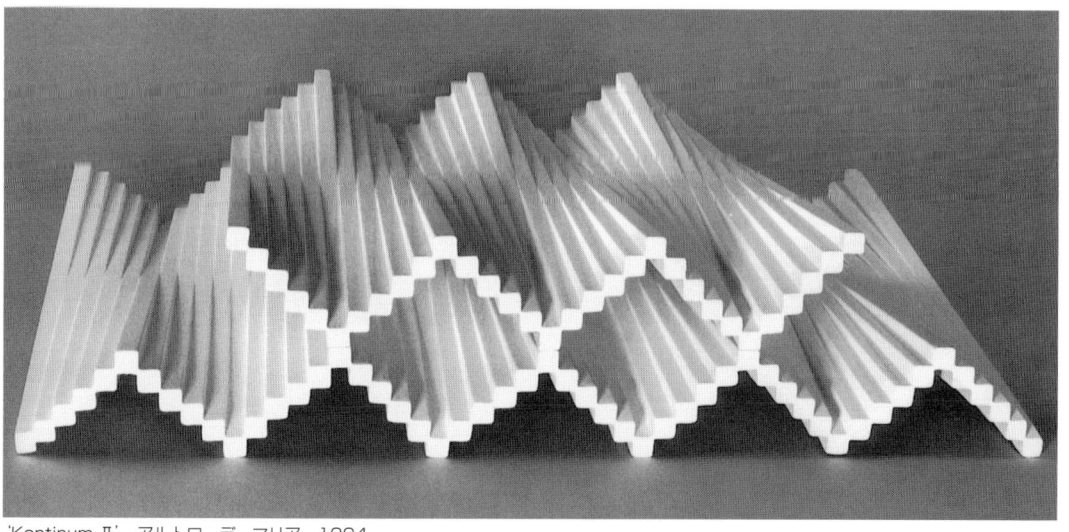

'Kontinum Ⅱ' アルトロ・デ・マリア 1994

● 紙による立体構成（筑波大学芸術専門学群「機器構成演習」学生課題作品）
ケント紙上に展開図を描き、できるかぎり無駄のない紙取りによって多面体や構造体をつくる演習。

第6章　立体と空間

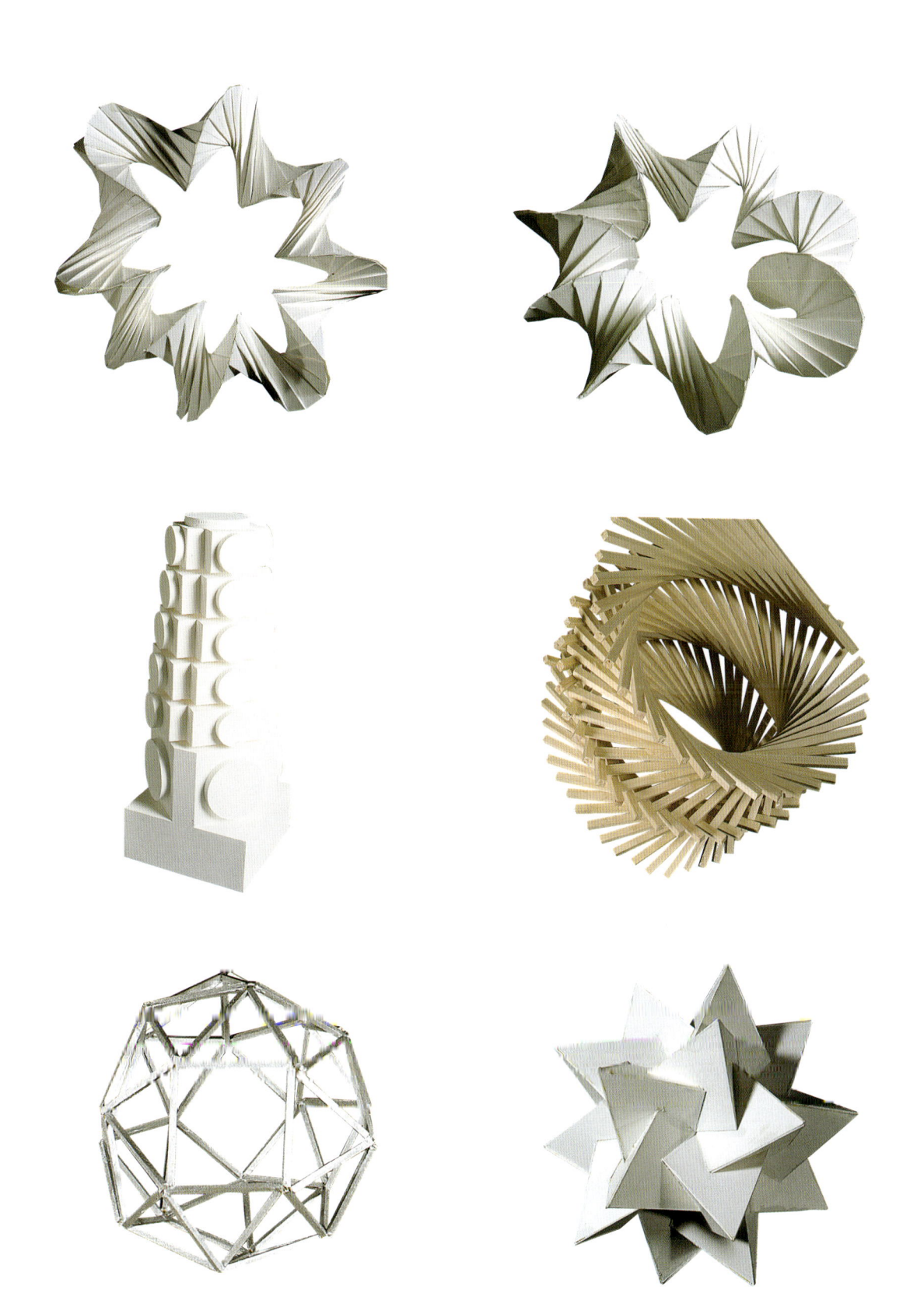

195

6-6　オーガニックフォルムと現代デザイン

　構成学の必要性が叫ばれ、バウハウスが開校した20世紀前半、近代工業化社会が軌道にのり、機械技術によって製品の大量生産が可能となった時代である。

　人々は豊富なモノと電化された都市生活を謳歌しはじめた。そして科学技術や機械に対する信頼は高まり、技術神話がつくられていった。

　芸術やデザインの分野では、それまでの写実主義による具象表現から未来派、ロシア構成主義、新造形主義などの幾何学的形体のモチーフなど抽象化された表現への挑戦が果敢に行われていった。

　デザインや建築では、装飾排除の思潮が高まり、機能主義デザインやインターナショナル・スタイル（国際様式）あるいはバウハウスデザインとよばれる幾何学的形体をモチーフとしたインターナショナルなデザインが脚光を浴びていた。バウハウスの構成学では、当然のことながらこうした社会的背景と産業界、特にドイツ工作連盟[5]の強い要請を受け、その造形の基本は幾何学的形体を中心に授業が展開された。

　機械技術によって製造される形は工作機械の機能から当然のことながら幾何学的形体に傾斜していった。こうした形の幾何学的抽象化の流れを、当然のこととして人々は、受け入れていったのである。

　ところが20世紀彫刻の世界では、幾何学的抽象の形の反作用のごとくオーガニックフォルムという有機的な抽象造形への新しい表現への挑戦がはじまっていった。オーガニックフォルムは、抽象造形であるが幾何学的抽象の形と異なり、非定形のボリュウムである。

　オーガニックな形体や立体の造形は、同じ形を鋳型や金型を使わない限り、再現できない非再現性のオリジナルな造形である。

　コンスタンチン・ブランクーシの「空間の鳥」(1919)は、天空に突き出た滑らかな曲線で覆われたもっとも早い時期の抽象の彫刻として知られている。彼は鳥がもつ普遍的なイメージを、オーガニックな形に象徴し、鳥に対する人々のさまざまな思いを託したのである。

　その後、ジャン(ハンス)・アルプやヘンリー・ムーア、ミロ、バーバラ・ヘップワース、アレキサンダー・カルダーなどの作家は、オーガニックフォルムをモチーフに多くの現代彫刻を制作した。(p.43 - 44参照)

　このオーガニックフォルムによる彫刻の特徴は、紙や金属板、パイプのフレームなどの立体構成と異なり、中空でなく中身が詰まった重厚なボリュウム感のある造形であるということだ。

　またムーアのように彫刻の表面に大きな凹部や完全に穴が開き、向こうが見えるパーフォレイテッドボリュウムの造形もその後登場した。

---

5. p.14 注-5参照。

第6章　立体と空間

●

　工業デザインやグラフィックデザインの分野では、戦後も長い間、幾何学的形体がキュービックスタイルとよばれ、角形、直線スタイルが主流を占めていた。

　ところが1980年代に入ると、自然環境への関心の高まりにつれ、自然の形と同化するコンセプトであるオーガニックフォルムへの移行がはじまった。

　乗用車やコンピュータ、カメラからハサミや文房具など日常生活用品にいたるまで、従来の角形から曲線による形、これをR（アール）のデザイン、丸形デザインなどとよんでいるが、すべて滑らかな曲線で覆われたオーガニックデザインとなったのである。

　河原の石や動物、植物の形にきわめて近似のオーガニックフォルムは、自然にやさしく、人間の感性に訴える形であったからであろう。また最近のバリアフリーやユニバーサルデザインのコンセプトも、掘り下げていくと人間が安全に使用することができ、機能性に富み、また視覚的にも美しい形は必然的に曲線の形になるという科学的な根拠も追い風となっている。このデザインの思潮は21世紀を迎えた現在、なお続いている。

　このオーガニックフォルムの実現と普及に寄与しているのは、プラスチックという、20世紀最大の発明のひとつにあげられる合成樹脂素材の登場と金型成型によるあらゆる非定形曲面の造形の方法が、きわめて容易になった技術革新の成果といえる。

　また自動車のボディのように複雑な曲面も、現代ではコンピュータを使い、CADシステムによって計測し、設計可能になったことも、普及に寄与した大きな理由のひとつにあげられるだろう。

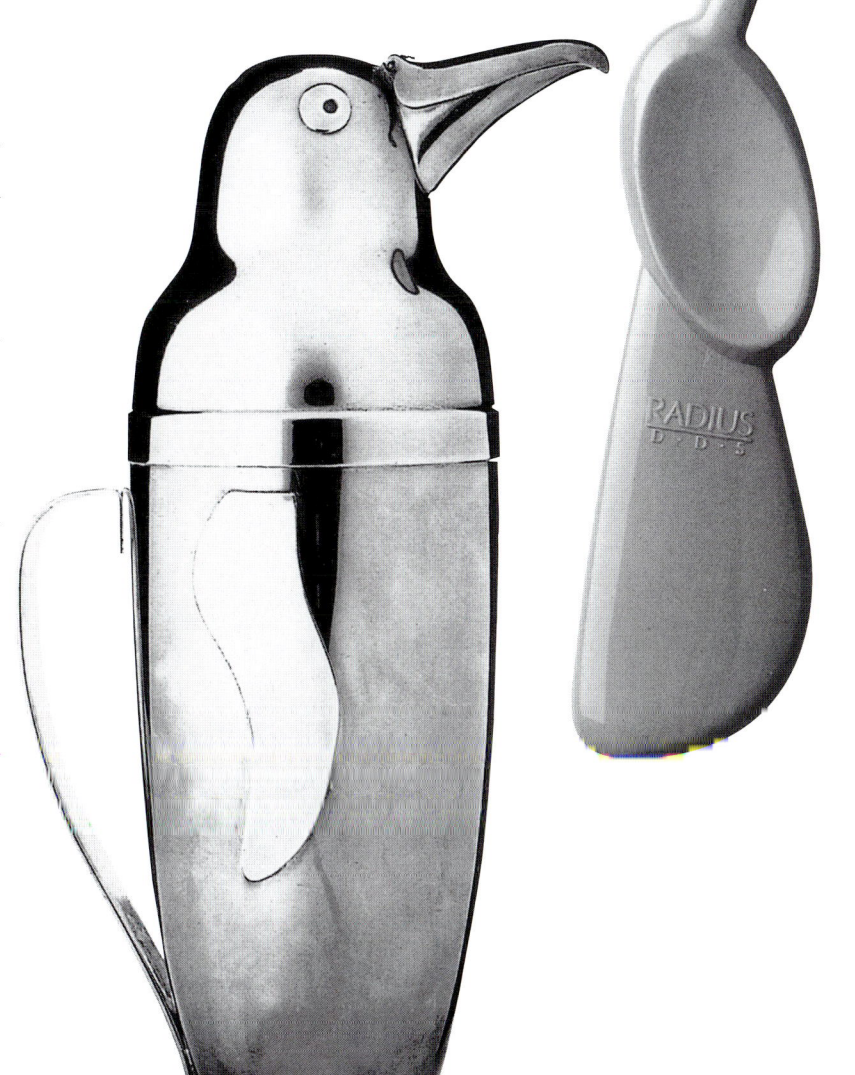

上：ラジアス社の歯ブラシ　ジェームス・オハロラン　1983
左：ペンギンシェイカー　エミール・A. シェルク　1936

● 椅子とオーガニックフォルム

第6章　立体と空間

1. 「ホットリップチェア」ウェスト　1937
2. 「エッグチェア」ヤコブセン　1958
3. 「タンチェア」ポーリン　1967
4. 「パントンチェア」パントン　1960
5. 「リボンチェア」ポーリン　1965
6. 「コーンチェア」パントン　1958
7. 「グローブチェア」アーミオ　1965
8. 「スワンチェア」ヤコブセン
9. 「カウホーンチェア」ウェグナー　1952
10. 「月夜のガーデンチェア」梅田正則　1990
11. 「ダイヤモンドチェア」ベルトリア　1951
12. 「アントチェア」ヤコブセン　1952

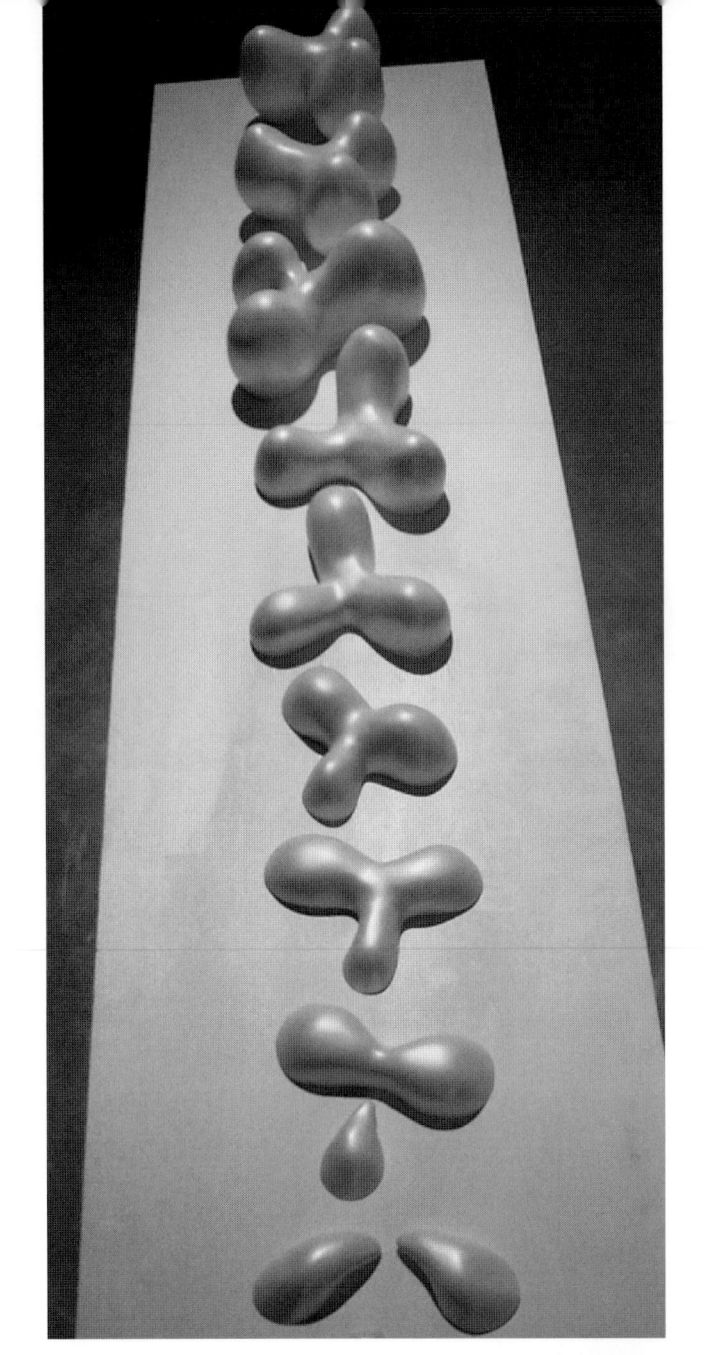

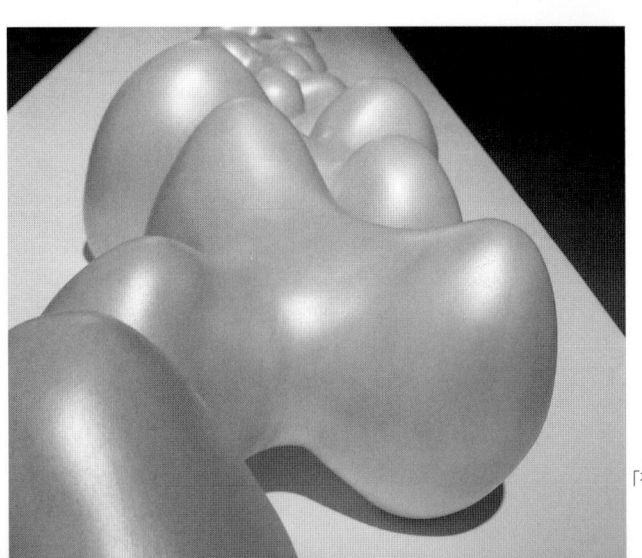

6-7 空間とヴィジュアルイリュージョン

これまで構成学における造形要素となる形、色、材料、テクスチュアについて述べてきた。これらが互いに関係をもちながら、アートやデザインという造形をつくりあげる造形秩序について現代的視点からデザイン教育のパイオニアであったバウハウスの教育とも対比させて客観的に概観してきた。

構成学は構成原理を学び、造形の目的である形体の美しさをつくりだす表現法とその理論を学ぶことにある。

「形体の美しさをつくりだすこと」はあくまで、これを評価する人間の視覚、つまり形の見え方の認知の問題にかかわっている。美しさは物理的な視覚現象による美だけでなく、あくまで人間の視覚生理から見た美しさをもっているか否かを感じる感性ということである。なぜならば美しさを判断する基準は、人間の視覚認知の限界(これを「ものの見え方」「見え」とよんでいる)が前提となっているからである。

その視覚的限界を超えるとヴィジュアルイリュージョンいわゆる錯覚現象が生じ、対象の見え方が物理的な本来の姿と異なって見えるためだ。つまり、このものの見え方を学問的に掘り下げる領域を造形心理学(ゲシュタルト心理学)[6]とよんでいる。

この心理学は、19世紀半ばから、多くの心理学者によって研究がはじめられ、まず人間が形をど

「有癒(ゆうゆ)」原田佳代子 2005

のように知覚するかという視知覚の視座から、人間の対象に対する見え方の特性について多くの研究者が注目した。

そのもっとも知られた成果は1921年、デンマークの心理学者エドガー・ルビン博士[7]によってつくられた「ルビンの盃」という、人間の形を認知する「図」と「地」の関係の研究である。この形の見え方の研究によって、ゲシュタルト心理学が心理学の新しい研究領域としてスタートした。従来トロンプルイユ（だまし絵、あそび絵、かくし絵、メタモルフォーゼ）として造形的なトリックとしか扱われていなかった分野を人間の視知覚研究の対象に取り込んだのである。

ゲシュタルト心理学では、まず人間はイメージする形をどのように認知するかという「形の見え」について基本的な概念を論じている。人間がイメージする形とその背景を心理学では「図」と「地」とし、後述するが、さまざまな視覚的条件によって「図」と「地」の関係を明らかにしている。

さらに、人間のヴィジュアルイリュージョンでは、物理的に正しい形であっても、異なって見えるというようなさまざまな錯視現象を1. 大きさ 2. 長さ 3. 方向 4. 歪み 5. 図と地 6. 反転図形 7. 色彩錯視 などに分け、それぞれ研究分野としている。

空間の錯視では1. 運動に関する錯視 2. 立体視（遠近感）、空間感 3. 反転図形 4. 不可能図形などを研究対象とし、これまで多くの研究成果が発表されている。

最近ではゲシュタルト心理学はさらに、境界領域である芸術の感性や脳医科学との複合研究領域として新しい学際領域、認知科学が人間の視・知・覚という感覚・知覚の統合的な研究分野として注目を浴びている。

---

6. p.28 注-2参照。
7. エドガー・ルビン Edgar John Rubin, 1886-1951。デンマークの心理学者で、エドムント・フッサールの影響を受けた実験現象学派のひとり。図と地の研究はゲシュタルト心理学の重要な基盤を築き、その後、錯視が造形表現の一研究領域となった。

'Stripes on Stripes 83-22' 宮木英幸　1983

'Stripes on Stripes 83-11' 宮木英幸　1983

'Stripes on Stripes 841' 宮木英幸　1984

'Stripes on Stripes 842' 宮木英幸　1984

第6章　立体と空間

'Allusion 02-R1'　森 竹巳　2002

'Stripes on Stripes 85 2A'　宮木英幸　1985

6-8　形の知覚と構成表現

　人間がある形を知覚するということは、形(図)の周囲と形の背景(地)との関係によって成立する。わかりやすくいえば、草地に転がる白いボールは、「地」となる草地のグリーンの地肌(テクスチュア)と異なり、すべすべした球体の形の「図」として知覚される。

　「図」と「地」の関係を説明する上で、ゲシュタルト心理学でもっとも知られた図形は、先に述べたルビンの盃(1921)である。この図形(p. 212)を眺め、はじめに二人の人間が互いに向かい合っている図を知覚した場合、白の部は「地」(背景)となる。またこれと反対に白い形を最初に盃として認めた場合、黒い部分は「地」となって見える。

　つまりこの図は、同時に二つの見え方を内包した両義図形であり、反転図形なのである。このとき人は同時に二つの図形を見ることはできないという視覚上の特徴をもっている。

　私たちがある形を知覚するとき、その人の主観的な見方によって、どちらが先に見えるかで決まる。エドガー・ルビンは、この「図」と「地」の関連において、対象の「見え」を最初に専門的に研究した第一人者である。

　その後、多くの心理学者によって「形の知覚」に関し、「図」となりやすい条件について研究が行われた。

　「図」となりやすい、つまり人の眼に形として見えるゲシュタルト心理学の視認の一般的な条件は、背景に対し、充実した形として認知でき、おおむね前方に突き出して見える形としている。

　逆に「地」(背景)に見えるときは充実感がなく、全体のまとまり感がない形である。

　形と見えやすい条件の概要をまとめると、次のようになる。

輪郭線で囲まれた形(形のまとまり)

　鉛筆でノートに円(丸)を描くと、誰しも円の形として認知する。その場合、囲まれたほうが「図」となり、囲んでいる円の外側は背景(地)となる。背景のほうを形として見てしまう人はいないだろう。これは輪郭線で囲むことによって形のまとまり感をつくりだし、人は実体のある形をイメージするからだ。

形の単純性、シンメトリーの形など数理性のある形

　丸・三角・四角などのような単純な幾何学的形体は、また単純ゆえにまとまり感が高く、形として見えやすい。日常見慣れている動植物の形は、それぞれ特徴をもつ形であるため、他の形や背景からきわ立って見える。またシンメトリーなどの数理性のある左右対称の形も、均衡で整った形として他よりも認知されやすい。

形の密度

　同じ輪郭線で囲まれた形であっても、内側が白のままの輪郭線の範囲よりも、テクスチュアのある密度の高い範囲のほうが、形として認知されやすい。一般に平坦な面よりも色面に表情のある、つまりテクスチュアや細かな変化に富んだ範囲のほうが図に

---

8. マックス・ヴェルトハイマー Max Wertheimer, 1880-1943。1933年までフランクフルト大学でつとめ、その後ニューヨークの新社会研究学院の教授となる。ヴェルトハイマーが研究した「よい連続(Good Continuity)」は、形のまとまりや群化を決定するゲシュタルト要因のひとつとなった。(p. 28 注-2参照)

なりやすい。

近接性

　星座の形がはっきり読み取れるのは、点と点が意味をもっていて、まとまったグループとして認知できるからである。これを形の近接性とよんでいる。点と点の関連性や同じ色のつながりを用いて、文字や数字を読み取る色盲検査も、この近接性を応用した図の見え方による検査法である。

類似性

　さまざまな形をランダムに散らした場合、類似の形、たとえば河原の石をたくさん集めた中に、河原の石と同様のテクスチュアの四角形をいくつか散りばめても、矩形という幾何学的形体の類似の形同士の結び付きが強い。そのため人はその関連性を読み取ろうとする。地図帳を眺めて、必要とする情報のみを検索できるのも、形の類似性による視認性の視覚効果のためである。

よい連続

　心理学者、マックス・ヴェルトハイマー[8]によって、よい連続の法則と名付けられた形の見え方である。直線や円の曲線上に部分的に別の形で隠されていても直線や円はそれぞれ素直に読み取ることができる。直線はまっすぐな線の延長として、円は円として、無駄のないスムーズな連続性のあるラインとして見えるという視覚心理の効果である。図(p.209)のように、菱形と楕円を交差した形では、中央の白い部分を形として認知するより、一般的には菱形と楕円が組み合わさった形として見えるはずである。なぜなら中央の白い形は複雑な形で捉えにくく、それに比べ、直線や数学的な楕円の曲線のよい連続性をもつ形のほうが、形として認知しやすいからである。

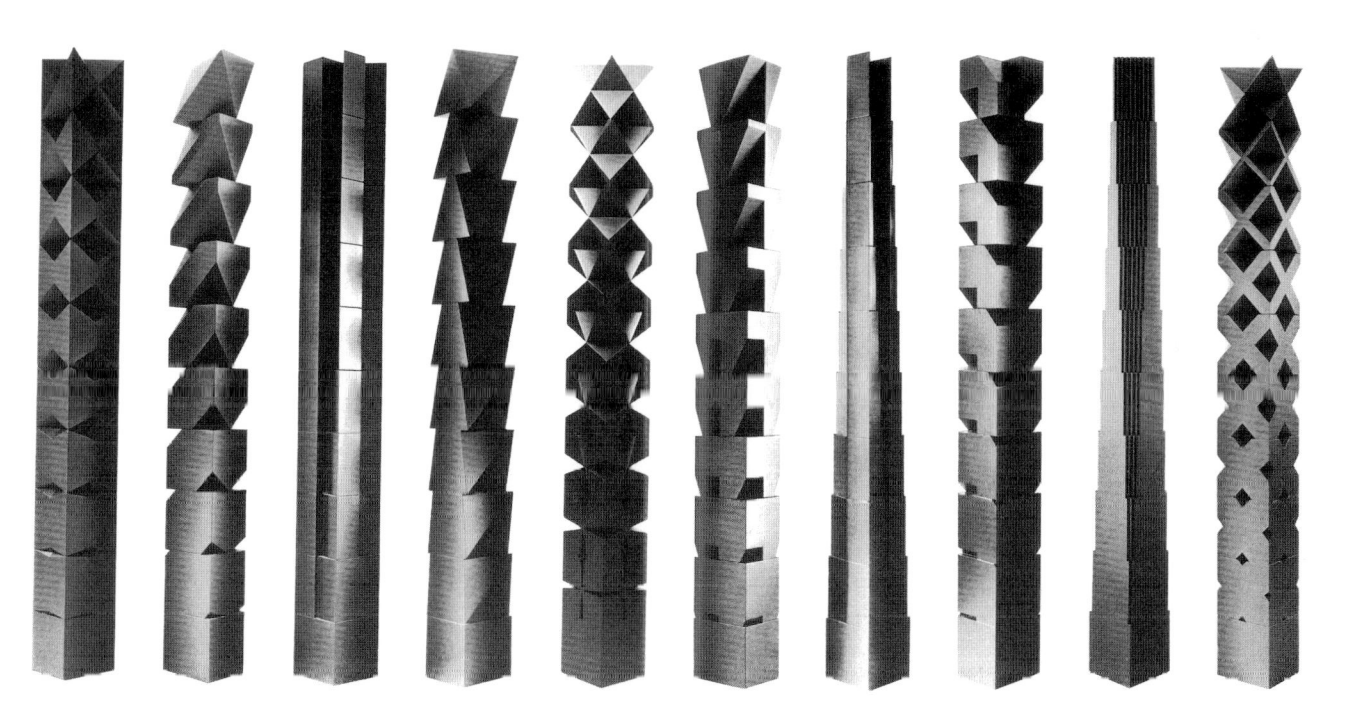

「積層の形：数理的に漸変する立体造形」マルチェロ・モランディーニ　1971 ©UNAC

「ゆらぎ」（ペーパーレリーフによるコンポジション）　西村優子　2005

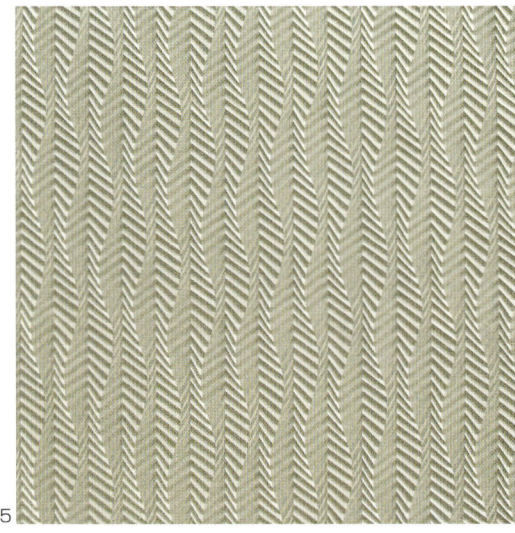

「せせらぎ」（ペーパーレリーフによるコンポジション）　西村優子　2005

6-9　形体の錯視

「図」と「地」のかかわりの中で、私たちは形を知覚していることを前項で述べた。
ところが、その形に関して物理的には正しい形であっても、歪んで見えたり、大きさや長さが異なって見えることを錯視とよんでいる。
ゲシュタルト心理学が19世紀中頃、実験心理学の一研究領域として独立して以来、現在まで多くの錯覚図形や現象が報告されている。
多くは心理学者や画家など、図形や絵画などの画像の実例が提示され、私たちは錯視現象を直接確かめることができる。
形体の錯視としては、以下のような錯視現象があげられる。(p. 210 - 213参照)

A. 大きさの錯視
ジャストロウ錯視
上下同じ大きさの扇形であるが、上下の配置の影響から下の図形のほうが大きく見える。
ティチェナー錯視
中心の円が同じ大きさであっても、複数の大きな円に囲まれると中心にある円が小さく見える。エビングハウス錯視ともいう。
イラディエーション（光滲^{こうじん}）
黒地に白の正方形が大きく見える。白の領域が黒色の領域よりも大きく見えるのを光滲現象という。

正方形・菱形錯視
向きや角度によって、見かけの大きさが変化する錯視。正方形を45度回転させた「菱形」は、垂直水平状態よりも大きく見える。黒と白の正方形のどちらでも観察できる。

B. 長さの錯視
ミュラー・リヤー錯視
1889年に発表された、長さの錯視の早い時期の例。上下等しい長さであるにもかかわらず、矢印の角度による影響で、外向きの矢印の線分が長く見える。
ヴント・フィック錯視
垂直水平錯視ともいわれ、アドルフ・フィックが1851年に発表。同じ長さの水平線と垂直線では、垂直線のほうが長く見える。
ポンゾ錯視
線路の錯視といわれるように、上方にある横線が長く見える。また大きさに関しても同様の現象がみられる。

C. 方向の錯視
ポッゲンドルフ錯視
遮断された右側の斜線は、左側下の斜線と一直線上にあるが、左側上の斜線と一直線上にあるようにずれて見える。
デルブーフの角度錯視
左右の斜線の延長線は1点に交わるはずであるが、

ずれているように見える。右の斜線が下方にずれて見える。

D. 歪みの錯視
ツェルナー錯視
ツェルナーが1860年に示した典型的な方向錯視の一例。平行線に短い斜線が付加され、歪んで見える。

オービソン錯視
背景の同心円によって、正方形が内側に歪んで見える。オービソンが1939年に示しているが、ヴァルター・エーレンシュタインが1925年に同種の錯視を発表している。

ヘリング錯視
放射状の斜線に影響されて平行線がふくらんで見える。ヘリングが1861年に示した。一方、ヴント錯視では、平行線が内側にしなっているように見える。

トランスキー錯視
同じ大きさの円でも、円弧の長さが異なると、曲率が違うように見える。トランスキーが1964年に発表しているが、ミュラー・リヤーは同種の錯視を1925年に示している。

E. 主観的輪郭
カニッツアの主観的輪郭
物理的に存在していなくても、上図では三角形の輪郭が知覚できる。主観的輪郭（錯視的輪郭）図形は「カニッツア図形」ともいう。カニッツアが1976年に示した。エーレンシュタイン図形も同種の錯視である。

F. 多義図形、ネガ・ポジの錯視
ルビンの盃
エドガー・ルビンは、この錯視図形によってゲシュタルト心理学の基礎を築いた。黒の顔と白い盃が見える。単一の図形から、主観的・心理的に二つ以上の図形を知覚される図形を多義図形という。

G. 埋没図形（エンベッデッドフィギュア）
図のように、犬に見えたり、馬上の人が見えるのは、その見る人の過去の視覚経験から視覚要素を結びつけながら理解、解釈をしているからである。

H. 空間の錯視（反転図形）
シュレーダーの階段
左へ上る階段と天井に張り付いて右下に降りる階段が知覚できる。ひとつの図形から複数の方向や奥行き感が知覚できる図形を反転図形といい、多義図形の一種である。

ネッカーの立方体（1832）
太線によって左下から見た立方体（左）と右上から見下ろした立方体（中）が知覚できる。太線がなくても、2種類の立方体が見える（右）。

マッハの本
伏せた状態と本を開いた状態の知覚が入れ替わる。オーストリアの物理学者が提唱した反転性の

錯視図形。

I. 不可能図形の錯視
ペンローズの三角形
現実には存在しえない空間を描いた図形を不可能図形といい、「だまし絵」ともよばれる。この図はロジャー・ペンローズが1954年にマウリッツ・コルネリス・エッシャーの作品を見て考案した。
ペンローズの無限階段
エッシャーは、この無限階段に触発されて「上昇と下降」(1960)を制作した。

J. モアレ
モアレは干渉縞を指し、規則正しいパターンを重ねたとき、波形の干渉により二次的に発生する模様をいう。

以上のような錯視の実例が、これまで解明されているが、ゲシュタルト心理学は本来、通常の成人の人間における視覚の特性を生理学的に掘り下げ、人間が形をどのように捉え、認知するか実験を通し解明する心理学の研究領域である。また、色彩にかかわる錯視については、214、215ページを参考にしていただきたい。

アートやデザインの造形行為では、当然のことながら、こうした人間の視覚的特性を熟知した上で、作家の意図するイメージが見る人に正しく伝えられるようにしなければならない。

現代の構成学では、造形秩序やさまざまな美的形式原理とともに、ゲシュタルト心理学による形の見えの特性を熟知していることは、もはや必須の造形理論である。

錯視の原理を無視したために作者の制作意図が、正しく表現できなければ芸術やデザインの本来の表現の意味は失われてしまうからである。

またこうした錯視を巧みに生かした絵やイメージは、従来トロンプルイユとしてあそび絵の範疇に入っていた。現代芸術ではオプチカルアートのように、幾何学的抽象形体を用いた錯視による表現形式も、芸術の新しいジャンルとして登場している。

よい連続（菱形と楕円形）　p. 205参照

A. 大きさの錯視

ジャストロウ錯視（Jastrow Illusion）
同じ大きさの弧を併置させた時に、内側に置いた図形が大きく見える。

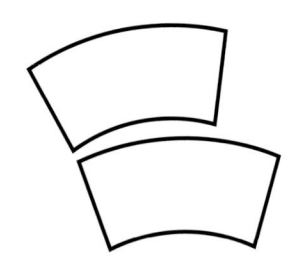

ティチェナー錯視（Titchener Illusion）
周囲の円環との対比で見かけの大きさに差が生じる。複数の大きな円に囲まれると中心にある円が小さく見える。エビングハウス錯視（Ebbinghaus Illusion）ともいう。

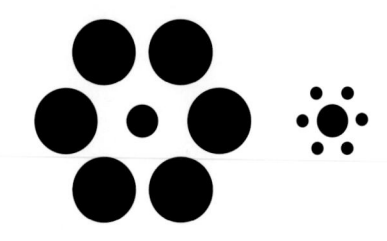

イラディエーション（Irradiation：光滲）
黒地に白の正方形が大きく見える。白の領域が黒色の領域よりも広く見えることを光滲現象という。

正方形-菱形錯視
正方形を45度回転させた「菱形」は、垂直水平状態よりも大きく見える。黒と白の正方形のどちらでも観察できる。

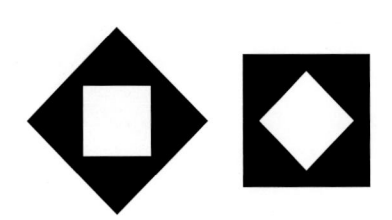

B. 長さの錯視

ミュラー・リヤー錯視（Müler-Lyer Illusion）
同じ線分の両端に矢羽をつけた場合、外向きにつけると長く見える。

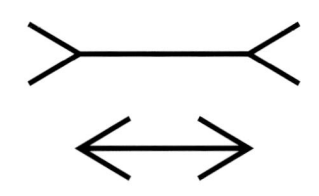

ヴント・フィック錯視（Wundt-Fick Illusion）
同じ長さの線分であっても、垂直に置いたほうが長く見える。垂直水平視（Vertical-Horizontal Illusion: V-H Illusion）ともいう。

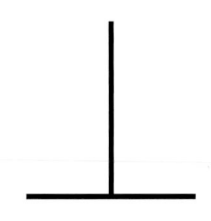

ポンゾ錯視（Ponzo Illusion）
平行する同じ長さの線分を逆V字形に置くと、上の線分が長く見える。

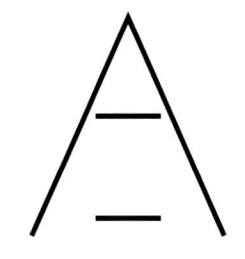

遠近法的錯視（回廊錯視：Corridor Illusion）
遠近法による透視図に同じ大きさの図形を置くと、線が収斂する点に近い右上の長方形が長く見える。

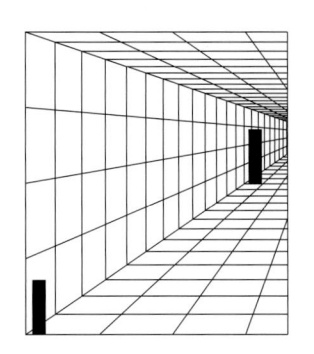

C. 方向の錯視

ポッゲンドルフ錯視（Poggendorff Illusion）
遮断された右側の斜線は、左側下の斜線と一直線上にあるが、左側上の斜線と一直線上にあるようにずれて見える。

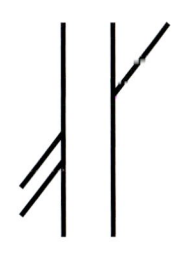

デルブーフの角度錯視（Delbœuf）
右側の斜線の延長線上に、左側の斜線と垂直線上との交点があるが、右側の斜線が下にずれて見える。

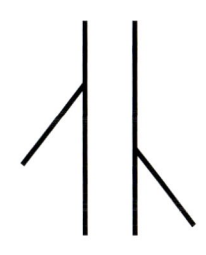

ルキーシュ錯視（Luckiesh Illusion）
正方形に斜線が交差すると、角が伸び出すように見える。

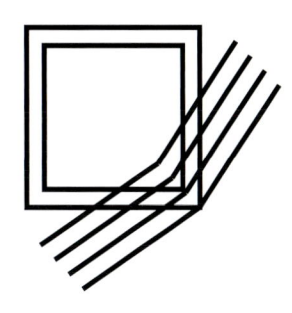

D. 歪みの錯視

ツェルナー錯視（Zölner Illusion）
平行線に斜線を交差させると、線分が傾いているように見える。ツェルナー（1860）による典型的な方位錯視。

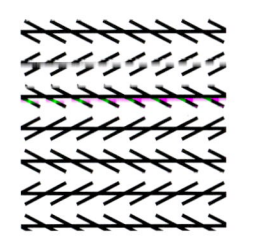

オービソン錯視（Orbison Illusion）
等間隔に並んだ同心円上の正方形が内側に歪んで見える。

ヘリング錯視（Hering Illusion）
放射状の斜線によって、平行線が中央でふくらんで曲線的に見える。ヘリングの湾曲錯視ともいう。

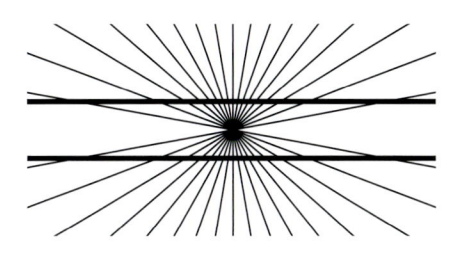

ヴント錯視（Wundt Illusion）
斜線によって、平行線が中心寄りにしなって曲線的に見える。

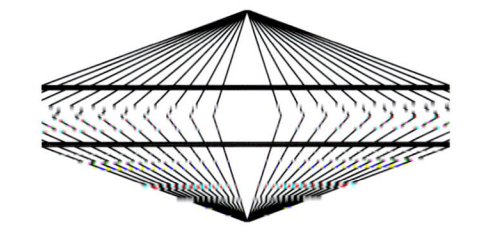

トランスキー錯視（Tolanski Illusion）
同じ大きさの円でも、円弧の長さが異なると、曲率が違うように見える。

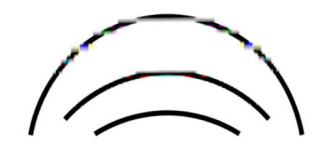

E. 主観的輪郭（Subjective Contour）

カニッツアの主観的輪郭（Kanizsa）
物理的に存在していなくても、三角形の輪郭が知覚できる（上図）。主観的輪郭（錯視的輪郭）図形は「カニッツア図形」ともいう。

エーレンシュタイン図形（Ehrenstein）
垂直水平、斜めの線が交差するところに主観的な円が見える。各円は手前にあって、より白く知覚できる。

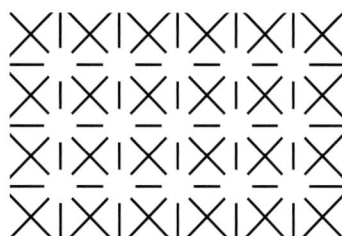

F. 多義図形、ネガ・ポジの錯視

ルビンの盃(左)、妻と義母（右）
黒の顔と白い盃が見える。単一の図形から、主観的・心理的に二つ以上の図形を知覚される図形を多義図形という。

ネガ・ポジ（図と地）の現象的性質
狭い帯のほうが図として知覚される。図（Figure）は、一定の形として知覚され、地（Ground）はその背景として見える。

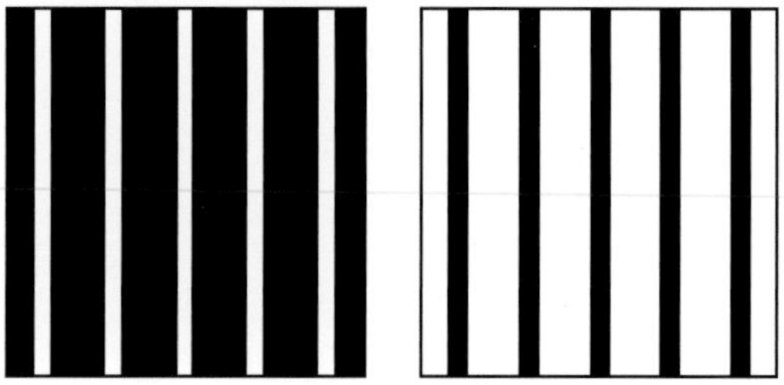

G. 埋没図形（エンベッデッドフィギュア）

犬(左)、馬上の人（右）
図形のなかに別の図形を隠してわかりにくくなっている図形を埋没図形（Embedded Figure）という。

第6章　立体と空間

H. 空間の錯視（反転図形：Reversible Figure）

シュレーダーの階段（Schröder Staircase）
左へ上る階段と、天井に張り付いて右下に降りる階段が知覚できる。ひとつの図形から複数の方向や奥行き感が知覚できる図形を反転図形といい、多義図形の一種である。

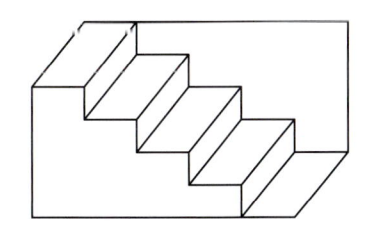

ネッカーの立方体（Necker Cube）
太線によって左下から見た立方体（左）と右上から見下ろした立方体（中）が知覚できる。太線がなくても、2種類の立方体が見える（右）。

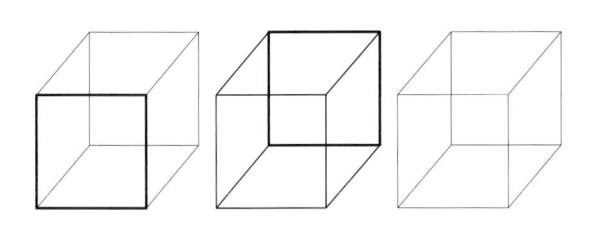

マッハの本（The Mach Book）
伏せた状態と本を開いた状態の知覚が入れ替わる。

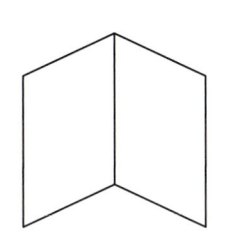

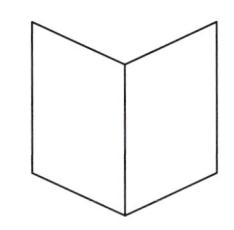

シェリープリズム（Thiéry Prism）
左の下から見上げた直方体と右の上から見下ろした直方体の状態の知覚が入れ替わる。

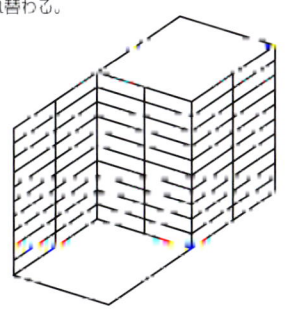

I. 不可能図形の錯視

ペンローズの三角形
現実には存在しえない空間を描いた図形を不可能図形といい、「だまし絵」ともよばれる。この図はペンローズがエッシャーの作品を見て考案した。

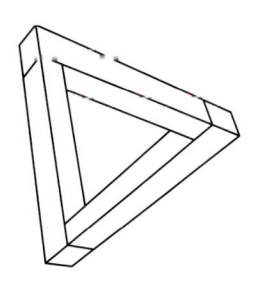

ペンローズの無限階段
エッシャーは、この無限階段に触発されて「上昇と下降」を制作した。

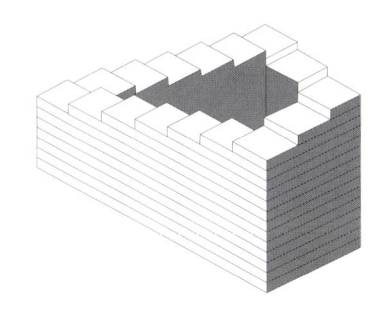

二枝の三つ又（三つ又のサス）

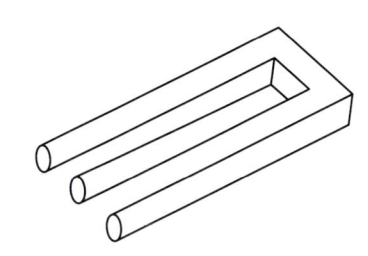

J. モアレ

モアレ（moiré）は干渉縞を指し、規則正しいパターンを重ねたとき、波形の干渉により二次的に発生する模様をいう。

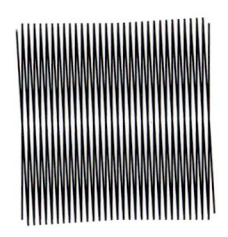

213

明度対比（Brightness Contrast）

左右にある同じ明るさの灰色の正方形は、黒地のときは明るく、白地のときは暗く感じられる。明度差が強調されて、低明度色を背景とした灰色の正方形はより明るく、高明度色を背景としたときはより暗く見える。

同化（Assimilation）

左の灰色は暗く、右の灰色は白っぽく見える。色が接近することから、明るさの同化という。

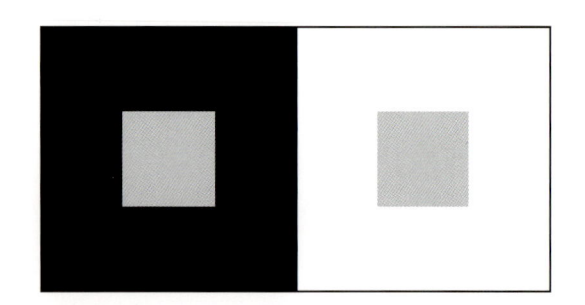

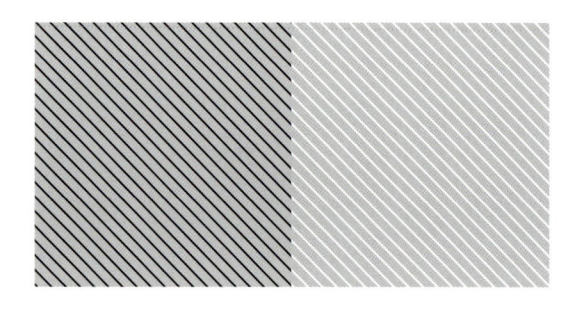

彩度対比（Saturation Contrast）

左の橙色の正方形はくすんで見え、右の橙色の正方形は冴えて見える。高彩度の黄色を背景としたとき（左）は、橙色の正方形は彩度が低下したように見え、低彩度色を背景としたとき（右）は、よりあざやかに見える。

縁辺対比（えんぺんたいひ）（Border Contrast）

2色が接する境界で対比現象が生じる。右側のより暗い灰色に接する灰色の境界は明るく見え、左側のより明るい灰色に接する灰色の境界はより暗く見える。

色相対比（Hue Contrast）

左の黄緑色の正方形は黄みがかって、右の正方形は青みがかって見える。

マッハバンド（Mach Band）

白から黒へのグラデーションでは、両側に黒と白の帯を知覚できる。白と黒に変化する領域で、より明度の強調が生じるためである。

第6章 立体と空間

透明視（Transparency）

物理的に透明な媒体でなくても、透けているように知覚できる。知覚的透明（Perceptual Transparency）ともいう。

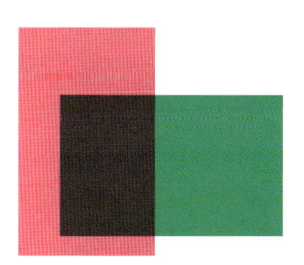

ベナリー図形（Wertheimer-Benary Cross）

同じ明るさの直角三角形を比較すると、左上のほうがより白く見える。

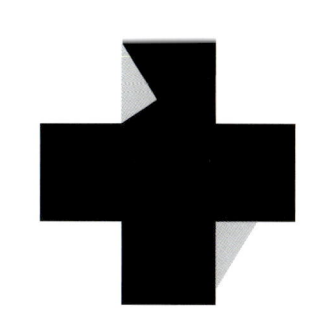

進出色・後退色（Advancing Color, Receding Color）

高明度は進出しているように、低明度は後退しているように見える。

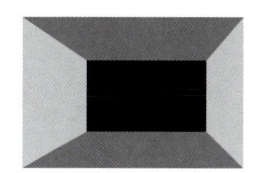

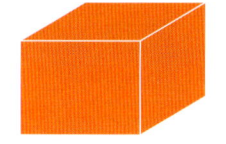

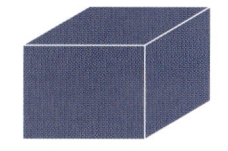

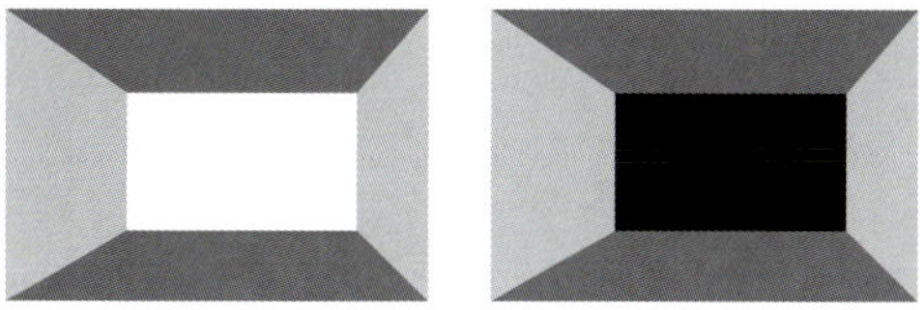

ヘルマングリッド（ヘルマン格子錯視：Hermann Grid）

格子の白い交差部分に灰色のスポットがちらついて見える。1870年に発見したLudimar Hermannにちなんで名付けられた。

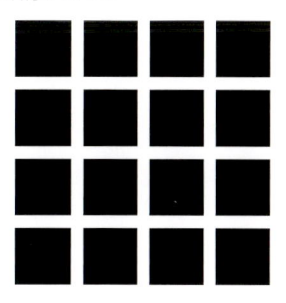

ネオンカラー効果（Neon Color Effect）

交差点にある黄色が黒色の領域に拡散されて、ネオン光が広がるような効果。

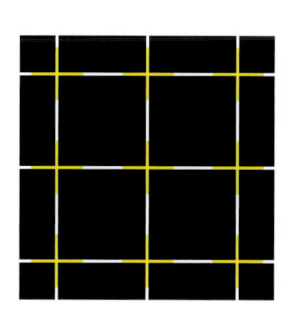

膨張色・収縮色（Expansive Color, Contracting Color）

色のちらつき（Flicker Effect/ Vibrating Boundaries）

コントラストの強い色相を併置させたとき、境界にちらつきが生じる。

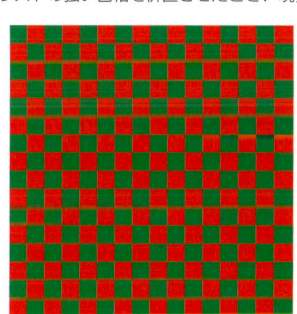

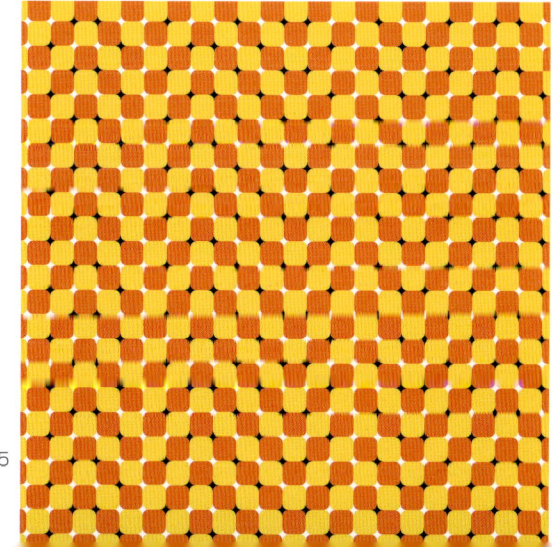

「ゆがみⅡ」鄭 志完 2005

● 反転性遠近錯視によるオプチカルパターン

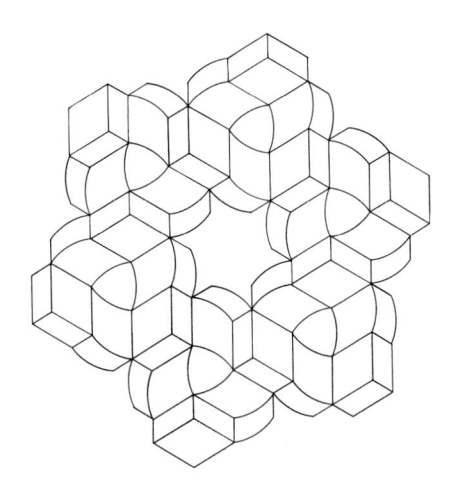

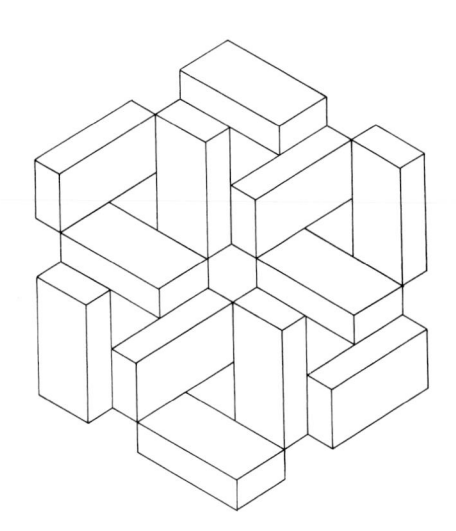

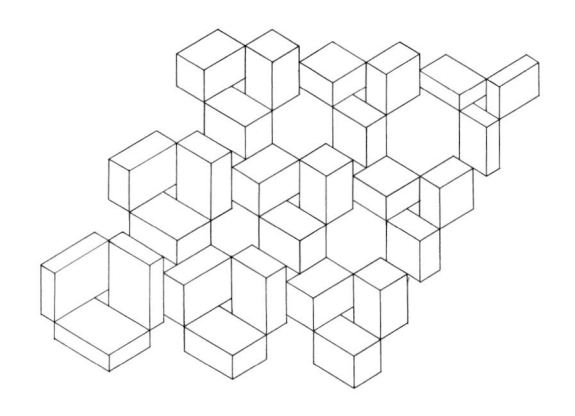

「円の極限 IV（天使と悪魔）」マウリッツ・コルネリス・エッシャー　1960
All M. C. Escher works ⒸEscher Holding B. V. -Baarn-the Netherlands. / Huis Ten Bosch-Japan

「凸面と凹面」マウリッツ・コルネリス・エッシャー　1955
All M. C. Escher works ⒸEscher Holding B. V. -Baarn-the Netherlands. / Huis Ten Bosch-Japan

「三世代」サルバドール・ダリ　1940
Ⓒ Salvador Dali Foundation Gala-Salvador Dali, VEGAP Madrid & SPDA Tokyo, 2006

第6章　立体と空間

「エチュード(習作)」ヴィクトル・ヴァザルリ 1955
ⒸADAGP, Paris & SPDA, Tokyo, 2006

「よい連続」(カモフラージュに応用されている) 捕食者がシマウマ1頭に的を絞りにくくしている。

「鏡の前の婦人」アラン・ギルバート　19世紀後半

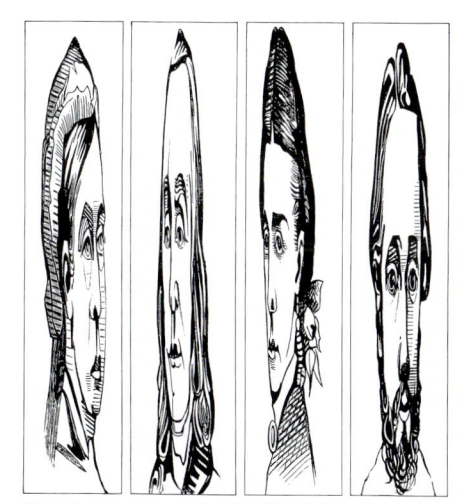

歪み(ディストーション)による画像の変形。

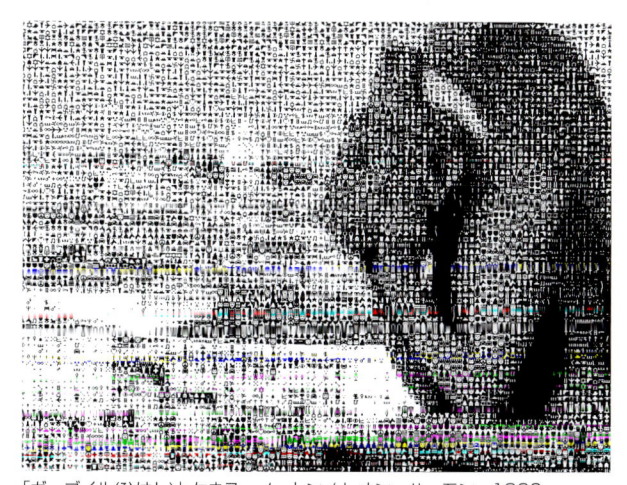

「ガーゴイル(ひはし)」ケネス・ノートン/レオン・ハーモン 1966
写真の濃淡を記号に変換した新しい試み。

「不可能な絵」ウィリアム・ホガース 1754

人工の形──Artificial Form

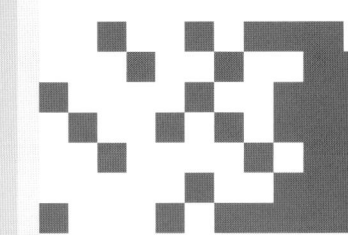

7 現代の構成学

7-1　テクノロジーの発展と構成学

　これまでバウハウスで築かれた構成学という造形の基本概念と造形教育について論じてきた。

　しかしバウハウスが1919年ワイマールで開校してすでに90年近くが経過し、アートやデザインをとり巻く造形環境も目まぐるしく変化し、造形教育の現場でも、その時代的な対応を余儀なくされてきた。

　そのもっとも大きな環境の変化は、テクノロジーがアートやデザインに与えた影響である。

　当時、造形をつくりだす表現要素は、具体的な対象として捉えることのできる形、色、材料、テクスチュアに限られていた。1920年代、確かに写真という新しい表現が注目され、モホリ＝ナジによってフォトモンタージュやフォトグラムなどがカリキュラムに組み込まれていた。ところが当時の写真表現は、あくまで印画紙に焼き付けられた画像という即物的な表現として捉えられていたにすぎなかった。

　ナジ自身は、写真を造形表現の視覚を拡げるもっとも可能性の高い新しいメディアとして位置づけていたが、彼のめざした光工房は、シカゴでのニューバウハウスであり、その実現は残念ながら彼の死後、第二次大戦後の後任のギオルギー・ケペッシュらによってであった。

　バウハウスでは、ポスターや新聞、エディトリアルデザインなどの印刷や活字によるプリントメディアに変わり、新しいメディアとして写真や映画などの映像メディアの可能性がすでに指摘されていた。

　ところが1930年代、テレビジョンという映像による放送システムが実現され、彼らの予想より早く映像メディアの時代が到来した[1]。

　戦後はコンピュータの開発とその出力機器による図形・画像の自動生成システムが可能となり、コンピュータアートという新しい表現も登場した。

　1960年代に入ると、ビデオデッキが開発され、これを使ったビデオアート（当初はテレビジョンアートとよんでいた）という映像メディアが、現代芸術の仲間入りを果たした。

●

　また新しい光の素材の開発が次々と行われ、従来の白熱光やネオン管に加え、ナトリウムランプ（1933）、蛍光灯（1938）、ブラックライト（1938）、キセノンランプ（1949）、ハロゲンランプ（1959）が登場した。

　1960年代以降は、半導体による発光ダイオード（LED）、液晶、レーザーなどの高度先端技術による電子光が開発され、一挙にテクノロジーと、これらを用いた視覚メディアの関係が深まっていったのである。

　その後こうした新しく開発されたテクノロジーの名を冠した芸術表現は、コンピュータアートに

---

1. 1930年代にはアメリカ、ヨーロッパの各国でテレビの放映を開始した。1930年にNBC（米）がニューヨークでテレビ実験放送開始。BBC（英）は1929年に実験放送開始、1936年、テレビ本放送開始。日本では、NHKが1953年に本放送を開始した。

続き、ビデオアート、レーザーアート、ホログラフィックアート、ライトアートやキネティックアートと続く。

さらにそれらの表現とコンピュータ制御が加わり、インタラクティブアートなどの高度なテクノロジーアートが出現した。これを当時は、ハイテクノロジーアート、エレクトロニックアート、ハイパーアートなどとよんでいた。

21世紀を迎えた今、こうした芸術表現とテクノロジーの結び付きは、ますます強くなり、デジタル技術を駆使した次世代アートとよばれるVR（バーチャルリアリティ：仮想現実感）やAR（アーティフィシャルリアリティ：人工現実感）などの仮想空間を取り込んだ表現メディアも参入してきた。

●

ところが現在の構成学は、こうした技術革新による新しいメディアや芸術表現には対応できていない。美術・デザイン教育の現場では依然として1920年代のバウハウス教育のカリキュラムから基本的には変わっていないのが現状といえよう。

二次元の絵画やグラフィックデザイン、三次元の彫刻や工芸、建築など、分野ごとの旧来の次元の枠組みの中で造形基礎の教育を担っているのが、構成学の本分と考えられている懸念がある。

ここには造形と環境や空間の巨視的（マクロ）な視点はなく、造形の根本的な捉え方とその教育に終始している。

デジタルメディア時代の幕開けといわれ、さまざまなマルチメディアやインターネット、ケータイがすでに日常生活に浸透している現在、現実のグローバルな社会環境と造形教育の現状との格差は、ますます広がってきているといっても過言ではない。

この章では、構成学における基本理念に加え、21世紀のデジタル時代に対応した造形教育を、新しい視座に立って複雑系などの科学理論も採り入れ、構成学の理論と実践について私の展望を述べていきたい。

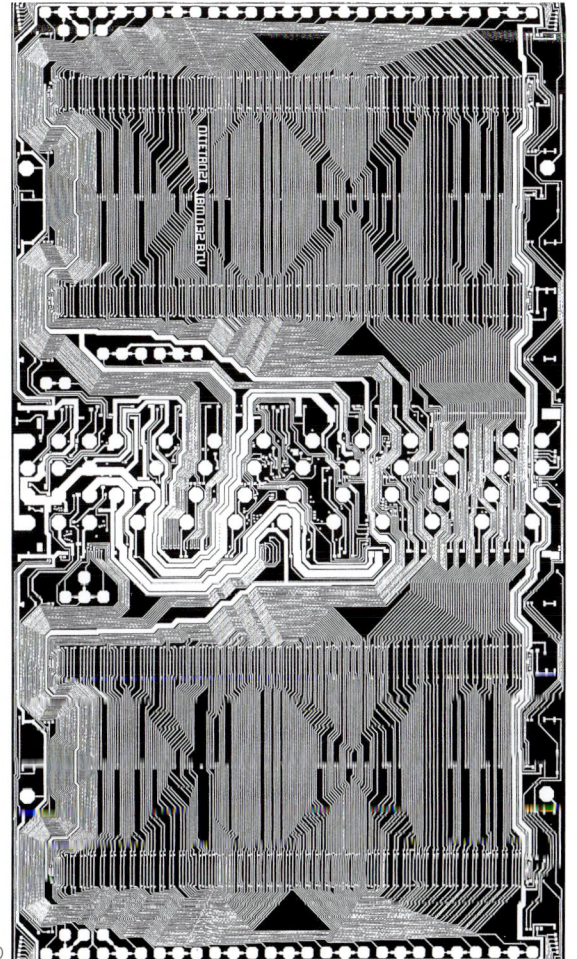

Information Art（IBMのメモリーチップ・DRAM）1982より

7-2　空間と環境の造形

　構成学とは、アートやデザインなどの造形の要素と造形をつくりだすさまざまな秩序について掘り下げる研究領域であることは、すでに本書のはじめに述べた。ところがバウハウスで造形教育の基礎がつくられた当時の構成学と現代の構成学では、造形をとり巻く周囲の環境がめまぐるしく変化した。

　20世紀初頭からはじまった美術運動によって、確かに美術では抽象に対する関心が高まったが、依然として二次元の絵画、三次元の彫刻という厳然とした境界は崩されていなかった。

　ところが1920年代に入ると、美術界には「抽象」という概念は、もはや特異な存在ではなくなり、美術全体が空間や環境との接点を深めていった。つまり芸術表現は、二次元、三次元の境界を超え、空間への投射を視野に造形という新しい概念が定着していったのである。

　こうした新しい造形表現では、従来の伝統的な様式から解放され、空間や環境とのかかわりさえも表現の一部として採り込んだコンセプト（概念）を掲げ、現代美術の枠組みをつくりあげていった。

　この新しい芸術の思潮のもとに、第二次大戦後の1960年代以降では環境芸術、インスタレーション、コンセプチュアルアート（概念芸術）、パフォーマンス、ランドアート（アースワーク）などの芸術の新しいジャンルが次々と形成されていったのである。

　1960年代中頃から欧米で盛んとなったエンバイラメンタルアート（環境芸術）は、主にランドアートとよばれ、地球上の大地そのものをキャンバスに見立て、つくりだす芸術表現である。

　p.53上の写真は、ランドアーティスト、ロバート・スミッソンが、アメリカのソルトレイクにつくった全長460mにわたる石と岩塩による渦巻状の突堤の作品である。

　70年代に入ると、全米の都市の高層ビル群の広場に、次々と巨大な屋外彫刻がつくられた。都市環境に調和する赤、黄など鮮やかな色で塗装された鉄の彫刻は、特に都市彫刻の名称でアレキサンダー・カルダー（p.43）やイサム・ノグチなど多くの作家が、これに参加した。

　ニューヨークの世界貿易センターのツインタワーの広場にも荒川修作の巨大な石の都市彫刻があったが、9.11のテロで残念にも崩壊した。（p.250 注-11参照）

「ボディアートとテクノロジー」ステラーク　1982（撮影：三井秀樹）

インスタレーションは、展示される特定の空間や環境のために制作される芸術作品を指す。したがってほとんどの作品が売買不可能であり、一定期間展示された後は、解体され、そのドキュメンテーション（記録）[2]が作品の証となる。

このように空間や環境と密接な関係を保ちながら、さまざまな視点からアートの可能性を探る試みが1960年代から世界的に盛んに行われるようになった。またこうした作品は、過去の芸術のように額縁や台座に置かれた状態とは決別している。一方で制作途中のプロセスや、制作そのもののコンセプトを重要視するパフォーマンス、ハプニング、イベントやコンセプチュアルアートが台頭したのも、この頃である。

これら芸術作品が空間・環境との結び付きを深めていった結果、さらに新しい芸術表現を生み、グラフィックデザインや他のデザイン領域にも大きな影響を与えていく。

戦後誕生したビデオアートやレーザーアート、ライトアートも環境や空間に対するこうした芸術環境が整っていたからこそ、その後アートとして市民権を得た確かな表現なのである。

つまり、光や映像を素材とする表現は、かつてバウハウスでモホリ＝ナジが実践した銀塩写真（印画紙に焼き付けられたプリントメディア）とは異なり、はじめから空間・環境をキャンバスにした全く新しい表現であったのである。

現代の構成学は残念ながら、こうした1960年代以降の空間環境の概念を視野に入れた造形原理には対応していない。依然、大半の大学の構成教育は、1920年代のデッサウのバウハウス教育からはほとんど進展していない、といってもよいだろう。

1980年代後半、急速に進展した高度情報化時代のマルチメディアの実現が現実となり、改めて映像メディアと空間・環境とのすり合わせ、およびその造形教育への対応のズレが急きょ浮上してきたのである。

1990年代に入り、美術系大学では情報デザインやマルチメディア教育などの名の新学科設立のラッシュが続き、にわかづくりのカリキュラムによって多くの学生を集めた。しかし大半の大学では、従来の造形教育にコンピュータ教育を併設しただけのカリキュラムにすぎず、未だ本来の構成教育には対応しきれていないのが現状である。

---

2. ランドアートやさまざまなコンセプチュアルアート、パフォーマンスアートでは、地理的に鑑賞不可能な作品やパフォーマンスなど、発表の場限りの存在でしかない作品は、これを記録した文書、写真、映像など、そのドキュメントが重要となる。この場合、ドキュメント自体が作品としての価値であり、鑑賞の対象となる。

● デジタルとアーキテクチュア

コンピュータグラフィックスによる3Dイメージのバリエーションは、オーガニック形体の複雑な曲面構成を生みだし、建築空間に革命をもたらした。

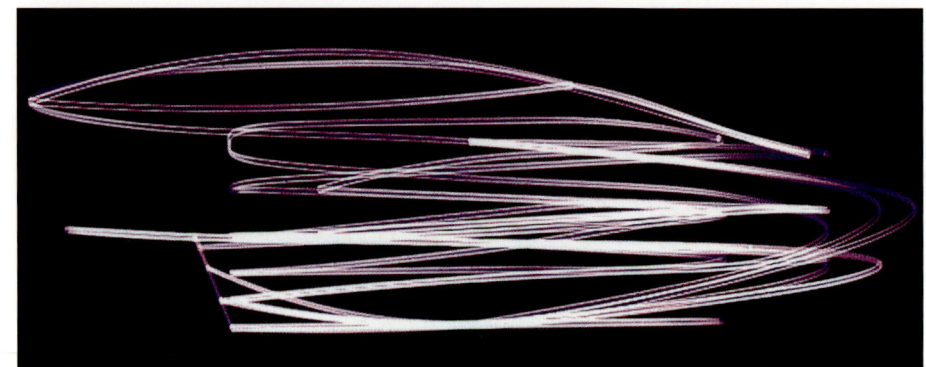

上：マルチメディアパビリオン建設のCGによるイメージ（オランダ）。
下：同館は総アルミニウムの直径300mのオーガニックフォルム。

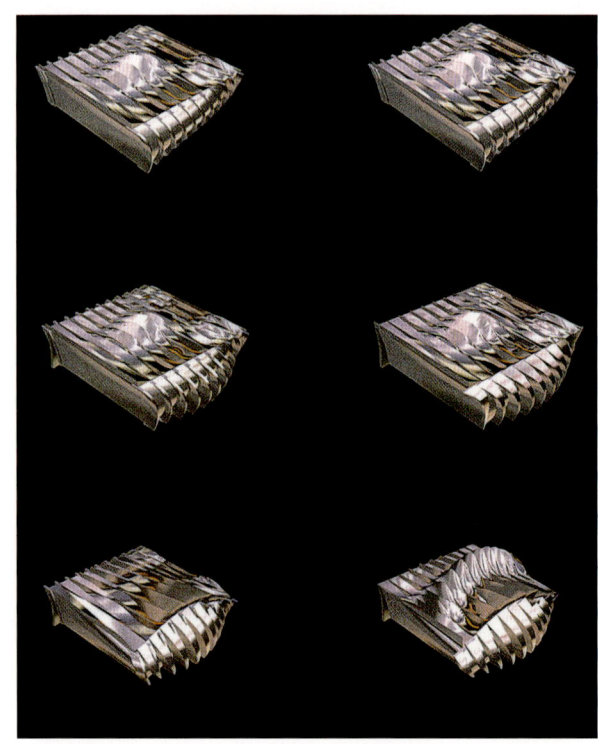

三次元CGの変数（パラメータ）の変換による形の変容。

楕円球の巨大曲面構造がフレキシブルに変化可能な美術館構想のデザイン。
上はインテリアのイメージ、下は外観。設計：Dr. H. Lalvani

第7章　現代の構成学

●デジタルタイポグラフィ―新しいデジタルデザインの方向

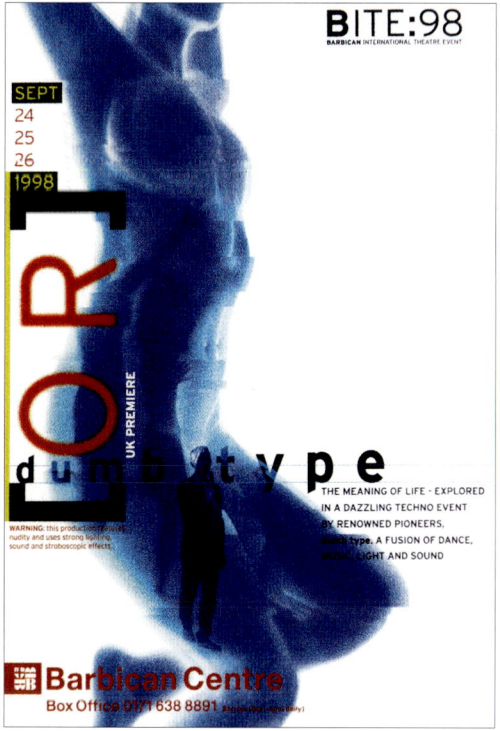

「バービカンアーツセンター」ポスター　1998

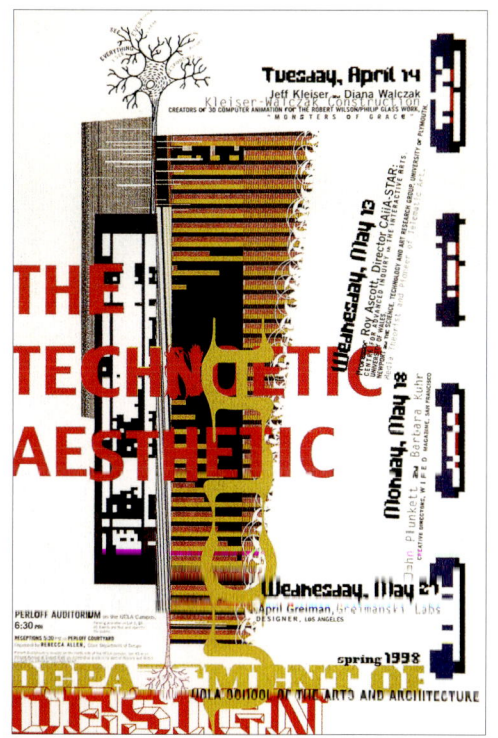

「UCLAデザインメディアアートセミナー」ポスター
K. & G. スワンランド　1998

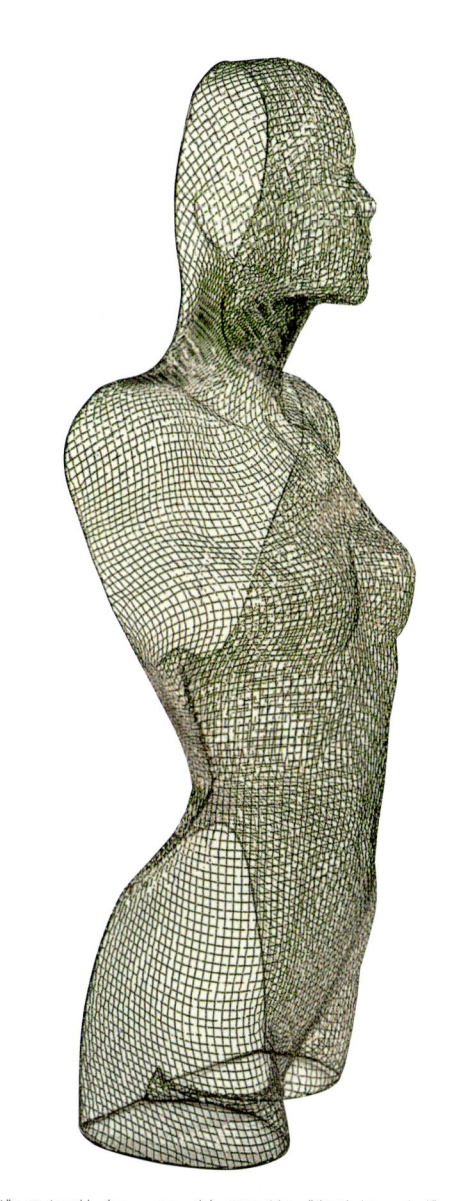

ダンスキン社（ニューヨーク）のワイヤー製マネキン。ヤギ・タモツ

225

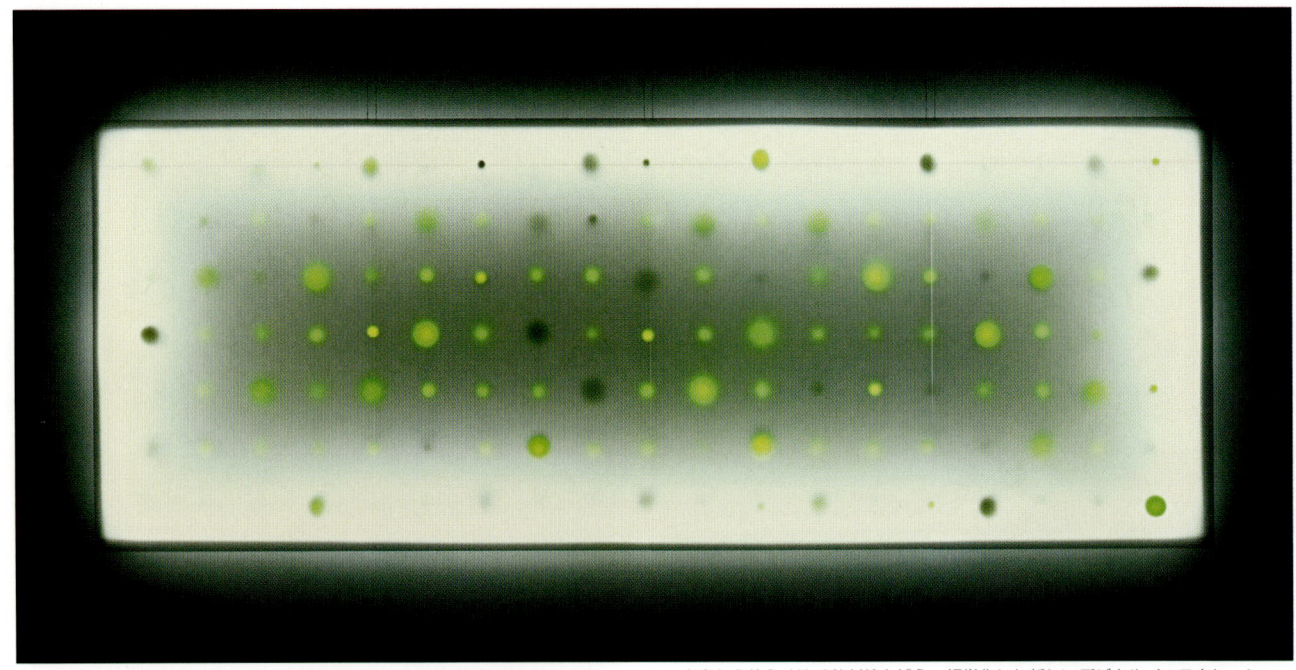

宇宙から絶えず注ぐ放射線を捕え、視覚化した新しいデジタルインスタレーション
'Appearance and Disappearance Marl' 逢坂卓郎 2004

（同作品部分）

ミラーとスケルトンチェアと大地をモチーフとしたインスタレーション
「motherあなたに話しかける声に耳を澄ましなさい」 大泉由美子 2005

第7章　現代の構成学

リズミカルな動きを展開する3D-CGアニメーション
'Dice（サイコロ）'（SIGGRAPH 2005 Electronic Theater入選作）
赤山 仁　2005

●フォトグラムによる構成（筑波大学芸術専門学群「機器構成演習」学生課題作品）
フォトグラムはカメラを使わない写真として1920年代に開発された。マン・レイはこれを「レイヨグラフ」と命名している。直接印画紙の上にオブジェを置き、感光させた表現で、きわめて微細な造形表現が可能となる。モホリ＝ナジやマン・レイなどが多くの作品を発表し、知られるようになった。

7-3 メディアと造形

　構成学は、アートやデザインに直接かかわる造形の要素と、それらが複雑に組み合わさり、美をつくりだす造形秩序を体系的に掘り下げる研究領域である。

　したがって構成学は、造形にかかわる理論や視覚効果、また表現性の評価と造形教育に関する研究は行っていたが、これまでメディアとして造形を捉える学究的視座に対しては、ほとんど無関心であったといわざるをえない。

　戦後のデザイン教育では、グラフィックデザインの表現効果とこれを受けとめる人間の視認性の研究の必要性から、社会学、情報科学、心理学、生理学などの関連領域を視野に入れ、視覚伝達理論（ヴィジュアルコミュニケーション論）や意味論などのデザインの周辺領域の研究分野も採り込んできたが、いまだに体系化された理論としては、未成熟の状況にある。

　ところが今日、新聞・雑誌、ポスターなどの活字メディア（印刷メディア・プリントメディア）に加えて、テレビ・ラジオのメディア[3]（電波メディア・電気メディア）から先端の技術革新によってコンピュータグラフィックス、インターネット、ケータイなどの電子メディア（デジタルメディア）が、従来の予測を超えるスピードで社会に浸透し、私たちの日常生活に密接なかかわりをもつようになった。

　従来、構成学で行ってきた平面・立体構成も色彩実習も、コンピュータグラフィックスというデジタルメディアを使用し、次第に教育成果をあげてきている。

　またポスターや雑誌の編集・レイアウトもDTP[4]（Desktop Publishing）などで電子化され、かつての写植や手作業の版下制作から解放された。最近ではデジタルを前提とした表現効果を駆使したアートやデザインのメディアアートやデジタルデザインが急速に浸透してきた。

　こうしたデジタルメディアの開発と普及にともない、従来のアナログ対応のアートやデザインを単にデジタル変換するという考え方だけでは対応しきれない新たなデジタルアートの領域が、視覚の拡張として注目を浴びている。つまりこれまでの構成学のコンテクストでは対応できない、新たなメディアの表現領域が次々と生まれているのだ。

　したがって新しい構成学は、こうしたデジタルメディアとしてのアートやデザインにも充分対応できる教育体系を踏まえていなければならないといえる。

　もっともバウハウスの造形教育では、対象となるアートやデザインを現在のメディアという観点から捉えていなかった。当時の社会的な情報環境から考えると「メディア」という切り口は、ほとんど造形には影響を与えていないという考え方が根底にあったからであろう。

　このメディアとは、日本語では媒体とよんでい

---

[3] 20世紀に入って、電信、電話などの通信技術を経て、ラジオやテレビジョンの新しいメディアが登場した。いずれも空気中を伝わる電波によるメディアという意味からエアメディアともよんでいる。
[4] コンピュータのデスクトップ（画面上）で行う編集・デザインを指す。文章の割り付けや編集、写真や図形、グラフの取り込みやイラストなどの作成、レイアウト、印刷版下の作成までのワークフローを統合的に行える。代表的なDTPアプリケーションとして、米国のアドビ・システムズ（Adobe Systems）社の「Page Maker」、「In Design」やQuark社の「Quark XPress」などがある。

る。情報の発信側と、これを受け取る人間とのコミュニケーションを担う媒体や媒介の対象となるものを指す。

19世紀に入り、工業化社会を実現した西欧やアメリカでは輪転機など高度印刷機の開発により、日刊発行の新聞や雑誌が大量にすばやく人々に届けられるようになった。この印刷メディアによって、多くの人々に大量の情報を同時に伝達することが可能となった。

当時のアートやデザインは、基本的に作者が手技でつくりだしたオリジナル性にその価値があり、印刷機によって複製されたコピーは、その芸術的価値はないと考えられていた。

ところが19世紀末にパリやロンドンの街に登場した多色刷り石版画印刷によるポスターの出現は、たちまち人々を虜にした（p. 50参照）。このポスターという大衆メディアは、元来印刷を前提としたメディアであり、印刷機で刷られた一枚一枚が等価である、というオリジナル作品なのである。

こうした大量複製を可能にした印刷メディアに続き第二次大戦後は、ラジオ、テレビの普及にともない、さらに膨大な情報伝達を一斉に行うことを可能にした。

カナダの社会学者、マーシャル・マクルーハン[5]は「メディアはメッセージ」と論じ、この電波放送によるメディアを電気メディア（エレクトリックメディア）と命名し、いずれテレビの映像メディアが、新聞や書籍の活字メディアを駆逐するだろうと予見した。

つまりこのメディアは、空中を飛びかう電波によってコミュニケーションが成立するエアメディアであり、15世紀のグーテンベルグの印刷技術の活字文化以来の巨大メディアとなり、やがて情報文化の中核を占めるだろうと断言した。

残念ながらマクルーハンの予言は的中しなかった。しかし1990年代に入り、コンピュータを核とするデジタルメディアが本格的に導入されると、マクルーハンの描いた双方向のメディアが、マルチメディアという形で実現した。

マルチメディアは、互いに遠隔地にいる情報の発信者と受け手が双方向に映像ばかりでなく音声・文字情報を同時に自由にコミュニケートでき

「自画像」チャック・クロス（ニューヨーク近代美術館にて　撮影：三井秀樹）

る究極のメディアであるといえる。

　21世紀の現在、情報インフラの整備によって、メディアを通して造形を捉える社会的な視点情勢はますます強くなるものの、決して後戻りはしていかないであろう。

　本来、造形表現という立場からみると、コンピュータでつくられた映像やネットやケータイの画像も、従来の絵画・彫刻の表現やポスター・新聞広告の表現も、両者の間には何ら差異が認められない。つまりデジタル表現もこれまでのアナログ表現と同様、構成学の理論で明快に説明できるはずである。

　ところがこれまでの構成学では、視覚効果一辺倒でこうしたマルチメディアに対する多角的な切り口が用意されていないばかりか、メディアを通した造形の見方や造形の方法論と造形教育については、何ら対応されていなかったといっても過言ではない。

　それゆえ今日、さまざまなメディア、ことに光と運動を造形要素とした映像メディアからデジタルメディアの画像にいたる造形表現について、構成学の延長線上で捉える造形の教育や指導法の早期確立を痛感する。

　こうしたメディアの特徴は、画像やデジタル映像またデジタル出力の図形などは、その表現のソースとなる実質的な本体が、つかめないということである。

　それらはキャンバスに表現された油絵具、大理石の冷たい感触の彫刻というような材料やテクスチュアなどの具体的な対象ではなく、レンズを通したつかめない画像であったり、実体のない数値データでつくりあげたバーチャル（仮想）の造形であるからだ。

　新しい構成学では、こうしたメディアに対応した理論と、その教育・指導法を早急に確立させる必要がある。

　これまでの情報デザインやメディアアートなどの情報＋造形というような、単なる異領域を単純に複合した捉え方では、本来の造形教育は望めないということを厳に知るべきであろう。

---

5. "Understanding Media : the Extensions of Man" Marshall Mcluhan, MIT Press, Cambridge, 1994.（『メディア論：人間の拡張の諸相』マーシャル・マクルーハン著　栗原裕、河本仲聖訳　みすず書房刊1987）カナダ、トロント大学で教鞭をとっていたマーシャル・マクルーハン（1911-80）の『グーテンベルクの銀河系』（1962）と並ぶ主著。1964年に出版され、67年には最初の邦訳も出た。

無数の丸太によるらせんの環境芸術
'La Spirale du Midou' 國安孝昌　1997

7-4 マルチメディア時代と構成教育

21世紀は「IT (Information Technology) 革命」「マルチメディア時代」「インターネット時代」「高度情報化時代」「ブロードバンド時代」「モバイル」「ネット型社会」「デジタルメディア」などのキーワードとともに幕開けした。

いずれもコンピュータを核とする情報・通信のインフラ（インフラストラクチャ：産業の根幹となる社会資本）に関するキーワードで、21世紀社会の情報の基盤となる技術指向のコンセプトである。

日本政府も2001年には「e-Japan戦略」（図p. 234）を掲げ、情報インフラの構築とネットワーク社会の実現をめざしているが、教育分野でもITの活用を重点項目にあげている[6]。

一方、造形教育の現場では、すでに全国の小・中・高校にパソコンがほぼ100％導入され、インターネットなど情報教育によってコンピュータリテラシーを高めてきた。

またデザイン教育では、多くの教育機関がすでに簡単な描画ソフトやPhotoshop、Illustratorなどの画像生成ソフト、CADソフトによって、イラストレーションやアニメーション、立体造形などをつくらせる授業を実施している。しかし、その実体をみてみると、必ずしも歓迎すべき状況にあるわけではない。

多くは既存のソフトウェアを学校が購入し、マウスをクリックしながらイラストレーションや図形・画像をつくらせるお粗末な教科内容にすぎない。

なぜならば現在のコンピュータによる造形教育法は、手書きの描画とは異なり、創造性や人の心を惹き付ける訴求性が低く、多くはステレオタイプの習作に終始しているからである。また同じようなソフトを使用しているので、個別化した表現になりにくく個性が乏しく、創造性の欠如した作品となってしまう。

私もかつてあるコンピュータ専門誌の主催するCGアートコンテストの審査委員長を10年近く務めたことがある。応募者の多くは、三次元のリアルな表現をつくりだすアメリカ製のソフトを使っているため、迫力ある立体に透明感やテクスチュアが見事なほど再現されていたが、どれも画一的な表現で、同じ作者のものではないかと思われるような駄作ばかりであった。

パソコンのメモリが増強されるにつれ、誰でも手軽にこうした光ものの三次元立体の出力が可能になった。やがてこのコンテスト自体の吸引力が衰え、存続が困難となり、公募自体が中止に追い込まれた苦い経験がある。

こうした状況は、最近になって生じた現象ではなく、生徒や学生たちがコンピュータやパソコンの機能を充分に生かしきれていないことに、その原因があるのではないだろうか。

このことに関し、かつて1960年代末の第一期コンピュータアートのブームが思い起こされる。当時コンピュータアートの制作環境が整っている人間は、大型コンピュータを費用を気にせず自由に使える身分で、ほとんどが大学や研究所の研究者であった。

今見ると、何の変哲もない駄作がアート（当時は電

---

6. http://www.kantei.go.jp/
7. 1966年、槌屋治紀と多摩美術大学でデザインを学んだ幸村真佐男を中心に、丹羽富士男、長谷川武、大竹誠、山中邦夫、柿崎純一郎、藤野孝爾で結成された日本初のコンピュータアート制作グループ。
8. ヤシャ・ライハートの企画によるコンピュータを中心とするテクノロジーと芸術を融合させる試み。「サイバネティック・セレンディピティーコンピュータと芸術」展として、ロンドンの現代美術研究所（ICA: Institute of Contemporary Arts）で開かれた。展示内容は、「コンピュータで生成された視覚芸術、コンピュータ・アニメーションによる作曲及び演奏、コンピュータ・ポエム」、「サイバネティックな装置やリモートコントロールのロボットと、自動彩色器（カラープロッターの前身）のような造形装置としてのサイバネティックス機器」、「コンピュータを使ったサイバネティックス機器の展示と実演」であった。ナムジュン・パイクのビデオアート、ケネス・ノールトンのコンピュータアート、ウィリアム・フェッターの「CAD」、チャールズ・クスリの「ハミングバード」、ジョン・ホイットニーのコンピュータ・フィルム（コンピュータ・アニメーション）、レジャンレン・ヒラーとジョン・

第7章　現代の構成学

子絵画とよばれた）として、新芸術領域に君臨していたのである。

　つまり、高価なコンピュータを使って制作したこと自体に価値があるのであって、作品のクオリティに関しては不問であったのだ。ところが1966年、日本のCTG（Computer Technique Group）[7]が登場したことによって状況は一変した。

　このグループが制作したコンピュータアートは、どの作品も世界的に注目され、ようやく新しい芸術表現として認められるようになった。特に1968年、ロンドンで開催されたサイバネティックセレンディピティ[8]展では、テクノロジーと芸術表現のさまざまな展示・パフォーマンスが行われ、CTGの作品は、中でもPOPな感覚とハイテクなイメージを融合させた佳作として話題をよんだ。（p.54参照）

　こうしたコンピュータと造形のかかわりを経て現在に至っているにもかかわらず、今日のコンピュータとアートやデザインの教育では、コンピュータの操作（オペレーション）やソフトの運用が主な目的であり、造形教育の本質にはほとんど触れられていないところに問題の核心がある。

　つまり造形の基礎となる構成教育不在のまま、コンピュータに向かい、ソフトに従いマウスをクリックしているにすぎない。そこでは絵具を混色し、どんな色にするか迷うこともなく、無造作に色を選択し、ソフトに組み込んだ機能に従い形をつくる。そこにはアートやデザイン特有の直観や造形の感性はみじんも感じられない。

　造形教育が、このように機械化、デジタル化すればするほど、デジタル化されにくいもっとも大切な人間の感性や知から遠ざかっていくのである。

　私は何もデジタル化された造形教育や、これを併用した教育法を否定するのではない。はじめからデジタル機器によって造形の感性は培われないことを肝に命じておくことを明言する。造形的な感性は、人間が太古の昔から綿々と引き継いできたように、線を加えたり消したりしながらデッサンを重ね、人体のボリューム感や材質感を会得し、巧みに画面に配置することによってコンポジションの妙味を体で覚えていく。

　この手技によるアナログのプロセスを経ずして、どうして感性を涵養していくことができるだろうか。ここに構成教育の果たすべき重要な責務がある。

　構成学を学び、形や色の構成演習のトレーニングを重ねながら、造形的な豊かな感性を養っていくことが、一見遠回りのようにみえるが、結局は最短距離にあるもっとも望ましい高等な造形教育の方法なのである。

　私の構成教育の経験から顧みても、コンピュータを用いたアートやデザインの作品制作では、コンピュータのプログラミングが巧みでどんな数式を操ろうとも、創造という真のゴールにはたどりつけない。

　構成学をきちんと学び、絵が上手で、色のセンスのよい学生が最終的には、人の心を打つ感性の高い作品をつくりあげることを、私はこれまでの造形教育の現場でいやというほど実感してきた。

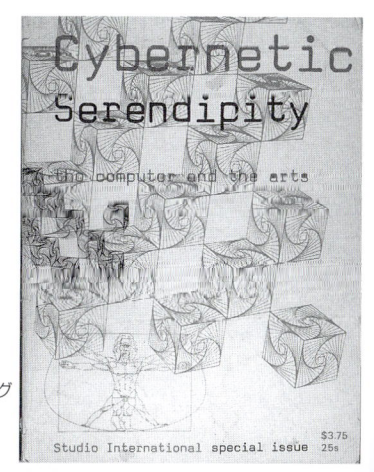

ケージのコンピュータミュージック、JHビーマンの「コンピュータ・ダンス」、ジャン・ティンゲリとウェン・イン・ツァイのキネティックアート、ニコラ・シェフールの環境造形、マーク・アドリアンのコンピュータポエム、CTGのコンピュータアートが一堂に会した。

Cybernetic Serendipity展総合カタログ

● e-Japan戦略概要

e-Japan戦略は、IT基本戦略を元に、2001年1月22日、高度情報通信ネットワーク社会推進戦略本部（IT戦略本部）第1回会合において国家戦略として決定された。

高度情報通信ネットワーク社会推進戦略本部（IT戦略本部）

首相官邸　トップページ

トップ ＞ 会議等一覧 ＞ IT戦略本部

e－Ｊａｐａｎ戦略（要旨）

（平成１３年１月２２日）

我が国は、すべての国民が情報通信技術（IT）を積極的に活用し、その恩恵を最大限に享受できる知識創発型社会の実現に向け、早急に革命的かつ現実的な対応を行わなければならない。市場原理に基づき民間が最大限に活力を発揮できる環境を整備し、5年以内に世界最先端のIT国家となることを目指す。

Ｉ．基本理念

１．IT革命の歴史的意義

（１）ＩＴ革命と知識創発型社会への移行
　　IT革命は産業革命に匹敵する歴史的大転換を社会にもたらす。ITの進歩により、知識の相互連鎖的な進化が高度な付加価値を生み出す知識創発型社会に移行する。

（２）新しい国家基盤の必要性
　　我が国が繁栄を維持して豊かな生活を実現するには、新しい社会にふさわしい法制度や情報通信インフラなどの国家基盤を早急に確立する必要がある。

２．各国のIT革命への取り組みと日本の遅れ

（１）各国のＩＴ国家戦略への取り組み
　　知識創発のための環境整備が21世紀の各国の国際競争優位を決定するため、欧米・アジア諸国はIT基盤構築を国家戦略として集中的に進めようとしている。

（２）我が国のIT革命への取り組みの遅れ
　　我が国のインターネット利用の遅れの主要因は、地域通信市場の独占による高い通信料金、公正・活発な競争を妨げる規制の存在等、制度的な問題にある。

３．基本戦略

（１）国家戦略の必要性
　　世界最先端のＩＴ環境の実現等に向け、必要な制度改革や施策を5年間で緊急・集中的に実行するには、国家戦略を構築して国民全体で構想を共有することが重要である。
　　民間は自由で公正な競争を通じて様々な創意工夫を行い、政府は、市場が円滑に機能するような環境整備を迅速に行う。

（２）目指すべき社会

1. すべての国民が情報リテラシーを備え、豊富な知識と情報を交流し得る。
2. 競争原理に基づき、常に多様で効率的な経済構造に向けた改革が推進される。
3. 知識創発型社会の地球規模での発展に向けて積極的な国際貢献を行う。

ＩＩ．重点政策分野

１．超高速ネットワークインフラ整備及び競争政策

（１）目標

1. 5年以内に超高速アクセス（目安として30～100Mbps）が可能な世界最高水準のインターネット網の整備を促進し、必要とするすべての国民が低廉な料金で利用できるようにする。（少なくとも3000万世帯が高速インターネット網に、また1000万世帯が超高速インターネット網に常時接続可能な環境の整備を目指す。）
2. 1年以内に有線・無線の多様なアクセス網により、すべての国民が極めて安価にインターネットに常時接続することを可能とする。
3. ＩＰｖ６を備えたインターネット網への移行を推進する。

（２）推進すべき方策

1. 超高速ネットワークインフラの整備及び競争の促進
　ア）非対称規制の導入、各種規制の大幅な見直し、事前規制の事後チェック型行政への転換、支配的事業者の反競争的行為に対する監視機能の強化、利用者の苦情及び事業者間紛争等への迅速な対応等のための専門機関の設置、並びに公正取引委員会の機能強化による競争阻害行為を排除
　イ）光ファイバー等の公正・公平な利用促進のための明確なルール等の設定
　ウ）無線周波数資源について、オークション方式なども考慮に入れた公正・透明な割り当ての検討・実施
2. 情報格差の是正、研究開発の支援・促進、国際インターネット網の整備

２．電子商取引

　　2002年までに、電子商取引を阻害する規制の改革、既存ルールの解釈の明確化、電子契約ルールや消費者保護等に関する法制整備等誰もが安心して電子商取引に参加できる制度基盤と市場ルールを整備して、電子商取引の大幅な普及を促進する。

３．電子政府の実現

　　2003年までに、行政（国・地方公共団体）内部の電子化、官民接点のオンライン化、行政情報のインターネット公開・利用促進、地方公共団体の取組み支援等を推進し、電子情報を紙情報と同等に扱う行政を実現し、幅広い国民・事業者のIT化を促す。

４．人材育成の強化

　　インターネット接続環境の整備による国民の情報リテラシーの向上、ITを指導する人材の育成、IT技術者・研究者の育成（2005年までに米国水準を上回る高度なIT技術者・研究者を確保）及びコンテンツ・クリエイターの育成に取り組み、人材という基盤を強固なものとする。

http://www.kantei.go.jp/jp/singi/it2/kettei/010122gaiyou.html

7-5　複雑系科学と新しい美学

　かつてギリシャ時代では、黄金比やルート矩形といった数学的な比例法が、美的なプロポーションと崇められていた。つまり数理的な秩序である黄金比が、人間の感覚的な美の比例と一致していると信じられていたのである。

　ギリシャ時代は数理文化といわれていたとおり、黄金比、調和数列、ルート矩形やシンメトリーなどの数理的秩序が美を形成する大きな要因と考えられ、これが美的形式原理となった。

　ギリシャ人はこの形式原理を基本として、建築・美術をつくりだすようになった。それ以降、20世紀初頭に至る実に2000年余り、黄金比とシンメトリーは、西洋の美の規範であり、文化の象徴的な存在となっていた。

　19世紀に入ると、ルネサンス以来の科学技術の成果が実り、新しい工業化社会を迎え、人々は技術が生みだす工業製品や、新奇なもの、エキゾチズムなものに対し興味を抱き、大いに関心を高めていった。

　さらに綿々と続いてきた西洋の美術表現や様式美、過剰な装飾に対し、ある種の閉塞感を感じるようになった。

　まさにその時期に西洋文化が、ジャポニスムに出合ったのである。浮世絵の表現がもたらした西洋人のショックは、単なる一過性のものではなく、オリエンタリズムやエキゾチズムを超えた西洋がこれまで経験していなかった新しい視覚であり、そこに新鮮な美的形式原理を発見したのである。

　これが、非対称の美であり、余白の美といわれるダイナミックなコンポジションである。この日本の美学が、当時もっとも進歩的な絵画であった印象派の画家たちに、大きな影響を与えた。

　それまでの西洋の伝統的造形原理と日本の美学が統合され、はじめて造形教育として結実したのがバウハウスであったことの経緯については、前述したとおりである。

●

　バウハウスによって20世紀デザインの造形原理が整理・分析され、今日のアート・アンド・デザインの美的規範をつくりあげてきた。戦後、先進国をはじめとして美術・デザイン教育の基礎に、バウハウスのカリキュラムが導入されたことによって、構成学というこの美的規範は、世界中で共有するグローバルな造形原理となったのである。

　ところが1975年、IBMワトソン研究所の研究員で数学者のベノワ・マンデルブロによってフラクタル理論が提唱され、複雑系科学の基礎がつくられた。

　複雑系とはカオス、ソリトンとともに雲・大気の流れや風のそよぎ方、川の流れなど限りなく複雑な現象や、運動を指す。こうした不規則で予測不可能な現象や非定形の形を定量化する新しい理論である。

　特にフラクタル理論は、ニュートン力学以来の20

世紀の相対性理論や量子力学に匹敵する物理学の理論として注目された。その理論は、ユークリッド幾何学では表わせなかった非再現性の形を測るための法則をもち、それを解明する方程式だったのである。

1979年、私ははじめて出席したコンピュータグラフィックスの学会SIGGRAPH（シーグラフ）のシカゴ会場で、フラクタル理論によって再現された雪山や雲の表現を見て度肝を抜かれた。写真と見紛うばかりのリアルな映像が、数値データだけで生成されていたのである。

こうした自然の山や雲、森林などの造形が見事に再現されたことによって、フラクタル理論の正しさが証明され、たちまち世界中にフラクタルブームをよびおこした。

その時私は、フラクタルが物理学よりも、むしろ造形、特に構成学の新しい形式原理として、普遍的な美の理論として有効ではないかと直感した。

なぜならば、これまで再現不可能で秩序のない出鱈目な形とされていた自然の造形が、フラクタル性をもつ形であったことが証明されたからだ。しかもフラクタルは、拡大しても縮小しても同じ形の相似形となる自己相似性という性質をもち、またそこに黄金比が含まれていることが解明されたのである。

つまり限りなく複雑で秩序がないと思われていた自然の造形をはじめとしたさまざまな形は、フラクタル性という自己相似性の秩序をもち、それらが黄金比と深い関係にあるということである。そして日本人が至高としていた美学は、自然を学ぶことにはじまり、自然と同化・融合することにある、という日本の歴史的な美学がフラクタル理論の提唱によって、はじめて造形理論として証明されたのである。

私たちの祖先は代々、大自然の中にある秩序の美を見出し、美意識をつくりあげてきたことは、これまでも多くの美術史研究者から度々指摘されてきた。それはとりもなおさず、日本人が本能的に自然の中に潜む黄金比を認めていたからなのである。

このように日本と西洋の文化や哲学の違いはあれ、西洋では黄金比やシンメトリーなど直接きちんと寸法を測れるような、数理的でストレートなヴィジュアルを大切にしてきた。

これに対し日本人は、あくまで自然の造形に潜む黄金比やシンメトリーの間接的とも思えるヴィジュアルを愛しむとともに、そこに精神的な価値を見出してきたといえる。

20世紀に入ってアートとともにデザインは、合理的で機械技術の絶対的な信仰の下に、非対称の形よりもシンメトリーの形体、またオーガニック（有機）形体よりも幾何学的形体を優先して登用してきた。

こうした数理的造形主体のアートやデザインの潮流は、西洋の長い歴史的な変遷からみても所詮限界があったのだろうか。この転換は、近年の自然保護の環境保全政策や地球温暖化現象にともない、人々の自然回帰の流れによってすでにみえはじめている。

新しい構成学の確立には、複雑系の美学であるこ

のフラクタル理論を何としてもアートやデザインに受け入れやすい造形理論に仕上げていかなければならない。

こうした信念のもとに私は、過去に造形とフラクタルに関する著書や翻訳書を出版し、啓蒙と普及に努めてきた。現代はようやく理解されつつあるが、これまでには多くの批判を受け、学会からも無視され、投稿論文を却下された苦い経験がある。

● コンピュータによるコッホ曲線のシミュレーション

線分を三分割し、真ん中の線分を削除する。次に、同じ単位長さの2本の線分で、正三角形をつくるように置き換える。以後、できあがった各線分に対して同じ操作をくり返していく。右は三角形を基本として同じ操作を行った形で、コッホアイランド(コッホ島)とよばれる。スウェーデンの数学者、ファン・コッホ(Helge Von Koch)が1904年に発表。

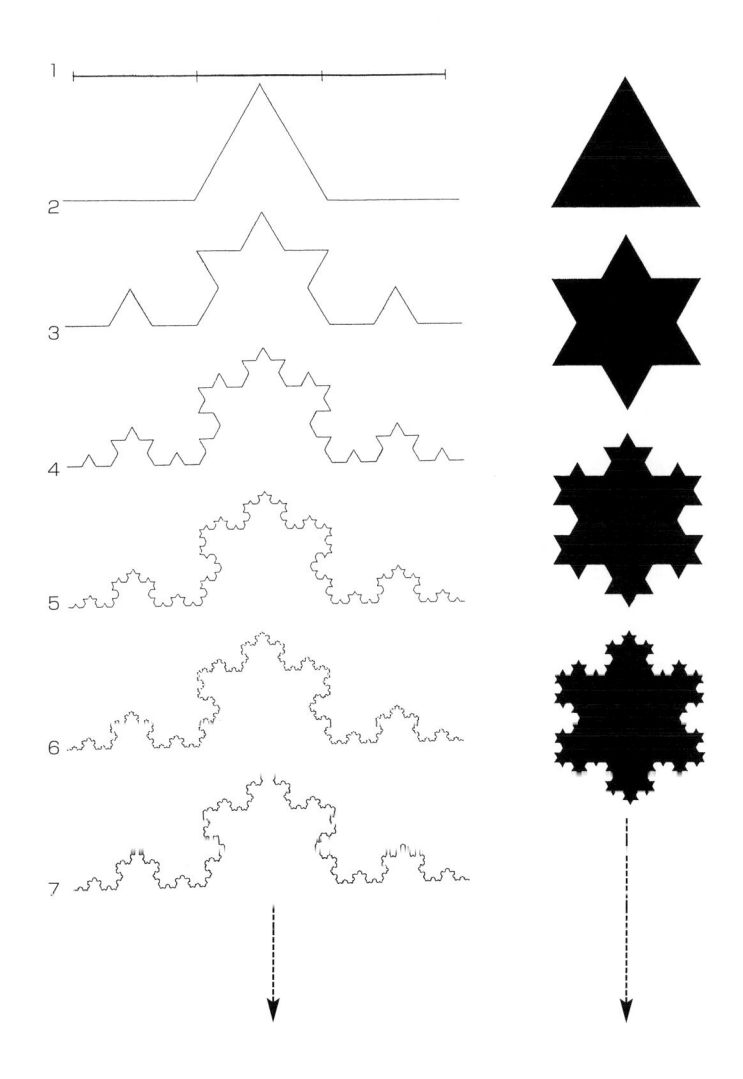

●自然界におけるフラクタル形とフラクタル次元

一般に二次元を平面、三次元を立体と捉えているが、フラクタル幾何学ではフラクタル次元という概念で複雑な形や空間を定量化している。フラクタル次元は整数の次元ではなく、1.34次元、1.618次元というように非整数の値の次元をとる。その値によってフラクタル造形の形状・性質・テクスチュアなどの見え方が変わってくる。たとえば単調な海岸線は1.1次元程度であるが、リアス式海岸のような複雑な形状は1.3次元に近くなっていく。

自然の造形とフラクタル次元

1. 稲妻　　　　　　　　　フラクタル次元 D=1.7
2. 雲（撮影：三井秀樹）　　フラクタル次元 D=1.35
3. 墨流し（マーブリング）　フラクタル次元 D=1.3
4. 海岸線（撮影：三井秀樹）フラクタル次元 D=1.1〜1.3
5. ほこり（凝集体）　　　　フラクタル次元 D=1.6
6. 土のひび割れ　　　　　　フラクタル次元 D=1.4〜1.8

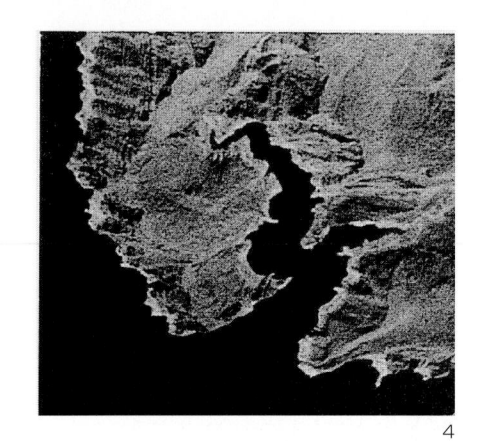

ひび割れパターンもフラクタルそのもの（撮影：P.アルマシー 1964）

● 対数らせんと自然の形

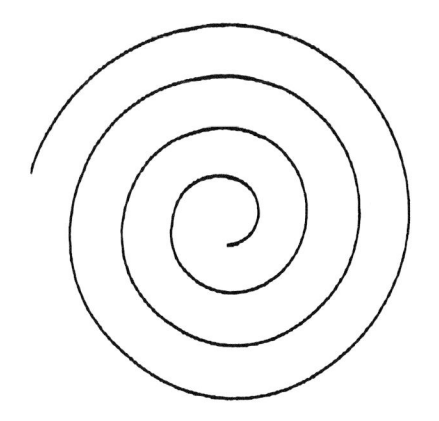

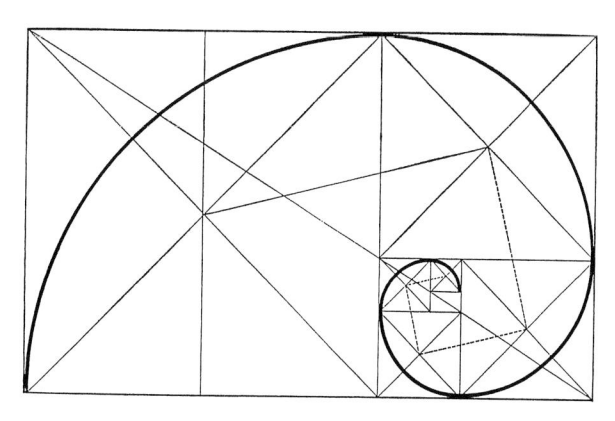

左はアルキメデスのらせん。右の対数らせんはひまわりの種の配列や松笠(まつぼっくり)の配列にみられる。対数らせんは、ベルヌイらせん、等角らせんともいう。

オウム貝の対数らせん（断面）。対数らせん状に大きくなる隔室がみえる。

ビルの排気口（ダラス　撮影：三井秀樹）

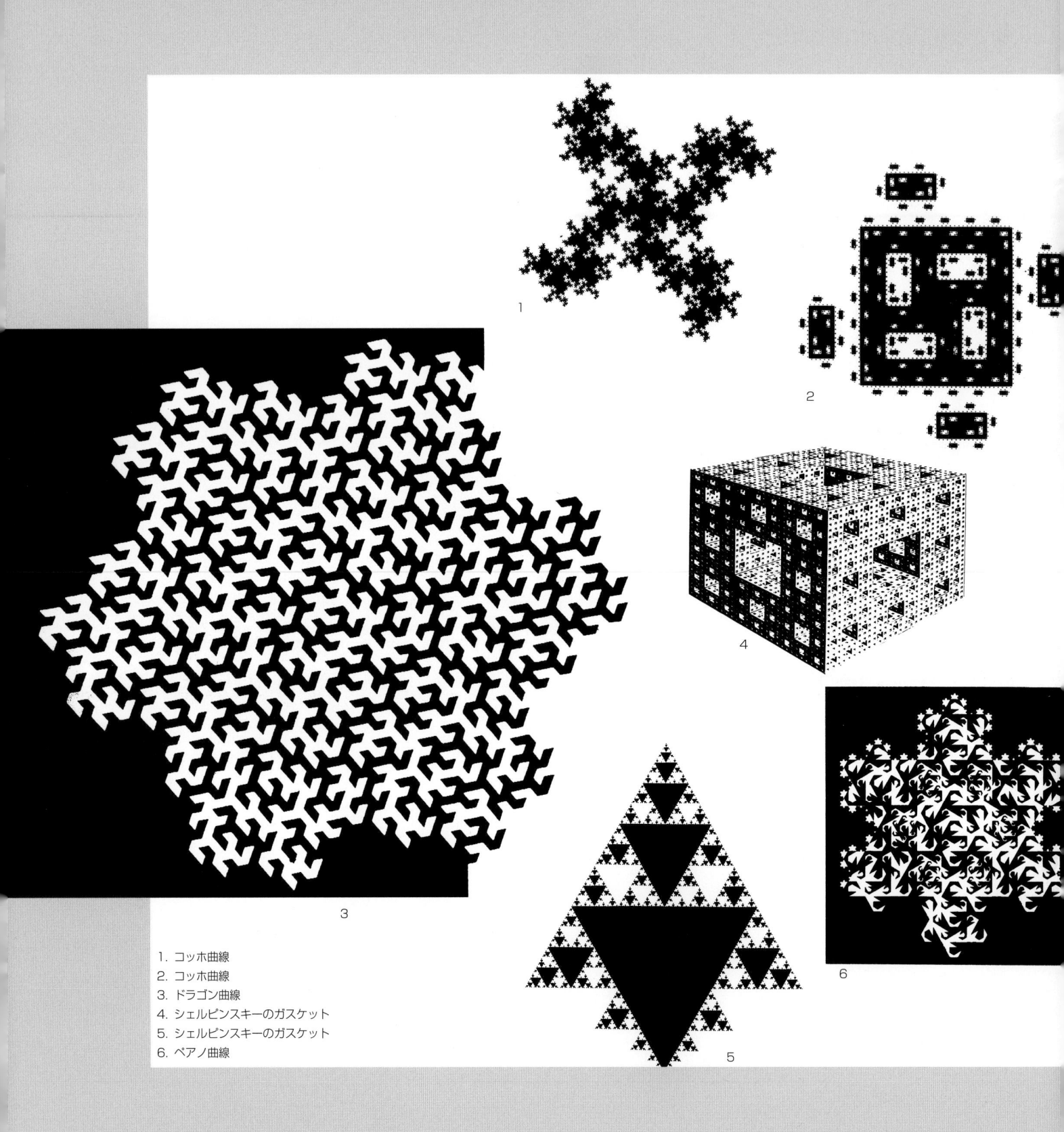

フラクタル造形の世界――複数系の数学的モデル

1. コッホ曲線
2. コッホ曲線
3. ドラゴン曲線
4. シェルピンスキーのガスケット
5. シェルピンスキーのガスケット
6. ペアノ曲線

フラクタル造形の世界──フラクタルと人工の形

7. マンデルブロセット
8. 銅鐸のS字形渦巻／右上は巴形銅器
9. 陰陽紋（大極紋）
10. カーペットのモチーフ（英7世紀）
11. 四巴紋（日本）
12. 石球（ベテルの石　紀元前3000年）
13. 「円の極限 IV（天使と悪魔）」マウリッツ・コルネリス・エッシャー　1960
    All M. C. Escher works ©Escher Holding B. V.-Baarn-the Netherlands. / Huis Ten Bosch-Japan
14. 「蛇」マウリッツ・コルネリス・エッシャー　1969
    All M. C. Escher works ©Escher Holding B. V.-Baarn-the Netherlands. / Huis Ten Bosch-Japan
15. ケルト紋様（アイルランド7世紀）

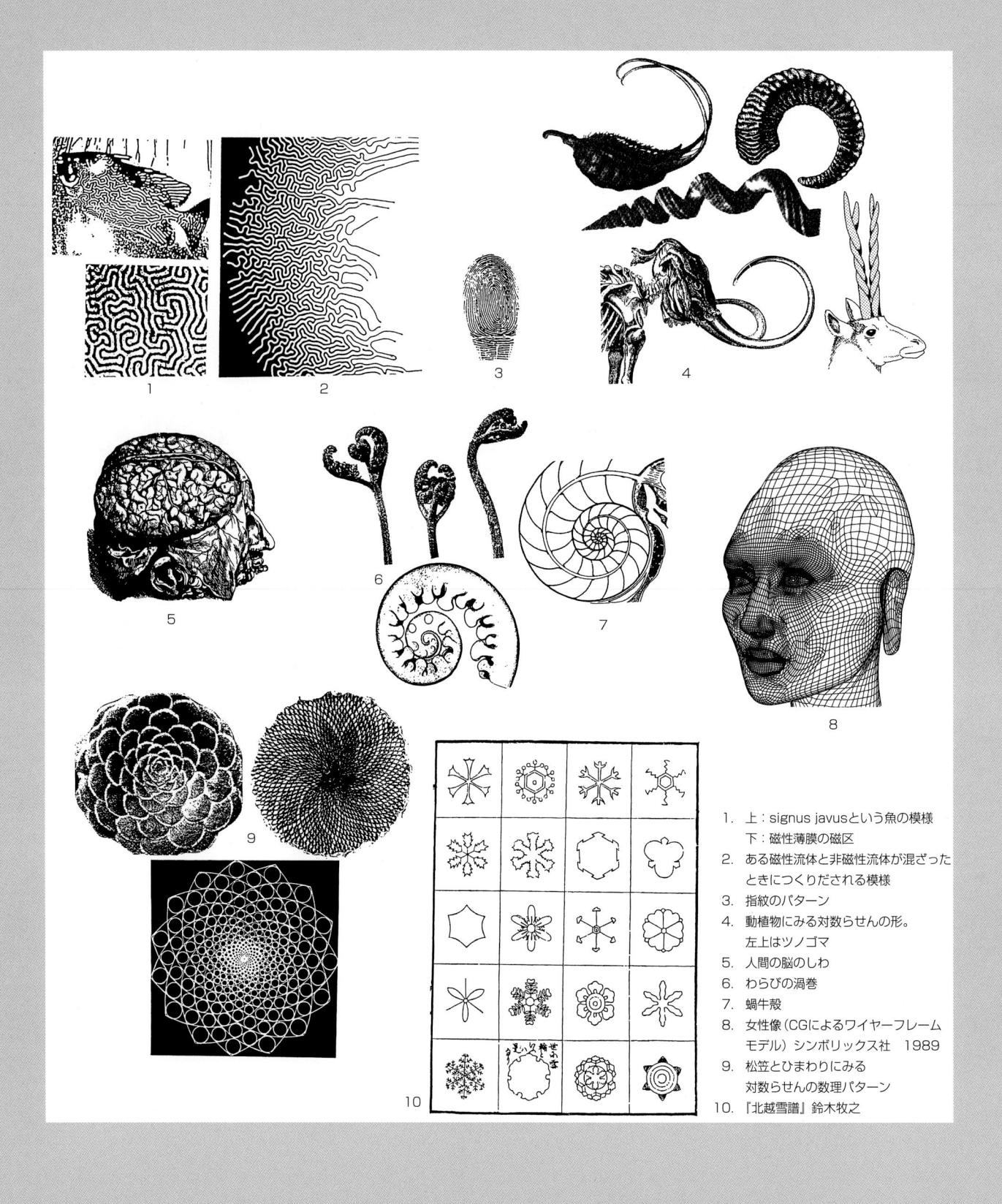

さまざまなフラクタル造形

1. 上：signus javusという魚の模様
   下：磁性薄膜の磁区
2. ある磁性流体と非磁性流体が混ざったときにつくりだされる模様
3. 指紋のパターン
4. 動植物にみる対数らせんの形。
   左上はツノゴマ
5. 人間の脳のしわ
6. わらびの渦巻
7. 蝸牛殻
8. 女性像（CGによるワイヤーフレームモデル）シンボリックス社　1989
9. 松笠とひまわりにみる
   対数らせんの数理パターン
10. 『北越雪譜』鈴木牧之

第7章　現代の構成学

ビクトリア朝のタイルパターン　　　　　　　　　　　　　　　コンピュータによるフラクタルパターン

●フラクタルからフラクタルアートへ

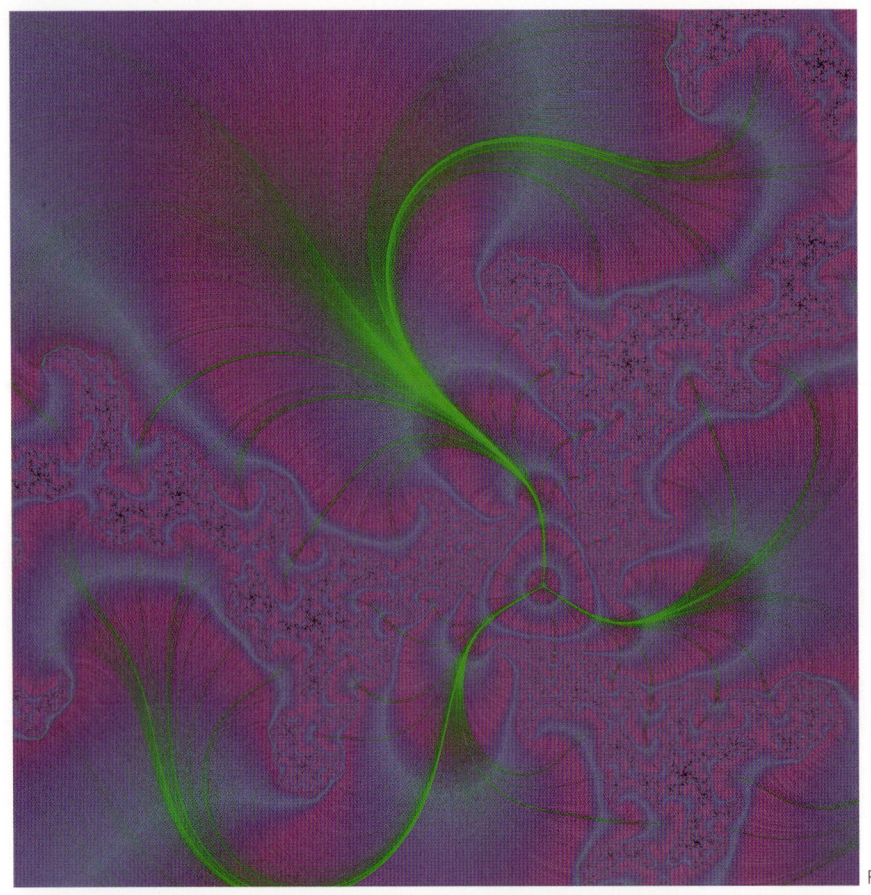

Fractal Cilia No.11　N. Mitsui　1999

Fractal Cell No.1　N. Mitsui　1999

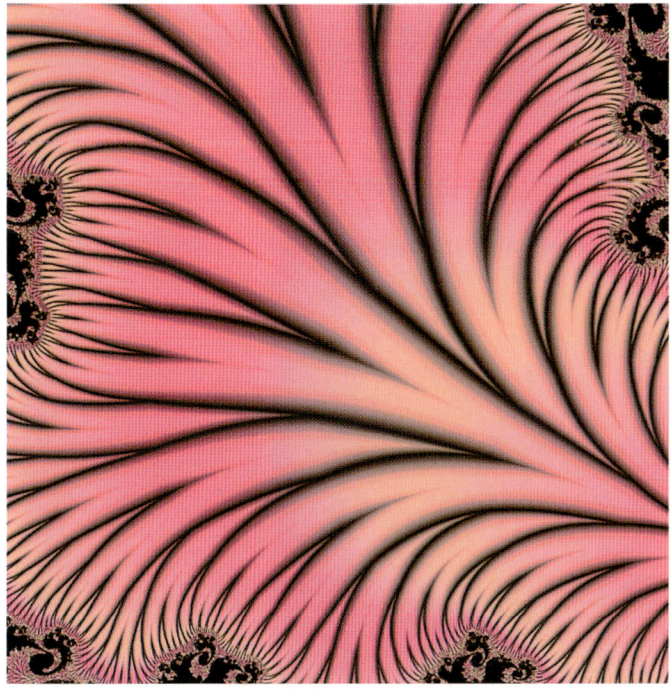

第7章　現代の構成学

Fractal Tissu No.18　N. Mitsui　2005

Fractal Cilia No.6　N. Mitsui　1997

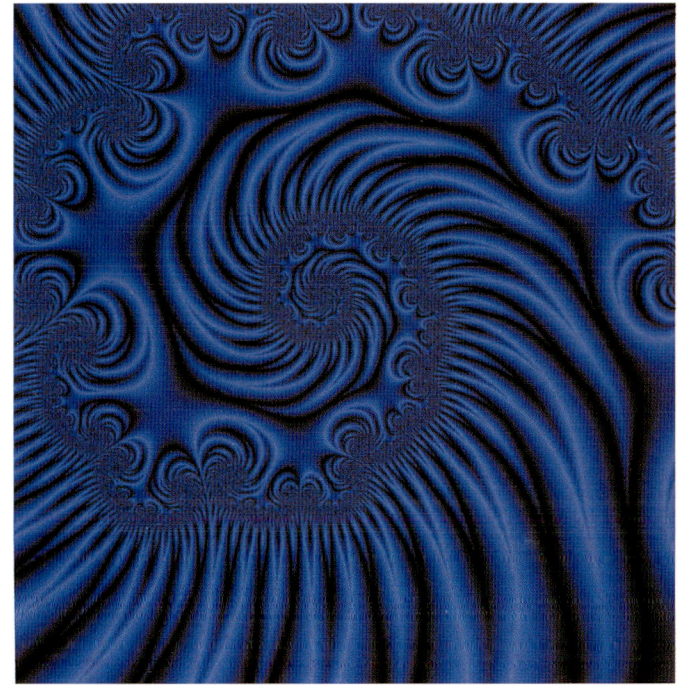

Fractal Tissu No.10　N. Mitsui　2006

Fractal Cilia No.8　N. Mitsui　2004

●フラクタルによるリアリズムへの挑戦（CGによるスーパーリアリズム）

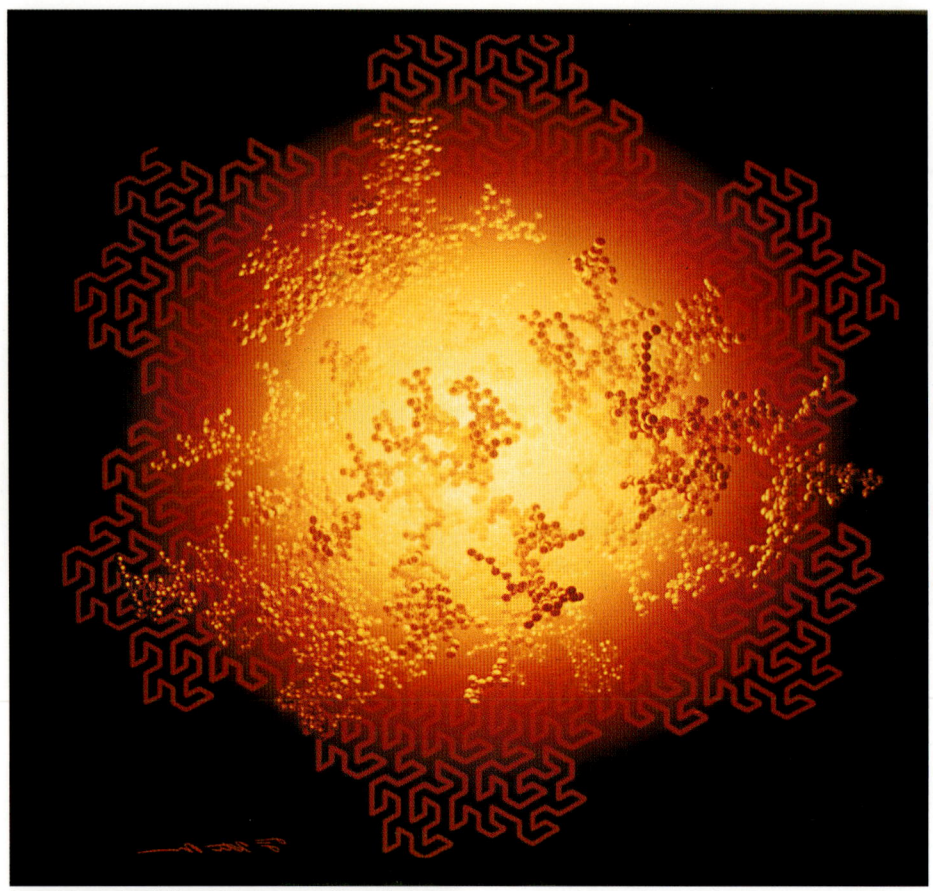

「フラクタルによる数学モデル」F. K. マスグレイブ　1994

上：「ひまわり」（フラクタルによる植生表現）1984
左：「CGによるハリウッドスター」G. ディーン　2002

第7章　現代の構成学

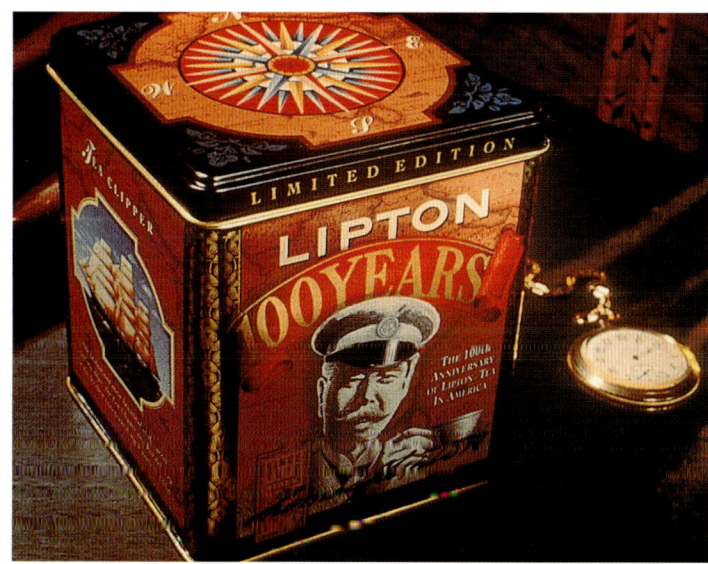

「巻貝のパターン生成のシミュレーション」P.プルシンキーヴィッツ、D. R. ファウラー（カルガリー大学）

「紅茶缶のあるテーブルの風景」（フォトリアリティへの挑戦）1986

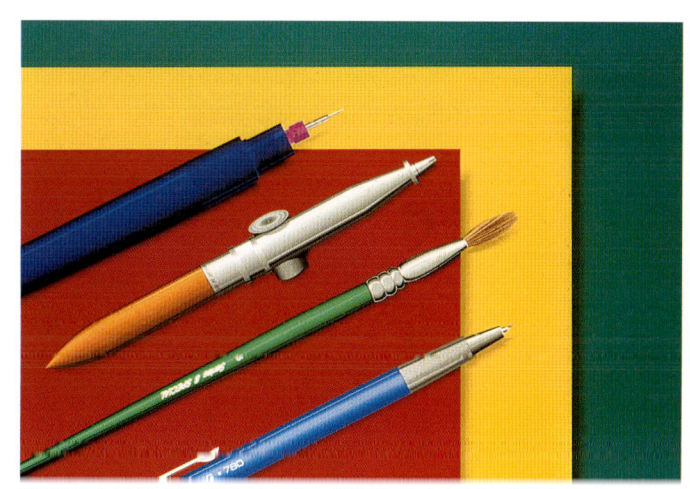

「絵筆のある風景」（スーパーリアリズムへの表現）P. トウラル　1986

'system construction 0409' 上浦佑太　2005

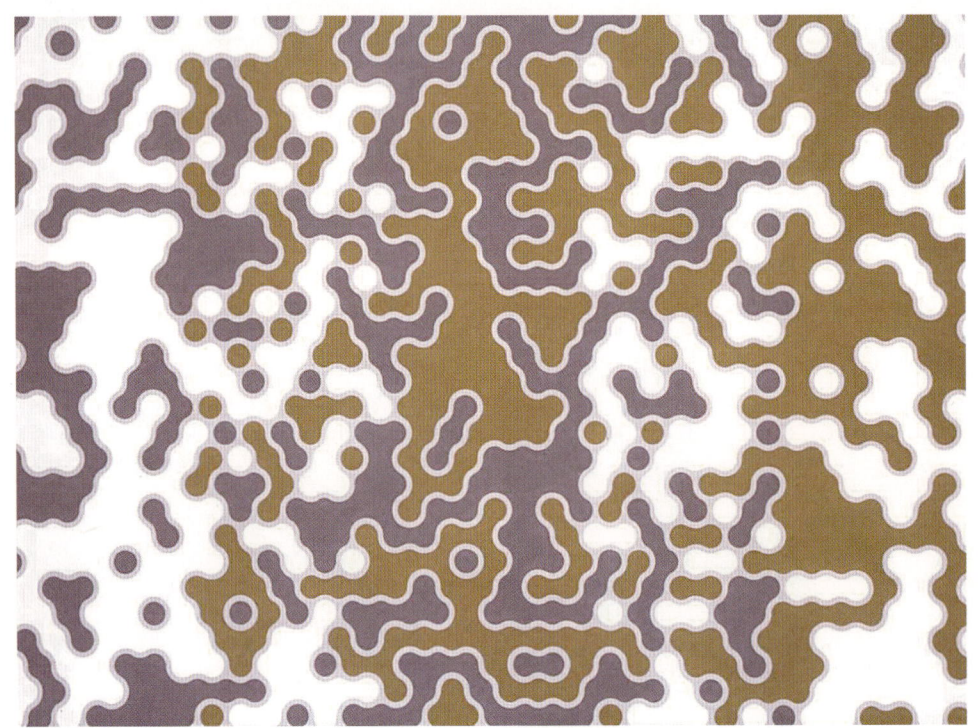

'system construction 0410' 上浦佑太　2005

7-6　オーガニックデザインと構成学

　21世紀に入り現代造形の、特にデザイン分野は、非定形化への傾向が著しい。かつての角形の幾何学的形体のデザインは、曲線で囲まれた滑らかなオーガニック形に移行している。

　車やコンピュータから耕運機、また家具や文房具の小物にいたるまで、オーガニックな形に進化した。手になじみ、使いやすく機能に素直な自然の形は、ユニバーサルデザインやバリアフリーの追い風を受け、ますます生活に身近なデザインとして捉えられていくだろう。

　曲線デザイン、丸形デザイン、Rのデザイン[9]（円の半径：Radiusから）などとよばれる、こうしたオーガニックデザインの流行ないし潮流は、これまでの幾何学的形体偏向に対する単なるリアクション（反作用・反動）として生じた現象ではない。

　オーガニック（有機）的形体とは、元々動物や植物、河原の小石など滑らかな形状で、囲まれた自然がつくりだした形や、波や雲など流れる水や大気の流動する柔らかい形を指す。

　1919年開校したワイマールのバウハウスで、予備課程を担当したヨハネス・イッテンは造形要素として木、石、布、紙などの自然素材を特に重要視し、材質感（テクスチュア）や材料特性などの実習を学生に課した。

　その後もイッテンやモホリ＝ナジは紙を使用しながら実習を行ったものの、基本的には素材研究ではなく、立体や半立体など造形の可能性を追求するための課題であった。ナジは彼自身、当時先端的な造形要素と期待されていた光や写真に対する関心が高かったため、フォトグラムやフォトモンタージュなどの新しい表現実習を試みていた。

　ヨゼフ・アルバースもナジも、もっぱら20世紀の工業化社会を背景とした時代を映す形・材料こそ、バウハウスの造形教育に採り入れる教材となることを確信していた。そのため彼らは、自然素材よりも、開発されたばかりのアルミニウム、ジェラルミン、プレキシグラス（現在のプラスチック）などの材料を積極的にカリキュラムに採り込んでいった。ナジにとって写真は銀塩の感光材という即物的な素材として捉えていたにすぎなかったのである。

　こうした新材料や、新しい技術の導入によるデザインへの探求は基礎課程を修了した後は、さらにそれぞれの専門分野に積極的に受け入れられていった。

　1920年代から30年代にかけて、建築はモダニズム（近代主義）を迎え、装飾を排除した角形のシンプルな造形に進化していった。「シンプル・イズ・ベスト」「装飾は悪」などのスローガンの下に、造形と機能のかかわりを機能主義の台頭が、さらに追い風となり、無駄のない機能的な形が、いわゆる「バウハウスデザイン」となっていく。

　確かに基礎課程の実習では、マーブリングやスパッタリング、ドロッピングからデカルコマニーなど偶発的パターンの非定形の技法実習を採り入れてい

9　第6章6-6参照。

た。ところが機能主義デザインを反映し、バウハウスにおける基礎課程では幾何学的形体を主とした平面構成や立体・色彩の演習に移っていく。

こうしたデザインに対する新しい思潮は、それぞれの国家間を越えてグローバル化した。これをインターナショナル・スタイル（国際様式）とよんでいる。つまりバウハウスデザインとインターナショナル・スタイルは、ほぼ同じコンセプトであり、いわばバウハウスにおけるインターナショナル・スタイルが、バウハウスデザインそのものである。

1930年代に入ると、かつて未来派が志向したスピードへの憧れと機械時代とを併せ、象徴したような流線型が流行しはじめる。

このような20世紀デザインの新しい潮流は、とりもなおさず、近代工業化生産を基盤とした幾何学的形体先導型のデザインであり、かつての手づくり生産における植物的で流れるような曲線のオーガニックデザインとは、対極をなしていた。

それ以降、デザインと幾何学的形体との関係は一層深まり、工業製品（プロダクツ）の多くのデザインは、機能を追求した幾何学的形体が主流となった。そこには本来オーガニック形であるべきドアの把手や椅子の形状までが、機能主義に逆らうように角張った幾何学的な形となったのである。

このようにデザインの近代思想、モダニズムやインターナショナル・スタイルの潮流によって20世紀後半において、世界中のデザインは幾何学的な形が横溢していった。

ところが1980年代にはいると、工業製品に先んじて建築のモダニズムが終焉を迎え、装飾のない立体に、さまざまな装飾的要素を復活させたポストモダニズムが到来した。

ニューヨークの国連ビル[10]や1972 - 73年に建設されたミノル・ヤマサキ設計の世界貿易センタービル[11]のような箱形スタイルが影を潜めたのである。代わりに高層ビルのトップには、切妻形の屋根やジグザグの形、丸・三角・四角形などの修辞が復活したのである。

この建築の潮流に少し遅れ、工業製品のプロダクツの形状にも変化がみえはじめた。曲線デザインの再来である。この流れるような曲線は、かつての1930年代と1950年代の装飾的な流線型ではなく、機能主義に基づいたオーガニックなデザインであった。

自然の形とよくなじみ、見た目に優しく柔らかで心が癒される曲線の形である。電気冷蔵庫やオーディオ製品、パソコンやオフィスのテーブルもすべて美しい曲線となったのである。

巷ではよく「ファッションの流行はくり返す」といわれ、スカートの丈やパンツの丈や太さは10数年の周期で巡ってきたが、デザインの今度のオーガニック形への変化は少し事情が異なる。

形や材質をとことん突き詰めていくと、究極の形はオーガニックになる。いわば、これは現代の科学と人間の感性が追い求めた形なのである。これには先に

---

10. 国連本部ビル：United Nations Headquarters Building（1947-1953）。コルビュジエがピロティを取り入れた設計原案を作成したが、最終案は、国連本部ビル設計委員会のウォーレス・K・ハリソン（Wallace K. Harrison）らが完成させた。ManhattanのEast Riverに面し、Roosevelt Driveと1st Avenueの間、42nd Streetから48th Streetの間にある。

11. Minoru Yamasaki（ミノル・ヤマサキ）は日系2世のアメリカ人建築家。レイモンド・ローウィ・アソシエイツ勤務（1944 - 45）。世界貿易センター（World Trade Center, Twin Tower）は1WTCが1972年、2WTCが1973年に竣工。1WTCが526m、2WTCが415m、ともに110階建て。2001年9月11日崩壊。

述べた自然回帰の思潮とともに、自由な曲面の工業生産を可能にしたプラスチックという合成樹脂の普及と、金型による曲面加工技術の確立が背景にある。

射出成型や金型による自由曲面加工技術によって、人間が思い描く形そのものを、そのままそっくり製品化できるようになった。人間の感性にそった形ゆえ、見ているだけで気持ちが和み、しかも機能的に使いやすく、便利という利点もある。

私は20年近く前、我が家を新築したとき、思いきってハイテックな三角形と円形を組み合わせたデザインを採り入れた。インテリアも先進的なイメージにしたいとの建築家の意見もあり、テーブル、ソファ、椅子などの家具はすべてアルミ製の浮遊するようなテンション構造の特注にした。しかし長年住んでみると、機能的にも視覚的にも違和感が生じ、ついに現在気づくと周囲は昔懐かしい木製のテーブルや布のソファ、19世紀末のイギリスの椅子に置きかわっている。まさにオーガニックフォルムが私のヒーリングとなっているのである。

また先のバリアフリーのコンセプトを追求した形といえば、やはりオーガニック形となるだろう。またバリアフリーをめざした形はデザイン界が次世代のデザイン思考に据えたユニバーサルデザイン[12]の原型ともなる形なのだ。

ところが構成学の現場では、かつての平面構成・色彩構成のバウハウスにおける伝統的な教授法をいまだに引きずっているのだろうか、直線による分割や幾何学的形体を主とした構成に終始している。オーガニック形による構成法は、コンポジションやプロポーションという造形文法との関連が薄く、これまでの教授法とは異なっているからかもしれない。

私自身、現在学生の構成のさまざまな演習でオーガニック形に直接触れるのは、理論はともかく、実習ではほんの部分にすぎない。かつてイッテンが実践していた実習のように自然を見つめ直し、材料研究によってテクスチュアから形体の特質を体で覚えることを、構成教育の基本のひとつに加えるべきである。

21世紀は、地球環境を守ることを前提とした持続可能な環境政策、これをサスティナブルディベロップメント[13]とよんでいるが、この大自然維持のコンセプトなしに次世代のデザイン思想は、ありえないのである。最近、LOHAS（ロハス：Life Style of Health and Sustainability）というキーワードで、日本語では「健康と環境を志向したライフスタイル」というコンセプトが注目を浴びている。つまり、人間がQOL（Quality of Life）を実現するための条件としてLOHASがあり、オーガニックデザインは、このLOHASを象徴した究極のデザイン思想といえるだろう。

それゆえオーガニックデザインは、自然とともに生きる人間の姿に、人類がようやく見つけだしたもっとも似合う形ではないだろうか。今後の構成学では、オーガニック形体と構成学のかかわりをフラクタル理論を含め、非定形デザインに対する指導を充実させ、これをカリキュラムに組み込んでいくべきであろう。

---

12. 1990年にノースカロライナ州立大学にユニバーサルデザインセンターを設立したロン・メイス教授（1998年死去）によって提唱された概念。
13. 1972-87年の国際連合における「環境と開発に関する世界委員会」（ブルントラント委員会）の報告書「我ら共有の未来」。サスティナブルディベロップメントとは「持続可能な開発」あるいは「永続的な発展」と訳される。

花をモチーフとしたオーガニックフォルムの作品
「花-1」鎌田博美　2005

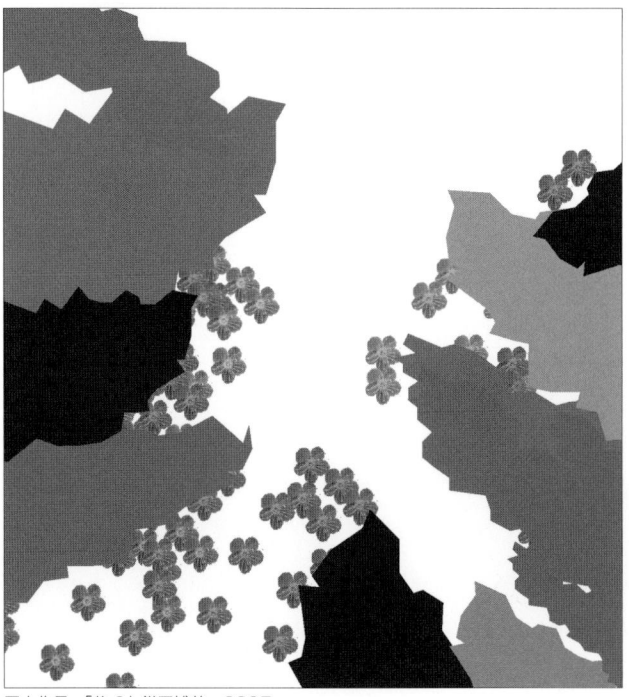

同上作品　「花-2」鎌田博美　2005

オーガニック形体──Organic Form

7-7　造形感覚と構成学

　現在の構成学の原点となったバウハウス教育は、美術教育の一環として20世紀はじめに設立された。ところでわが国最初の美術教育は、明治5年（1872）、私が現在教鞭をとる筑波大学の前身、東京師範学校に遡る。近代美術教育運動の思想の下での美術教育目標は、美術・デザインの創作・実現行為を通して、人間形成の手段とすることと記されている。

　バウハウスは、20世紀の工業化社会に対応した美術・デザインの各領域の専門家養成のために、それまでのアカデミーの芸術家養成や、普通教育の教養・情操教育とは一線を画した造形の専門教育機関であった。

　ワイマール校の開学から、早や90年、現代の構成学とは、当時の社会情勢や造形をとりまく環境も目まぐるしく変化した。そのため、その教育目標が同じであっても、教育方法やカリキュラムは同じままであるはずがない。

　まず構成学は、本質的に美術や特定のデザイン分野など、限定された領域の基礎教育ではないということを明言しておきたい。形、色、材料によるトレーニングによって、造形秩序のコンポジションやプロポーション、リズム、シンメトリーなどの造形文法を駆使しながら、造形の基礎能力を培う。こうした造形訓練を受けて、全ての造形分野に対応したアーティストやデザイナーのすぐれた発想力と創造性を育成することができるのである。

　こうしたトレーニングを重ね、造形感覚を養い、研ぎ澄まされた感性を生みだすことが、構成学を学ぶ最大の目的である。

　すなわち、構成学を学び基礎的な造形のトレーニングを続けることによって、アートやデザインに対する繊細で豊かな美の感覚や感受性を涵養することができるのである。

　かつて日本では、美を感じ取るすぐれた美意識をもった情緒性を粋、風流、数奇、幽玄、雅などの言葉で言い表わしてきた。現代でいえば、さしずめ造形のセンスであり、美に対するすぐれた感性をいう。このすぐれた感性によってほんとうの美を理解し、精神的に豊かな日常生活を送ることが物質文明の社会にあって、もっとも理想的な現代人のライフスタイルといえよう。

　本書を執筆した本来の目的は、かつてのバウハウスを基にした現代の構成学のあり方を論ずることにあった。しかし私は、本書が単に現代に生かす造形の書に終わることなく、日本人が本来もっているかつての日本人の美意識を蘇らせ、すぐれた造形的な感性の育成に役立てば大きな意義があると思う。

　この感性という用語は、ファッションやビジネスに最近とみに使用されているが、従来英語でセンスあるいはセンシビリティとよんでいた研ぎ澄まされた豊かな造形感覚をいう。あの人のファッションセンスは抜群だ、料理のセンスがいい、センスのいい話術等々、造形の領域に限らず感性、いわゆるセンスは趣味がよく品格があり、物事に対する微妙な感受性、感覚を指す。

たとえば私たちが車を購入するときのキメ手はなんであろうか。購入価格が同じ範囲であれば、現代の国産車の場合、ほぼ同じ機能が備わっており、メーカーによる差はそれほどない。私たちは自分の感性にもっとも合ったスタイリングや車の色を選ぶだろう。さらにその車が醸し出すオーラや、運転席に腰をドロしたときに感じるフィーリングやアメニティといった感覚をもっとも大切にし、購入の決断をする。つまり単なるデザインや造形美だけでなく、そこに加えられる精神的付加価値を人は求めるのである。

この精神的付加価値こそが、感性であり、構成学ではすぐれた造形感覚を指す。イギリスの美術評論

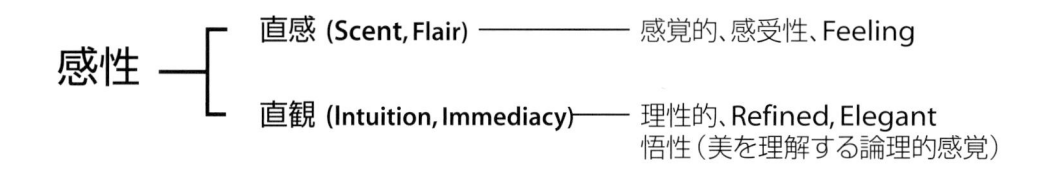

```
感性 ┬ 直感 (Scent, Flair) ─────── 感覚的、感受性、Feeling
     └ 直観 (Intuition, Immediacy) ── 理性的、Refined, Elegant
                                     悟性（美を理解する論理的感覚）
```

造形と感性

かたちの感性
Sense, Sensibility

形と感性―センスのよいかたち、感性豊かな造形

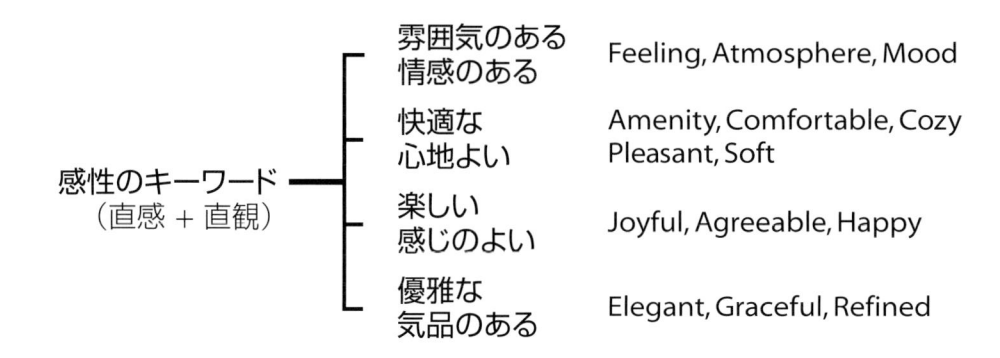

```
感性のキーワード ┬ 雰囲気のある／情感のある      Feeling, Atmosphere, Mood
（直感 + 直観）  ├ 快適な／心地よい            Amenity, Comfortable, Cozy
                │                             Pleasant, Soft
                ├ 楽しい／感じのよい           Joyful, Agreeable, Happy
                └ 優雅な／気品のある           Elegant, Graceful, Refined
```

家、ハーバード・リードは「美的教育の方法として、まず感性を精神的発育の基礎とし、芸術が情緒のいとなみであり、これは同時に直感と知力のいとなみである」（『芸術の草の根』岩波現代叢書、1956）[14]といっている。最近の人間工学の分野では、この感性を数値化し、工学としてシステム化したマーケティングや製品開発に役立てるという感性工学の複合領域が話題を集めている。

人間の好き・嫌いの嗜好や、快・不快などの感覚調査をあらかじめアンケートや官能検査によってデータを集め因子分析し、これをデータ分析し、感性を科学によってコントロールするというシステム工学である。

しかしここで私ははっきり断言しておきたい。造形的な感覚や豊かな感性は、工学やシステム化されたソフトウェアでは、決してつくりあげることはできない。感性とは、データの集積の結果得られるものではなく、きわめて独自性のある直感という個の情緒性と直感による悟性という美を究めようとする論理的感性の融合であるからだ。

たとえコンピュータによる言葉の組み合わせによって合成された感性が出力されたとしても、ごく普遍的データの集積にすぎないため、これは真の感性とは程遠いものとなるであろう。

すなわち豊かな感性は、たゆまぬ造形的トレーニングによって培われた結果、自ずと醸成されるきわめて独特な造形に対する感覚・知覚の複合体なのである。

画家が、デッサンを重ね対象を的確に捉え表現する技術と、その表現が醸し出す作家の個性が、こうした造形的トレーニングなしには得られないのと同じ理由である。

よいデザインとデザイン評価

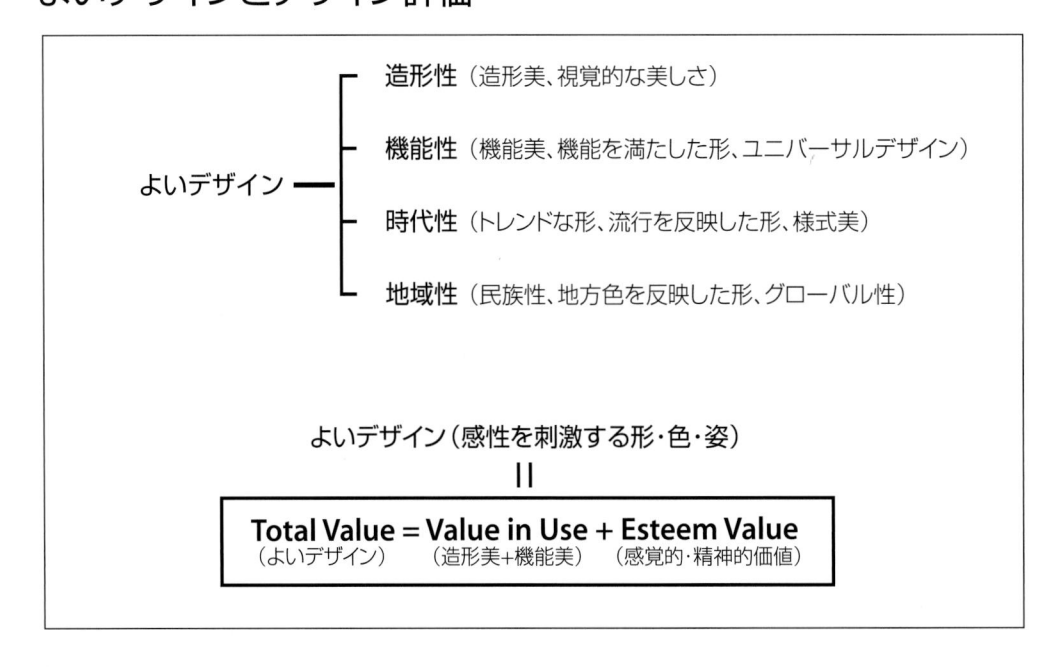

よいデザイン ─┬─ 造形性（造形美、視覚的な美しさ）
　　　　　　　├─ 機能性（機能美、機能を満たした形、ユニバーサルデザイン）
　　　　　　　├─ 時代性（トレンドな形、流行を反映した形、様式美）
　　　　　　　└─ 地域性（民族性、地方色を反映した形、グローバル性）

よいデザイン（感性を刺激する形・色・姿）
＝
Total Value = Value in Use + Esteem Value
（よいデザイン）　（造形美＋機能美）　（感覚的・精神的価値）

7-8　バウハウス教育と日本の構成学

　1919年ドイツにバウハウスという初の造形教育専門の学校が開校し、ここで構想された造形基礎のカリキュラムが、今日のグローバルなアート・アンド・デザインの基盤をつくりあげた。

　第二次大戦後、このカリキュラムに基づく教科が、世界各国の美術教育の基礎として採用され、美術やデザインの質的向上に大きな成果を得た。

　残念ながらこの教科は、バウハウスの教科そのもののコンテンツではなく、各国それぞれの教育事情に合わせ、適合する部分だけが採り入れられ、今日に至っている。

　本国のドイツですら、かつてのバウハウスの基礎課程のカリキュラムはそのまま履修されているわけではなく、産業デザインや広告デザインといった応用分野のプラクティカルな基礎知識や造形実習として位置づけられているにすぎない。

　戦後西ドイツにニュージャーマンバウハウスとして名をはせたウルム造形大学[15]が、1953年にマックス・ビルを学長にむかえ、開校した。ウルムはドイツのAEG、ブラウン社、ローゼンタール社、ルフトハンザ航空、イタリアのオリベッティ社、コダック社等の支援を受けスタートし、多くのデザイナーや専門家を輩出したが、わずか15年後閉校の憂き目に合った。

　ウルム造形大学のデザイン教育では、即戦力となるデザイナー養成のため、かつての基礎課程に比べ、多くの支持企業スポンサーに配慮し、よりプラグマチック（実用的）なカリキュラムが組まれていた。

　日本やアメリカでもバウハウス教育を、かつて理想的なモデルとしながら、現実には、グラフィックデザイン、建築、工業デザインやインテリア、ファッションデザインなど各分野のアプリケーション（応用）に適する有効な基礎の範囲のみが教科に組み込まれてしまった事情がある。

　したがって独立した構成学の講義や実習は、ほとんど行われていない。つまり戦後の構成教育はデザイン界の要請を受けた実用的知識と実技に特化したプラグマチズム（実用主義）に偏向していったともいえよう。

　幸い日本では、筑波大学の前身、東京教育大学の高橋正人教授によって、昭和24年（1949）の新学制に際し、芸術学科に構成専攻を単独に立ち上げた。

　現在、全国の国立大学の美術課程で、構成領域の教科が設けられているのも、その成果である。そうした意味からも、大学における日本の構成教育は、世界的にきわめて稀な存在であるといえよう。

　その背景には、かつてバウハウスに留学した水谷武彦、山脇巖・道子夫妻による帰国後の教育活動の啓蒙や、川喜多煉七郎・武井勝雄による『構成教育大系』の刊行と構成教育の実践があったからであろう。

　水谷・山脇らは、戦後、東京芸術大学、日本大学、東京教育大学で、教壇に立ち、バウハウス教育を継

14　『芸術の革の根』ハーバード・リード著　増野正衛訳　岩波書店刊 1956。
15　ウルム造形大学　Hochschule für gestaltung, ulm（1953-68）。ウルム造形大学は1953年、南ドイツのミュンヘンとシュツットガルトの中間にあるウルムに設立した造形大学。バウハウス出身のマックス・ビルが初代校長。バウハウスの理念を継承し、機能主義的な造形を基本としている。プロダクトデザイン、建築、ヴィジュアルコミュニケーション、インフォメーション、映画制作部門の五つの学科から構成されていた。ウィルタハンザ社、ローゼンタール社、ブラウン社、コダック社、ルフト・ハンザ航空などの企業に、優れたデザインを提供した。客員教授として、杉浦康平も3年間務めている。

承した戦後の大学美術教育に先鞭をつけた。

●

　第二次世界大戦後、敗戦国となった日本は、その後驚異的な経済復興を遂げた。工業製品の生産増大と輸出による外貨獲得により、工業デザイナーと広告・宣伝のデザイナーは、一役花形職業となった。
　日本の工業力とともにデザインの分野でも、卓越した技量と斬新な発想によってポスターやグラフィックデザイン、工業デザイン、さらにファッション界に、世界的な日本ブームを巻き起こした。1960年代以降、世界のデザインやポスター展の上位に日本人が数多く名を連ねるという現象が続き、日本人の美意識が改めて見直された。さらに食文化、ボンサイ（盆栽）、マンガ、アニメにビデオゲームが加わり、かつてのジャポニスムの再来、ネオジャポニスムか、と欧米の各紙が伝えた。
　私はこの根底には、本来日本人がもっている美意識の高さばかりでなく、これは長年の日本の美術教育の成果が表われた結果でもある、とみている。
　小・中・高校の美術教科書には、構成学という名称はみられないが、その内容はデザインの中にコンテンツとして含まれている。生徒は知らず知らずのうちに、コンポジションのダイナミズムやプロポーションの美の尺度を身につけ、社会人となっているのである。
　しかし現状をつぶさにみると、後述するとおり、小・中・高校と必ずしも一貫したデザイン教育とはいいがたく、美術主体のコンテクストに時折、構成学のコンテンツが顔をみせるという程度で一貫した教科システムはみられない。そこには構成という用語もみられず、構成原理も呈示されていない。
　先に大学のデザイン教育では、各デザイン領域に有用な内容を盛り込んだ基礎科目に甘んじていると苦言を呈したが、ところが日本人のバウハウスに学ぶ造形原理は、すでに脈々と日本人の血にとけ込んでいるのである。もっともバウハウスの構成教育の原点は、かつての西洋美学とジャポニスムで出合った日本の非定形美学とが結合された理念であったため、ある見方から考えると、当然のことなのかもしれない。
　現在の日本における構成学の研究は、すでにかつてのバウハウスの構成学そのままではなく、時間をかけ消化し、現状にそぐわない部分は、徐々に削ぎ落としながら日本独自の構成学にリファインさせているのである。これも日本人の和魂洋才の知恵といえよう。

第7章　現代の構成学

「複素数によるパターンのバリエーション」石井宏一　1991

7-9 新しい構成学への展望
基礎構成教育とトレーニング

　本書は、まず構成学とは何か、という問いに応える形で、造形をつくりあげている要素とその秩序について論じてきた。

　次に20世紀の工業化社会の実現とともに「デザイン」の重要性が高まり、「バウハウス」が誕生した経緯について述べた。このバウハウスの教育システムとよりよい造形をつくりあげるため造形原理によって構成学の基礎がつくりあげられた。

　私はこの構成学の概要と現在の構成教育を比較しながら、あるべき姿の構成学の全容について論じた。各論では、現在のアートやデザインの事情やメディア環境の中でかつての構成学では、対応しきれない部分やずれを浮き彫りにし、修正・加筆した。

　ここで再度説くが、構成学は人間のあらゆる視覚表現行為の、つまり造形をつくりあげる規範であり、造形文法であるということだ。

　本書のまとめとしてこの章では、新しい構成学の展望を述べ、最後に21世紀の構成学の構築に向け、いくつかの重点項目をあげたい。

1　学校教育における構成学導入と徹底

　これまでの多くの芸術教育の専門家、教育者から指摘を受けながらも、小・中学校義務教育の美術教育課程は、図画・工作という科目名のもとで行われ、ここには構成という用語すら見当たらず、構成教育の重要性が認識されてないばかりか、その内容も片寄りが目立つ。

　小学校低学年では、前半は「造形あそび」「お絵描き」に終始しており、これは生徒がつくりたいものをつくる自由学習の様相である。

　中学美術で、ようやく「デザイン」の用語が登場し、形や色、材料、光がもたらす性質や感情を理解させるとしているが、具体的な造形理論や仕組みについてはあまりにも内容が乏しく、体系的な記述がない。

　美術教科は21世紀の現代もなお、絵画と彫刻の表現や鑑賞を主たる教育目標にしているように思えてならない。最近、コンピュータやビデオ、映像メディアの内容も盛り込まれているが、単なる紹介にすぎず、この新しいメディアをどう理解し、かかわっていったらよいのかについては触れていない。

●

　高校の美術では美術1、2、3と工芸1、2、3に分けられ、美術工芸の幅広い創造活動に対応しているかのように見受けられる。また1999年より新たに「情報」が加わり、コンピュータやインターネットに対応したデジタル教育が美術教科に加えられた。ところがそ

ヴァーチャルリアリティの実験
(リアルタイム三次元コンピュータアニメーションのシステム)　NASA 1988

の内容は情報A、B、Cに分けられ、Aではコンピュータリテラシー、情報検索、Bでは情報処理技術、ソフトウェアの活用法からネットワーク構築、Cでは情報のデジタル化やコンピュータ出力による図形・画像生成などが目標とされ、情報と造形表現の関係についてはほとんど触れていない（2000年『高等学校学習指導要領解説・情報編』文部省）。

しかしながら高校の美術は選択制の上、年々授業時間が減り続け、この中で絵画・彫塑、デザイン、情報（映像メディア）の3領域に分けられ、構成学を横断的に捉える余裕はほとんど感じられない。教科書にも具体的な構成に関する記述はきわめて少ない。

つまり高校までの美術教科では、体系的に構成学を学習させるという方針は見当たらず、具体的な表現、たとえば印象派の絵画の色彩・構図などの鑑賞に配色やコンポジション（コンポジションという用語は使われず配置としている）、シンメトリーの説明が添えてあるにすぎない。

構成学における造形原理は、本来小学生に対してもそれなりの理解をさせていくカリキュラム上の工夫を行えば、体系的に色や形について学ぶことができ、この改善によって単なる造形遊びを超え、後年、美術やデザインの関心を高め、感性を高める資質の源とすることができる。こうした構成教育が中・高校の美術に連続的に発展・深化していくよう一貫したコンテクストをつくりあげることが必須である。

2 造形教育の原点は、平面構成によるトレーニング

子どもの自由な発想や自我を尊重した、かつてのフランツ・チゼックやルドルフ・シュタイナーの美術教育論、あるいは、スロイドシステム[16]のような手工を軸とした美術教育の理念が、わが国の美術・デザイン教育に大きな影響を与えたことは否めない。

ところがこうした美術教育論は、しばしば具体的な教育成果がみえないまま精神論や観念的な教育思想がひとり歩きしてしまった。これはバウハウス教育の理論に基づいた科学的・具体的で、実践的な造形教育とは相反した造形教育思潮である。本来、構成学は美術・デザインに共通の基礎課程のカリキュラムのはずが、教育行政のアンバランスのためなのか今日では、デザインの基礎部分にしか登用されていない。

そのため現在の美術教育の原点は、これまでの絵画教育の延長線上で捉えられ、基本的に絵を描くことや手工による工芸にある。デッサンを重ね、絵画表現による訓練は観察力と描写力を高め、それなりに造形感覚を育成するうえで効果は認めるが、現代の多様な造形表現には対応しきれない。

風景画で地平線をどの位置に置き、モチーフの左右をどこの位置にもってくるか、という点で構図、分割、コンポジションの習得もできるが、この指

---

16. スロイド（スウェーデン語でslöjd）とは、本来「木彫、木工」を意味し、今では広く「手仕事」を指す。スロイドは古くから北欧で受け継がれてきた家内手工芸であり、長い冬期に家具や調度品、農具、ソリ、船等をつくる自給自足を支える生活技術であった。日本の「民芸」に似ているともいえる。スロイドシステムは、フィンランドのウノ・シグネウス（Uno Cygnaeus, 1810-88）やスウェーデンのオット・サロモン（Otto Salomon, 1849-1907）らによって確立された。第1章1-7参照。

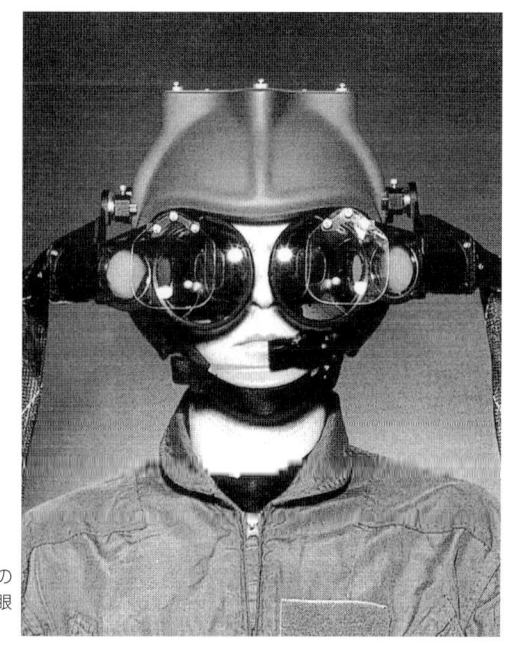

ヘッドマウンテッドディスプレイ
CAEエレクトロニクス社（米）1985。
コンピュータの情報が両眼のマスク上の画面に投影される。さらにこれを見る眼球の動きの軌跡が記録される。

導法であると、普遍的な造形秩序の把握には時間がかかりすぎる。

こうしたコンポジションやプロポーションなどの造形に共通する秩序の概念を体で覚え、血となり肉とするためには、やはりバウハウスではじめた平面構成のトレーニングが必要となる。形、色、コンポジション等抽象的な概念は、具体的な絵画表現ではなく、抽象造形を用いて普遍的な造形の概念を把握することのできる幾何学的抽象の平面構成で行うほうが、はるかに効果的なのである。

美術の指導者の中には、こうした効果的な理論も知らずに教壇に立っている教師があるから問題の根は深い。たとえば垂直・水平線のみで平面を分割し、彩色して全体に緊張感のあるコンポジションをつくりあげることにより、構成（コンポジション）、プロポーション、ユニティ、バランス、コントラスト、カラーハーモニーなどの造形秩序の概念を会得することができるのである。

このトレーニングを続けることによって、造形感覚・色彩感覚を確実に育むことができる。私は何も小・中・高校における美術教育を絵画・彫刻とデザイン・工芸を同じレベルに教科として採り入れるべきであると主張しているのではない。どの分野の教科にも必須の知識・理論や造形訓練として構成学のトレーニングが必要なのである。

すべての造形教育に共通して必要な造形感覚の育成には、構成学のトレーニング法が、もっとも効果的である。なぜならば本来の造形教育の至近距離にあるからだ。構成を各領域の基礎と位置づけていては、バランスのとれた知・情・意の人間性豊かな全人教育とはならない。

特に小学校の美術教育は、専門家育成のための教育ではない。真の教育の目標は、感性を育むための人間本来の造形的なポテンシャル（潜在能力）を引きだすことであり、インセンティブ（意欲を刺激するための）な契機をつくりだすことを忘れてはならない。

私の構成の基礎演習では、毎週課題を出し、毎回2、3枚の作品を提出させる。これを2年間続けると、入学時に落差のあった造形センスも、見事なほど改善され、洗練された造形感覚が身についてくる。

私自身が、この教育法ですぐれたプロのデザイナーや教育者として社会に送り出した学生は、数知れない。センスはつくられるのだ。

またこのトレーニングは、デザインとともに、美術教育への応用に対してもきわめて有効な手法であることを、重ねて強調したい。もちろん、こうしたトレーニングには、構成学を理論・実習ともに学んだ指導者が必須となる。

第7章　現代の構成学

アミノピリンの顕微鏡写真（撮影：秋山 実）

'New Landscape'　ギオルギー・ケペッシュ

● トラディショナルなキルトパターンの基本構成

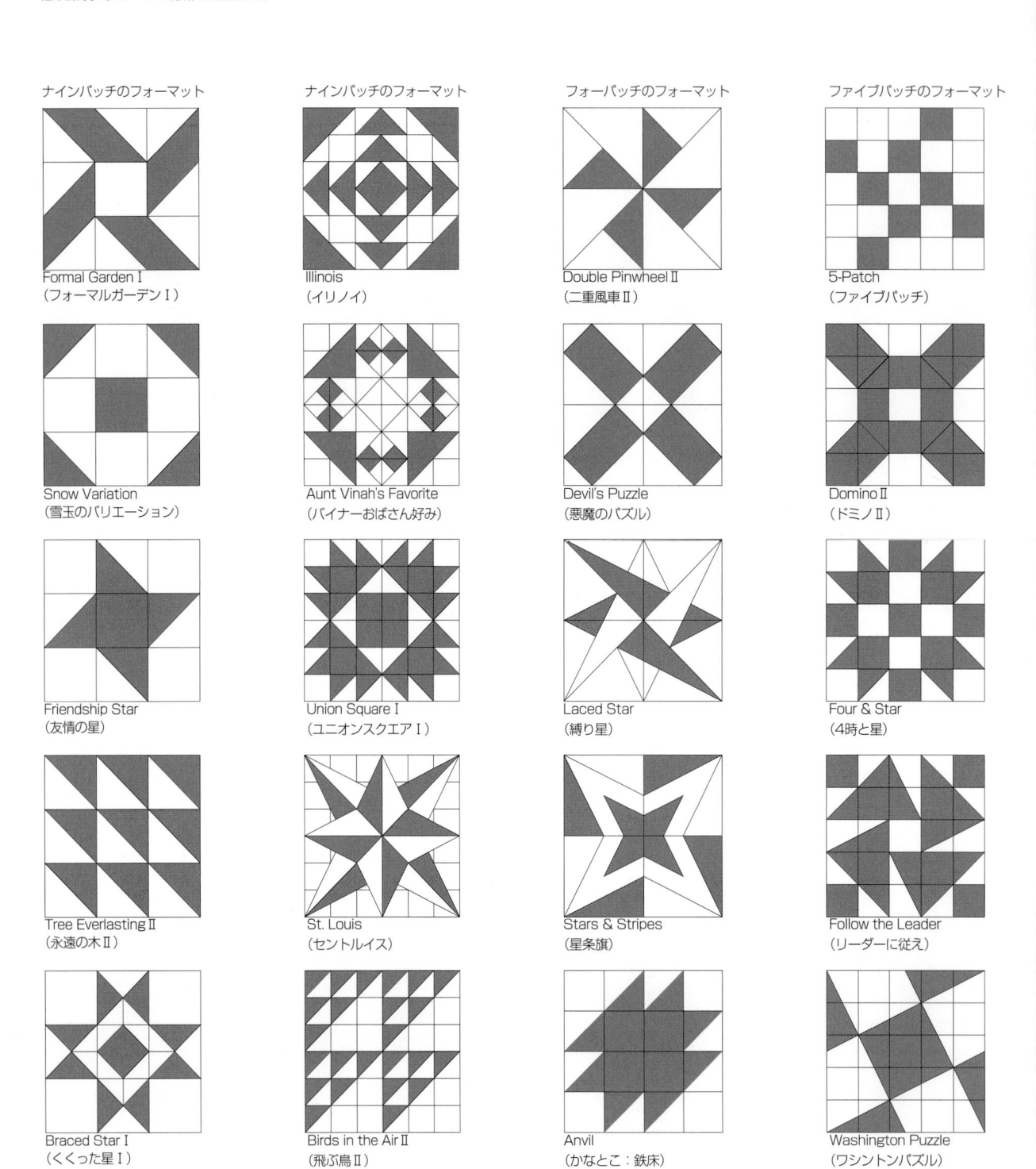

伝統的なパッチワークキルトのパターンは、人々の日常生活から生まれたクラフトゆえに、誰でも簡単につくりだせる再現性の高い幾何学的模様が大半を占めている。格子状のフォーマットをもとに、ナインパッチやフォーパッチのようにさまざまなパターンをあみだし、それぞれユニークな名称がつけられてきた。さらに六角形、八角形、円形、ダイヤモンド形、星形などを1ピースとしたパターンが加わり、華麗なキルトデザインをつくりだしている。このユニットパターンのくり返し（リピティション）によってリズムが生じ、快適な幾何学的パターンの構成美が誕生する。

ナインパッチのフォーマット	ナインパッチのフォーマット	フォーパッチのフォーマット	ファイブパッチのフォーマット
Formal Garden I（フォーマルガーデン I）	Illinois（イリノイ）	Double Pinwheel II（二重風車 II）	5-Patch（ファイブパッチ）
Snow Variation（雪玉のバリエーション）	Aunt Vinah's Favorite（バイナーおばさん好み）	Devil's Puzzle（悪魔のパズル）	Domino II（ドミノ II）
Friendship Star（友情の星）	Union Square I（ユニオンスクエア I）	Laced Star（縛り星）	Four & Star（4時と星）
Tree Everlasting II（永遠の木 II）	St. Louis（セントルイス）	Stars & Stripes（星条旗）	Follow the Leader（リーダーに従え）
Braced Star I（くくった星 I）	Birds in the Air II（飛ぶ鳥 II）	Anvil（かなとこ：鉄床）	Washington Puzzle（ワシントンパズル）

参考：『1001パッチワークデザイン』マギー・マーロン著　日本ヴォーグ社刊　1988をもとに作成。

● トラディショナル・パッチワークキルト

「ベビーブロックス」1890〜1900頃

「モネの睡蓮」Teruko Inoue 1990

「Roses on the Fence」 Dorothy Jenstad Pedersen 1982

「ハニカムキルト」1850頃

● コンテンポラリー・パッチワークキルト

「炎の中の森」オルナー・ログリット

'Grand Canyon' ネルダ・ウォーケンティン

'RunesⅢ：ICE' オルガ・プリンス・ルコウスキー

'Sky / Wind Variations Ⅱ' マイケル・ジェームス 1990

第7章　現代の構成学

'AURORA'　マイケル・ジェームス　1978

「怒濤」宮谷真知子

'MOVEMENT #8'　斉藤泰子

'The Time is Now'　ルビー・ホランスキー

267

● 生花・フラワーデザインのコンポジション基本概念

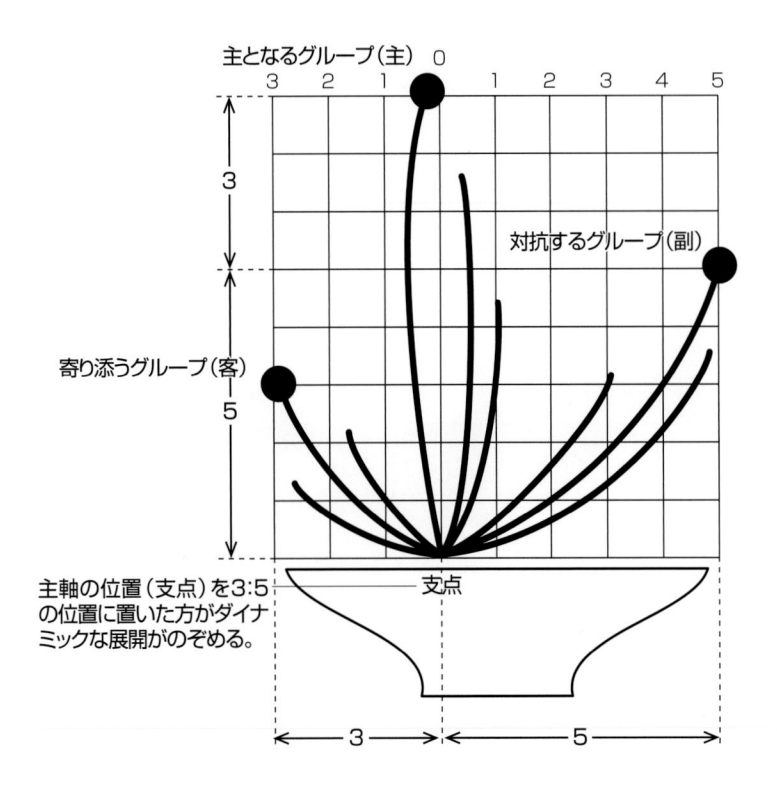

コンポジションの主軸となる主のグループと対抗するグループの比は、3：5（全高の3/8）のバランスがよい。さらに寄り添うグループは全高の5：3の位置が安定する。ところで3：5＝1.666…、また、5：8＝1.60（黄金比＝1.618…）となり、いずれも黄金比に近似の割合となる。つまり日本で古来からよく使われてきた3：5や5：8などの等量分割（和率）は、単純な整数比の大・小の割合であるが、結果的に西洋の美的形式原理として用いられてきた黄金比（1：1.618…）とほぼ同一の割合となる。

テーマの造形基準

造形のイメージ	コンポジション	レイアウト（配置）	モーメント
自然的	シンメトリー（対称）	放射	一焦点
		並行	複数焦点
		交差	一生長点
人工的（非自然的）	アシンメトリー（非対称）	スパイラル	複数生長点
		アンフォルメル	ランダム（無焦点）

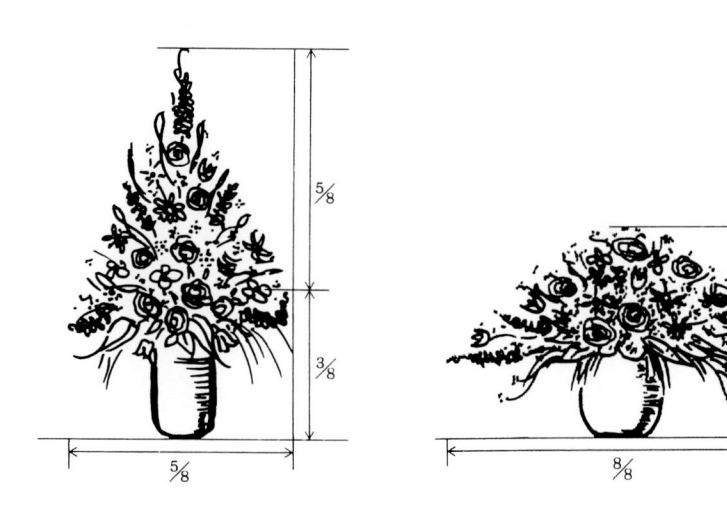

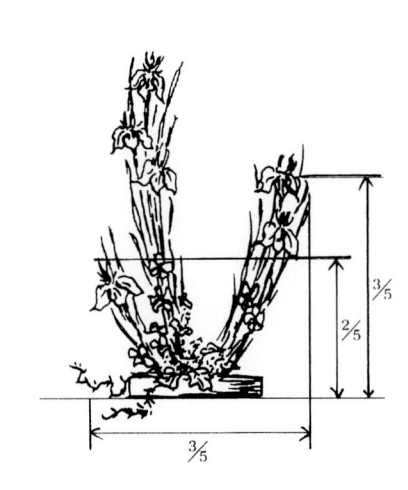

第7章　現代の構成学

フラワーデザインの構成

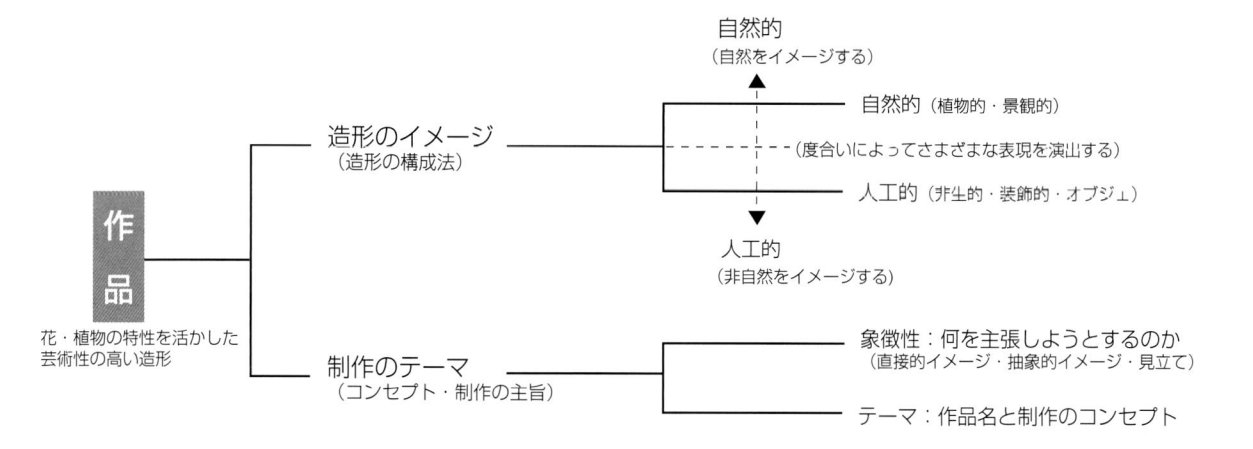

作品（花・植物の特性を活かした芸術性の高い造形）
- 造形のイメージ（造形の構成法）
  - 自然的（自然をイメージする）
    - 自然的（植物的・景観的）
    - （度合いによってさまざまな表現を演出する）
    - 人工的（非生的・装飾的・オブジェ）
  - 人工的（非自然をイメージする）
- 制作のテーマ（コンセプト・制作の主旨）
  - 象徴性：何を主張しようとするのか（直接的イメージ・抽象的イメージ・見立て）
  - テーマ：作品名と制作のコンセプト

フラワーデザインの造形要素と秩序

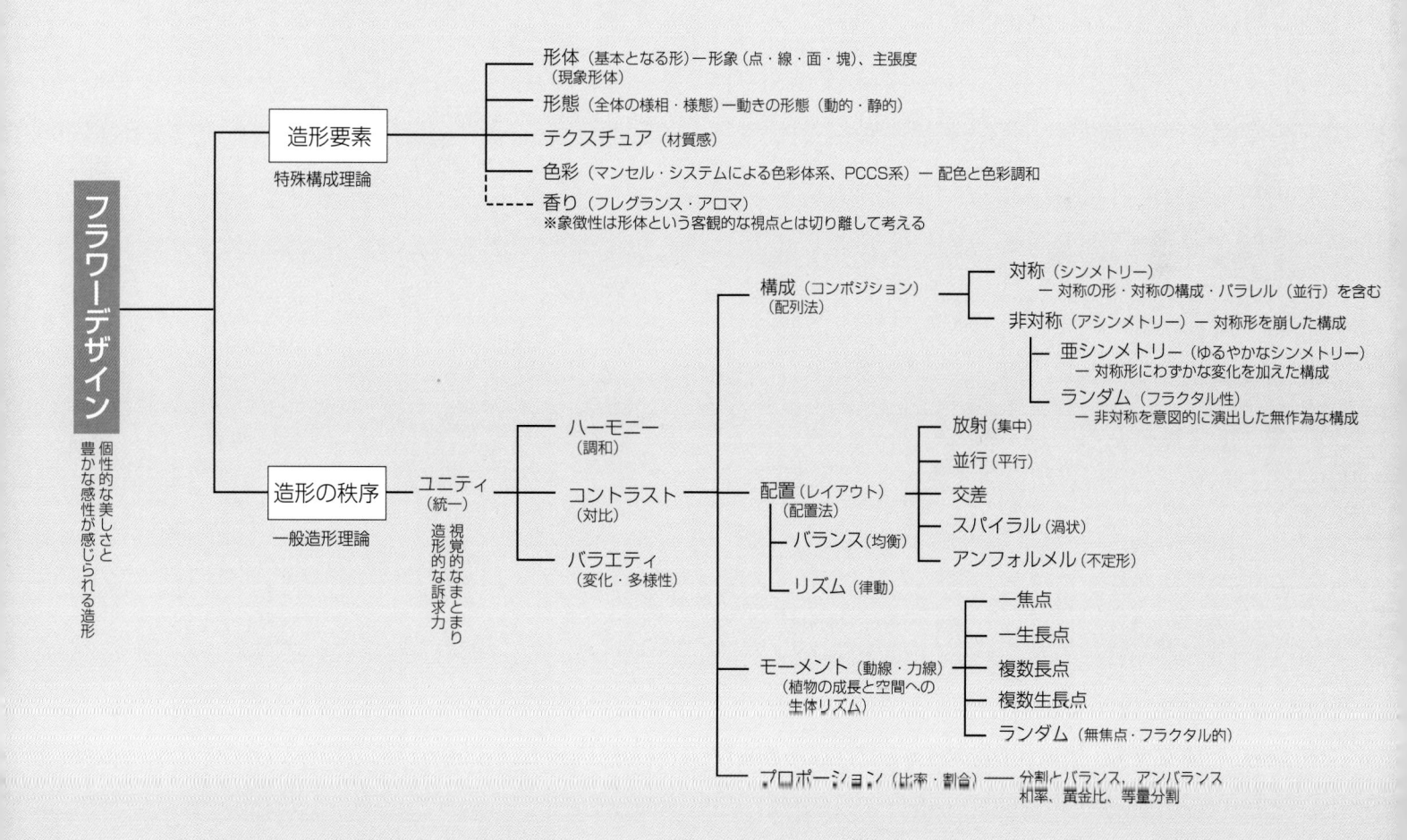

フラワーデザイン（個性的な美しさと豊かな感性が感じられる造形）

- 造形要素（特殊構成理論）
  - 形体（基本となる形）－形象（点・線・面・塊）、主張度（現象形体）
  - 形態（全体の様相・様態）－動きの形態（動的・静的）
  - テクスチュア（材質感）
  - 色彩（マンセル・システムによる色彩体系、PCCS系）－配色と色彩調和
  - 香り（フレグランス・アロマ）
  ※象徴性は形体という客観的な視点とは切り離して考える

- 造形の秩序（一般造形理論）
  - ユニティ（統一）視覚的なまとまり 造形的な訴求力
    - ハーモニー（調和）
    - コントラスト（対比）
    - バラエティ（変化・多様性）
  - 構成（コンポジション）（配列法）
    - 対称（シンメトリー）－対称の形・対称の構成・パラレル（並行）を含む
    - 非対称（アシンメトリー）－対称形を崩した構成
    - 亜シンメトリー（ゆるやかなシンメトリー）－対称形にわずかな変化を加えた構成
    - ランダム（フラクタル性）－非対称を意図的に演出した無作為な構成
  - 配置（レイアウト）（配置法）
    - 放射（集中）
    - 並行（平行）
    - 交差
    - スパイラル（渦状）
    - アンフォルメル（不定形）
  - バランス（均衡）
  - リズム（律動）
  - モーメント（動線・力線）（植物の成長と空間への生体リズム）
    - 一焦点
    - 一生長点
    - 複数焦点
    - 複数生長点
    - ランダム（無焦点・フラクタル的）
  - プロポーション（比率・割合）－分割とバランス、アンバランス　和算、黄金比、等量分割

● はなびらがひらく造形の世界

シンメトリーを中心に左右にわずかバランスを崩したゆるやかなシンメトリー（亜シンメトリー）の構成。

「花流―flowery6」鎌田博美　2005

第7章　現代の構成学

欧米のフラワーアレンジメントは、ほとんどがシンメトリーのコンポジションである。（撮影：Kevin Summers）

「花空―flowery4」鎌田博美　2005

271

● 生花・フラワーデザインの構成

いけばな：Meiko Kurbota　（撮影：T. Tanaka）

冨春軒仙渓の立花

二代専好の立花

直真の立花

生花の図（『源氏活花記』）

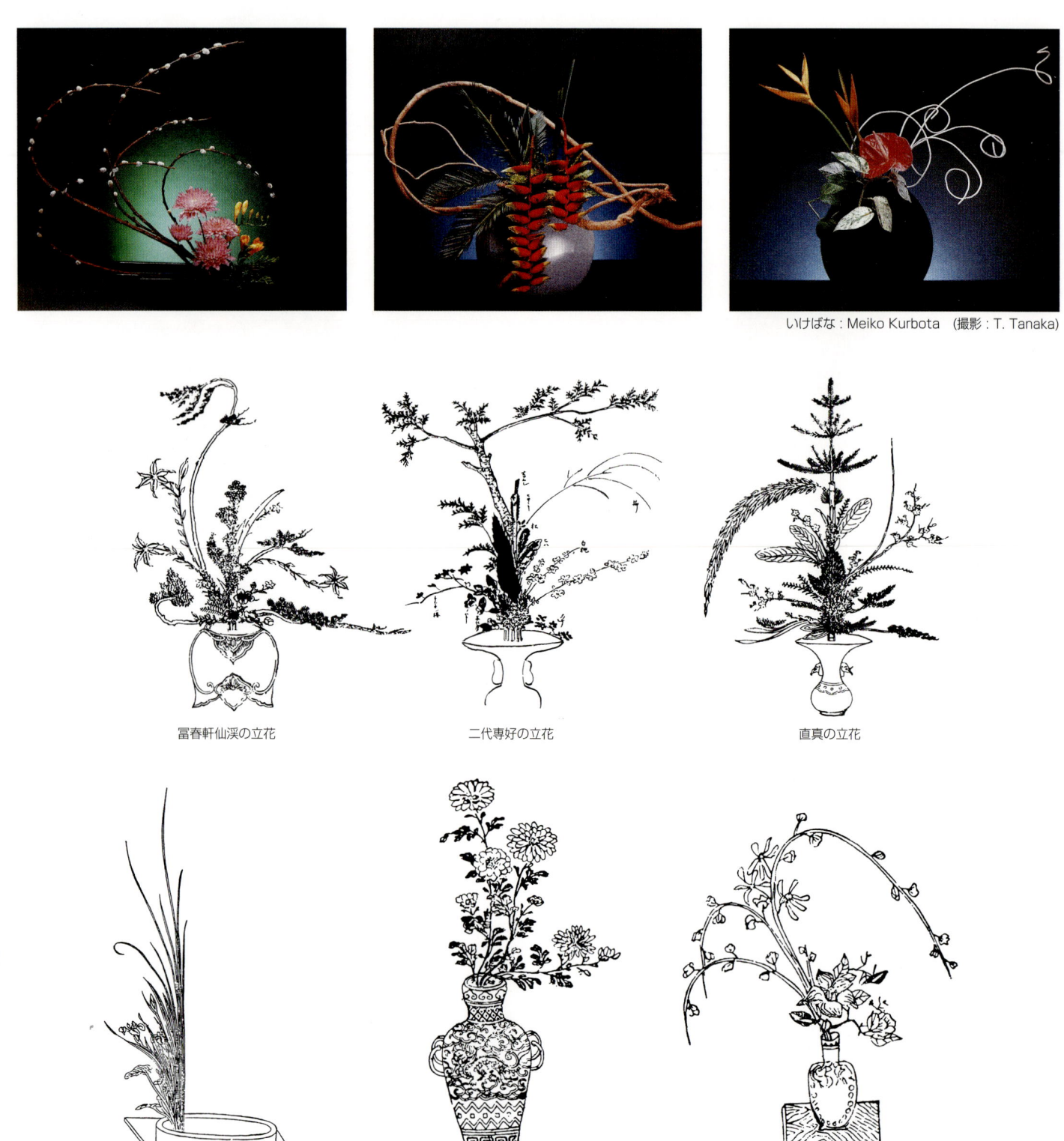

抛入花（『抛入岸之波』）

抛入花（『立華訓蒙図彙』）

第7章　現代の構成学

■ 日本の生花の型

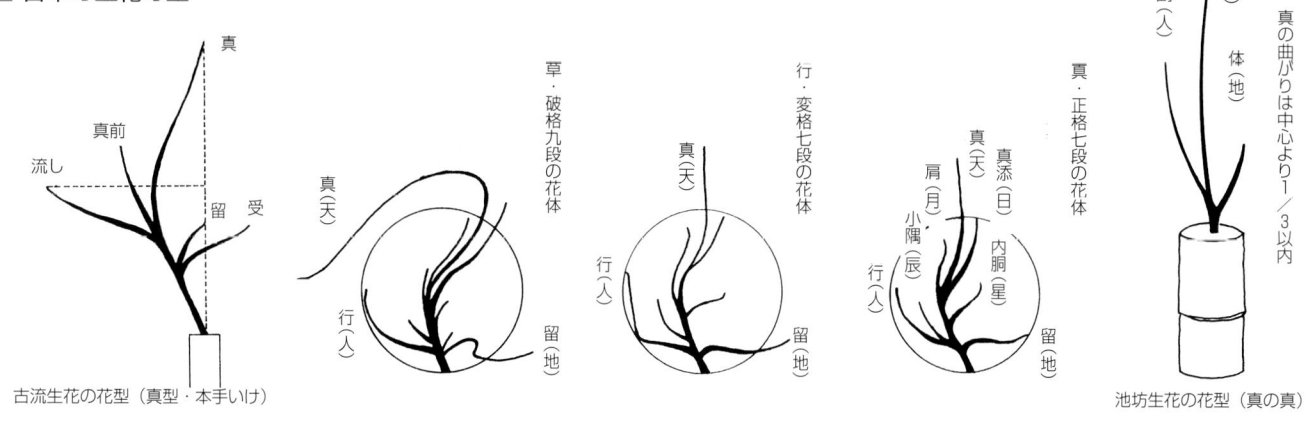

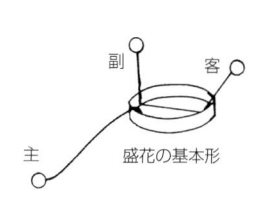

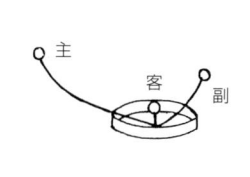

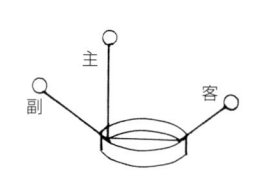

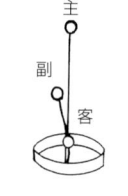

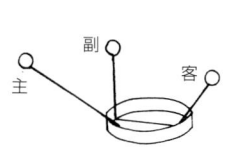

古流生花の花型（真型・本手いけ）
真
真前
流し
留
受

草・破格九段の花体
真（天）
行（人）
留（地）

行・変格七段の花体
真（天）
行（人）
留（地）

真・正格七段の花体
真（天）
真添（日）
肩（月）
小隅（辰）
内胴（星）
行（人）
留（地）

池坊生花の花型（真の真）
真（天）
副（人）
体（地）
真の曲がりは中心より1/3以内

盛花の基本形
副　客
主

主
客　副

主
副　客

主
副　客

副　客
主

■ ドイツのフラワーデザインの型

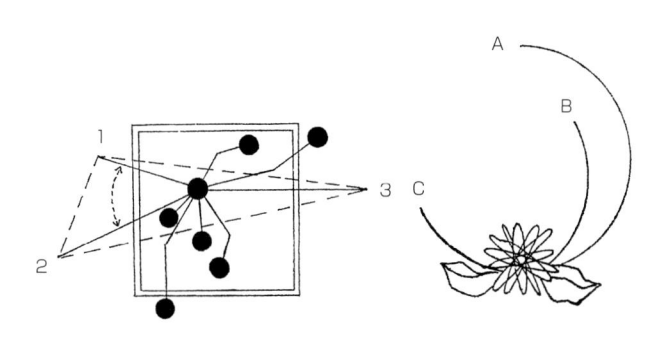

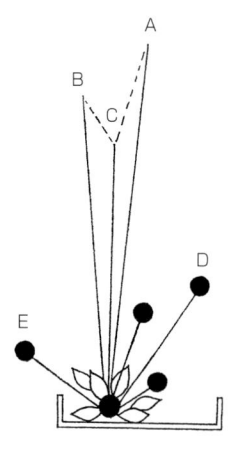

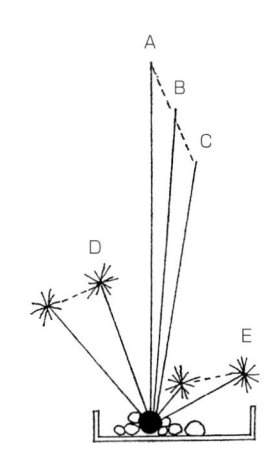

A
B
C

A
B
C
D
E

A
B
C
D
E

■ ロシアのフラワーデザインの型

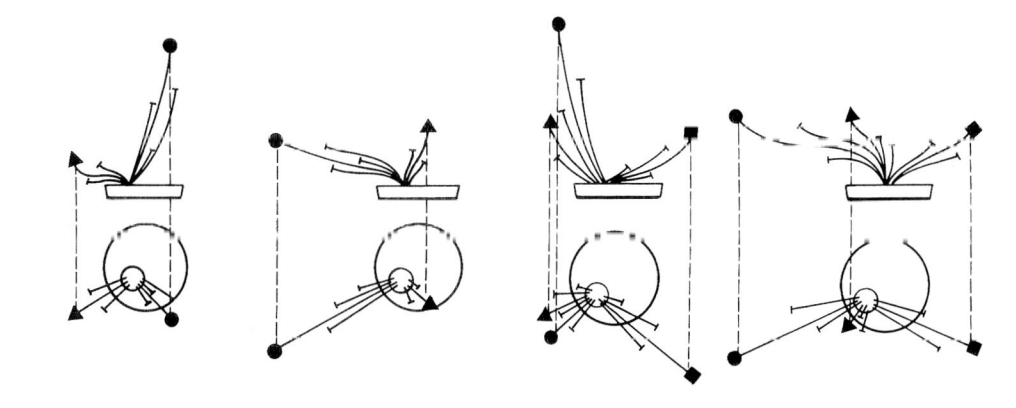

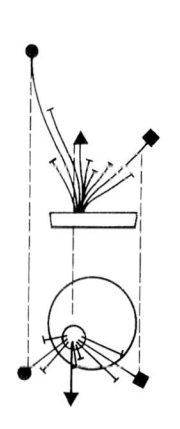

7-10　新構成学
新しい造形理論とコンピュータシミュレーション

　芸術表現は20世紀以降多様化し、新しい美の創出を求め変化してきた。かつての平面・立体から空間・環境への接点を深め、さらに音響などの聴覚メディアが加わり、コンセプト（概念）、パフォーマンス、イベント（行為）、インタラクティビティ（双方向性）など、新しい捉え方や見解も表現に採り込んでいった。

　一方デザインでは、かつてのポスター・広告などのグラフィックデザインやID（工業デザイン）、AD（建築デザイン）から、テレビ・ビデオなどの映像メディア、あるいはコンピュータグラフィックス、マルチメディアといったデジタルメディアまでを含め、複合メディアに進化していった。

　ところがこうした現代の多様化した表現における、デザイン評価や理論に対しては、未だに1世紀も前の美学・芸術論あるいはバウハウス構成論で対応せざるを得ないのが現状である。

　私はかねてより、現代の多様化したメディアとしての芸術表現には、従来の美学や芸術理論ではなく、それにふさわしい造形理論が必要であると考えていた。

　これまでも芸術や文化は、その時代に合わせ常に変容してきた。その芸術理論や捉え方も、当然のことながら新しい知識や理論を加えていかなければならない。新構成学の確立には、21世紀にふさわしい造形理論があってしかるべきである。

1　美的形式原理の見直しと複雑系理論

　西洋文化の美の規範であり、美の造形原理はギリシャ時代から19世紀末まで黄金比（黄金分割）というプロポーションとシンメトリーであったということは、すでにたびたび述べてきた。

　これに対し、日本では単純な整数比による端正な比例法、等量分割や、さもなくば極端な非対称の分割やコンポジション、そこに西洋と同じシンメトリーの数理をあわせ、巧みに使い分けてきた。これらの造形原理は、普遍的な美の原理の美的形式原理として、美術・装飾から建築に至るまで、幅広い分野で使われてきたのである。

　しかし現代のアートやデザインの世界では、確かに形式原理に添った造形は、型にはまった様式美をつくりだすことができるが、自由で個性あふれるクリエイティブな表現とは無縁であるという観念的な思い込みがあるようだ。

　そんなときアートとデザインは、「フラクタル」と出合ったのである。

　フラクタル理論によって、非定形の中にもある単純な規則があり、私たちはそれが何かわからなかったが、そこに黄金比を内包していることが証明され、改めて黄金比の普遍美を認識した。20世紀に入って一時黄金比離れがあったが、まさしく黄金比の復活・再生である。

さらに今日フラクタル理論の自己相似性という性質を用いて、新しい美を開拓できるチャンスに恵まれた。コンピュータのシミュレーションによって、多くの形やパターンのバリエーションを出力させ、自分の感性にあった表現を選択すればよい。

さらにこれまでは、どうして美しく見えるのか、説明のつかなかった対象も、複雑系理論によって見直される事例も次々と明らかとなっている。

私はこの複雑系を単なる科学理論としてではなく、次世代に、つまり21世紀の新たな美の形式原理に加え、これを造形のツールとして大いに活用することを提案したい。

現在のところ、複雑系理論をアートやデザインのために使いこなすための方法やソフトウェアは、完璧ではないが、近い将来、パソコンのソフトのように手軽に活用できるようになるだろう。

2　コンピュータシミュレーション

20世紀最大の発明のひとつであるコンピュータは、単なる高速の電子計算機を超え、現代社会最大のインフラとなっている。さらにアートやデザインにも近年、深く入り込み、表現や表現技法、映像やバーチャル画像、デジタルアーカイブスと、そのかかわりはますます深化してきた。

かつてコンピュータアートとして話題をよんだ芸術とコンピュータは、コンピュータの機能を生かした表現でつくられた電子絵画であった。今日のメディアアートとよばれる芸術表現は、すべてデジタルデータによってつくられる芸術の新しいジャンルである。もちろんコンピュータゲームやVRによるエンターテインメントの領域も含め、デジタルメディアの空間はますます広がっている。

それゆえ今日コンピュータは、アートやデザインの必須の表現ツールになったことを認識すべきである。西洋美術史では、遠近法の発明によって、一層迫力のあるリアリティ感のある描写が実現したように、コンピュータというツールは現代の遠近法に匹敵するのだ。

芸術的・造形的な感性はあくまでアナログのトレーニングによって培われることには違いないが、今後、人間の感性を拡張し、新しい表現を開拓するために、私たちはコンピュータを武器として大いに役立てるべきである。

今やコンピュータ操作は、過去そうであったように難解なプログラミングを知らなくても、人間の感性の趣くままにクリックするだけで、イメージを具現化できつつある。すでに色彩に関しては、混色やグラデーション効果、色彩調和などデジタルカラーによって、きわめて簡単に多くの作例を出力させ、その表現効果を実感できるようになった。

私たちは可能性のある多くのバリエーションのプリントから自らの感性によって、選択するという行為をすればよい。

ここにこれまで培ったアナログ感性を生かせるの

である。すでにCADシステムによるソリッドモデリングやコンピュータによるデジタルシミュレーションは、すべてのアート・アンド・デザインの必須のツールといえる。

しかし、やはりここでも忘れてならないことは、造形の原点はアナログで培った感性なのである。

コンピュータグラフィックスによる構成教育

協力：共立女子短期大学

第7章　現代の構成学

●コンピュータによるデザイン「デジタルグラフィックデザイン」

Photoshopによる色調補正

Illustrator CS2のスウォッチライブラリ「PANTONE」

グラフィックアプリケーションで代表的なAdobe CS2のスウォッチライブラリでは、PANTONE、HKS、TRUMATCH、FOCOLTONE、DIC、TOYO、Webカラーなどの特色のプリセットカラーが用意されている。各アプリケーションのカラー設定を統一すれば、アプリケーション間で同じ色を再現することができる。

「PANTONE Solid Coated」をサムネール（大）で表示させたウィンドウ

パントンマッチングシステム

パントンのカラーチャートから番号を選ぶだけで、同じ色が瞬時にアウトプットできる。

Photoshop CS2のカラーライブラリ

Photoshop CS2では、スウォッチライブラリの他に、カラーピッカーの「カラーライブラリ」でも、特色を指定することができる。

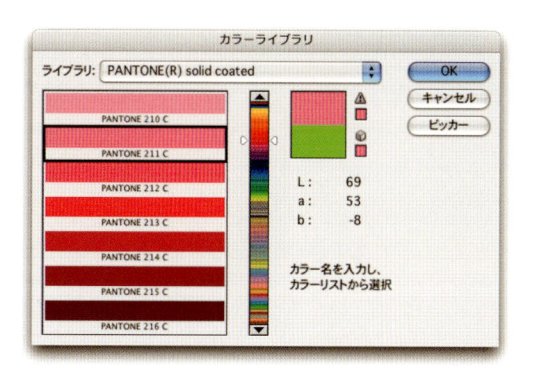

● デジタル時代のグラフィックデザイン

デジタルグラフィックスによる繊細でクールな表現。

アップルの"i Pod"のTVコマーシャル。TVWA / Chat / Day. TVコマーシャルも、デジタル時代には、これまでの表現にとらわれない色・形が求められる。

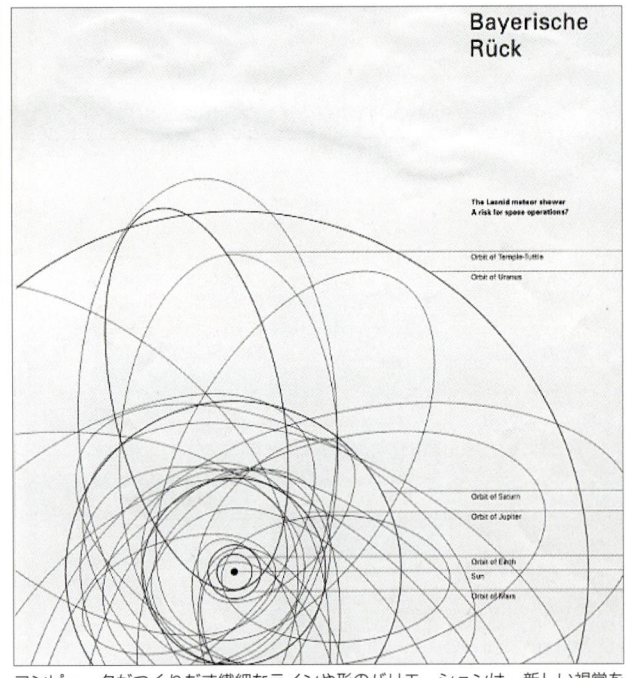

コンピュータがつくりだす繊細なラインや形のバリエーションは、新しい視覚を切り開く。

mit augen maß

vier Augen sehen mehr als zwei

Carl Zeiss

:solutions

デジタルタイポグラフィと新しい形のフュージョンは、ヴィジュアルコミュニケーションのバーチャル空間を演出する。

8 バウハウス教育とそれ以降

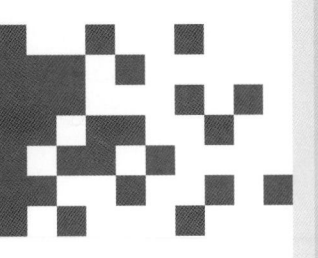

8-1 バウハウスの活動

教育

　現代の美術・デザイン教育の骨格の基礎をつくりあげたのは、まさにバウハウスの造形教育にあるといえよう。それはかつての図案教育や絵画、彫刻を主体とした描画、立体表現から造形の普遍的能力の育成という理念の下に、造形能力と感性の涵養をめざした初の造形教育機関であった。

　バウハウス教育の特徴は、七つの各工房における専門教育に入る前に、学生にまず予備課程（後の基礎課程）として、「ゲシュタルト」教育を実践することであった。

　ワイマールからデッサウ、ベルリンとわずか14年間という短期間に国立、市立、私立とめまぐるしく母体が変わりながらも、常に変容、進化に挑んだバウハウス教育であったが、ヴァルター・グロピウス、ヨハネス・イッテン、モホリ＝ナジ、ヨゼフ・アルバース、ハーバート・バイヤーなど常に先見性を見据えた教育者に恵まれ、第二次大戦後の美術・デザイン教育の基盤を確立した意義はきわめて大きい。

　カリキュラムは、工作教育、形体教育、構成教育の大きく三つに分けて実践された工房教育に、その新しい意味がある。ここでは、こうした造形基礎教育の成果の一端を紹介しよう。

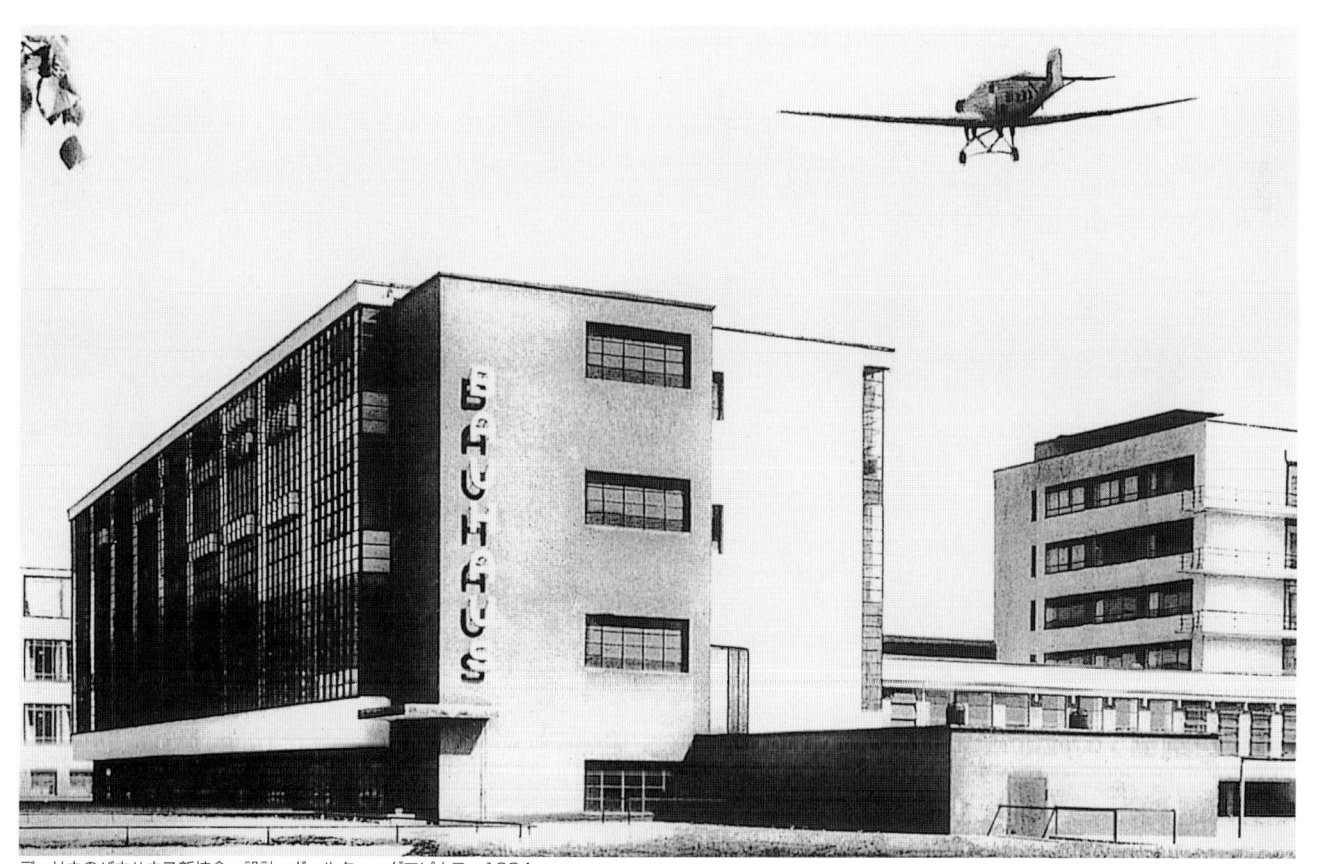

デッサウのバウハウス新校舎。設計：ヴァルター・グロピウス　1924
Bauhaus Archiv, Berlin所蔵

バウハウス50年史展ポスター　ハーバート・バイヤー　1968
ⒸBILD-KUNST, Bonn & APG-Japan/JAA, Tokyo, 2006

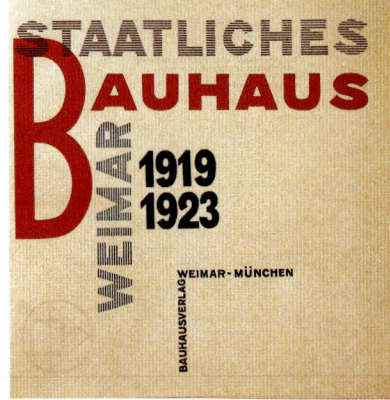

「バウハウス報告書」表紙デザイン　ハーバート・バイヤー　1923
ⒸBILD-KUNST, Bonn & APG-Japan/JAA, Tokyo, 2006

「バウハウス誌」表紙デザイン　ハーバート・バイヤー　1928
ⒸBILD-KUNST, Bonn & APG-Japan/JAA, Tokyo, 2006

バウハウス50周年記念をモチーフにした切手（ドイツ）　1983

第8章　バウハウス教育とそれ以降

製品開発

　バウハウスのさまざまな特徴のひとつに、広範囲な工業製品や工芸品の開発、販売の実用化の実践がある。

　工房教育の具体的な成果が、メーカーや企業と協力して製品開発を行い、市場への販売に結びついたのである。早くも1924年の電気スタンド製品の企画、開発、販売からはじまり、住宅、キッチンなどインテリア関連、家具、照明器具、布製品、テーブルウェア、陶製品、金属製品、ガラス製品から玩具、切手、紙幣、タイポグラフィ（活字）にいたるまで広範囲な分野にわたっている。

　中でもマリアンネ・ブラントやヴィルヘルム・ヴァーゲンフェルトの照明器具、マルセル・ブロイヤーの金属パイプの椅子、ヴァルター・グロピウスの家具は評価が高く、大量生産され、その中にはブロイヤーの椅子のように現在でも生産されている製品もある。こうした今日の産学共同体の原型ともいうべきバウハウス製品の開発は、相当額のデザイン特許、版権料をもたらし、学校経営の一助となった。

　これらバウハウスの製品は、「バウハウススタイル」として、20世紀の新しいデザインの潮流、インターナショナル・スタイル（国際様式）の象徴となった。

バウハウスがつくりだしたブロックのオモチャ　アルマ・ブッシャー　1924（撮影：Bartsch）
Bauhaus-Archiv, Berlin所蔵

真ちゅう製のティーポット　マリアンネ・ブラント　1924

バウハウスの教師用住宅（グロピウスハウス）設計：ヴァルター・グロピウス
1923　（撮影：Lucia Moholy）
©BILD-KUNST, Bonn & APG-Japan/JAA, Tokyo, 2006

ワシリー No. B3（通称：ワシリーチェア）
マルセル・ブロイヤー（スタンダード家具会社製造）1925
Bauhaus-Archiv, Berlin所蔵

電気スタンド（バウハウスデザインのもっとも有名な製品のひとつ）カール・ジャッカー　1923

「紙の折りによる空間の習作」ヨゼフ・アルバースの基礎課程　1928
（1997再制作）

「空間の習作」ヨゼフ・アルバースの基礎課程　1927（1997再制作）

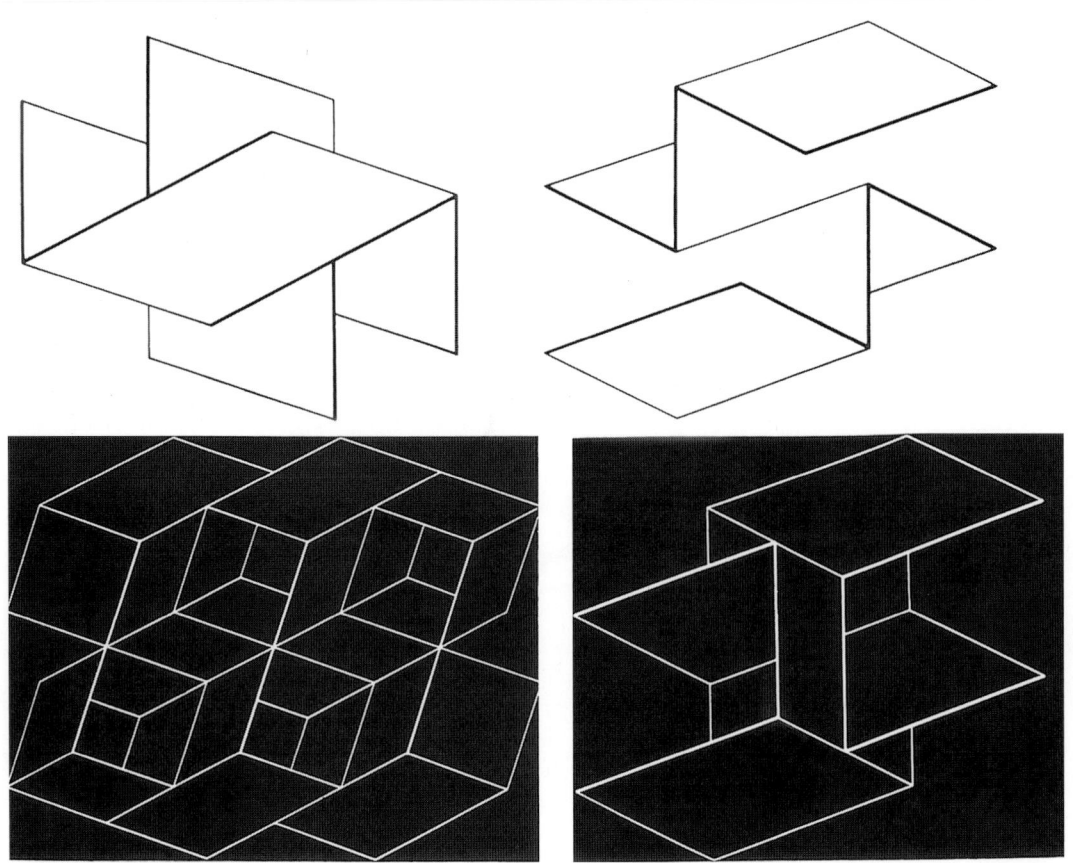

「ストラクチュアの星座」（反転性遠近錯視で、見える形のシリーズ）ヨゼフ・アルバース

p284-285 ⓒThe Josef and Anni Albers Foundation/VG BILD-KUNST, Bonn & APG-Japan, 2006

第8章　バウハウス教育とそれ以降

「紙を無駄なく使った立体構成」（Erich Consemüler）ヨゼフ・アルバースの基礎課程

「紙による立体構成」ヨゼフ・アルバースの基礎課程の課題作品　1927（ムーブメントをモチーフとしたペーパーカットのシーリングによるパターンの造形。学生名=B.ウルマン）

「紙による立体構成」ヨゼフ・アルバースの基礎課程　1927（紙を無駄なく使い、カットして切り起こし、ツイストされた立体構成）

「紙の切れ込みによる立体造形」ヨゼフ・アルバースの材料体験実習　1927　(Erich Consemüler)

「紙による立体構成」ヨゼフ・アルバースの基礎課程
1927　(Erich Consemüler)

「紙による立体構成」(円形に三角形の切れ込み) ヨゼフ・アルバースの基礎課程

「波型用紙によるレリーフ構成」
ヨゼフ・アルバースの基礎課程

p286 ©The Josef and Anni Albers Foundation/VG BILD-KUNST, Bonn & APG-Japan, 2006

第8章　バウハウス教育とそれ以降

パウル・クレーの色彩体系（色彩演習）ヨースト・シュミット

パウル・クレーの色彩演習（クレーのクラス）
ヨースト・シュミット　1923

パウル・クレーの色彩演習（クレーのクラス）ヨースト・シュミット　1923
Bauhaus-Archiv, Berlin 所蔵

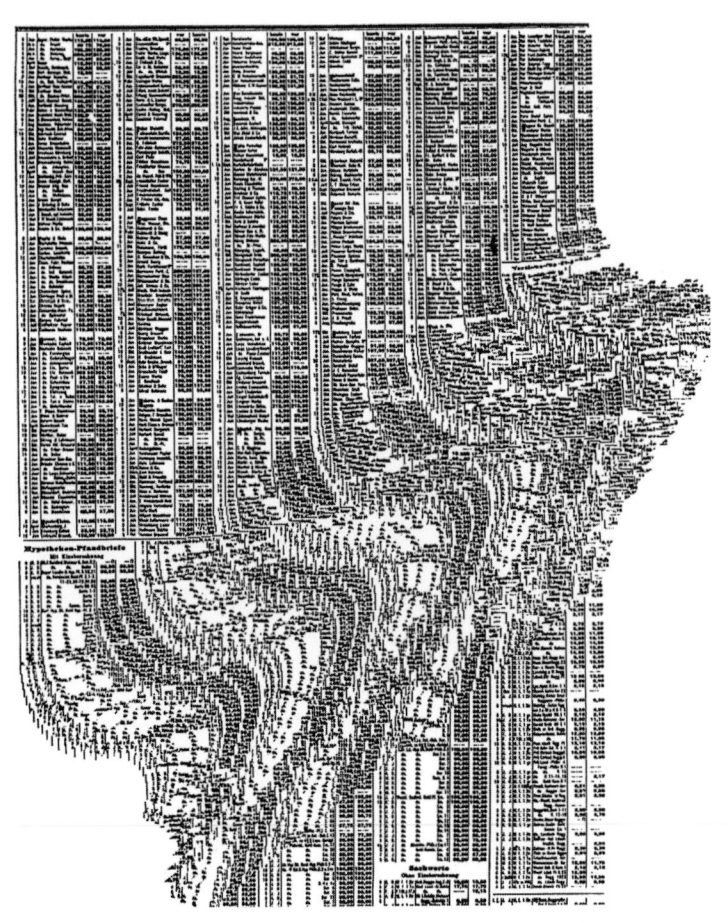

ヨゼフ・アルバースの基礎課程の実習作品　1928。typofacture（タイプ文字をベースとした構成）文字組み全体を歪曲させ、錯視効果をねらった課題。
©The Josef and Anni Albers Foundation/VG BILD-KUNST, Bonn & APG-Japan, 2006

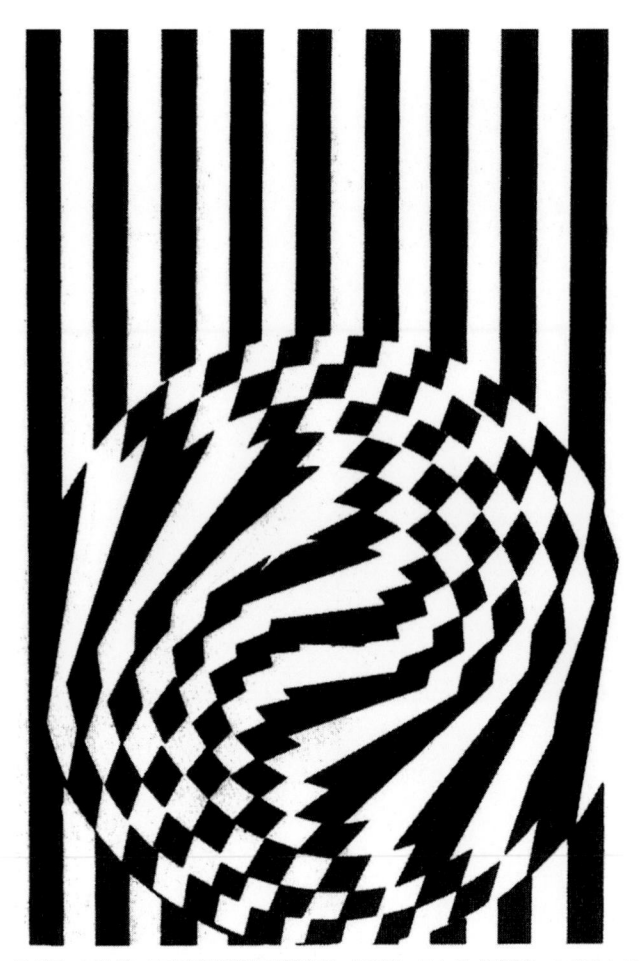

ヨゼフ・アルバースの基礎課程の実習作品　1928。ストライプパターンをもとに、円形を同心円状にくり抜き、少しずつずらしてできる新しい造形。
（Erich Consemüler）
©The Josef and Anni Albers Foundation/VG BILD-KUNST, Bonn & APG-Japan, 2006

「抽象美と本質的な美の追求のために」ヨゼフ・アルバースの基礎課程での課題。
水谷武彦　1927-28　銅板による抽象立体造形。

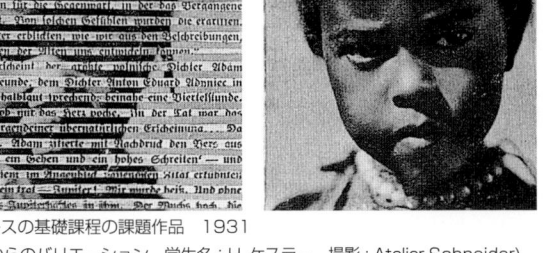

ヨゼフ・アルバースの基礎課程の課題作品　1931
（グラフ誌の写真からのバリエーション　学生名：H. ケスラー　撮影：Atelier Schneider）
©The Josef and Anni Albers Foundation/VG BILD-KUNST, Bonn & APG-Japan, 2006

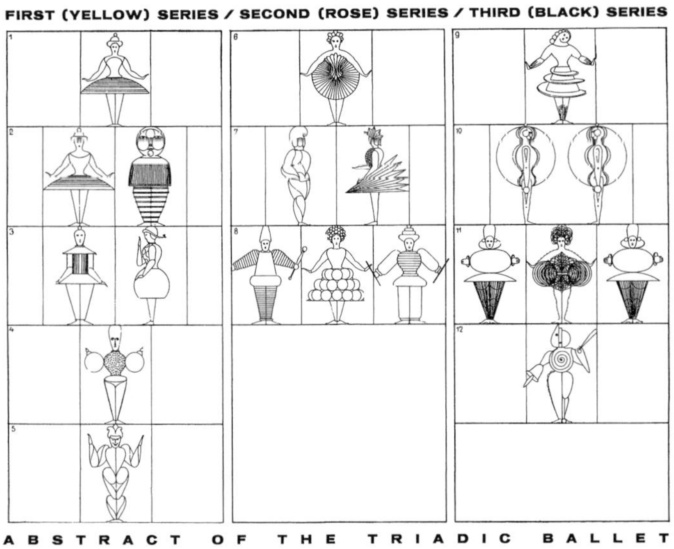

第8章　バウハウス教育とそれ以降

バウハウスダンス（トリアデックバレー：三組のバレー）オスカー・シュレンマー　1926

バウハウスダンスの衣装　オスカー・シュレンマー　1926（撮影：Ernst Schneider）

フォトモンタージュの課題作品　山脇巌　1932（山脇巌・道子資料室所蔵）

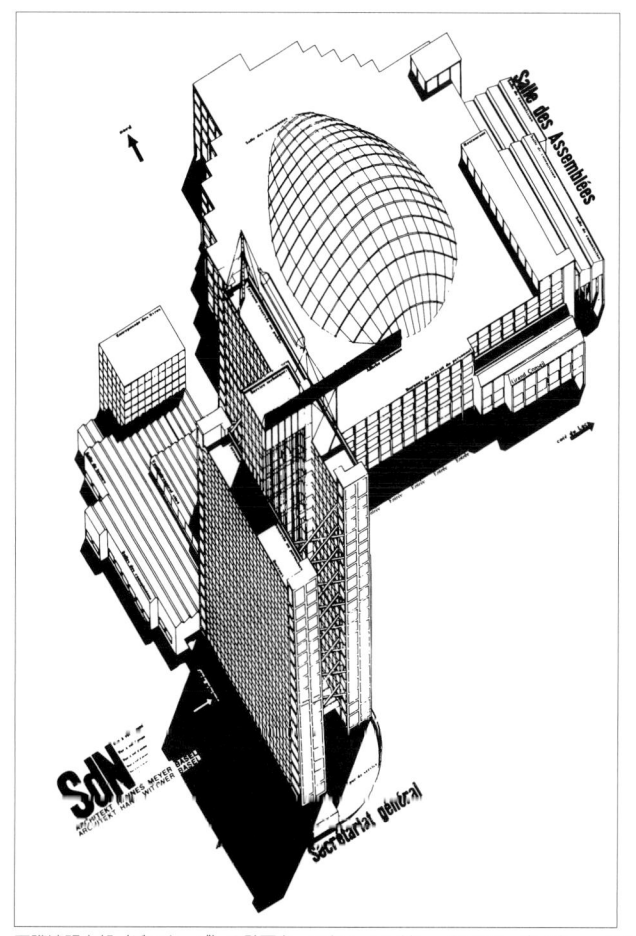

国際連盟本部（ジュネーブ）の計画案　ハネス・マイヤー／ハンス・ウィター　1926
Bauhaus-Archiv, Berlin所蔵

シュパヌンクの実習

シュパヌンクは「緊張」「勢力」と訳されていたが、形と空間における目に見えない力線、導線を指す。空間のダイナミズムを生みだす新しい造形秩序として期待された。
（第5章 5-13参照）

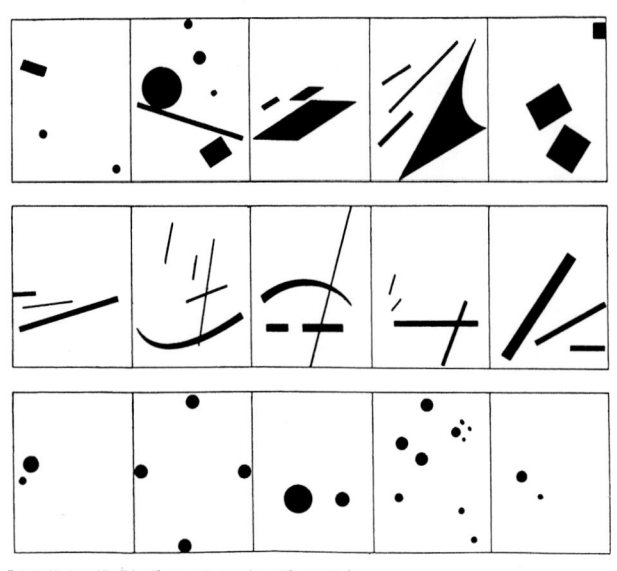

「空間的力の構成」ヴァシリー・カンディンスキー

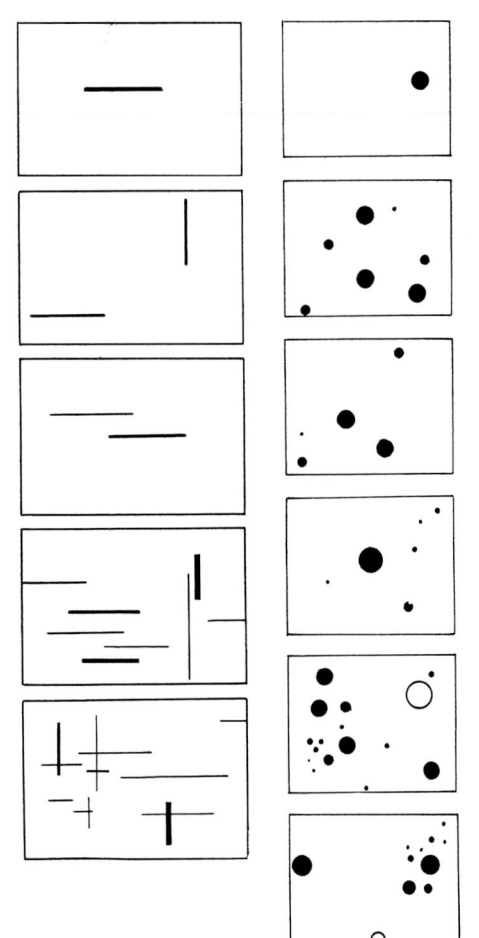

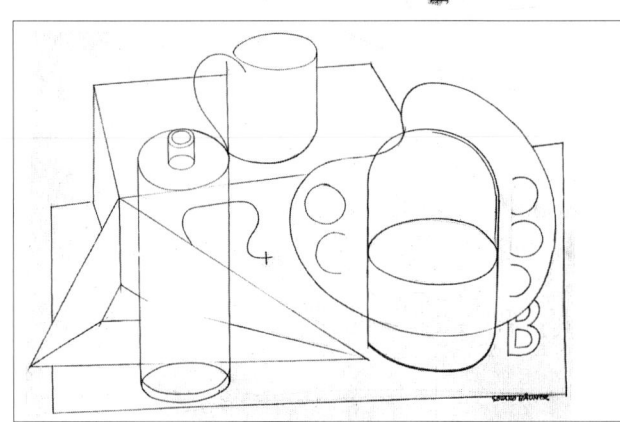

左上：ジャーのシュパヌンク　1923
右上：「動き」の躍動感のシュパヌンク　1920
下：静物画の力線の分析　1929

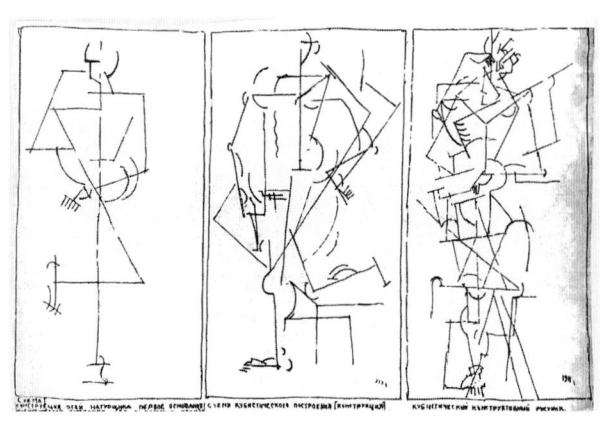

「空間的力の構成」ヴァシリー・カンディンスキー　1920

「力動的キュビズムのための三つの解説図」カジミール・マレーヴィッチ（教材用のデッサン——シュパヌンクの概念を説いたデッサンのはじめ）1919

第8章　バウハウス教育とそれ以降

指紋の合成によるテクスチュア　O.ストッケン　1934

ヨハネス・イッテン予備課程の課題作品（さまざまな紙をベースとしたテクスチュアのコラージュ）
1919

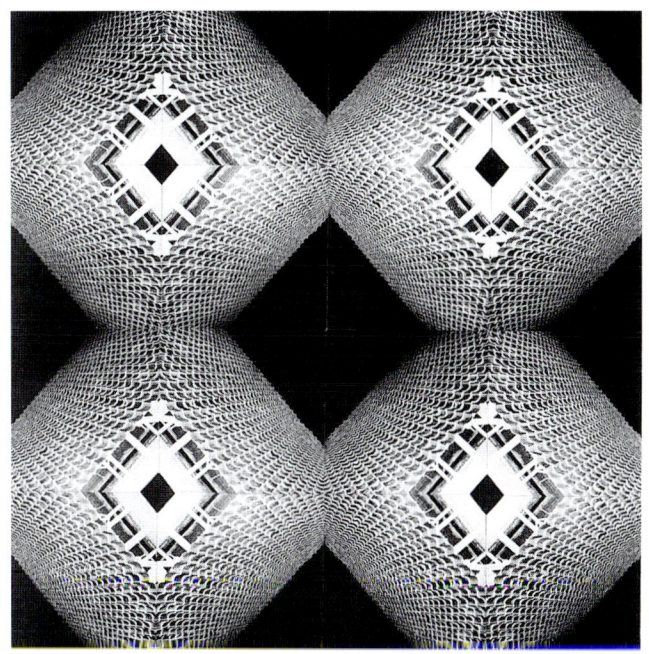

ネガティブ写真表現によるモンタージュ　1934

「火の塔」ヨハネス・イッテン　1920（1955再制作）。色ガラスと金属フレームのタワーに白熱電球の照明を入れた立体造形。
©2006 by ProLitteris, CH-8033 Zurich & SPDA,Tokyo

広報活動

　今日、バウハウスの教育内容が広く知られている理由のひとつに、広範な広報、宣伝活動がある。当時の政府から展覧会の企画開催を命じられ、開校から4年の1923年、2回にわたりその成果を公開した。その後、毎年定期的に展示、公開されることになった。結果的にこの企画がバウハウスの存在を内外に知らしめる契機となった。

　工房教育における学生作品の展示とともに、当時の画家、造形作家として名を馳せていたパウル・クレー、ヴァシリー・カンディンスキー、リオネル・ファイニンガー、オスカー・シュレンマーからマルセル・ブロイヤー、ヨゼフ・アルバース、ハーバート・バイヤー、モホリ＝ナジなどの新人作家の出品もあり、一躍バウハウスの名声が高まった。

　また、バウハウスの教育理念であった建築では、実験的住宅の設計、建築展示は、この分野の先鋭的なモダニズム理論の普及に大きな影響を与えた。

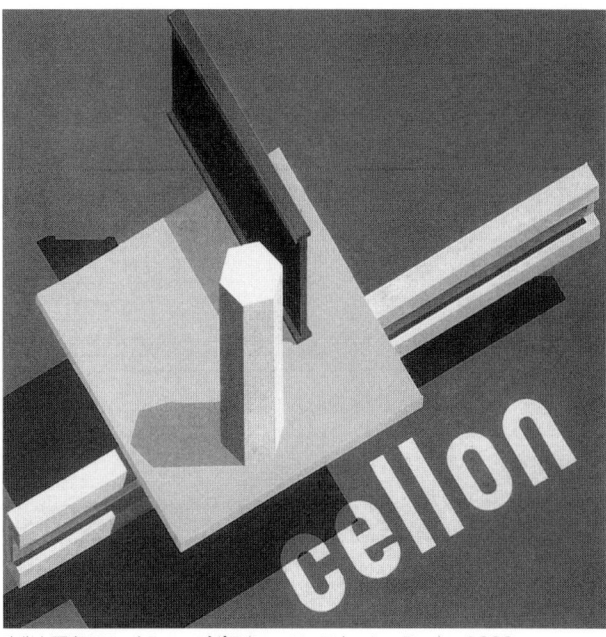

広告と写真のワークショップポスター　ヨースト・シュミット　1930
（撮影：Atelier Schnider）　Bauhaus-Archiv, Berlin所蔵

カンディンスキー展ポスター（ヴァシリー・カンディンスキー60歳誕生記念展）ハーバート・バイヤー
©BILD-KUNST, Bonn & APG-Japan / JAA, Tokyo, 2006

コンポジション　エル・リシツキー　1922
©BILD-KUNST, Bonn & APG-Japan / JAA, Tokyo, 2006

第8章　バウハウス教育とそれ以降

バウハウスの成果発表（写真）の展覧会風景　1929　（シュツットガルト）

モホリ＝ナジの予備課程の課題作品
（テーマ＝「バランス」木と金属による）1924
©BILD-KUNST, Bonn & APG-Japan / JAA, Tokyo, 2006

バウハウスの成果発表の展覧会　映画と写真展のための企画書
1929

デッサウバウハウス製カーペットの広告　1931　（Rasch社）
Bauhaus-Archiv, Berlin所蔵

出版事業

　デッサウにおける印刷工房は、ハーバート・バイヤーにより統括されていたが、バイヤーは国内外の広報宣伝媒体の制作、印刷に大きな貢献をした。バウハウスタイポグラフィとともに端正なレイアウトとダイナミックなコンポジションによる多くのポスター、パンフレット、機関誌、趣意書（プロポーザル）等の発行は、視覚によるパブリシティ活動の意義を広めたともいえる。

　また、1925年から31年にかけて、14冊のバウハウス叢書の刊行は、その後のバウハウス教育の研究の貴重な資料となり、後年のデザイン理論に大きな影響を与えた。

　モホリ＝ナジの『絵画・写真・映画』『物質から建築へ』、カンディンスキーの『点と線から面へ』、カジミール・マレーヴィッチの『無対象の世界』など、これら14冊の刊行は、20世紀美術・デザインの代表的な出版事業となった。

『バウハウス叢書 第1巻』（国際建築）のカバーデザイン
Bauhaus-Archiv, Berlin所蔵

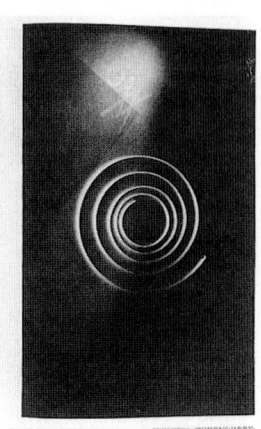

『バウハウス叢書 第8巻』本文　巻貝のレントゲン写真とフォトグラム
Bauhaus-Archiv, Berlin所蔵

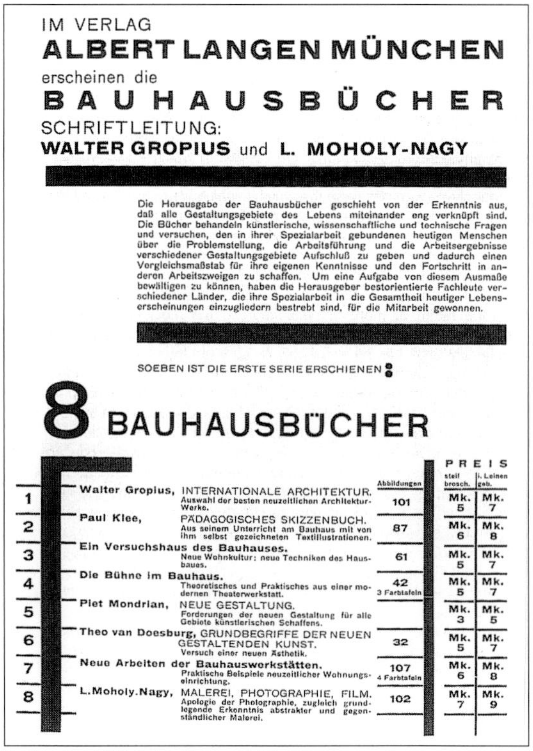

「光の空間調節機」（Light-Space Modulator）モホリ＝ナジ
1930 © BILD-KUNST, Bonn & APG-Japan / JAA, Tokyo, 2006

『バウハウス叢書』8点の案内　1927
Bauhaus-Archiv, Berlin所蔵

8-2 バウハウス以降

ニューバウハウス

　1933年、ナチによる弾圧により、閉校を余儀なくされたベルリンのバウハウスは、14年間のバウハウスの使命を終えた。この間、十数カ国、約550名の卒業生を送り出し、後年欧米を中心とした美術・デザイン教育に大きな影響を与えた。

　1930年代、すでに多くの教師たちは、主にアメリカに亡命し、1937年にはモホリ＝ナジがシカゴにニューバウハウス（後のシカゴ・インスティテュート・オブ・デザイン）を設立、ギオルギー・ケペッシュとともにアメリカにおける新しいデザイン教育に意欲を燃やした。ナジは、戦後の映像時代の到来を予言するように念願の光工房をつくり、実験的映画や映像、光の構成をデザイン教育に導入した。

　また、ミース・ファン・デル・ローエ、ヴァルター・ペーターハンスなどの先駆的な建築家は、IIT（イリノイ工科大学）に移り、ヨゼフ・アルバースはブラックマウンテン大学（ノースカロライナ州）で教鞭をとる。ハーバート・バイヤーはニューヨークの広告代理店に入り、戦後のアメリカ広告業界のヴィジュアル革命児となった。

　ナジの突然の死後、ケペッシュが後任となったが、同校は後にIITのデザイン学科に併合されていく。ケペッシュはその後、MIT（マサチューセッツ工科大学）に移り、新しい視覚の開拓をめざし、1956年『ニュー・ランドスケープ』を刊行した。

　MITは、映像とコンピュータ時代を先取りするかのように、高等視覚研究所（1967）、メディアルーム（1979）、メディアラボ（1986）を開設し、今日のデジタルメディアの実験的な基盤をつくりあげる。

　ここにニューバウハウスにおける造形教育の実習の一端を紹介する。

「立体構成」（紙と接着剤）Ｆ Ｒ パーソン　1967
(E. R. Pearson)

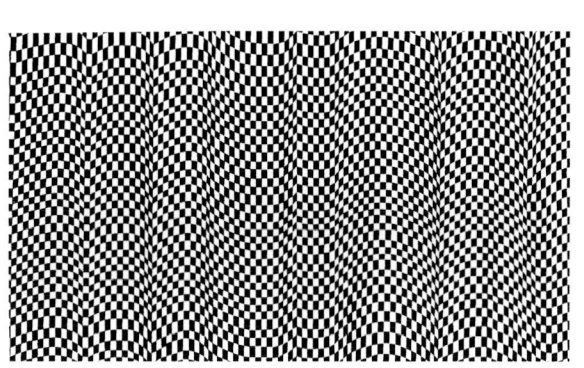

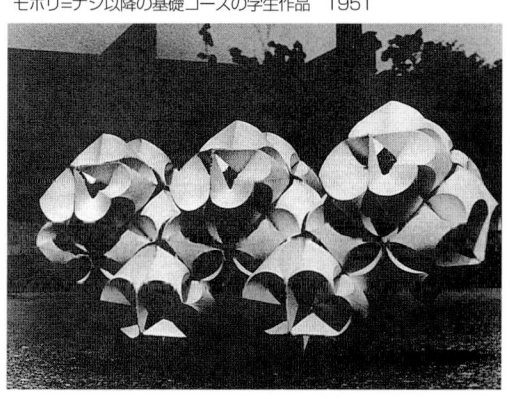

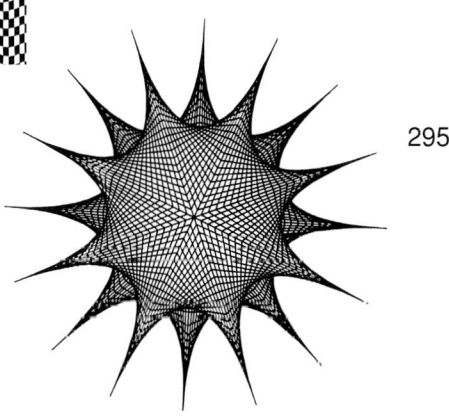

モホリ＝ナジ以降の基礎コースの学生作品　1951

「立体構成」（紙と接着剤）1967

メカニカルドローイングコース　製図コース作品　1960

新しい構成教育

写真の特殊表現技法による新しい視覚

バウハウスの基礎課題でモホリ=ナジはそれまでの造形材料や色材に加え、はじめて写真という映像表現をカリキュラムに加えた。撮影法、フィルムや印画紙、現像処理の方法などによって写真の新たなイメージの創造をめざし、さまざまな表現技法を実験し、学生たちに演習として課した。フォトモンタージュ、コラージュをはじめ、フォトグラム、ソラリゼーション、ハイコントラストフォト、レリーフフォトなどの特殊写真表現技法がここで実験された。現在こうしたイメージ表現はデジタル化され、コンピュータグラフィックスのデジタル表現として、PhotoshopやIllustratorなどに反映され、グラフィックデザインの領域を広げている。
● (筑波大学芸術専門学群「機器構成演習」学生課題作品)

● **ハイコントラストフォト** 撮影したフィルムを硬調現像し、できあがったフィルムをさらに密着反転させてコントラストを高め、中間の階調をなくした黒と白の強いコントラストの映像表現。ダイナミックで強い印象を与え、イラストレーションや広告表現として注目される。

● **ソラリゼーション** 現像中のフィルムに第二次露光を与えると、現像進行中の画像にサバチエ効果とよばれる反転現象が起きる。輪郭線や階調が階層別に現われるトーンセパレーションにより、特殊な表現の画像となる。

● **レリーフフォト** 撮影済みのネガフィルムと密着反転したポジフィルムをわずかにずらし、密着したフィルムから焼き付けた印画表現。線画が生じたり、ずれた表現がレリーフ(浮彫り)状のテクスチュアとなって浮き上がって見えることからこの名称が付けられた。

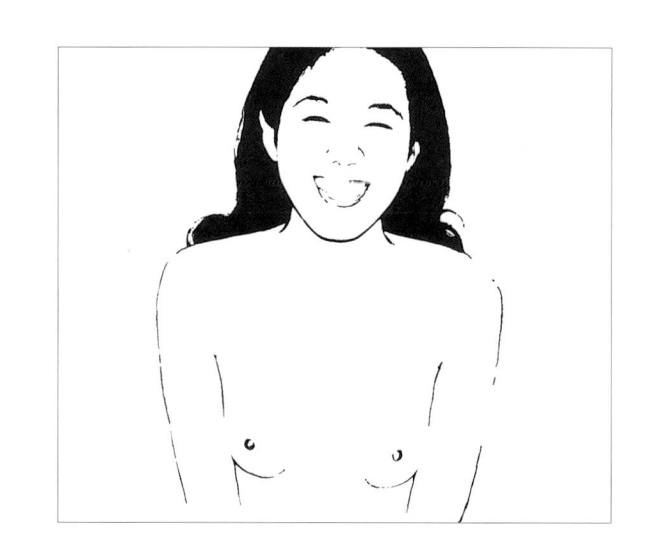

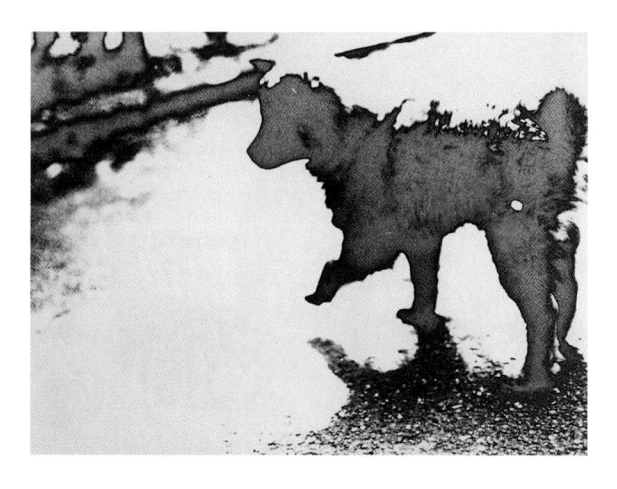

第8章　バウハウス教育とそれ以降

297

平面構成と色彩構成

造形表現の基礎能力を高める演習として平面構成と色彩構成がある。平面構成は造形秩序としてのコンポジション、プロポーション、リズムなどの概念を習得する目的で、手技（バイハンド）によるトレーニングを行う。プログレッシブリズムや幾何学的な構成の数理的な造形美とジオメトリックパターンなど、ともに造形表現に共通の造形原理を会得していく。

色彩構成はマンセル表色系をもとに造形表現に役立つ色彩調和（カラーハーモニー）を学び、色彩の感性を培う目的で、ポスターカラーなどの色材によって色彩感覚をトレーニングする。近年、CGやDTPの発展により、こうしたバイハンドのトレーニングが軽視される傾向にあるが、これら基礎的訓練ぬきに、色彩感覚の涵養はありえない。「コンピュータアート」などの実習は、平面・色彩構成演習を受講したうえで行われる。

● (筑波大学芸術専門学群「構成基礎演習」学生課題作品)

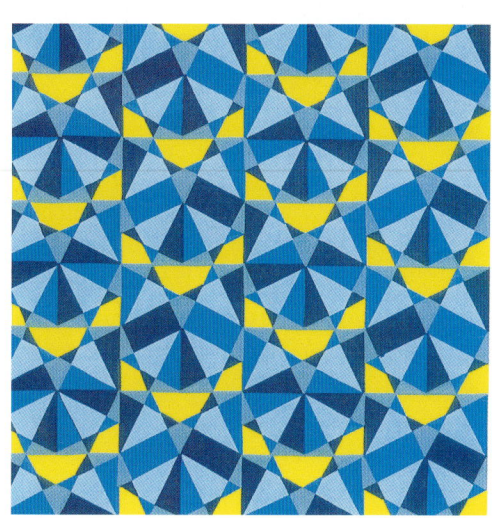

第8章　バウハウス教育とそれ以降

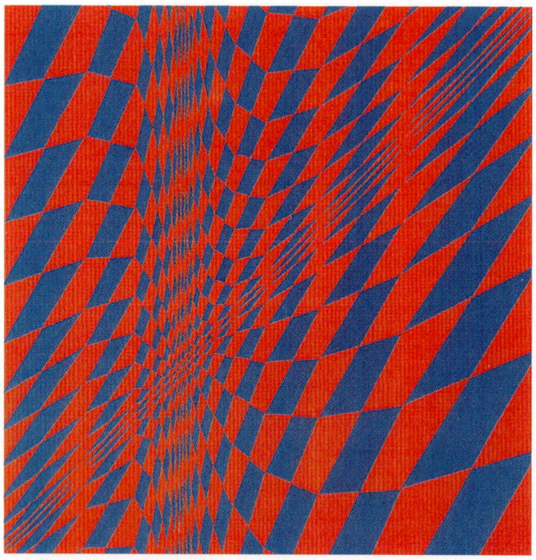
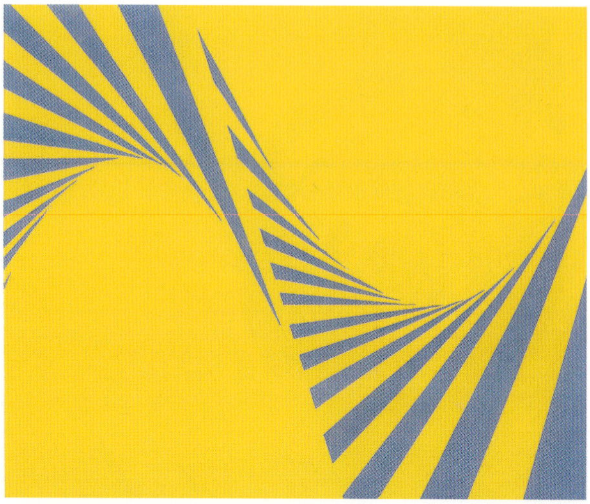
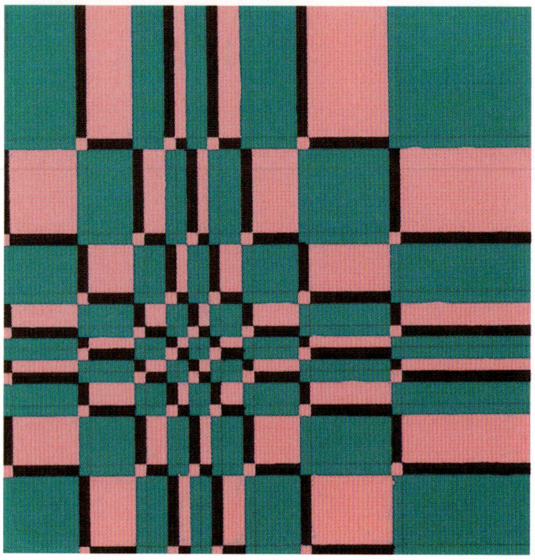
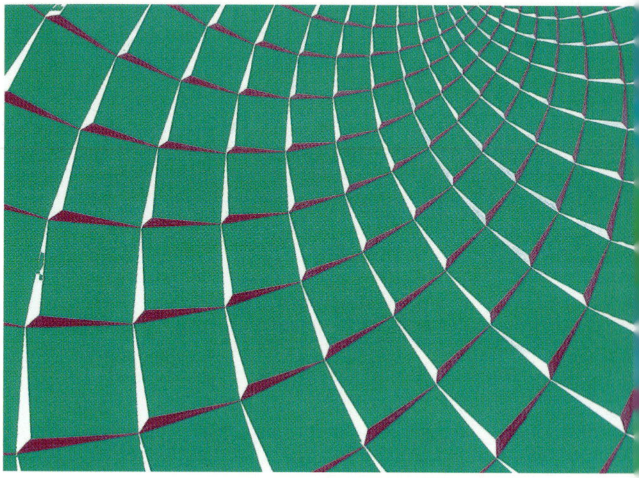
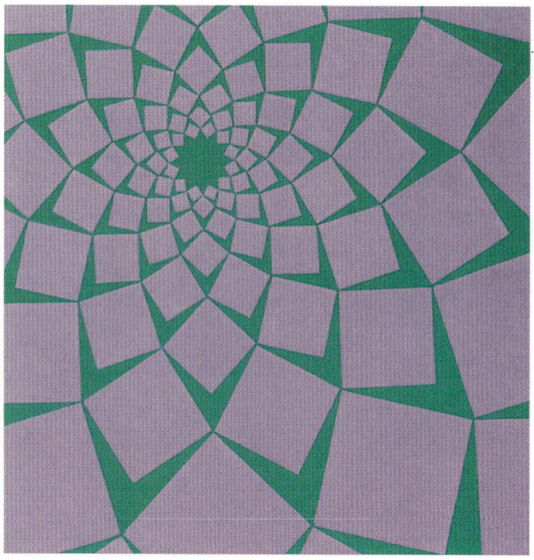
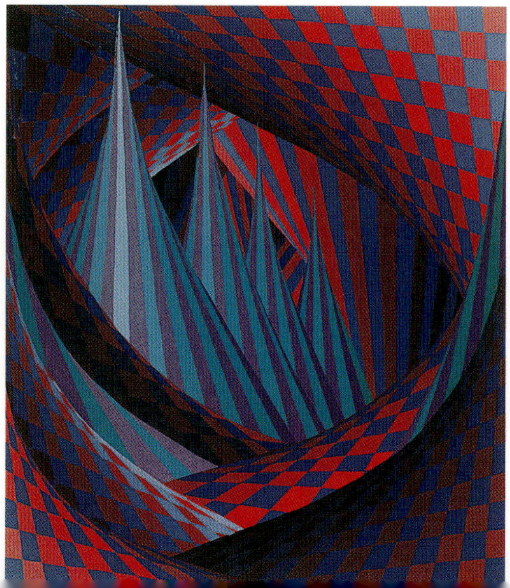

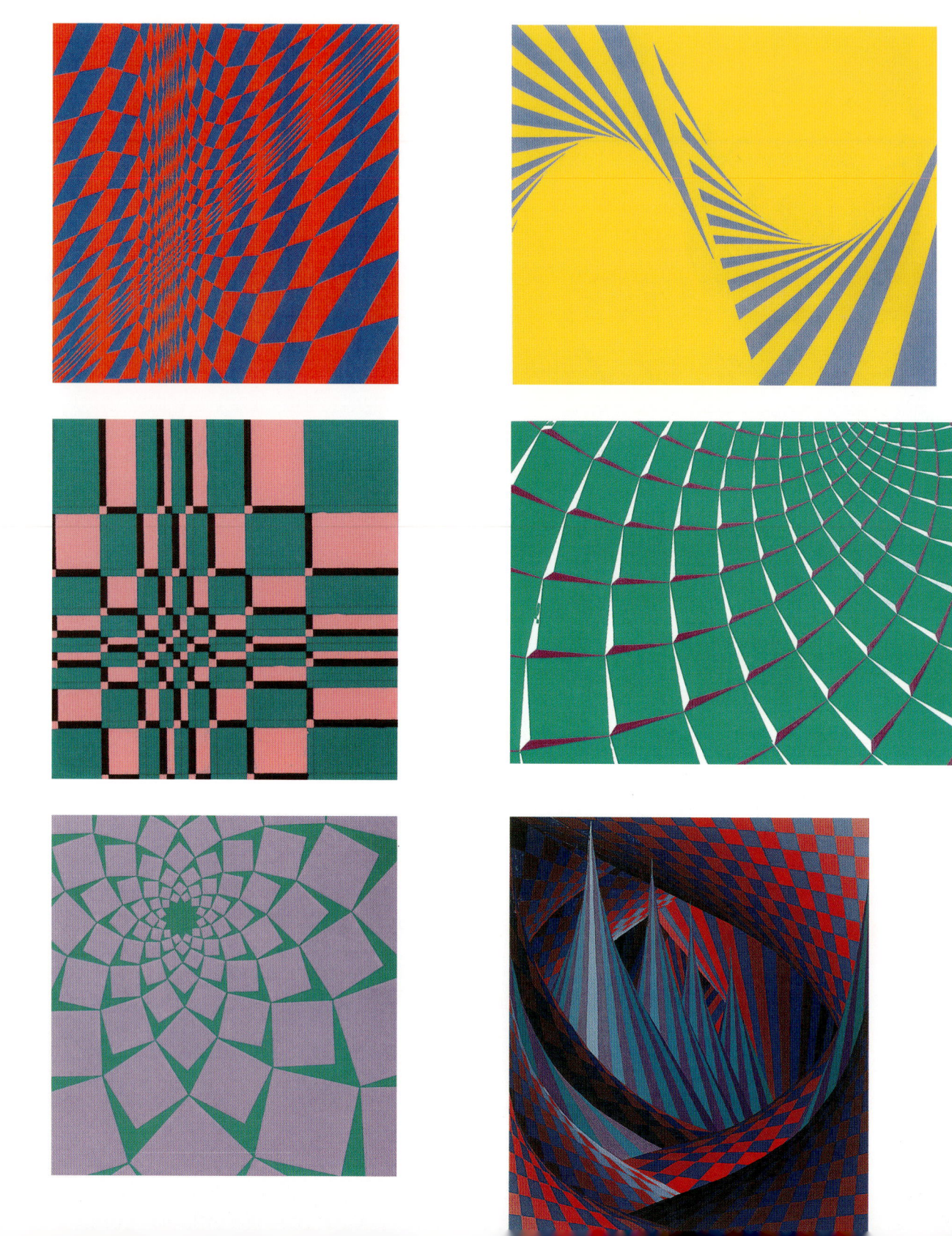

第8章 バウハウス教育とそれ以降

INDEX

あ

アーチ —— 179, 182, 186, 188
アール・デコ —— 48, 49
アール・ヌーヴォー —— 11, 23, 24, 46, 48
R（アール）—— 197, 249
IIT（イリノイ工科大学）—— 5, 295
ID（工業デザイン）—— 257, 258, 274
IT（Information Technology）—— 12, 46, 52, 59, 82, 232, 234
アイヒャー、オトル —— 156, 162
あいまい領域 —— 76, 77, 79
アカデミー —— 22, 176
アガム、ヤコブ —— 123
亜シンメトリー —— 27, 138, 140, 154, 160, 269, 270
アッサンブラージュ —— 42, 174
圧縮力（コンプレッション）—— 179, 181
アドリアン、マーク —— 232
アナスキウィッツ、リチャード —— 123, 165
アナモルフォーズ —— 126
荒川修作 —— 222
アルキペンコ、アレクサンダー —— 42
アルキメデスの立体 —— 189, 190
アルバース、ヨゼフ —— 20, 34, 87, 161, 176, 249, 281, 284, 285, 286, 288, 292, 295
アルプ、ハンス —— 42, 44, 163, 196
e-Japan戦略 —— 232, 234
EP（楕円放物線面）—— 183
生け花（生花）—— 162, 172, 268, 272, 273
異国趣味（エキゾチズム）—— 24, 235
イスラム建築 —— 179, 186
市松模様（チェッカー）—— 107, 131, 142, 156
イッテン、ヨハネス —— 20, 34, 39, 87, 161, 176, 249, 251, 281, 291
Illustrator —— 82, 83, 84, 86, 115, 126, 232, 277, 296
イラディエーション（光滲）—— 207, 210
色の三属性 —— 68, 69, 72
色のちらつき —— 215
インスタレーション —— 42, 46, 174, 222
インターナショナル・スタイル（国際様式）—— 48, 153, 179, 250, 283
インタラクティビティ（双方向性）—— 274
インタラクティブアート —— 46, 58, 59, 221
ヴァーゲンフェルト、ヴィルヘルム —— 283
ヴァイル、ヘルマン —— 136, 141
ヴァザルリ、ヴィクトル —— 123, 125, 156, 217
ウィトルウィウス —— 98
ウェブデザイン —— 12
ヴェルトハイマー、マックス —— 28, 205
ヴォールト —— 179, 182, 186
ヴォルフ、カール・ロター —— 141
浮世絵 —— 23, 97, 98, 124, 127, 147, 153, 235
動く芸術 —— 45, 47, 174
ウルム造形大学 —— 5, 257
ヴント・フィック錯視 —— 207, 210

AR（アーティフィシャルリアリティ：人工現実感）—— 59, 221
AD（Architectural Design：建築デザイン）—— 257, 274
エーレンシュタイン図形 —— 208, 212
xy色度図 —— 71
XYZ表色系 —— 66, 68, 71
エッシャー、マウリッツ・コルネリス —— 122, 123, 209, 213, 216, 241
HP（双曲放物線面）—— 183
エニアック —— 46, 174, 190, 192
NCSとDIN —— 68
MIT（マサチューセッツ工科大学）—— 5, 295
エレクトロニックアート —— 46, 58, 221
遠近法 —— 11, 23, 97, 126, 152, 170
遠近法的錯視 —— 210
黄金比 —— 4, 6, 15, 22, 24, 90, 93, 94, 95, 97, 98, 104, 122, 142, 152, 235, 236, 268, 269, 274
黄金分割 —— 11, 23, 24, 94, 95, 96, 97, 98, 99, 104, 134, 136, 152, 158, 167, 169, 189, 274
「応答する眼（Responsible Eye）」展 —— 123
オーガニック（有機）形体 —— 48, 136, 196, 224, 236, 249, 251, 253
オーガニックデザイン —— 197, 249, 250, 251
オーバーオール —— 160
オービソン錯視 —— 208, 211
オストワルト表色系 —— 66, 68, 69, 70
オットー、フライ —— 183, 188
オプアートあるいはオプチカルアート —— 46, 123, 156, 174, 209
オプチカルコンポジション —— 51
オルタネーション（交代）—— 27, 111, 112, 113, 141
オルブリヒ、ヨゼフ・マリア —— 14

か

『絵画・写真・映画』—— 52, 294
絵画的写真 —— 51
「階段を降りる裸婦 No.3」—— 11, 46, 47
「回転ガラス板」—— 45
回転対称（点対称・放射対称）—— 134, 135
カオス —— 6, 29, 31, 46, 99, 235
花材、主枝・副枝・客枝 —— 162
かさねの色目 —— 76
可塑性 —— 45
形（図）の周囲と形の背景（地）—— 204
片山利弘 —— 156
葛飾北斎 —— 24
活字メディア —— 229, 230
カッラ、カルロ —— 45
「神奈川沖浪裏」—— 24
カニッツアの主観的輪郭 —— 208, 212
ガボ、ナウム —— 45, 47, 153
加法混合 —— 63, 82, 83, 84
亀倉雄策 —— 122, 123, 138, 156

家紋 —— 147, 148, 149, 150, 151
カラーチャート —— 74, 86
カルダー、アレキサンダー —— 43, 44, 45, 196, 222
環境芸術 —— 174, 222
感情移入 —— 14, 91
干渉縞 → モアレ
感性 —— 254, 255, 256
感性工学 —— 256
カンディンスキー、ヴァシリー —— 87, 153, 171, 172, 290, 292, 294
カント、イマヌエル —— 14
幾何学的形体 —— 18, 29, 31, 142, 144, 146, 147, 161, 196, 197, 204, 205, 236, 249, 250, 251
幾何学的抽象 —— 19, 45, 115, 122, 123, 125, 153, 156, 262
幾何学的抽象形体 —— 156, 161, 174, 209
幾何学紋 —— 142, 144
擬態語・擬音語 —— 36
キネティックアート —— 45, 46, 58, 174, 221, 233
機能主義 —— 179, 196, 249
機能美 —— 13, 179, 181, 182
肌理（木目）—— 32
CAD (Computer Aided Design) —— 82, 191, 197, 232, 276
QOL（クオリティ・オブ・ライフ）—— 251
キュビズム（立体派）—— 42, 46, 152, 174
ギルド制度（工匠制度）—— 4, 12, 13
キルトパターン —— 264
銀塩写真 —— 223
近接性 —— 205
「空間の恐怖」「空間装飾」—— 114
「空間の鳥」—— 196
グーテンベルグ —— 230
偶発的形体 —— 31, 33
具象形体 —— 17, 30, 147
クメリ、チャールズ —— 232
組み合わせ（アセンブリー）—— 17, 26
グラデーション —— 27, 85, 115, 124, 125, 126
グリッド → 格子模様
クリムト、グスタフ —— 147
くり返し —— 27, 106, 108, 111, 112, 123, 141, 142, 144, 146, 153, 264
クルーブ・アール・ジュニ —— 58
クレー、パウル —— 87, 287, 292
グレースケール —— 69, 72, 83
クレスト（楯紋）—— 147
グロピウス、ヴァルター —— 5, 14, 176, 281, 283
形体あるいは形態 —— 27, 28, 29
Gestaltung → 造形心理学（ゲシュタルト心理学）
ゲシュタルト心理学 —— 28, 200, 201, 204, 207, 208, 209, 281
ケペッシュ、ギオルギー —— 52, 158, 220, 263, 295
ゲルストナー、カール —— 123, 125, 138, 156, 163, 164, 177

減法混合 —— 82, 84
行為（パフォーマンス、イベント）—— 274
格子模様（グリッド）—— 90, 107, 110, 142, 156
構成（コンポジション）—— 4, 17, 18, 19, 20, 21, 27, 99, 156, 161, 262, 269
構成学 —— 4, 5, 6, 7, 10, 15, 17, 18, 19, 20, 21, 26, 68, 91, 92, 93, 98, 99, 104, 105, 106, 107, 111, 115, 125, 134, 158, 161, 162, 166, 168, 169, 174, 178, 181, 196, 200, 209, 220, 221, 222, 223, 229, 231, 233, 235, 236, 237, 249, 251, 254, 255, 257, 258, 260, 261
『構成教育大系』—— 19, 170, 171, 257
交代 → オルタネーション
高等視覚研究所 (CAVS) —— 5, 295
コーナーレリーフ —— 43, 174
国連本部ビル —— 250
ゴシック建築 —— 179, 186
ゴッホ、ヴァン —— 147
コミック（まんが）—— 127, 258
子持縞 —— 111
コラージュ —— 42, 51, 291, 296
コンストラクション —— 19, 158, 168, 172, 178
コンセプチュアルアート（概念芸術）—— 46, 174, 222, 223
コンセプト（概念）—— 68, 179, 197, 222, 223, 250, 251, 269, 274
コンセントリック・サークル（同心円）—— 156
コントラスト —— 16, 18, 27, 79, 90, 92, 93, 215, 262, 269, 296
コンピュータアート —— 46, 54, 55, 56, 174, 192, 220, 232, 233, 275, 298
コンピュータリテラシー —— 232, 261
コンポジション —— 17, 18, 23, 27, 63, 92, 99, 102, 105, 134, 136, 140, 153, 156, 157, 158, 159, 160, 161, 162, 166, 167, 168, 169, 170, 171, 172, 178, 181, 206, 233, 235, 251, 254, 258, 261, 262, 268, 269, 271, 274, 294, 298

さ

材質感 → テクスチュア
彩度 —— 67, 69, 71, 72, 73, 74, 77, 80, 81, 168
彩度対比 —— 125, 214
サイバネティック・セレンディピティ —— 54, 232, 233
サイバネティックアート —— 46, 174
錯視 —— 123, 127, 131, 156, 201, 207, 208, 209
サスティナブルディベロップメント —— 251
錯画期 —— 28
茶道 —— 127
"The New Vision" —— 42
"The New Landscape in Art and Science" —— 52
左右対称（鏡映）—— 111, 134, 135, 136, 137, 140, 141, 144, 151, 153, 160
サルスピタゴラ —— 95
CIE表色系 —— 66, 68, 71

SIGGRAPH（シーグラフ）—— 56, 57, 60, 61, 125, 227, 236
CGI（コンピュータジェネレイティドイメージ）—— 58
CTG (Computer Technique Group) —— 4, 233
シェイプ —— 28
シェフール、ニコラ —— 232
シェル構造 —— 182, 183, 187
シェレ、ジュール —— 98
『視覚言語』—— 158
視覚的中心 —— 102, 166, 167
視覚的テクスチュア —— 40, 41
色研（日本色彩研究所）—— 68
色彩調和（カラーハーモニー）—— 66, 68, 73, 75, 76, 79, 80, 87, 92, 99, 100, 168, 262, 269, 275, 298
色彩の錯視 —— 201
色相 —— 67, 69, 70, 71, 72, 73, 74, 75, 76, 77, 81, 85, 124, 125, 168
色相対比 —— 214
視知覚 —— 201
シノワズリー —— 24
四方連続構成形式 —— 107, 113
縞模様（ストライプ）—— 90, 106, 107, 118, 127, 131, 142, 156
写実主義（リアリズム）—— 10, 23, 40, 97, 124, 196
写真工房 —— 51
ジャストロウ錯視 —— 207, 210
斜線のレイアウト —— 153
ジャポニスム —— 11, 15, 23, 24, 97, 98, 105, 127, 147, 153, 235, 258
集中（セントラルティ）—— 27, 154, 156, 170
シュタイナー、ルドルフ —— 22, 261
シュパヌンク —— 27, 171, 172, 290
シュレーダーの階段 —— 208, 213
シュレンマー、オスカー —— 289, 292
純色 —— 69, 70, 72, 76, 81
小芸術 —— 14
消失点 —— 170
「上昇と下降」—— 209
情報デザイン —— 6, 12, 223
触質的テクスチュア —— 40, 41
植物紋 —— 142
しるし —— 144
人為的テクスチュア —— 41
新造形主義 —— 18, 19, 42, 46, 152, 196
シンボルマークやトレードマーク —— 147
シンメトリー —— 4, 11, 15, 17, 22, 23, 24, 27, 90, 93, 95, 97, 98, 99, 105, 134, 135, 136, 137, 138, 140, 141, 142, 144, 145, 146, 147, 148, 152, 153, 154, 156, 158, 160, 169, 170, 171, 181, 189, 204, 235, 236, 254, 261, 269, 270, 271, 274
"Symmetries of Culture" —— 144
シンメトリー・プラス・アクセント → 亜シンメトリー
図と地 —— 201, 204, 207, 212
スイス派 —— 156
数列 —— 116, 122

杉浦康平 —— 115, 123, 156, 257
ストライプ → 縞模様
スパイラル（渦巻）—— 118, 154, 156, 269
スパッタリング（たたきつけ技法）—— 42, 249
スプリットコンプリメンタリー —— 78, 100
すべり鏡映（平行移動、並進）—— 134, 135, 141
スペンサー、ドミナ —— 76
スミッソン、ロバート —— 53, 222
スロイドシステム —— 22, 261
正多面体 —— 189, 190, 191
正方形ー菱形錯視 —— 207, 210
正立方体（キューブ）—— 189
世界貿易センタービル —— 222, 250
センスあるいはセンシビリティ —— 254
造形原理 —— 5, 6, 18, 20, 22, 90, 91, 92, 94, 98, 99, 104, 106, 142, 144, 147, 166, 181, 191, 223, 235, 258, 260, 261, 274, 298
造形心理学（ゲシュタルト心理学）—— 28, 200, 201, 204, 207, 208, 209, 281
造形秩序 —— 17, 19, 20, 27, 90, 91, 93, 94, 105, 106, 134, 142, 144, 158, 161, 162, 168, 171, 172, 178, 181, 200, 209, 229, 254, 262, 269, 290, 298
造形要素 —— 6, 15, 17, 19, 26, 27, 28, 51, 52, 58, 66, 75, 79, 91, 102, 140, 147, 153, 158, 161, 166, 168, 170, 171, 178, 179, 200, 229, 231, 249, 269
装飾 —— 10, 114, 249
ソラリゼーション —— 35, 51, 296
ソリッドモデリング —— 82, 276

た

大芸術 —— 14, 152, 174
対比調和 —— 76, 77, 78, 79, 104
タイポグラフィ —— 52, 279
高橋正人 —— 5, 7, 18, 161, 257
多義図形 —— 208, 212, 213
ダゲレオタイプ —— 97
多色刷り石版画 —— 98, 230
ダダイズム —— 42, 45, 46, 47, 152
「立てる波」—— 45, 47
タトリン、ウラジミール —— 19, 42, 43, 153
タピストリー —— 90
だまし絵（トロンブルイユ）あるいはあそび絵 —— 126, 209, 213
たらし込み（溜込）—— 124, 125
ダルトーン —— 81
チェッカー → 市松模様
チェッカーパターン —— 117
チゼック、フランツ —— 22, 261
抽象形体 —— 30
聴覚メディア —— 274
調和数列 —— 116, 117, 122, 235
ツァイ、ウェン・イン —— 233
ツェルナー錯視 —— 208, 211
冷たい抽象 —— 122, 123
DTP（デスクトップパブリッシング）—— 83, 229, 298
ディストーション（歪曲）—— 27, 126, 127, 128, 131, 132, 147, 217
ティチェナー錯視 —— 207, 210
DIC COLOR —— 83
ディビジョン → 分割
デカルコマニー（転写）—— 42, 136, 249
テクスチュア —— 6, 11, 17, 19, 26, 27, 28, 34, 36, 37, 38, 39, 40, 41, 52, 57, 66, 80, 82, 105, 127, 158, 160, 168, 176, 178, 200, 204, 205, 220, 231, 232, 249, 251, 269, 291, 296
テクスチュア教育 —— 34
テクスチュアの分類 —— 41
テクノロジーアート —— 45, 47, 58, 174, 221
デジタルカラー —— 82, 83, 84, 87, 275
デフォルメあるいはデフォルマシオン（変形）—— 23, 126, 127
デュシャン、マルセル —— 11, 42, 45, 46, 47, 177
デルブーフの角度錯視 —— 207, 211
テレビ・ラジオのメディア（電波メディア・電気メディア）—— 46, 229, 230
電子メディア（デジタルメディア）—— 46, 229
テンション構造 —— 182, 188, 251
ドイツ工作連盟（DWB）—— 5, 15, 196
同一調和 —— 76, 78, 79, 100
ドゥースブルフ、テオ・ファン —— 18, 19, 153
東京教育大学 —— 5, 21, 257
東京師範学校 —— 254
等差数列 —— 116, 117, 122
等比数列 —— 116, 117, 122
透明視 —— 215
等稜多面体 —— 189
等量分割 —— 4, 16, 94, 98, 99, 104, 122, 268, 269, 274
ドーム —— 179, 186, 187
TOYO（CFカラー）—— 83
ドット → 水玉模様
トムソン、ダーシー —— 126, 127
トライアド —— 75
トラス構造 —— 179, 181, 182, 184, 185, 188
トランスキー錯視 —— 208, 211
トランスペアレント（透明）—— 160
ドリッピング（したたり技法）—— 42, 249
トロンブルイユ（だまし絵、あそび絵、かくし絵、メタモルフォーゼ）—— 126, 201, 209

な

永井一正 —— 123, 156
二次的テクスチュア —— 41
二方連続構成形式（帯状構成形式）—— 107, 112
ニュージャーマン・バウハウス —— 5, 257
ニューバウハウス —— 5, 21, 52, 58, 158, 220, 295
認知科学 —— 28, 46
ネオジャポニスム —— 258
ネオンカラー効果 —— 215
ネオン管 —— 51
ネガ・ポジ（陰陽）—— 156
ネガティブボリューム —— 45
ネッカーの立方体 —— 208, 213
ノールトン、ケネス —— 54, 217, 232
ノグチ、イサム —— 222

は

バーチャルテクスチュア —— 41
パーフォレイテッド・ボリューム —— 196
ハーモニー —— 27, 90, 92, 93, 134, 169, 269
ハイキートーン —— 80, 92, 101
パイク、ナムジュン —— 53, 232
ハイコントラストフォト —— 51, 296
ハイテクノロジーアート —— 58, 221
バイヤー、ハーバート —— 156, 281, 282, 292, 294, 295
バウハウス —— 4, 5, 6, 15, 18, 19, 20, 21, 22, 24, 26, 34, 35, 51, 52, 58, 87, 91, 98, 99, 156, 158, 161, 171, 176, 177, 196, 200, 220, 222, 223, 229, 235, 249, 251, 254, 257, 258, 260, 262, 281, 282, 283, 289, 292, 293, 294, 295, 296
蜂巣（ハニカム構造）—— 189
バッラ、ジャコモ —— 45, 47
パフォーマンス —— 46, 174, 222, 223, 274
ハプニング —— 46, 174, 223
バリアフリー —— 197, 249, 251
PANTONE（パントン）—— 83, 277
PCCS —— 68, 73, 74, 269
PCCSトーン —— 74, 81
ピカソ、パブロ —— 42, 152
光工房 —— 52, 58, 220, 295
「光の空間調節機（Light-Space Modulater）」—— 51
光の三原色 —— 82, 83, 84
ヴィジュアルイリュージョン —— 131, 200, 201
美術学校 → アカデミー
美術教育課程 —— 260
美術工芸運動 —— 13, 14
引張力（テンション）—— 179, 181, 182
ビデオアート —— 174, 220, 221, 223, 232
ヒラー、レジャレン —— 232
ビル、マックス —— 5, 44, 123, 125, 156, 257
ファイニンガー、リオネル —— 292
VR（バーチャルリアリティ：仮想現実感）—— 59, 221, 275
フィボナッチ数列 —— 116, 117, 122
フーバー、マックス —— 156
フォービズム —— 42, 46, 152
フォトグラム —— 34, 51, 220, 228, 249, 294, 296
Photoshop —— 82, 83, 84, 115, 126, 220, 232, 277, 296
フォトモンタージュ —— 42, 52, 220, 249, 289, 296
フォルケルト、ヨハネス —— 91
フォルム —— 28, 29
不可能図形 —— 209, 213
複雑系科学 —— 6, 15, 31, 99, 235

物体色の三原色 —— 73, 82
"Fractal Geometry of Nature" —— 31
フラクタル理論 —— 6, 31, 46, 56, 99, 235, 236, 237, 251, 274, 275
プラグマチズム（実用主義）—— 257
ブラックマウンテン大学 —— 20, 295
フラワーデザイン —— 140, 268, 269, 270, 271, 272, 273
ブランクーシ、コンスタンチン —— 44, 196
ブラント、マリアンネ —— 283
プリンティング（型押し）—— 42
プリントメディア —— 4, 17, 46, 220, 223
プルシャンブルー —— 124
プレキシグラス —— 34, 45, 249
ブロードバンド —— 232
プログレッシビリズム —— 115, 117, 118, 119, 122, 123, 124, 125, 156, 298
プログレッション —— 27, 115, 124, 125
ブロックマン、ヨゼフ・ミューラー —— 123, 156, 163, 164
フロッタージュ（こすり出し）—— 42
プロポーション（割合、比率）—— 4, 17, 18, 22, 27, 90, 92, 93, 94, 98, 99, 126, 134, 142, 158, 169, 170, 235, 251, 254, 258, 262, 269, 274, 298
分割 —— 27, 90, 94, 95, 99, 158, 166, 167, 169, 170, 172, 251, 261, 269, 274
平面構成 —— 99, 106, 161, 166, 167, 169, 170, 176, 178, 181, 183, 262, 298
ペーターハンス、ヴァルター —— 295
ペールトーン —— 80
ベーレンス、ペーター —— 14, 48
ヘップワース、バーバラ —— 42, 43, 196
ペブスナー、アントワーヌ —— 43, 45, 153
ヘリング錯視 —— 208, 211
ベルエポック —— 98
ヘルマングリッド —— 215
ベンタード —— 75
ペンタグラム —— 95
ペンローズ、ロジャー —— 209
ペンローズの三角形 —— 209, 213
ペンローズの無限階段 —— 209, 213
放射（レディエイション）—— 27, 154, 156, 170
ポスター —— 4, 17, 18, 23, 50, 98, 115, 123, 124, 127, 153, 156, 158, 163, 164, 220, 225, 229, 230, 231, 258, 274, 294
ポッゲンドルフ錯視 —— 207, 211
ボッチョーニ、ウンベルト —— 45
ポップアート —— 174
ホログラフィックアート —— 46, 174, 221
ボンサイ（盆栽）—— 258
ポンゾ錯視 —— 207, 210

ま

マーブリング（墨流し）—— 42, 249
埋没図形 —— 208, 212
マヴィグエ、アルミール —— 114, 156, 162, 163

膜構造 —— 179, 183, 187, 188
マクルーハン、マーシャル —— 230, 231
マクロのテクスチュア —— 41
マシンアート —— 58
マター、ハーバート —— 156
マッス（塊）—— 42, 181
マッハの本 —— 208, 213
マッハバンド —— 214
マニエリスム —— 97
マリネッティ、フィリッポ・トマーゾ —— 45
マレーヴィッチ、カジミール —— 19, 153, 290, 294
マンセル、アルバート H. —— 72
マンセル色環表 —— 67
マンセル表色系 —— 66, 67, 68, 69, 72, 73, 76, 77, 82, 83
マンデルブロ、ベノワ —— 24, 31, 56, 235
ミース・ファン・デル・ローエ、ルートヴィヒ —— 295
見え —— 28, 200, 204
ミクロのテクスチュア —— 41
水谷武彦 —— 5, 18, 19, 171, 257, 288
水玉模様（ドット）—— 106, 107, 111, 115, 127, 131, 142, 156, 161, 168
ミュラー・リヤー錯視 —— 207, 210
未来派 —— 42, 45, 46, 47, 152, 196, 250
ミレー、ジャン＝フランソワ —— 18
ミロ、ジョアン —— 196
ムーア、ヘンリー —— 42, 44, 196
ムーン、バリー —— 76
ムーン・スペンサーの色彩調和理論 —— 75, 76, 77, 79, 80
無彩色 —— 69, 72, 80, 85, 101, 102, 124
明暗法 —— 11, 23, 97, 152
明度 —— 67, 69, 72, 73, 74, 77, 80, 81, 85, 101, 124, 160, 168
明度対比 —— 214
メディア —— 46, 50, 229, 230, 231, 274
メディアアート —— 46, 229, 231, 275
メディアラボ —— 5, 295
モアレ（干渉縞）—— 45, 115, 209, 213
モーザ、コロマン —— 147
モデュロール —— 94, 98
モネ、クロード —— 147
モノトミー（単調）—— 76, 93
モバイル —— 232
モビール —— 44, 45, 176, 177
モホリ＝ナジ、ラズロ —— 5, 20, 34, 42, 45, 51, 52, 58, 158, 161, 176, 220, 223, 228, 249, 281, 292, 293, 294, 295, 296
モランディーニ、マルチェロ —— 177, 205
モリス、ウィリアム —— 12, 13, 14, 175
モンドリアン、ピエト —— 18, 19, 87, 153

や

役者絵 —— 127
ヤマサキ、ミノル —— 250
山脇巌・道子 —— 5, 19, 257, 289

ユークリッド幾何学 —— 236
有彩色 —— 69, 72, 80, 85
ユニット（単位形）—— 106, 110, 111, 115, 123, 141, 161, 170
ユニティ —— 17, 27, 90, 91, 92, 93, 99, 134, 142, 168, 262, 269
ユニバーサルデザイン —— 197, 249, 251, 256
余白 —— 4, 23, 98, 114, 152, 172, 235
予備課程 —— 5, 15, 18, 20, 26, 34, 35, 38, 52, 98, 161, 171, 176, 249, 281, 291, 293

ら

ラーメン構造 —— 179, 181, 187
ライトアート —— 46, 58, 174, 221, 223
ライハート、ヤシャ —— 232
ライリー、ブリジッド —— 120, 123
ラスキン、ジョン —— 13
ランドアート（アースワーク）—— 174, 222, 223
リード、ハーバート —— 114, 115, 256, 257
リシツキー、エル —— 153, 292
リズム —— 17, 27, 90, 106, 107, 111, 115, 119, 122, 124, 125, 134, 142, 156, 161, 168, 169, 170, 171, 254, 269, 298
立体構成 —— 169, 176, 177, 178, 179, 181, 183, 191, 194, 195, 285, 286, 295
リップス、テオドール —— 14, 91
理念的形体 —— 8, 29, 30
流線型 —— 48, 250
ル・コルビュジエ —— 94, 98
類似性 —— 205
類似調和 —— 76, 78, 79
ルード、オグデン・ニコラス —— 76
ルート矩形 —— 15, 235
ルキーシュ錯視 —— 211
ルビン、エドガー —— 201, 204, 208
ルビンの盃 —— 201, 204, 208, 212
レイ、マン —— 34, 35, 46, 51, 228
レイアウト（配置）—— 17, 27, 98, 105, 134, 136, 137, 138, 139, 140, 154, 158, 159, 162, 166, 168, 169, 170, 171, 269, 294
レイヨグラフ —— 51, 228
レリーフフォト —— 51, 296
ローウィ、レイモンド —— 48, 250
ローゼ、リヒャルト・パウル —— 156, 164
ロールシャッハテスト —— 136
ロシア構成主義 —— 19, 21, 42, 43, 45, 46, 47, 153, 196
ロドチェンコ、アレキサンダー —— 19, 43, 49, 153
LOHAS（ロハス）—— 251

わ

ワイマール —— 35, 161, 220, 249, 281

参考文献

【バウハウス叢書】(※別巻『バウハウスとその周辺Ⅰ・Ⅱを含め全16巻』)
1. ヴァルター・グロピウス　貞包博幸訳『国際建築』中央公論美術出版　1991
2. パウル・クレー　利光功訳『教育スケッチブック』中央公論美術出版　1991
3. アドルフ・マイヤー　貞包博幸訳『バウハウスの実験住宅』中央公論美術出版　1991
4. オスカー・シュレンマー　利光功訳『バウハウスの舞台』中央公論美術出版　1991
5. ピート・モンドリアン　宮島久雄訳『新しい造形(新造形主義)』中央公論美術出版　1991
6. テオ・ファン・ドゥースブルフ　宮島久雄訳『新しい造形芸術の基礎概念』中央公論美術出版　1993
7. ヴァルター・グロピウス　宮島久雄訳『バウハウス工房の新製品』中央公論美術出版　1991
8. L・モホリ＝ナギ　利光功訳『絵画・写真・映画』中央公論美術出版　1993
9. ヴァシリー・カンディンスキー　宮島久雄訳『点と線から面へ』中央公論美術出版　1995
10. J・J・アウト　貞包博幸訳『オランダの建築』中央公論美術出版　1991
11. カジミール・マレーヴィチ　五十殿利治訳『無対象の世界』中央公論美術出版　1992
12. ヴァルター・グロピウス　利光功訳『デッサウのバウハウス建築』中央公論美術出版　1995
13 アルベルト・グレーツ　貞包博幸訳『キュービズム』中央公論美術出版　1993
14. L・モホリ＝ナギ　宮島久雄訳『材料から建築へ』中央公論美術出版　1992

井島勉『美学』創文社　1958
伊藤幸作編『日本の紋章』ダヴィッド社、1965
ウイリアム・J.R.カーティス　中村研一訳『ル・コルビュジエ—理念と形態』鹿島出版会　1992
ヴォリンゲル　草薙正夫訳『抽象と感情移入-東洋芸術と西洋芸術』(岩波文庫)岩波書店　1953
H.リード　増野正衛訳『芸術の草の根』岩波書店　1956
太田登『色彩工学』第2版　東京電機大学出版局　2001
小幡一『世紀末のドイツ建築』井上書院　1987
カール・ボーヴィル　三井直樹・三井秀樹共訳『建築とデザインのフラクタル幾何学』鹿島出版会　1997
亀倉雄策／小川正隆・田中一光・永井一正編『亀倉雄策のデザイン』(新装版)六耀社　2005
川喜田煉七郎、武井勝雄『構成教育大系』学校美術協会出版部　1934
ギリアン・ネイラー　利光功訳『バウハウス』Parco出版局　1977
グロピウス会編『グロピウスと日本文化』彰国社　1956
桑弘弥三郎『オプティカル・デザイン：錯視の効果をねらった幾何学造型』柏書房　1991
後藤倬男・田中平八編『錯視の科学ハンドブック』東京大学出版会
J.L.ロッヘル　坂根厳夫訳『M.C.エッシャー—その生涯と全作品集』メルヘン社　1995
J.イッテン　大智浩訳『色彩論』美術出版社　1971
杉本俊多『バウハウス：その建築造形理念』(SD選書)鹿島出版会　1979
ダーシー・トムソン　柳田友道[ほか]訳『生物のかたち』東京大学出版会　1973
高橋正人『構成1：視覚造形の基礎』ヴィジュアル・デザイン研究所編　鳳山社　1968
高橋正人『構成2：視覚造形の基礎』ヴィジュアル・デザイン研究所編　鳳山社　1974
高橋正人『構成3：視覚造形の基礎』ヴィジュアル・デザイン研究所編　鳳山社　1980
高橋正人『構成ジオメトリック・パターン』岩崎美術社　1987
高橋正人『視覚デザインの原理』ダヴィッド社　1965
高橋正人『良いデザイン』筑摩書房　1958
武井勝雄『バウハウス・システムによるデザイン教育入門』造形社　1964
多摩美術大学・ポスター共同研究会編『構成的ポスターの研究—バウハウスからスイス派の巨匠へ』
中央公論美術出版　2001
D.ウェルズ　宮崎興二ほか訳『不思議おもしろ幾何学事典』朝倉書店　2002
利光功『バウハウス：歴史と理念』美術出版社　1988
日本図学会編『図形科学ハンドブック』森北出版　1980
日本色彩研究所編『デジタル色彩マニュアル』クレオ　2004
日本フラワーデザイナー協会編『フラワーデザイナー資格検定試験・自由花材編テキスト』六耀社、2004
ハーバート・リード　滝口修造訳『芸術の意味』(新装版)みすず書房　1995
フライ・オットー他　岩村和夫訳『自然な構造体』(SD選書)鹿島出版会　1986
フランシス D.K.チン　深尾精一ほか訳『建築ヴィジュアル辞典：英和対照』彰国社　1998
ブルーノ・エルンスト　坂根厳夫訳『エッシャーの宇宙』朝日新聞社出版局　1983
フレッチャー[原著]ジョン・モスグローヴ編　飯田喜四郎・小寺武久監訳『フレッチャー世界建築の歴史：建築・美術・デザインの変遷』西村書店　1996
星野和弘『建築英語事典』彰国社　1978
細川護貞監修『いけばなハンドブック』東京美術、1985
松田隆夫『視知覚』培風館　1995
三井秀樹『オーガニック・デザイン：21世紀を拓くコンセプト』平凡社　2003
三井秀樹『テクノロジー・アート：20世紀芸術論』青土社　1994
三井秀樹『フラクタル造形』(SD選書)鹿島出版会　1996

三井秀樹『メディアと芸術』(集英社新書)集英社　2002
三井秀樹『形の美とは何か』(NHKブックス)日本放送出版協会　2000
三井秀樹『美のジャポニズム』(文春新書)文藝春秋　1999
三井秀樹『美の構成学：バウハウスからフラクタルまで』中央公論社　1996
宮崎興二、小高直樹『図形科学：空間・立体・投象』朝倉書店　2000
宮崎興二、石原慶一『4次元グラフィクス：高次元CGへの道』朝倉書店　1989
宮崎興二『建築のかたち百科：多角形から超曲面まで』彰国社　2000
モランディーニ『かたち、セリー：モランディーニ作品集』海上雅臣責任編集　美術出版社　1985
山本正男監修『芸術と装飾』(芸術学研究双書)玉川大学出版部　1986
山脇道子『バウハウスと茶の湯』新潮社　1995
リップス　稲垣末松訳『リップス美學大系』同文館　1928 (第1～12分冊「一般の美的形式原理」「人間と自然物」「空間美學」「韻律」「色と音と語」「美の特殊形」「美的觀照と藝術品」「描寫藝術」「空間美學一斑」「空間藝術の諸相」「技工的藝術品」「修装と装飾的描寫藝術」)
ル・コルビュジエ　吉阪隆正訳『モデュロール1』(SD選書)鹿島出版会　1976
ルイス・マンフォード　生田勉訳『藝術と技術』(岩波新書)岩波書店　1954
ルートヴィヒ・グローテ[ほか]編　宮島久雄[ほか]訳『バウハウス』講談社　1971

●

「いけばな」『別冊太陽』no.3、細川護貞監修 1975.9
「現代世界建築の潮流」『新建築』1977-12月臨時増刊
「構成学の展開：Ⅰ・Ⅱ」『デザイン学研究特集号』日本デザイン学会VOL.10, NO.3・4、2003
「特集ル・コルビュジェ百科」『建築文化』no.651, vol.56, 2001-2月 彰国社
「バウハウスとその時代」(エクスナレッジムック；第4巻第3号(通巻26号)). X-Knowledge Home; 特別編集 no.3) 2004.10

●

「アート＆テクノロジーの過去と未来」Exh. Cat. NTTインターコミュニケーション・センター 2005
池田祐子編「クッションから都市計画まで：ヘルマン・ムテジウスとドイツ工作連盟：ドイツ近代デザインの諸相」Exh. Cat. 京都国立近代美術館 2002
宇都宮美術館編「バウハウス展：ガラスのユートピア」Exh. Cat. 読売新聞社、美術館連絡協議会 2000
川崎市市民ミュージアム編「バウハウスの写真：コロキュム= Kolloquium uber bauhausfotografie」Exh. Cat. 川崎市市民ミュージアム 1997
京都国立近代美術館ほか編「モダンデザインの父ウィリアム・モリス」Exh. Cat. NHK大阪放送局 1997
セゾン美術館編「Bauhaus: 1919-1933」Exh. Cat. セゾン美術館 1995
東京国立近代美術館、阿部公正編「バウハウス50年展」Exh. Cat. 東京国立近代美術館 1971
東京国立近代美術館編「ブリジット・ライリー展：1959年から1978年までの作品」Exh. Cat. 東京新聞社 1980
東京国立近代美術館編「構成主義と幾何学的抽象」Exh. Cat. 東京新聞社 1984

●

Adams Morioka / Terry Lee Stone / Sean Adams / Noreen Morioka "Color Design Workbook : A Real-World Guide to Using Color in Graphic Design" Rockport Pub., 2006
Alastair Duncan "Modernism : Modernist Design 1880-1940 : the Norwest Collection, Norwest Corporation, Minneapolis" Antique Collectors Club, 1998
Alexander Tzonis /Liane Lefaivre "Movement, Structure and the Work of Santiago Calatrava." Birkhauser, 1995
Andreas Feininger "Nature in Miniature" Rizzoli Intl Pubns, 1989
Armin Hofmann "Graphic Design Manual : Principles and Practice." (Reprinted.) Van Nostrand Reinhold, 1977
B. Martin Pederson "Graphis Logo 6 (Graphis Logo Design)" Graphis, 2004
Barbara Baumann / Gerd Baumann "Baumann & Baumann, Ein Sechsundzwanzigbuchstabenbuch" HATJE CANTZ VERLAG, 2003
Benoit Mandelbrot "Fractal Geometry of Nature" San Francisco, W. H. Freeman and Company, 1977 (ベンワー B.マンデルブロ　広中平祐監訳『フラクタル幾何学』日経サイエンス　1985)
Bernhard E. Buerdek "Design : History, Theory and Practice of Product Design" Birkhauser, 2005
Bob Cotton, /Richard Oliver "Understanding Hypermedia :From Multimedia to Virtual Reality." Phaidon, 1993
Bob Gordon / Maggie Gordon "The Complete Guide to Digital Graphic Design" Watson-Guptill Pubns, 2002
Cara Bower "Experimental Eco Design" ROTOVISION, 2005
Cara Greenberg "Op to Pop : Furniture of the 1960s" Bulfinch Pr., 1999
Cara McCarty "Information Art : Diagramming Microchips" The Museum of Modern Art, 1991

Carsten-Peter Warncke "Ideal as Art De Stijl 1917-1931" TASCHEN VERLAG, 1991
Chris Foges / Stephen Bayley "Imagination" Phaidon, 2001
Christopher Frayling / Claire Catterall "Design of the Times : One Hundred Years of the Royal College of Art" Richard Dennis Pubns, 1996
Clifford A. Pickover "Computers and the Imagination : Visual Adventures Beyond the Edge" St. Martins Press, 1992
COLLECTIF "Designed for Delight : Alternative Aspects of Twentieth-Century (Beaux Livres Fl)" Flammarion Lettres, 1997
Daivid A. Hanks "American streamlined design : the world of tomorrow" Paris : Flammarion, 2005
David Raizman / Laurence King "History of Modern Design" Pearson PTR, 2003
Dorothy K. Washburn / Donald W. Crowe "Symmetries of Culture : Theory and Practice of Plane Pattern Analysis" Univ. of Washington Pr., 1988
Eleanor M. Hight "Picturing Modernism : Moholy-Nagy and Photography in Weimar Germany" Mit Press, 1995
Ernst Haeckel "Art Forms in Nature : The Prints of Ernst Haeckel." Prestel Pub, 1998
Eugen Gomringer "Karl Gerstner : Review of 7 Chapters of Constructive Pictures. etc." Hatje Cantz Verlag, 2003
Eva Wilson "Ornament 8,000 Years : An Illustrated Handbook of Motifs." Harry N Abrams, 1994
Frank Whitford, Ed. "The Bauhaus : masters & students by themselves" London : Conran Octopus, 1992
Gyorgy Kepes "Language of Vision" Chicago, Paul Theobald, 1951 (G.ケペッシュ『視覚言語：絵画・写真・広告デザインへの手引』グラフィック社 1973)
Gyorgy Kepes "The New Landscape in Art and Science" Theobald, Chicago, 1956 (ジョージ・ケペッシュ 佐波甫、髙見堅太郎訳『造形と科学の新しい風景：New Landscape』美術出版社 1966)
Hans M. Wingler "The Bauhaus : Weimar, Dessau, Berlin, Chicago" Cambridge, Mass. : MIT Press, 1969 (BAUHAUS 別冊日本語版として、ハンス・M・ウィングラー編 バウハウス翻訳委員会訳 宮内嘉久編『バウハウス：ワイマール/デッサウ/ベルリン/シカゴ』造型社 1969)
Hans R. Bosshard "Typografie, Schrift, Lesbarkeit : Sechs Essays" NIGGLI, 1996
Herbert Bayer "Kunst und Design in Amerika 1938-1985" Berlin : Bauhaus-Archiv, Museum fur Gestaltung, 1986
Herbert W. Franke "Computergrafik-Galerie." Koln :DuMont, 1984
Hermann Weyl "Symmetry" Princeton Univ. Press, 1952 (ヘルマン・ヴァイル 遠山啓訳『シンメトリー：美と生命の文法』紀伊國屋書店 1957)
Horst Berger "Light Structures, Structures of Light : The Art and Engineering of Tensile Architecture" Birkhauser, 1996
Howard Schatz "Botanica" Bulfinch Pr., 2005
Hugh Aldersey-Williams "Zoomorphic : New Animal Architecture" Harper Design Intl, 2003
J. Stewart Johnson "American Modern : 1925-1940 : Design for a New Age" Harry N. Abrams, 2000
Jean Louis Ferrier "L'aventure de l'art au XX[e] siecle" Chene : Hachette, 1990
Jeffrey Shaw / Peter Weibel "Future Cinema : The Cinematic Imaginary after Film (Electronic Culture Series)" Mit Press, 2003
Jeremy Howard "Art Nouveau : International and National Styles in Europe (Critical Introductions to Art)" Manchester Univ. Pr., 1996
Joan Campbell "The German Werkbund : the Politics of Reform in the Applied Arts" Princeton, N.J. Princeton University Press, 1978
John Barnicoat "A Concise History of Posters : 1870-1970." Harry N Abrams, 1973
Julian Rothenstein / Mel Gooding "Abz : More Alphabets and Other Signs" Redstone Press, 2003
Julius Wiedemann "Digital Beauties : 2D & 3D computer generated digital models, virtual idols and characters" TASCHEN VERLAG, 2001
Karen Chambers "Print's Best Letterheads & Business Cards 5" North Light Books, 1998
Karl Gerstner / Henri Stierlin "Spirit of Colors : The Art of Karl Gerstner" Mit Press, 1981
Karl Gerstner / Manfred Kroplien "Karl Gerstner : Review of 5 X 10 Years of Graphic Design Etc." Hatje Cantz Pub, 2001
Kathryn B. Hiesinger / George Marcus "Landmarks of Twentieth-Century Design : An Illustrated Handbook" Abbeville Pr., 1993
Kimberly Elam "Geometry of Design : Studies in Proportion and Composition." Princeton Architectural Pr., 2001
Kimberly Elam "Grid Systems : Principles of Organizing Type" Princeton Architectural Pr., 2004
Kirk Varnedoe / Adam Gopnik "High & Low : Modern Art Popular Culture." Harry N Abrams, 1993

Laszlo Moholy-Nagy "The New vision 1928, third revised edition 1946 ; and Abstract of an Artist" New York, Wittenborn, 1946 (L.モホリ=ナギ 大森忠行訳『ザ ニュー ヴィジョン：ある芸術家の要約』ダヴィッド社 1967
Laurel Harper "Radical Graphics/Graphic Radicals" Chronicle Books Llc, 1999
Leonard de Vries /Ilonka Van Amstel "Victorian Inventions." American Heritage Press, 1971
Leroy H. Appleton, "American Indian Design and Decoration" Dover Pubns, 1971
Linda Parry, Victoria and Albert Museum "William Morris" Harry N Abrams, 1996
Ludwig Glaeser "Work of Frei Otto and Teams 1955-76." Wittenborn Art Books, 1978
Magdalena Droste "Bauhaus : 1919-1933" Koln : B. Taschen, 1990
Margaret Timmers "The Power of the Poster" Victoria & Albert Pubns, 1998
Margret Kentgens-Craig translated by Lynette Widder "The Bauhaus and America : first contacts, 1919-1936" MIT Press, Cambridge, Mass., 2001
Marshall Mcluhan "Understanding Media: the Extensions of Man" MIT Press, Cambridge, 1994 (マーシャル・マクルーハン 栗原裕、河本仲聖訳『メディア論：人間の拡張の諸相』みすず書房 1987)
Martin Eidelberg / Paul Johnson / Kate Carmel "Design, 1935-1965 : What Modern Was : Selections from the Liliane and David M. Stewart Collections" Harry N. Abrams, 1991
Martin Kraft "Arturo di Maria." Weinigen-Zurich :Waser Verlag, 1995
Melissa Leventon "Artwear : Fashion and Anti-fashion" Thames & Hudson, 2005
Michael Field / Martin Golubitsky "Symmetry in Chaos : a search for pattern in mathematics, art and nature" Oxford ; Oxford University Press, 1992
Michael Siebenbrodt "Bauhaus Weimar" Hatje Cantz Pub., 2001
Mikhail Anikst "Soviet Commercial Design of the Twenties" Abbeville Press, 1987
Noel Riley / Patricia Bayer "The Elements of Design : A Practical Encyclopedia of the Decorative Arts from the Renaissance to the Present" Free Press, 2003
Penny Sparke "A Century of Design : Design Pioneers of the 20th Century" Barrons Educational Series, 1998
Per Arnoldi "Per Arnoldi - 250 Posters etc." BIRKHAUSER, 2004
Rainer K. Wick "Teaching at the Bauhaus" Ostfildern-Ruit, Hatje Cantz Pub., 2001
Rebecca Jewell "African Designs (British Museum Pattern Books)" British Museum Press, 1994
Rene Spitz "Hfg Ulm : The View Behind the Foreground : the Political History of the Ulm School of Design. 1953-1968" Axel Menges, 2002
Robert Shaw "Quilts : A Living Tradition" Hugh Lauter Levin Associates, 1995
Rocco Rendondo /Alice Twemlow "Why Not Associates?" Thames & Hudson, 2004
Sean Topham / Courtenay Smith "Xtreme Fashion" PRESTEL, 2005
Shane R. J. Walter Matt / Matt Hanson /Onedotzero "Motion Blur : Graphic Moving Imagemakers" Laurence King Publishing, 2005
Steven Heller "Merz to Emigre and Beyond : Avant-Garde Magazine Design of the Twentieth Century" Phaidon, 2003
Susan Yelavich / Stephen Doyle "Design for Life : Our Daily Lives, the Spaces We Shape, and the Ways We Communicate, as Seen through the Collections of Cooper Hewitt, National Design" Cooper-Hewitt Museum, 1997
Suzanne Lee / Warren Du Preez "Fashioning the Future : Tomorrow's Wardrobe" Thames & Hudson, 2005
Terrence Masson "CG 101: a Computer Graphics Industry Reference" New Riders, Indianapolis, 1999
Tony Robbin "Engineering a New Architecture" Yale Univ. Pr., 1996
W. Gropius "The theater of the Bauhaus" Middletown, Conn. Wesleyan University Press, 1961
Wendy Kaplan "The Arts and Crafts Movement in Europe and America : Design for the Modern World 1880-1920" Thames & Hudson, 2004
William Lidwell / Kritina Holden / Jill Butler "Universal Principles of Design" Rockport Pub., 2003
William Neill / Pat Murphy "By Nature's Design (An Exploratorium Book)" Chronicle Books Llc, 1993
Willy Rotzler "Art and Graphics." ABC Verlag,1983
Willy Rotzler "Constructive Concepts : A History of Constructive Art from Cubism to the Present" Rizzoli Intl Pubns, 1989

●

"Cyberspace : The World of Digital Architecture" Victoria, Australia : Images Pub. Group Pty, 2001
"Laszlo Moholy-Nagy" Musee Cantini Marseille, 1991
K.G. Pontus Hulten "The Machine as Seen at the Mechanical Age" Exh. Cat. The Museum of Modern Art, New York, 1968

あとがき

構成学はアート・アンド・デザインの専門性を重視しながらも、その究極の目標は、あらゆる造形に共通した人間の感性の涵養にあるということにつきます。かつて日本人は武家から町人に至るまで、それぞれ日常の生活を愉しむ美学を、もちあわせていました。こうした日本人の美意識が、世界に冠たる日本文化を築き、幕末から明治にかけ欧米文化を席捲し、ジャポニスムのブームを引き起こしました。

21世紀の今、先端技術による高度情報化社会は実現したものの、かつての日本人の美意識はどこへ消え失せてしまったのかと危惧するほど、美に対する精神性や感性が衰えつつあります。またデジタル技術の進展により、映像メディアでは従来の手技による感性を軽視する傾向が見られるのも、残念なことです。

●

造形における感性は、人間の成長過程で知識の積み重ねや、自ら手を動かす訓練によって形成される直感の感受性であり、直観という悟性でもあるのです。この感性の涵養を目的とした学問が構成学であり、そのトレーニング法が構成演習なのです。私はデザイン教育の現場で、構成学を美術系の学生諸君や専門家ばかりでなく、広く啓蒙することの必要性を身に染みて実感してきました。

構成学は専門性の高い研究分野でありながら、またその対象は形、色、材料、テクスチュアという私たちの身近な日常のあらゆる「もの・かたち」を通してかかわる造形の世界であります。

本書は、1996年に刊行された自著『美の構成学』(中公新書)を基に、さらに専門性を深め、21世紀のアートとデザインに共通する普遍的な造形原理と理論体系をめざした新構成学の書としました。

『新構成学』は、専門家や研究者はもちろん学生諸君、造形に携わるすべての人、そして一般の社会人を対象に、専門的に深い理論に根ざした内容でありながら、できるだけわかりやすく明快な文章と豊富な図版で、造形の世界を論じた書です。

構成学という領域が、本書によって幾分たりとも評価され、造形にかかわる次世代の新しい研究領域となり、私たちのより豊かな毎日の暮らしを実現するための生活美学となるならば、筆者として無上の幸せです。

本書の刊行には六耀社、編集部の中原君代氏に、お力添えをいただきました。また旧知の久保田啓子氏(株式会社　ADP)には、同社へのご縁をつないでいただきました。ありがとうございました。

最後に六耀社社長、細川靖夫氏の新構成学の出版への深いご理解に対し、厚く御礼申し上げます。

平成18年2月10日

三井　秀樹

撮影：橋本典久

三井 秀樹（Mitsui, Hideki）
1942年 東京生まれ。開成高等学校卒業。
1966年 東京教育大学教育学部芸術学科卒業。
1967年 東京教育大学教育学部専攻科芸術学専攻修了。
筑波大学大学院人間総合科学研究科（芸術）教授、
玉川大学芸術学部教授を経て、
現在、筑波大学名誉教授、玉川大学名誉教授。
専門は構成学、メディアアート。
造形評論家、学校法人 環境芸術学園理事、
公益財団法人 日本手芸普及協会理事。

主な著書
『コンピュータ・グラフィックスの世界』
（ブルーバックス）講談社
『幼児の成長とその導き方』共著　サンマーク出版
『デザイン教育ダイナミズム』共著　建帛社
『フラクタル科学入門』日本実業出版社
『JAGDA教科書VISUAL DESIGN Vol.1
平面・色彩・立体構成』共著　六耀社
『テクノロジー・アート ― 20世紀芸術論』青土社
『美の構成学 ― バウハウスからフラクタルまで』
（中公新書）中央公論新社
『フラクタル造形』（SD選書）鹿島出版会
『ガーデニングの愉しみ』（中公新書）中央公論新社
『美のジャポニスム』（文春新書）文藝春秋
『複雑性のキーワード』共著　共立出版

『形の美とは何か』（NHKブックス）NHK出版
『形とデザインを考える60章』（平凡社新書）平凡社
『メディアと芸術』（集英社新書）集英社
『色彩用語事典』共著　東京大学出版会
『オーガニック・デザイン』平凡社
『かたちの日本美 ― 和のデザイン学』
（NHKブックス）NHK出版
『色彩デザイン学』三井直樹と共著　六耀社
『にほんのかたちをよむ事典』共著　工作舎
『琳派のデザイン学』（NHKブックス）NHK出版
『ハンディクラフトのデザイン学』日本ヴォーグ社
ほか

訳書
『建築とデザインのフラクタル幾何学』カール・ボーヴィル著、三井直樹と共訳　鹿島出版会

出典

p13右、左 『KATACHI』岩宮武二写真 高岡一弥編 ピエ・ブックス 1999
p16下 "L'ENCYCLOPÉIE DIDEROT ET D'ALEMBERT" Inter-Livres, 1997
p18左上 "Catalogue Raisonné of the Work of 1911-1944" Joop M. Joosten Harry N. Abrams, Inc., Publishers 1998
p18下 『シスター・ウェンディの名画物語』ウェンディ・ケベット 講談社 1996
p35左上、p291右上、p293右上 "Bauhaus Weimar Designs for the Future" Edited by Michael Siebenbrodt, Hatje Cantz Publishers, 2000
p36 『自然の造形』竹村嘉夫 美術出版社 1962
p43左下、p44左上 "L'aven ture de l'art au XX[e]siecle" Ferrier,Jean Louis, chene, 1990
p47左下、右下、p53上、左下、p54左下、p55左上 "ART AND THE FUTURE" Douglas Davis, Praeger, 1973
p48上 "The Machine Age in America 1918-1941" Richard.G.Wilson, Abrams, 1986
p48右下 "American Streamlined Design" Hanks, David A. 2005
p49中中 "Soviet Commercial Design" A. Anikst, Abbeville Press, 1987
p49中中、下「Art Deco」Exh. Cat. ヴィクトリア・アンド・アルバート美術館 東京都美術館 2005
p49左上、p165右上、右下 "Constructivism" George Rickey, George Braziller, 1967
p50左上、左下 "High & Low" Kirk Varnedoe, MOMA, NY, 1990
p50右上 "History of Modern Design" David Raizman, Laurrence King, 2003
p50右下 "A Concise History of Posters" Jhon Barnicoat, Oxford, 1972
p52 "Victorian Inventions" John Murray, 1971
p54左上 'Sybernetic Cerendipity' Exh. Cat. 1968
p54左中、p54右上、p55左中 'SIGGRAPH ART SHOW, RETROSPECTIVE' Exh. Cat.
p54左中 'Computer and Automation' 1968
p55左下、右上、右中、右下 'Computer and Automation' 1969
p56全て、p57上、p57左中、p57左下、p57右中 ACM-SIGGRAPH学会発表資料
p94右 "The Projective Cast" Robin Evans, MIT Press, 2000
p96上 『黄金分割』柳 亮 美術出版社
p108団扇、つぼ、皿 "African Designs" Rebecca Jewell, British Museum Press, 1994
p114 "Constructivism" George Rickey, Braziller, 1995
p116、p135、p163中上 "Geometry of Design" Kimbery Elam, Princeton Architectural Press, 2001
p118左上、左中、左下 『構成2：視覚造形の基礎』高橋正人 ヴィジュアル・デザイン研究所編 鳳山社 1974
p118右上、右下 『オプチカルデザイン』桑山弥三郎 柏書房 1991
p120上、中、下 "Bridget Riley" Ausgewälet Gemäde, Hatje Cantz Pub, 2000
p123 "Shells-treasure of the sea" Leonard Hill, Hugh Lauter Levin, 1996
p126下 『遊びの百科全書、アイトリック』種村季弘編 日本ブリタニカ 1990
p127左 『生物のかたち』ダーシー・トムソン 東京大学出版会 1973
p127右 "Power of Limits" リチャード・ドーチ 青土社 1981
p128上、下、p129上、下 "Art and Graphics" Willy Rotzlen, ABC, 1983
p137 "radical graphics radicals" Laurel Harper, Chronicle Books, 1999
p138左上、p162左、中、右、p164左下、P164上上、p164右中、p164右下 『構成的ポスターの研究』ポスター共同研究会・多摩美術大学 中央公論美術出版 2001
p138右上、p169 "The Power of the Poster" Margret Timmers, V&V, 1983
p138右下 "Karl Gerstner" Hatje, 2001
p139左上、右上 "Per Arnoldi 250 POSTERS etc." BIRKHÄUSER, 2004
p143下 "L'Encyclopйie Diderot et D' Alembert" Inter-Livres
p148、p149、p150、p151下 『日本の紋章』伊藤幸作 ダヴィッド社 1965を基に作成
p163左上、p163左中 "karl gerstner" Edited by Manfred Kröplien, Hatje Cantz Pub, 2001
p163中央、中下、P225右 'IDEA Liquid VOL.2' 誠文堂新光社 2001
p163右上、p165左上、左中、左下、右中 "Constructive Concepts" Willy Rotzler, Rizzoli, 1989
p163右下 'Constructivism and the Geometric Tradition' 展カタログ 東京国立近代美術館 1984
p167 "Graphic Design Mannual" Armin Hofmann, Arthur Niggli, 1965
p175左上、右上 "William Morris" L. Parry, Abrams, 1996
p177左上、右上 "Karl Gerstner" Eugen Gomringer, Hatje, 2003
p183 "Light Structureres, Structures of Light" Horst Berger, Birkhüser, 1996
"Engineering a New Architecture" Tony Robbin, Yale University Press, 1996
p188左下、右下 "The Work of Fre:Otto" Ludwig Glaeser, The Museum of Modern Art, 1972
p188右上 Morement, Structure and the Work of Santiago Calatrava, A. Tzonis, BIRKHÄUSER, 1995
p188右中 "bridging art science" Chris Wilkinson & Jim Eyre, Booth-Clibbon Editions, 2001
p193上、下 "ARTURO DI MARIA" Waser Verlag, 1995

p197上、下 "Design for Life" National Design Museum, Rizzoli, 1997
p198-199 "A Century of Design" Penny Sparke、 "Verner Panton" Vitra Design Museum、 "The Sixties" Phaidon、 "Modernism" Phaidon、 "20c Furniture" Fiona Baker, CARLTON, 2000 ほか
p217左下 ACM-SIGGRAPH 1970学会発表資料
p217右上 "Universal Principle of Design" William Lidwell, Rockport, 2003
p221 'Information Art' MOMA, 1982
p224上2点、左下、右下2点 "Cyberspace" Mark Burry, Images, 2001
p225左上、左下 "radical graphics radicals" Laurel Harper, Chronicle Books, 1999
p238-6 "New Landscape in Art & Science"
p239中左、中央、中右 "By Nature Design" W. Neill, Chronicle Books, 1993
p239右下 "Nature in Miniature" Andreas Feininger, Thames and Hudson, 1989
p243左、右 "Symmetry in Chaos" M. Field, Oxford, 1992
p246下 "Digital Beauty" Taschen, 2002
p260 "Understanding Hyper Media" Bob Cotton & Richard Oliver, Phaidon, 1993
p261 "Desinning the Future" Robin Baker, Thames & Hudson, 1993
p263左下、中下、右下 "The New Landscape in Art and Science" Gyorgy Kepes, Theobald, 1956
p265左上、p265右上 『アンティーク・キルト』野原チャック 日本手芸普及協会 2003
p265左下、p265右上、p266右下、p267左上 "QUILTS" Robert Show, Hugh Lauter Levin Associates, 1995
p266左上 『第7回キルト日本展入賞作品集』日本手芸普及協会 2003
p266左下、p266右上、p267左下、p267右下 『第6回キルト日本展入賞作品集』日本手芸普及協会 2001
p267右上 『第3回キルト日本展『海』』日本手芸普及協会 1994
p268表、下図、p269表上、表下 『フラワーデザイナー資格検定試験・自由花材編テキスト』日本フラワーデザイナー協会編 六耀社 2003
p270右、p271左上、上右 'Flair with Flowers' Paul Pryke, Rizzoli InternationalPublications, 1995
p272上段 "Floral Style" Jon Kelsey, Hugh Lauter Levin Associates, 1996
p272中段、下段、p273上段 『いけばなハンドブック』細川護貞監修 東京美術 1985
p273中段 "Elfriede Sass Werken mit Blumen in flachen Gefäen" Verlag Paul Parey, 1968
p273下段 "ЦВЕТОЧНАЯ АРАНЖИРОВКА" 1988
p277左上、左下 "DIGITAL GRAPHIC DESIGN" B. Gordon / M. Gordon, Themes & Hudson, 2005
p277右上 右下 Photoshop & Illustrator
p278全て、p279全て "Baumann & Baumann" Hatje Cantz, Hatje Cantz Pub, 2002
p283右下 'bauhaus 1919-1933' セゾン美術館編集 1995
p283左下、p283右上、p289右上 "bauhaus 1919-1933" Bauhaus-Archiv Museum, Benedikt Taschen, 1990
p284左上、右上 「glas-utopie Bauhaus」Exh. Cat. 宇都宮美術館 2000
p285上、右下、p286左上、左下、右上、右下、p295全て "Bauhaus" Hans Wingler, The MIT Press, 1969
p288左下、p289左上、左下 "BAUHAUS" The MIT Press, 1984
p290左上、左下 "Language of Vision" Gyorgy Kepes, Paul Theobald, 1951
p290右上3点、p291左上、左下 "Design and Form" Johannes Itten, Thames and Hudson, 1975
p293左上、左下 "Picturing Modernism" Eleanor M. Hight, MIT, 1995

協力者

作品協力

赤山 仁
石井宏一
逢坂卓郎
大泉由美子
鎌田博美
上浦佑太
北澤智豊
金 尾勁
國安孝昌
黒崎智治
田中敬一
玉置 淳
鄭 志完
西村優子
原田佳代子
朴 秀光
三井直樹
宮木英幸
森 竹巳

資料協力

ヴィジュアルデザイン研究所
公益社団法人日本フラワーデザイナー協会（NFD）
財団法人日本色彩研究所
公益財団法人日本手芸普及協会
旭光通商株式会社
日本色研事業株式会社
DICカラー＆デザイン株式会社
共立女子短期大学 メディアアート研究室

編集協力

大島哲二
大竹雅美
只井信子

新構成学
New Theory of Art and Design

発行　初版　2006年3月31日
　　　第六刷　2015年8月10日

著者　三井秀樹（みつい ひでき）

本文レイアウト　野本卓司・多和田淳子

編集担当　中原君代

発行者　圖師尚幸
発行所　株式会社　六耀社
〒136-0082
東京都江東区新木場2-2-1
電話 03-5569-5491
FAX 03-5569-5824
http://www.rikuyosha.co.jp/
NDC757.3　312p　26cm

印刷・製本　図書印刷株式会社

©2006 Hideki Mitsui
©2006 Rikuyosha Co., Ltd.
Printed in Japan
ISBN978-4-89737-557-1
無断で本書の複写・転載を禁じます。

◎本書に掲載された図版の一部に、著作権等、不明のものがあります。
お気づきの方は、編集部までご一報下さい。